정치혁명

＊일러두기

20세기 들어 영어권에서는 현대를 초기현대와 후기현대로 세분하려는 학계의 노력이 본격적으로 이루어졌다. 이런 구분은 일반적으로 1789년에 일어난 프랑스혁명을 분기점으로 삼는다. 이에 따르면, 혁명 이전은 초기현대, 혁명 이후는 후기현대로 구분된다. 특히 독일은 현대적인 특징들이 형성됐던 초기현대를 "새로운 시대(Neuzeit)"로 표기하여 전통은 물론 후기현대와 분명하게 구분했다. 이런 구분법에 따라 한자권에서는 초기현대를 "근대"로 표기하는 경우도 있다. 또한 현대는 시기를 구분하는 용어로서, 현대성은 현대적인 특징을 설명하는 용어로 사용되기도 한다. 이 책은 이런 다양한 구분법과 상관없이 일괄적으로 현대로 표기한다.

단행본은 『 』로 표기하고, 영어권 원서는 이탤릭체로 표기한다.

이 책에서 말하는 동아시아는 유라시아 대륙의 동쪽에 위치한 지역으로서, 유교문명을 토대로 발전해 온 국가들을 통칭한다. 동아시아의 비교 대상인 서구는 기독교문명에 기반을 둔 북미와 유럽 지역을 말한다.

중국 인명은 민국탄생(1949년)을 기점으로 이전 인물은 한자명, 이후 인물은 중국 발음으로 표기하였다

실천하는 시민을 위한
정치철학 이야기

정치혁명

초판 1쇄 인 쇄 | 2017년 4월 5일
초판 1쇄 발 행 | 2017년 4월 10일

지은이 | 신봉수

펴낸이 | 김명숙
펴낸곳 | 나무발전소
디자인 | 이명재

등 록 | 2009년 5월 8일(제313-2009-98호)
주 소 | (04073) 서울시 마포구 독막로8길 31 서정빌딩 8층
이메일 | tpowerstation@hanmail.net
전 화 | 02)333-1962
팩 스 | 02)333-1961

ISBN 979-11-86536-48-3 03300

실천하는 시민을 위한 정치철학 이야기

정치혁명

신봉수

A Political Revolution

나무
발전소

"정치가 뭐지?"

정치 하면 권력을 차지하기 위해 벌이는 이전투구를 머릿속에 떠올리는 사람들이 많을 것이다. 권력을 위해 영혼마저 팔려는 정치인들의 모습에서 정치를 연상하기 때문이다. 정치인들도 메피스토에게 영혼을 판 파우스트처럼 권력을 추구하는 것을 정치로 여긴다. 정치를 좀 안다는 이들도 표현방법은 다르지만 마찬가지다. 학자들은 권력자원을 효율적으로 분배하는 것이 정치라고 말한다. 심지어 어떤 학자들은 정치를 시장에 비유한다. "정치는 권력이 공정하게 거래될 수 있는 시장이 되어야 한다."고 말이다.

권력을 정치의 목적으로 삼았던 선구자는 단연 마키아벨리이다. 그는 현대정치의 시조로 불린다. 현대인들은 권력을 잡기 위해 경쟁하는 것을 정치라고 믿기 때문이다. 마키아벨리의 추종자들은 한 걸음 더 나아가 정치권위마저 관직에서 나온다고 생각한다. '권위(Authority)'가 정부당국으로 번역되는 것도 이와 무관하지 않다. 정치권위는 권력을 잡고 행사하는 과정을 정당화하는 역할을 한다. 현대의 논리대로라면 정치는 승자를 위한 게임으로 전락하고 만다. 권력을 잡으면 아들이 아버지를 죽이고, 동생이 형을 살해하는 행위도 정당화할 수 있기 때문이다. 이처럼 권력정치는 인간적으로 용납될 수 없는 부도덕한 행위에 무방비로 노출되어 있다.

정치를 권력과 떼놓기는 어렵다. 그러나 권력으로부터 자유롭지 못한 정치는 더 이상 정치일 수 없다. 정치라는 단어의 서구적 어원에 담긴 뜻은 시민에 의한 시민을 위한 '공적인 업무'다. 동아시아의 어원에 담긴 뜻은 '바르게 하는 것'이다. 이러한 동서양의 뜻을 하나로 모으면 정치는 '공적인 업무를 바르게 하는 것'으로 이해해야 마땅하다. 권력은 이를 위한 수단에 불과하다. 그런데 권력을 차지하려는 무한경쟁을 정치라고 잘못 생각하고 있는 것이다. 손가락으로 달을 보라고 가리켰는데, 달은 보지 않고 손가락만 보는 꼴이다.

이런 망각과 뒤틀림을 교정하는 일은 쉽지 않다. 달은 보지 않고 손가락인 권력만 보고 이전투구를 벌이는 현실정치에서 해결책을 찾기는 힘들다. 약물중독자가 마약을 끊지 못하는 것처럼 권력을 먹고

자란 정치가 스스로 권력을 포기하기는 어렵다. 이미 권력에 중독되어 버렸기 때문이다. 정치가 권력중독에서 벗어나는 길은 정치를 국민에게 되돌려주는 것이다. 그 시작은 권력에 의존해 왔던 제도적인 습관을 버리는 것에서부터 출발해야 한다.

"모든 권력은 국민으로부터 나온다."고 했다. 그렇다고 국민들이 직접 권력을 행사할 수 없다. 이 경구를 실천하는 길은 국민들이 권력을 평가할 수 있는 제도적인 장치를 만드는 것이다. 그동안 이러저러한 이유로 국민들의 평가를 거부했던 제도들을 바꾸어야 한다. 그 첫걸음은 헌법에 다음과 같은 조항을 명시하는 것이다. "모든 권력은 국민의 평가를 받아야 한다."

제1막
부재

　　기원전 5세기~4세기, 인류는 거대한 전환을 맞았다. 인류정신의 토대가 된 위대한 사상가들이 이 시기에 등장한 것이다. 서구에서는 소크라테스·플라톤·아리스토텔레스, 동아시아에서는 공자·맹자·노자 등이 그들이다.[1] 독일의 철학자 칼 야스퍼스(K. Jaspers)는 이 시기를 '축의 시대'라고 불렀다. 인간정신의 뼈대가 만들어진 시대라는 뜻이다. 이 시기를 특징짓는 것은 '공백'이다. 서구는 물론 동아시아에서 두 제국이 교차하는 찰나의 순간에 생긴 거대한 공백이 그것이다. 낡은 것은 사라졌지만, 새로운 것은 아직 등장할 준비가 되지 않았던 시기였다. 이 위대한 사상가들은 대공백의 시기를 메우고 서구와 동아시아가 자신들의 문명을 일구도록 했다.

　　그러나 이들조차 해결하지 못한 문제가 있었다. 그것은 복종할 수 없는 정치권력에 대처하는 방법이었다. 소크라테스는 아테네 시민들의 사형선고에 복종하여 독배를 마셨다. 공자는 정당하지 못한 왕에게 복종하여 그의 신하가 되려고 했다. 이들의 선택은 권위 없는 권력의 시대가 낳은 결과였다. 아테네의 정치권력은 다수 지배에서 나왔다. 중국에서 왕의 정치권력은 무력에서 비롯되었다. 자발적인 복종에 의지하는 정치권위는 여전히 태어날 기미를 보이지 않았던 그런 시대였다.

제1막 1장 그리스에서

소크라테스

기원전 399년 5월 어느 날, 그리스의 도시국가 아테네. 지중해의 푸른빛을 머금은 햇살 아래 500명의 시민들이 아고라를 향해 가고 있었다. 이들은 배심원들로 아고라에서 열리는 소크라테스 재판에 참석하러 가는 중이었다. 배심원은 규정에 따라 아테네 시민들 가운데 추첨을 통해 선출되었다.

소크라테스를 고발한 이들은 시인 밀레토스, 정치인 아니토스, 웅변가 리톤 등이었다. 이들이 쓴 고발장에는 이런 내용이 담겨 있었다. "소크라테스는 국가가 인정하는 신들을 인정하지 않은 죄, 다른 신들을 소개한 죄를 저질렀다. 그는 또한 젊은이들을 타락시키는 죄도 저질렀다. 우리는 그에게 사형을 선고할 것을 요구한다."[2]

또 다른 기록에는 소크라테스가 아테네의 민주주의를 비방했다는 내용도 포함되어 있다. "소크라테스는 친구들로 하여금 존경받는 법제도를 비웃게 했습니다. 도시의 통치자를 제비뽑기로 정하는 것은 어리석은 일이라고 말하면서요. 그리고 제비뽑기로 정한 선장이나 건설업자, 플루트 연주자, 그밖에 다른 장인들을 고용하고 싶은 사람은 없을 것이라고 말했지요."[3]

　법정에 선 소크라테스는 자신을 이렇게 변호했다. "나는 여러분에게 말합니다. 돈으로부터 덕이 생기는 것이 아니라 공적이든 사적이든 간에 덕으로부터 돈은 물론 사람에게 좋은 일이 생깁니다. 이것이 나의 가르침입니다. 만일 이러한 가르침이 청년을 타락시키는 이론이라면 나는 해로운 사람입니다. 그러나 이것이 나의 가르침이 아니라고 말하는 사람이 있다면 그는 진실을 말하는 것이 아닙니다. 그러므로 아테네인 여러분, 아니토스에게 찬성하든 찬성하지 않든, 또 나를 방면하든 방면하지 않든, 그것은 여러분 마음대로입니다. 그러나 어떻게 하든 간에 나는 나의 행동을 바꾸지 않을 것임을 이해해 주십시오. 비록 내가 몇 번이고 사형을 당한다 할지라도 말입니다."

　"아테네인 여러분, 만약 내가 정치에 종사했다면, 나는 오래전에 죽었을 것입니다. 그리고 여러분과 나 자신에게 좋은 일을 할 수 없었을 것입니다. 그리고 여러분에게 진리를 말해 기분을 상하게 만들지도 않았을 것입니다. 여러분이나 혹은 다수의 다른 사람들과 싸운 사람이 국가의 잘못과 부정에 대해 솔직하게 투쟁하면서 그의 목숨을 유지할 수 없다는 것은 진리입니다. 진실로 정의를 위해 싸우는 사람이 살아남으려고 한다면 공적인 장소가 아닌 사적인 장소에서 해야 합니다."[4]

　소크라테스에게 진리를 찾는 철학과 세속의 질서에 필요한 정치는 화해할 수 없는 물과 기름 같은 것이며, 공적인 정치영역에서 진리를 찾는 작업은 죽음을 담보로 하는 것이었다.

배심원 가운데 340명이 소크라테스의 사형에 찬성했다. 사형이 선고된 후 소크라테스의 친구인 크리톤은 감옥으로 찾아와 탈옥할 것을 권유했다. 다음은 감옥에서 나눈 대화의 일부이다.

소크라테스 체조 연습에 열중하고 있던 학생은 만인의 찬양과 비난과 의견을 경청해야 할까, 아니면 그가 누구든 의사 또는 체육가 한 사람의 말만 들어야 할까?

크리톤 한 사람의 말을 들어야지.

소크라테스 그리고 그는 많은 사람들이 아니라 오직 한 사람의 책망을 두려워하고 또 칭찬을 반가워해야겠지?

크리톤 물론 그렇지.

소크라테스 그리고 그는 모든 다른 사람들의 의견을 종합해서 그것에 따르기보다는 오히려 분별력이 있는 한 사람의 교사가 좋다고 생각하는 방식에 따라 행동하고 훈련하고 먹고 마셔야 하겠지?

크리톤 그렇지.

소크라테스 그리고 그가 한 사람에게 복종하지 않고, 그 의견과 칭찬을 존중하지 않는다면, 그래서 분별력이 없는 많은 사람들의 의견을 존중한다면 그는 해를 입게 되겠지?

크리톤 분명히 그는 해를 입을걸세.

…(중략)…

소크라테스 또한 해를 입더라도 많은 사람들이 생각하는 것처럼 보

자크 루이 다비드 〈소크라테스의 죽음〉 일부, 1787. 소크라테스는 자신에게 사형선고를 내린 아테네의 민주주의를 거역하지 않았다. 탈옥을 권유하던 크리톤에게 소크라테스는 이렇게 말했다. "설득하든지 복종하든지."

복을 해서는 안 되겠지. 우리는 어떠한 경우에도 아무도 해쳐서는 안 되니까. …(중략)… 국법은 아마도 다음과 같은 말을 덧붙일 거야. "소크라테스, 놀라지 말고 대답하게. 당신은 여러 가지 질문을 하고 이에 대답하는 습관을 갖고 있지 않나? 말해보게. 우리들을 거스르고 우리들과 국가를 파괴하려고 노력하는데, 당신을 정당화해 주는 불만은 무엇인가? …(중략)… 당신과 같은 철학자가 우리들의 나라는 어머니나 아버지, 기타의 조상보다도 훨씬 귀중하고 고귀하며 신성하고, 신들과 분별력 있는 사람들의 눈에는 훨씬 존귀한 것으로 보인다는 사실을 알지 못했단 말인가? 또한 나라가 노했을 때에는 아버지가 노했을 경우보다 부드럽고 존경하는 태도로 달래야 하며, 설득하거나 설득하지 못하는 경우에는 순응해야 한다는 것을 알지 못했단 말인가?"[5]

소크라테스는 탈옥을 권유하는 크리톤의 제안을 거절했다. 그는 철학자인 자신보다 아테네의 명령을 더욱 존중했다. 소크라테스는 자신에게 사형선고를 내린 아테네의 민주주의를 거역하지 않았다.

아테네의 민주주의가 소크라테스에게 유죄를 선고한 것은 법적으로 정당했을지 모른다. 민주주의는 설득을 통해 자신의 주장을 관철할 것을 요구한다. 그리고 설득의 결과에 따라 잘못된 결정이 내려져도 옹호된다. 진리를 깨달은 철학자의 주장이 아무리 옳다고 하더라도 설득할 수 없다면 소용없다. 탈옥을 권유하던 크리톤에게 소크라테스는 이렇게 말했다. "설득하든지 복종하든지."

그가 죽기 직전에 마지막으로 한 말은 의학의 신인 아스클레피오스에게 빚진 닭 한 마리를 갚아달라는 것이었다. 그의 유언에는 자신의 죽음으로 인해 정신적으로 병든 아테네 시민들의 잘못이 고쳐질 것이라는 희망이 담겨 있었다.

제1막 2장 중국에서

백이와 숙제

공자가 이상적인 국가로 여겼던 주(周)나라. 중국문명의 핵심을 이루는 유교는 공자가 주나라의 사상과 제도를 체계화한 것이다. 이런 주나라의 탄생과정에 얽힌 유명한 일화가 있다. 백이와 숙제에 관한 이야기다.

"고죽국(지금의 호북성 당산시에 위치)의 왕은 세 명의 아들을 두었는데, 그 중에 셋째인 숙제(본명은 묵지)에게 왕위를 물려주려고 했다. 왕이 죽자 숙제는 왕위를 맏형인 백이(본명은 묵윤)에게 넘겨주려고 했다. 백이는 부친이 내린 명령이라며 이를 받아들이지 않고 다른 나라로 가버렸다. 숙제도 백이를 따라 가버리자 왕위는 둘째에게 넘어갔다. 고죽국을 떠난 백이와 숙제는 주나라 서백창(본명은 희창)이 노인들을 공경한다는 말을 듣고 찾아갔다. 마침 서백창은 죽고 그의 아들인 무왕(본명은 희발)이 은나라의 주왕을 토벌하기 위해 나섰다. 이 모습을 본 백이와 숙제는 무왕의 말고삐를 잡고 간언하기를 '죽은 부모의 장례도 치르지 않고 전쟁을 벌이는 것은 효가 아니며, 신하가 왕을 죽이는 것은 인이 아니다.'라며 말렸다. 그러나 무왕은 폭군이었던 은나라의 주왕을 몰아내고 통일된 주나라를 세웠다. 백이와 숙제는 이를 치욕으로 여기고 수양산에 들어가 고사리를 캐먹고 살다 굶어 죽었다."

사마천이 쓴 『사기』 '백이숙제열전'에 기록된 내용이다. 백이와 숙제에 관한 이야기는 『사기』뿐만 아니라 여러 책에서 언급되고 있다. 유교를 집대성한 공자는 『논어』에서 백이와 숙제를 이렇게 묘사했다. "백이와 숙제는 남을 원망하지 않았다. 그들은 인을 구하고 인을 얻었는데 무엇을 원망했겠는가?" 공자의 평가대로 백이와 숙제는 유교에서 성인으로 추앙되었다. 그러나 '백이숙제열전'을 쓴 사마천은 공자의 이런 평가에 대해 의문을 제기했다. '백이숙제열전'의 뒷부분에 그는 이렇게 덧붙였다.

"백이와 숙제는 행실을 깨끗하게 했음에도 굶어 죽었다. 공자는 칠십 명의 제자 가운데 유독 안연만이 학문을 좋아한다고 했다. 그러나 안연은 항상 가난해서 술지게미나 쌀겨 같은 거친 음식도 배불리 먹지 못하고 요절했다. 만약 이들이 착한 사람이라면 하늘이 착한 사람을 돕는다고 하면서 어떻게 이럴 수가 있나."[6]

공자는 중국을 통일한 주나라를 태평성대인 요순시대와 비교했다. 그러면서도 주나라의 무왕이 은나라를 정벌하는 것을 반대했던 백이와 숙제를 성인의 반열에 올렸다. 백이와 숙제는 왕을 살해하고 폭력으로 폭군을 몰아낸 주나라를 부정했던 인물들이다. 백이와 숙제에 대한 공자의 태도, 사마천이 공자에게 제기했던 의문 등은 정치권위가 부재했던 시대의 한 단면을 잘 보여주고 있다. 정치권위에 대한 생각이 아직 만들어지기 전이었기 때문에 일어난 일이었다. 당시 공자가 보여주었던 이런 모순된 태도는 다른 기록에서도 쉽게 찾아볼 수 있다.

공자와 자로

공자의 제자 가운데 자로라는 인물이 있었다. 자로가 공자의 제자가 되기 이전의 모습을 『사기』는 이렇게 전한다. "자로의 성품은 거칠었다. 용기와 담력을 좋아했고, 뜻이 굳세고, 솔직했다. 수탉 깃 장식의 갓을 쓰고 수퇘지 가죽장식의 검을 차고 있었고, 공자를 우습게 여기며 난폭하게 굴었다. 그러나 공자는 예를 베풀어 차츰 자로를 감화시켰다. 그후 마침내 자로는 유교 복장을 갖추어 입고, 제자의 예를 올리고, 그의 제자가 되었다." 공자의 지혜에 복종하는 자로의 모습이 잘 그려져 있다. 이런 자로가 공자에게 정치에 대해 물었다.

공자 앞서서 솔선수범하면 백성들도 노력할 것이다.

(자로가 자세히 설명해 달라고 했다.)

공자 게을리 하지 않아야 된다.

(공자는 지도자가 솔선수범을 게을리 하지 않으면 백성들은 자발적으로 노력할 것이라고 했다. 백성에게 내린 명령을 스스로 지키고 복종할 것을 가르치고 있다. 『논어』에는 공자가 정치에 대해 언급한 대목이 여러 군데 있다. 다음은 그 중의 일부이다.)

공자 지도자가 바르면 명령하지 않아도 백성들은 실천한다. 지도자가 바르지 않으면 명령을 해도 백성들은 복종하지 않는다.

공자 지도자가 자신을 바르게 한다면 정치를 하는 데 무슨 어려움이 있겠는가? 만약 지도자가 바르지 않다면 어떻게 다른 사람을 바르게 할 수 있겠는가?

공자는 명령을 내리는 사람은 명령을 받는 사람이 스스로 복종할 수 있도록 만들어야 한다고 가르치고 있다. 지도자가 지녀야 하는 덕목은 복종을 강요하기보다 자발적으로 복종하게 만들 수 있는 자질이었다.

그러나 공자는 부도덕하고 정당하지 않은 임금의 신하가 되는 것을 주저하지 않았다. 제자인 자로와의 대화에서 그런 장면은 자주 등장한다. 다음은 그 중의 하나이다.

"공산불요(춘추시대 노나라의 정치인)가 비읍(지금의 산동성에 위치)을 거점으로 반란을 일으킨 뒤 공자를 초빙하려고 했다. 공자가 가려고 했다. 이에 기분이 나빠진 자로는 '어떤 곳이든 가면 되는 것이 아닙니다. 왜 하필 공산에게 가려고 하십니까?' 공자가 말하길, '나를 부른 사람이 괜히 불렀겠는가? 만약 나를 부르는 사람이 있다면 나는 동주를 건설할 것이다.'라고 했다." [7]

공자는 정당하지 않은 방법으로 권력을 잡은 왕에게 나아가 그의 신하가 되려고 했다. 비록 군자의 자질이 임금에게 없더라도 자신은 성공적인 정치를 할 수 있다고 생각했다. 한편으로는 자발적인 복종을 이끌어내는 것을 지도자의 자격으로 삼으면서, 다른 한편으로는 이런 자격을 갖추지 못한 지도자를 섬기려고 했다. 공자의 이런 태도는 부도덕하고 정당하지 않은 왕에게 나아가지 않으려고 했을 뿐만 아니라 역성혁명까지 주장했던 맹자와 크게 달랐다.

제2막
여명

소크라테스의 죽음은 그의 제자였던 플라톤에게 다수의 지배가 다수의 독재로 변질될 수 있다는 경각심을 갖게 했다. 공자의 유학을 계승한 맹자는 부당하게 권력을 잡은 왕에게 복종하지 말고 저항하라고 했다. 서구와 동아시아에서 정당하지 못한 정치권력에 대항하려는 움직임이 나타나기 시작한 것이다. 그것은 정치권위에 대한 생각이 싹트는 계기를 만들었다.

제2막 1장 그리스에서

플라톤 : 철인정치

플라톤은 진리를 추구하는 철학자가 잘못된 결정으로 인해 죽음을 맞는 결과를 받아들일 수 없었다. 그는 진리를 깨닫지 못하는 인간들을 통치하는 방법을 생각했다. 『국가』에 나오는 동굴의 비유는 이런 그의 고민을 잘 묘사해 주고 있다. 다음은 소크라테스의 입을 빌려 플라톤이 그의 형인 글라우콘과 나눈 대화의 일부이다.

"지하 동굴에 있는 인간들을 생각해 보자. 그 동굴의 입구는 열려 있어 빛이 동굴을 비추고 있다. 인간들은 어릴 때부터 그곳에 있었다. 다리와 목은 묶여 있어 머리를 돌릴 수 없기 때문에 그들은 앞만 볼 수 있다. 그들 뒤에는 타오르는 불이 있다. 불빛과 인간들 사이의 높은 곳에 길이 있다, 이 길은 벽과 나란히 놓여 있다. 인간들 앞에 있는 벽은 스크린 역할을 했다. 인형극 배우들이 설치한 스크린처럼 앞에 있는 벽을 통해 인간들은 불빛에 비쳐진 허상인 꼭두각시들을 보고 있다."

지하 동굴의 인간들은 동굴 밖 참된 빛의 세상을 알지 못한다. 그들은 불빛에 비친 그림자들을 실체로 생각한다. 이들은 감각기관에 의지하여 습득한 감성적 지식 때문에 동굴 밖의 참된 이데아를 깨닫지 못한다. 플라톤은 동굴 밖의 실체를 아는 철학자들이 이런 동굴 속의 인간들을 통치해야 한다고 생각했다. 이런 생각은 철인정치로 발전하게 된다. 『국가』에서 플라톤은 다음과 같이 말하고 있다.

"철학자들이 왕으로서 통치하지 않거나, 혹은 왕이나 최고지도자로 불리는 사람들이 진정으로 충분하게 철학을 하지 않거나, 또는 정치권력과 철학이 합쳐지지 않고 어느 한쪽이 다른 쪽을 분리시키는 성향들을 배제하지 않는다면, 도시에서 나쁜 것들을 몰아낼 수 없을 것이네. 나의 사랑하는 글라우콘, 그리고 인류는 물론 우리가 언급한 체제들이 태양의 빛을 볼 수 없을 것이네." [8]

플라톤은 아테네에서 가장 지혜로웠던 자신의 스승 소크라테스가 다수결에 의해 죽음을 맞이한 현실을 바꿔보려고 했다. 그는 진리를 탐구하는 철학자들이 세상을 통치해야 한다고 생각했다. 철학자가 통치하지 않는 세상은 악을 물리칠 수 없으며, 진리의 빛을 발견할 수 없을 것이라 판단했다. 정치는 단순히 권력을 행사하는 것이 아니라 철학자의 이성에 의해 발견된 진리를 실천하는 것이라고 생각했다. 그의 이런 생각이 철인정치를 탄생시켰다.

제2막 2장 중국에서

맹자 : 왕도정치

맹자는 공자와 달리 도덕적으로 정당하지 않은 왕에게 나아가지 않았다. 다음은 맹자가 제자인 진대와 나눈 대화 중 일부이다.

"옛날에 조간자(춘추시대 진나라의 대부)는 뛰어난 말몰이꾼 왕량에게 자신이 아끼는 신하인 해의 사냥수레를 몰도록 했지. 그런데 온종일 단 한 마리 짐승도 못 잡았지. 총신 해가 돌아와 조간자에게 복명하면서 천하에 졸렬한 수레꾼이었다고 했네. 어떤 사람이 이를 왕량에게 알렸고, 왕량은 해에게 다시 한 번 수레를 몰게 해달라고 간청했네. 하도 억지를 부려서 해가 응했는데, 이번엔 하루아침에 열 마리의 짐승을 잡았다네. 총신 해는 돌아와 조간자에게 복명하면서 천하에 뛰어난 수레꾼이었다고 말했네. 이에 조간자는 왕량이 해의 수레를 몰도록 해주겠다고 했지. 그리고 이런 사실을 왕량에게 알렸지. 왕량은 이를 거절했네. 그리고 말하길 '제가 규칙에 맞추어 말을 몰았더니 그는 온종일 단 한 마리도 못 잡았습니다. 그런데 규칙을 어기고 말을 몰았더니 하루아침에 열 마리를 잡았습니다. 저는 소인의 수레를 모는 데 익숙하지 못합니다. 사퇴를 청합니다.' 이렇게 말몰이꾼도 잘못된 사냥꾼과 어울리는 것을 부끄러워했네. 그와 어울려 아무리 짐승을 많이 잡는다 해도 이를 거절했네. 내가 도를 굽혀 무도한 제후들을 따른다면 어찌 되겠는가?"9)

맹자는 왕도를 패도와 구별했다. "힘으로 어짊을 가장하는 정치가 패도다. 패도는 반드시 큰 나라를 필요로 한다. 덕으로 어짊을 실행하는 정치가 왕도다. 왕도는 큰 나라를 필요로 하지 않는다. 탕왕은 사방 칠십 리의 땅으로 왕도를 이루었고, 문왕은 사방 백 리의 땅으로 왕도를 이루었다. 힘 때문에 다른 사람에게 복종하는 것은 마음으로부터의 복종이 아니라 힘이 모자라기 때문이다. 덕을 가지고 남을 복종시키는 자에게는 속마음이 기뻐서 진실로 복종하는 것이니, 칠십 제자가 공자에게 복종하는 것과 같은 것이다."10) 맹자가 구분한 왕도와 패도는 자발적인 복종에 의지하는 정치권위와 강제에 의지하는 정치권력을 연상시킨다.

맹자의 이런 태도는 부당하고 왕도를 실천하지 않는 왕을 살해한 행위를 정당하다고 옹호하는 대목에서 빛을 발한다. 다음은 맹자가 제선왕과 나눈 대화 내용이다.

정치혁명

제선왕 은나라 탕왕이 하나라 왕인 걸을 축출했으며, 주나라 무왕이 은나라 주왕을 토벌했다는데 그런 일이 있었습니까?

맹자 전해오는 문헌에 그런 기록이 있습니다.

제선왕 신하가 자신의 군주를 시해해도 괜찮은 겁니까?

맹자 인을 해치는 자를 도적이라 부르고, 도의를 해치는 자를 잔악하다고 말합니다. 잔악하고 도적질하는 이런 사람을 한낱 필부라고 부릅니다. 저는 한낱 필부인 주를 죽였다는 말을 들었을 뿐 군주를 시해했다는 말은 들은 적이 없습니다.[11]

맹자에게 도의를 저버려 백성들이 따르지 않는 왕은 쫓아내야 할 대상에 불과했다. 자연의 법칙에 따라 도덕정치를 실천하지 않는 왕은 더 이상 왕이 될 수 없었다. 백성들이 복종하지 않는 이유를 왕에게서 찾은 맹자의 왕도정치는 정치권위를 정치권력과 구분하려는 생각의 단초가 되었다.

제3막
형성

신의 섭리를 깨달은 철인이나 자연법칙을 내재화한 군자는 인간이 추구하는 궁극의 영역이다. 전통시대에 신이나 자연의 섭리를 매개로 한 정치권위에 인간이 복종하는 것은 당연한 일이었다. 이런 당연함에 기대어 플라톤의 철인정치와 맹자의 왕도정치는 설자리를 찾을 수 있었다. 정치권위가 정치권력으로부터 떨어져 나와 자신의 역할을 발견한 것이다. 정치권위는 때때로 현실의 정치권력에 의해 남용되기도 했다. 서구와 동아시아에서 벌거벗은 정치권력이 복종을 강제할 때도 있었다. 그럼에도 군주제가 천년을 넘게 유지될 수 있었던 배경에는 정치권위가 있었기 때문이다.

제3막 1장 로마에서

원로원

시저가 가장 아꼈던 브루투스. 그는 시저의 암살모의에 참가했다. 그리고 기원전 44년 원로원으로 들어가는 회랑에서 시저는 살해되었다. 브루투스는 시저가 살해되고 난 뒤 연설에서 다음과 같이 말했다. 물론 이 연설 내용은 셰익스피어가 그의 작품 『줄리어스 시저』에서 각색한 것이지만, 로마시대의 정치권위를 이해하기 위한 방편의 하나로 이곳에 옮겨본다.

"왜 브루투스가 시저에 대항하여 그를 죽였는지 그 이유를 요구한다면 이것이 저의 대답입니다. 시저에 대한 나의 사랑이 결코 모자라서가 아니라 내가 로마를 보다 더 사랑했기 때문입니다. 여러분은 시저가 죽음으로써 모두가 자유인으로 살기보다 시저가 살아서 모두가 그의 노예로 죽는 것을 원하십니까? 시저는 나를 사랑했기에 나는 그를 위해 눈물을 흘립니다. 그가 행운을 타고났기에 나는 그것을 기뻐합니다. 그가 용감했기에 나는 그를 존경합니다. 그러나 그가 야심을 품었기에 나는 그를 죽였습니다. 그의 사람에 대한 눈물, 그의 행운에 대한 기쁨, 그의 용기에 대한 존경이 여기에 있습니다. 그러나 그의 야심에 대해서는 죽음이 있습니다."[12]

권위는 외부적인 강제를 동원하는 권력과 다르고, 논쟁을 통한 설득과도 다르다.[13] 권위라는 용어는 서구 역사에서 로마시대에 처음으로 등장한다. 로마시대의 권위는 신이 로물루스에게 로마를 건설할 권위를 부여하면서 비롯되었다. 공화정시대 로마의 권위는 원로원이 갖고 있었다. 시저의 암살을 목도했던 키케로는 『법률론』에서 이렇게 기록하고 있다. "권력은 인민에게 있으며, 권위는 원로원에 있다." 로마시대 원로원은 배의 균형을 잡는 밸러스트와 같은 역할을

맡았다. 시저는 로마 원로원이 갖고 있던 이런 권위를 자신이 차지하려고 했다. 이런 그의 시도는 원로원의 저항을 초래했고, 그가 아끼던 브루투스마저 그의 암살에 동참하는 결과를 가져왔다.

시저의 어린 후계자였던 옥타비아누스. 그는 기원전 27년 1월 원로원으로부터 '존엄한 사람'이라는 뜻의 '아우구스투스'라는 칭호를 받으면서 제정 로마의 초대 황

옥타비아누스. 그는 '존엄한 사람'이라는 뜻의 '아우구스투스'라는 칭호를 받으면서 제정 로마의 초대 황제에 등극했다.

제에 등극했다. 그는 아우구스투스라는 칭호를 받은 이후 상황을 다음과 같이 말했다.

"나는 아욱토리타스(auctoritas)에서 모든 사람들을 능가했지만, 정무관직에서 동료들보다 더 많은 포테스타스(potestas)는 갖지 않았다."[14] 아욱토리타스는 권위의 어원으로서 개인적 · 도덕적 · 사회적 영향력을 의미하지만, 포테스타스는 법적 권한을 의미한다. 아욱토리타스는 어떠한 법적인 권력도 포함하지 않는다. 로마 원로원은 직접 권력을 행사하지 않는 권위의 상징이었다.

제3막 2장 한나라에서

유교정치

　　　　　권위라는 한자 용어는 『여씨춘추』에 처음으로 등장한다. 『여씨춘추』는 중국 최초의 통일국가였던 진나라에서 승상을 지냈던 여불위가 당시 제자백가의 사상가들을 초빙하여 만든 책이다.

　　"군주의 마차는 사물을 싣는 데 사용하는 것이다. 실린 사물의 이치를 세밀하게 관찰하면 세상을 차지할 수 있다. 하지만 실린 사물의 이치를 깨닫지 못하고 자신의 능력에 의지하고 자신의 지혜를 과대평가하고 아랫사람에게 명령을 남발하고 자신의 의도에 따라 일을 처리하면 각급의 관리들은 두려워하고 혼란에 빠지고 선배와 후배 간에 질서가 없어지고 여러 가지 나쁜 일이 한꺼번에 나타나 권위는 흩어지게 되고 일은 원만히 해결되지 않고 명령은 효력을 발휘하지 못하게 된다. 이것이 망국의 풍속이다."

　　『여씨춘추』는 임금이 자신의 지혜를 과대평가하고, 아랫사람에게 명령을 남발하는 등 자신이 가진 능력과 권력에 의지하면 권위는 흩어지게 된다고 말하고 있다. 진시황은 『여씨춘추』의 경구와 무관하게 권력에 의지하여 강력한 중앙집권정책을 통해 나라를 통치했다. 특히 법가 사상을 중용하여 법을 어기는 자에 대해서는 가혹한 형벌로 다스렸다. 유교의 왕도정치는 탄압의 대상이 되었다.

　　철권정치를 행사했던 중국 최초의 통일국가 진나라는 오래 유지되지 못하고 24년 만에 단명했다. 진나라를 이어 한나라를 세운 유방은 정치권력에 의존한 진나라의 통치를 청산하고, 황로 사상을 통치이념으로 삼았다. 아무것도 하지 않는다는 무위정치는 황로 사상의 핵심이었다. 또한 한나라 유방은 "말 위에서 살며 천하를 얻었다."며 유교를 통치이념으로 삼아야 한다는 주장을 거절했다. 이에 육가는 "말 위에서 살며 천하를 얻었다고 설마 말 위에서 천하를 다스릴 수 있다고 생각하십니까?"라고 되물었다.

한무제는 "말 위에서 천하를 얻을 수 있지만 통치할 수는 없다."는 유학자들의 주장을 수용했다. 기원전 140년, 한무제는 왕으로 즉위하자 국가를 통치할 새로운 방안을 찾았다. 이러한 한무제의 요청에 동중서는 유교를 통치이념으로 한 왕도정치로 화답했다.

"제가 『춘추』에 있는 '춘왕정월(春王正月)'의 의미를 생각하면서 왕도의 시작을 살펴봤는데, 그것은 '올바름(正)'입니다. 올바름 위에 있는 것은 왕(王)이며, 왕 위에 있는 것은 춘(春)입니다. 춘은 하늘의 일입니다. 올바름은 왕의 일입니다. 그 의미는 왕은 위로는 하늘의 일을 받들고, 아래로는 올바름을 실천해야 한다는 것입니다. 올바름은 왕도의 시작이라고 볼 수 있습니다."

동중서는 백성들에게 올바름을 실천하는 것이 왕도정치라고 했다. 그리고 올바름의 기준은 하늘이 정하는 것이라고 했다.
"제가 『춘추』에 실린 내용을 생각하건대, 지난 시대에 있었던 일을 보고 그것으로 하늘과 인간의 상호관계를 생각해 보면 매우 두려운 일이 있습니다. 국가가 도에 위배되는 나쁜 일을 벌이려고 하면 하늘은 먼저 재해를 일으켜 책임을 묻고 경고합니다. 그러나 이런 경고를 알지 못하면 다시 기이한 현상을 일으켜 위협합니다. 그럼에도 불구하고 고칠 줄 모르면 패망에 이르게 됩니다. 이를 통해 알 수 있는 것은 하늘이 군주를 사랑하여 그러한 혼란에 빠지지 않도록 바라는 것입니다."15)

임금이 왕도정치를 통해 올바름을 실천하지 않으면 하늘은 이를 반드시 응징한다. 그런 응징은 천재지변을 통해 나타난다. 권위는 하늘이 주는 것이라는 동중서의 생각을 한무제는 받아들였다. 그리고 유교를 국교로 삼았다.

제4막
변화

초월적인 존재의 권위에 의지하여 천년 넘게 이어져왔던 군주제가 종지부를 찍었다. 그 배경에는 권위에 대한 생각의 변화가 있었다. 현대는 정치권위에 대한 전통시대의 생각에 반기를 들었다. 정치권위는 신이나 자연과 같은 초월적인 존재를 매개로 만들어지는 것이 아니라 국민이 만드는 것이라는 생각이 생겨나기 시작했다. 그러나 이런 생각이 확고한 신념으로 자리 잡기까지 꽤 오랜 시간이 걸렸다. 그 과정에서 혁명이 맡은 역할은 특별했다.

제4막 1장 유럽에서

홉스

홉스는 "인간은 모든 인간에게 늑대"라고 했다. 인간은 이런 자연 상태를 바꾸기 위해 자신의 자유로운 이성으로 괴물인 리바이어던을 탄생시켰다. 절대적인 권력을 가진 괴물 앞에서 자유로운 인간을 상상하기는 어렵다. 그러나 홉스는 이것이 가능한 것처럼 서술하고 있다. 그는 만인에 대한 만인의 투쟁인 약육강식의 질서를 평화의 질서로 변화시키기 위해 왕에게 절대적인 권력을 부여해야 한다고 했다. 이런 역설이 가능했던 것은 그가 살았던 시대적인 상황과 관련이 있다.

17세기 전반, 영국은 낡은 것과 새로운 것이 서로 대립하던 시기였다. 당시 영국은 절대군주제를 수호하려는 왕당파와 의회 권한을 강화하려는 의회파가 충돌하면서 극심한 정치적 불안정을 겪고 있었다. 1640년 찰스1세는 의회파의 압력으로 자신이 해산했던 의회를 다시 소집했다. 왕당파였던 홉스는 정치적 탄압을 우려해 프랑스로 망명했다. 왕당파와 의회파의 대립은 1649년 청교도혁명이 성공해 찰스1세가 처형되면서 일단락됐다. 1651년 홉스는 영국으로 돌아왔다. 그리고 프랑스 망명기간에 완성했던 그의 대표작 『리바이어던』을 출판했다.

왕당파였던 홉스는 청교도혁명으로 의회파가 승리하여 공화정이 들어선 사실을 외면할 수 없었다. 그는 『리바이어던』의 결론 부분에 공화정을 지지하는 내용을 담았다. 그리고 9년 뒤인 1660년 공화제 정부를 이끌었던 크롬웰이 사망하자 찰스2세에 의해 왕정이 부활했다. 공화정을 지지했던 홉스의 정치적 입지는 다시 좁아지게 되었다.
왕정에서 공화정으로, 공화정에서 다시 왕정으로, 왕정에서 또다시 공화정으로 변화했던 당시 영국의 정치적 격변은 홉스의 정치사상에 그대로 투영되었다. 홉스는 왕의 절대주권을 옹호하고 의회파와 대립했다. 그래서 홉스를 절대주의자라 해도 이상하지 않다. 그러나 홉스가 사회계약론을 주장했던 자유주의자라는 사실도 놓칠 수 없다. 홉스의 사상에는 이처럼 극단적으로 서로 다른 면이 공존하고 있는 것이다.

홉스는 현대의 서막을 연 대표적인 사상가로 꼽힌다. 그 이유는 그가 전환의 시기에 활동했기 때문이다. 그는 초월적인 존재에 의지했던 권위가 인간의 계약으로 대체되던 과도기에 살았던 인물이었다. 홉스는 권위에 대한 전통적인 생각이 잔영으로 남아 있던 시대환경을 넘어서지 못했던 것이다. "정치사상은 시대의 산물"이라는 헤겔의 격언이 무색하지 않을 정도였다.

제4막 2장 동아시아에서

량치차오(양계초)

19세기 후반, 동아시아는 서구의 현대문명이 물밀듯이 들어오면서 요동치기 시작했다. 일본은 명치유신을 통해 재빠르게 현대문명을 수용했다. 그러나 조선과 중국은 저항과 수용을 반복하면서 극심한 혼란에 빠졌다. 특히 중국은 1840년 아편전쟁 이후 서구의 무력에 굴복하여 자신의 의사와 무관하게 현대문명을 수용하면서 이런 혼란은 쉽게 해소되지 않았다.

량치차오(양계초)는 이런 전환의 시기에 "오늘의 내가 어제의 나를 어렵게 만드는 것을 애석해하지 않는다."16)는 것을 모토로 삼았다. 그는 이런 모토대로 살았다. 그가 스승인 캉유웨이(강유위)와 변법운동을 주도할 당시에는 입헌군주제를 지지했지만, 곧바로 공화주의자로 변신했다. 변법운동이 백일천하로 실패하자 일본으로 망명한 그는 서구의 정치이론을 수용하여 한때 쑨원(손문)의 혁명파와 교류하기도 했다. 그러나 중국으로 돌아온 1903년을 전후해 공화주의에서 다시 입헌군주제로 돌아섰다. 1912년 신해혁명이 성공하고 난 뒤에는 입헌군주제에서 다시 공화주의로 선회했다. 위안스카이(원세개)가 주도하는 혁명정부에 가담했을 때는 입헌군주제로 다시 돌아섰다.

현실정치에서 보여준 량치차오의 이런 혼란스런 태도는 정치권위에 대한 생각의 변화에서도 읽을 수 있다. 공화주의를 지지할 때 그는 "국가는 인민의 합의로 계약을 맺어 성립한다."며 루소의 사회계약설을 수용했다. 그러나 입헌군주제로 전환했을 때 그는 "입헌군주제는 정치체제 가운데 최고이며, 세계 각국에서 이미 이 제도를 실행해 효과를 보았다. 중국의 역대 풍습과 현재의 시국을 고려할 때 이제도를 채택해도 폐해가 없을 것이다."17)라고 주장했다. 량치차오는 혼란스러웠다. 정치권위를 인민들의 계약에 의한 합의의 산물로 볼것인지, 아니면 도덕적으로 완성된 개명군자로부터 구할 것인지 쉽게 해답을 찾지 못했다. 그래서 량치차오는 일관된 이론적 입장을 고수하지 못했기 때문에 사상가이기보다 선전가로 평가받기도 한다.18)
그러나 량치차오의 이런 파란만장한 변화의 저변에는 민족주의가 자리 잡고 있음을 놓칠 수 없다. 그는 자신의 정치적 입장을 정할 때

주저할 것도 없이 중국을 구하는 편에 섰다. 공화주의는 변화를 위해 반드시 필요한 정치체제였다. 그러나 서구의 도전에서 중국이 살아남기 위해서는 개명군주가 필요했다. 그에게 개명한 군주는 도덕을 근본으로 삼아 나라를 부흥시킬 수 있는 인물이었다. "무릇 독재라는 것은 독재하는 주체의 이익을 표준으로 삼으면 도덕적으로 나쁜 야만독재이고, 객체의 이익을 표준으로 삼으면 도덕적으로 우월한 개명독재이다."

량치차오의 이런 주장에서 입헌주의의 탈을 쓴 가장된 군주독재의 흔적을 발견하는 사람도 있다.[19] 서구의 도전으로부터 중국을 구하기 위해 개명한 군주를 원했던 그의 태도는 민족주의에서 크게 벗어나지 않았다.

제5막
실종

전체주의국가였던 나치의 독일, 사회주의 시절의 중국과 소련은 국민들을 강제로 복종시켰다. 강제의 수단으로 테러, 폭력, 위협, 회유, 심지어 설득이 동원됐다. 특히 이데올로기를 활용한 설득과 테러를 사용한 강제는 극단적인 개인숭배를 만들어냈다. 개인숭배는 정치권위와 구분되지 않았다. 이로 인해 한때 정치권위는 전체주의의 원인 제공자로 지목되기도 했다. 전체주의는 현대사회에서 정치권위가 사라질 때 나타나는 극단적인 현상을 웅변하고 있다. 정치권력과 강제에 의존하는 세상, 권위 없는 권력의 세상에서 태어난 사생아가 전체주의였다.

제5막 1장 독일에서

히틀러

"조직의 특징은 감정에 의지한 다수의 대중이 가장 지적인 지도자를 섬길 때 존재할 수 있다. 지적 수준이 같은 이백 명이 참가한 단체는 지적 수준이 상대적으로 낮은 백구십 명과 최고의 교육을 받은 열 명이 참가한 단체에 비해 장기적으로 조직을 운영하는 데 어려움을 겪게 된다. …(중략)… 서로 전투를 벌이는 군대가 있다고 생각해 보자. 각 개인이 가장 높은 수준의 전략적인 훈련을 받은 군대는 승리할 수 없다. 그러나 가장 뛰어난 지도자와 맹목적으로 복종하는 훈련된 군인들을 가진 군대는 승리한다."[20]

히틀러는 권위를 '복종을 강제할 수 있는 능력'으로 이해했다. 설득, 회유, 협박, 폭력과 같은 강제는 이런 능력을 나타내는 지표였다. 강제를 동원한 권력에 권위가 포섭되면서 권위는 사라졌다. 빈 공백은 개인숭배가 차지했다. 다음은 나치 시절 히틀러를 영웅적인 지도자로 만든 괴벨스의 글 가운데 한 대목이다.

"우리는 믿는다. 운명이 히틀러를 선택했고, 그가 독일 국민들이 나아갈 길을 제시할 것이다. 따라서 우리는 그에게 충성과 존경을 다해야 할 것이다. 우리는 단지 바랄 뿐이다. 그가 우리를 위해 임무를 완수할 때까지 안전하기를."

1933년 히틀러가 총리에 임명되고 난 뒤 그에 대한 개인숭배는 절정에 치달았다. "새로운 신을 무조건 숭배하지 않았던 구경꾼의 입장에서는 무한한 경외심에 군소리 없이 묵종하는 조짐이 사방에서 나타나는 것을 볼 수 있었다. 가장 진부한 묵종의 표현은 한 손을 들어 쭉 뻗는 히틀러식 인사였는데, 이것은 무서운 속도로 퍼져 나갔다. 나치당을 제외하고 독일에서 모든 정당이 사라진 날 하루 전에는 공무원에게 이런 인사가 강요됐다. 오른팔을 못 쓰는 사람은 왼팔이라도 올려야 했다. 히틀러 만세와 함께 팔을 내뻗는 독일식 인사는 독일이 지도자 국가로 바뀌어가고 있음을 한눈에 보여주었다."[21]

히틀러는 배타적 민족주의에 입각한 이데올로기 · 선전 · 위협 등과 같은 강제를 동원해 다수의 독일 국민들이 자신을 지지하게 만들었다. 그는 이런 지지를 토대로 테러와 폭력을 행사하면서 권력을 강화했다. 히틀러는 국내에서는 유대인 학살, 대외에서는 전쟁을 통해 이렇게 강화된 권력을 행사했다. 테러와 폭력에 의지하는 권력에서 권위를 발견하기는 어렵다.

제5막 2장 소련에서

스탈린

전체주의국가 소련의 통치자였던 스탈린. 그는 겉으로는 자신에 대한 개인숭배를 경계했다. 1930년 8월 소련공산당 당원이었던 샤투노브스키가 보낸 편지에 대한 회신에서 스탈린은 다음과 같이 적고 있다.

"당신은 나에 대한 헌신을 말하고 있습니다. 아마도 그 구절은 의도하지 않았을 것입니다. 그러나 만약 그것이 우연한 것이 아니었다면, 사람에 대한 헌신은 자제하라고 충고하고 싶습니다. 그것은 볼셰

비키의 방법이 아닙니다. 노동자계급과 그들의 정당과 국가에 헌신하십시오. 그것은 필요하고도 좋은 일입니다. 그러나 그것을 불필요하고 헛된 지식인들의 겉치레인 사람에 대한 헌신과 혼동하지 마십시오."

스탈린의 이 편지에 대해 소련문제 전문가였던 프린스턴 대학의 터커(R. Tucker) 교수는 다음과 같이 평가하고 있다. "겸손의 마스크 뒤에서 스탈린은 자신에 대한 헌신을 열렬히 갈망하고 있었다. 샤투노브스키에게 편지를 쓴 바로 그해 6월과 7월에 있었던 소련공산당 제16차 대회에서 스탈린에 대한 공개적인 찬사가 이루어졌다."[22] 터커 교수는 또 다른 지면에서 1934년 열린 소련공산당대회에서 스탈린에 대한 숭배가 어떻게 이루어졌는지를 다음과 같이 묘사하고 있다.

"스탈린이 등장하자 모든 사람들이 기립했고, 박수갈채가 10~15분 계속되었으며, 스탈린은 그에 화답하는 박수를 쳤다. 마침내 그들이 모두 앉았을 때 한 여성이 '스탈린에게 영광을!'이라며 격정적으로 외쳤다. 그러자 3,000여 명의 사람들은 다시 벌떡 일어나 박수를 치기 시작했다."

스탈린은 카리스마적인 권위의 소유자라고 한다. 그러나 놓치지 말아야 할 것은 막스 베버(M. Weber)가 카리스마적인 권위라는 용어를 사용할 때 가졌던 생각이다. 권위로 번역되고 있는 독일어 '헤르샤프트(Herrschaft)'는 명령적 통제, 지배 등과 같은 의미를 갖고 있다. 베버는 권위를 권력의 한 형태로 생각했기에 이런 용어 사용이 가능했다.[23] 권력이 지배하는 곳에서 자발적인 복종을 가능하게 만드는 권위는 존재하지 않는다. 스탈린은 자신을 숭배할 수 있도록 만드는 능력이 탁월한 권력의 화신이었다. 스탈린은 카리스마적인 권위의 소유자가 아니라 카리스마적인 권력을 갖고 있었던 것이다.

제5막 3장 중국에서

마오쩌둥

중국에서 대약진운동이 한창이던 1958년 3월. 쓰촨성의 수도인 청두에서는 중국공산당 정치국확대회의가 열렸다. 다음은 이날 회의에서 마오쩌둥이 한 연설 내용 가운데 일부이다.

"마르크스, 레닌, 엥겔스, 스탈린은 우리가 반드시 숭배해야 하고, 숭배하지 않으면 안 된다. 진리가 그들의 손 안에 있는데, 어떻게 숭배하지 않을 수 있겠는가? 우리는 진리를 믿으며, 진리는 객관적으로 존재하는 것을 반영한다. 학교에서 반장은 숭배되어야 하고, 숭배하지 않으면 안 된다. 다른 종류의 숭배는 올바르지 못한데, 특히 맹목적인 숭배는 잘못된 방법이다. 개인숭배를 반대하는 목적에는 두 가지 종류가 있다. 첫째, 올바르지 않은 숭배를 반대하는 것이며, 둘째, 다른 사람을 숭배하는 것을 반대하고 자신을 숭배하도록 요구하는 것이다. 문제는 개인숭배가 아니라 그것이 진리인지 아닌지에 달려 있다. 진리이면 숭배해야 하고, 진리가 아니면 집단지도도 이루어질 수 없다. 우리 당은 역사적으로 개인의 역할과 집단지도가 결합되어야 한다고 주장해 왔다. 스탈린을 비판하는 데 대해 일부는 공감을 표시하는데, 이는 다른 사람들이 자신을 숭배하도록 만들기 위한 개인적인 목적이 있기 때문이다. 일부 인사들이 레닌을 반대하고, 그가 독재를 한다고 말한다. 이에 대해 레닌은 '당신이 독재를 하는 것보다 내가 독재를 하는 것이 더 낫다.'고 간단하게 대답했다."[24]

권력은 총구로부터 나온다는 것은 마오쩌둥의 유명한 경구이다. 권력을 폭력과 구분하지 않은 그의 생각에서 권위가 머물 곳을 발견하기는 어렵다. 심지어 마오쩌둥은 사회주의이론을 진리라고 믿었다. 공산당은 그런 진리를 실천하는 집단이며 자신은 그런 집단의 지도자였다. 자신의 명령은 실천을 통해 진리임이 입증되었기 때문에 숭배 받을 가치가 있다고 강변하고 있다. 독단과 개인숭배가 정당화되는 곳에서 권위를 찾기는 어렵다.

제6막
찾기

소련의 붕괴와 중국의 개혁개방정책으로 전체주의는 점차 자취를 감추고 있다. 대신 자유민주주의와 반민주적인 정치체제를 통칭하는 권위주의가 세상을 지배하고 있다. 자유민주주의와 권위주의가 세상을 지배하는 방법은 정치권력에 의존하는 것이다. 자유민주주의는 정치를 권력의 획득 혹은 교환으로 이해한다. 예를 들어 선거를 통해 권력을 획득하는 과정 혹은 시장논리에 따라 권력을 교환하는 것을 정치라고 생각한다. 물론 권력의 획득과 교환은 법에 근거하여 이루어진다. 권위주의는 정치권력이 자신에게 유리하도록 선거경쟁의 규칙을 만드는 데만 관심을 가진다. 그리고 법적권위라는 탈을 쓴 강제에 의존한다.

제6막 1장 자유민주주의

미국에서

1982년 1월 미국 연방대법원은 미국 켄터키 주의 카운

티 주지사 선거를 둘러싼 사건을 다루었다. 사건의 전모는 이렇다. 한 후보자가 선거과정에서 자신이 당선되면 자신이 받는 월급을 줄이겠다고 공약했다. 선거결과는 당선이었다. 낙선한 상대후보는 당선자를 고소했다. 유권자의 표를 얻기 위해 금전적인 유인책을 사용하면 안 된다는 주(州) 법을 어겼다는 것을 고소장에 명시했다. 연방대법원은 심사를 거쳐 낙선한 후보의 고소를 기각했다. 기각한 이유는 "유권자들이 정치적 과정을 통해 자신들의 사익을 추구하는 것은 정당하기 때문이다."라는 것이었다.

미국의 정치철학자 마이클 샌델(M. Sandel)은 공동체주의자로 불린다. 물론 그는 자신에 대한 이런 평가를 불편해했지만 반대하지는 않았다. 그는 이 사건을 통해 개인의 자유와 권리를 우선하는 자유민주주의가 어떤 문제에 직면해 있는지를 보여주고자 했다. 연방대법원의 판결에 대해 그는 다음과 같이 되묻고 스스로 답하고 있다. "유권자의 표를 사는 정치가와 유권자의 개인적인 이익에 영합하는 정치가의 도덕적인 차이는 무엇인가? 돈을 받고 특정 정당에 투표하는 것이 정당하지 않다면, 세금인하를 공약하는 후보에게 투표하는 것은 왜 정당한가? 이런 질문에 대해 속 시원한 답변을 내놓지 못하는 이유는 민주주의의 목적이 사람들의 이익을 모으고 그것들을 반영하는 정책들을 만드는 것이라는 잘못된 견해를 갖고 있기 때문이다."[25]

자유민주주의는 개인의 권리인 자유와 재산의 보호를 우선적인 가치로 여기는 자유주의와 인민주권의 신념을 토대로 삼는 민주주의가 짝을 이루고 있다. 그렇지만 이 둘은 서로 다른 생각을 갖고 있다. 자유주의는 법치를 강조한다. 법으로 국가의 권위를 제한하고, 법으로 개인의 자유와 권리를 보호해야 한다고 주장한다. 그러나 민주주의는 국민들이 자유롭고 공정하게 참여할 수 있는 민주적인 절차를 마련해 국가의 권위를 강화하려고 한다. 자유민주주의는 이들 가운데 자유주의를 편애한다. 개인의 자유와 권리를 보호하는 독재가 개인의 자유와 권리를 보호하지 않는 민주주의보다 우월하다고 생각한다.[26]

그리고 개인의 자유와 권리에서 가장 핵심적인 요소는 주권이 아닌 이익의 보장이라고 강변한다. 오늘날 자유민주주의에 가장 큰 영향을 미치고 있는 대표적인 두 담론은 공공선택이론과 정치자유주의이다. 공공선택이론 주창자들은 권력을 "인간들이 소망하는 것을 통제할 수 있는 능력"으로 보며, 정치는 이런 권력이 공정하게 거래될 수 있도록 교환의 정의를 실현하는 것이라고 한다.[27] 정치자유주의 주창자들은 정치가 권력을 획득하는 과정인 선거를 자유롭고 공정하게 관리해야 한다고 여기며, 권력을 획득한 이들은 불평등을 해소하기 위해 분배의 정의를 실현해야 한다고 본다.[28]

이들은 모두 개인의 이해관계를 보장하기 위해 교환과 분배의 정의는 철저하게 법적권위에 의지해야 한다고 주장한다. 역설적이게도 자유민주주의의 법은 권력을 획득하기 위해 선거에서 막대한 돈을 쓰는 것을 보장해 줄 뿐 아니라 권력을 상품처럼 시장에서 사고팔 수 있도록 해준다. 그래서 오히려 공적인 정치영역에서 불평등이 심화되고, 이런 불평등이 법이라는 강제를 통해 묵인되는 현상을 조장하고 있다.

제6막 2장 권위주의

한국에서

2012년 12월 19일 치러진 선거에서 박근혜 대통령이 당선됐다. 선거 직전인 17일자로 출판된 미국의 시사주간지 〈타임(Time)〉은 박근혜 후보를 표지인물로 삼은 기사를 실었다. "독재자의 딸"이라는 표지제목과 함께 실린 이 기사는 한국의 18대 대통령선거에 출마한 박근혜 후보를 분석했다. 그 중에는 권위주의적인 통치로 일관했던 부친인 박정희 대통령에 대한 이미지가 선거에 미칠 영향에 대한 내용이 포함되어 있었다.

주목을 끄는 부분은 박정희 집권 시절에 대한 박근혜 후보의 평가였다. 박근혜 후보가 텔레비전 방송에서 한 연설 내용을 인용한 대목을 옮기면 이렇다. "정부의 인권남용으로 인해 피해를 입은 가족과 개인적으로 상처를 입은 사람들에게 진심으로 사과합니다." 인용문에 이어진 기사내용은 이렇다. "그녀의 연설은 어느 누구도 만족시키지 못했다. 보수주의자들은 그녀가 조심스런 태도를 보인 것을 비난

했으며, 자유주의자들은 그녀의 진정성을 의심했다."29)

2013년 출범한 박근혜 정부는 그해 11월 진보당에 대해 헌법을 위반했다며 사법부에 해산청구를 요청했다. 헌법재판소는 진보당이 "북한식 사회주의를 실현"하려고 했으며, "북한과 대치하고 있는 한반도 상황을 비추어볼 때 추상적 위험에 그친다고 볼 수 없다."라며 헌정사상 처음으로 정당해산을 결정했다.30)

한국은 1987년 10월 항쟁 이후 두 차례에 걸쳐 야당이 집권하면서 절차적 민주주의를 완성한 것으로 평가받고 있다. 그러나 개인의 자유와 권리가 공동체의 발전을 위해 제한되는 현상은 빈번하게 반복되고 있다. 이런 비자유적 민주주의는 국가안보라는 절대선의 도움을 받아 합법적으로 이루어져 왔다. 심지어 박 대통령은 자신의 임기 중에 불법행위를 저질러 국민들이 하야를 요구했지만, 이를 무시한 채 오히려 법을 방패막이로 삼아 자신의 권력을 유지하려고 시도한 적도 있었다. 박근혜 정부가 부친인 박정희 시절의 권위주의 정치체제에 대한 오마주라는 평가를 받는 이유도 여기에 있다.

일본에서

2015년 가을의 문턱. 속내를 잘 드러내지 않는 것으로 유명한 일본인들이 거리로 나섰다. 이들은 아베 정부가 추진하고 있는 안보법안이 전쟁포기를 명시한 헌법9조를 위반하는 것이라며 반대시위에 나섰다. 당시 언론들은 국회 앞에 모인 시위대가 12만 명에 달한다고 보도했다.

일본 헌법은 2차 세계대전에서 패하고 난 뒤 만들어졌다. 당시 헌법은 수상이었던 요시다 시게루가 주도해서 만들었다. 그 내용의 대강은 안보는 미국에 맡기고 경제발전에 전력한다는 정책목표를 충실히 반영하는 것이었다. 일명 "요시다 독트린"으로 불리는 정책에 따라 일본은 경제대국으로 성장했다.

요시다 독트린은 일본 자민당이 장기간 권력을 독점하면서 정치안정을 유지할 수 있게 해주었다. 안정된 정치 환경 속에서 관료들은 경제성장이라는 정책목표를 달성할 수 있는 자율적인 공간을 가졌다. 그들은 이익집단들이 자유롭게 경쟁하는 것을 보장하기보다 일부 이익집단들에게 특혜와 독점권을 주었다. 그리고 관료들은 소수의 이익집단들이 국가의 정책목표를 달성할 수 있도록 감독하는 권한을 행사했다. 이른바 중앙집권적인 국가발전 모델의 전형이다.[31] 요시다 독트린은 일본이 민주적이기보다 권위적이며, 다원주의보다 집단주의를 통해 경제를 성장시키는 데 한몫했다.[32]

동아시아의 많은 국가들은 일본의 이런 발전경로를 모방해 경제성장에 성공했다. 동아시아에서 서구의 자유민주주의 정치체제를 가장 일찍 받아들였고, 그래서 다른 나라와 비교해 가장 민주적인 국가로 평가받는 일본이다. 그런 일본도 권위주의라는 꼬리표를 떼지 못하고 있다.

중국에서

　　　　1976년 9월 9일, 마오쩌둥이 사망하자 세계의 시선이 중국에 집중됐다. 마오쩌둥이 없는 중국은 어디로 갈 것인지 모두가 궁금해했다. 마오쩌둥은 중국의 사회주의혁명을 성공시켰을 뿐 아니라 혁명 이후 30년 가까이 중국을 통치했다. 마오쩌둥이 없는 중국은 상상하기 힘들었기 때문이다.

　　숨 가쁜 권력투쟁을 거쳐 덩샤오핑(등소평)이 집권했다. 세계의 시선은 다시 덩샤오핑에게 모아졌다. 그가 중국을 어디로 끌고 갈 것인지 모두가 궁금해했다. 그는 마오쩌둥이 통치했던 전체주의 시절 여러 차례 걸쳐 숙청된 뒤 다시 복권됐다. 그런 덩샤오핑이었기 때문에 궁금증은 증폭되었다.

　　덩샤오핑은 1981년 6월 열린 중국공산당 제6차 중앙위원회전체회의에서 그런 궁금증에 부응했다. 이날 회의에서 "건국 이래 당의 몇 가지 역사적인 문제에 대한 결의"라는 다소 긴 제목이 붙어 있는 결의문을 통과시켰다. 이 결의문은 발표되기까지 여러 차례에 걸쳐 수정되었다. 덩샤오핑이 공식회의 석상에서 수정을 지시한 횟수도 아홉 차례다. 덩샤오핑이 수정을 요구한 가장 중요한 대목은 마오쩌둥의 역사적인 지위를 분명히 하는 것이었다. 결의문은 마오쩌둥을 위대한 마르크스주의자이며, 노동자계급 혁명가로 평가했다. 그리고 문화대혁명이라는 과오를 범하기는 했지만 "중국혁명에 끼친 그의 업적은 과오를 뛰어넘는 것이다."라고 강조했다. [33)]

이러한 마오쩌둥에 대한 평가에 기대어 덩샤오핑은 전체주의 중국을 권위주의 국가로 탈바꿈시켰다. 그는 중국의 나아갈 길은 위대한 목표를 달성하는 것이라고 했다. 그 목표는 공산당 일당독재라는 사회주의의 유산을 지키면서 경제발전을 달성하는 것이었다. 결국 이 결의문은 권위주의 국가의 등장을 알리는 신호탄이 되었다. 그로부터 9년 뒤 민주화를 요구하는 천안문 시위대를 유혈로 진압한 덩샤오핑은 권력을 장쩌민에게 넘겨주었다. 장쩌민은 삼개대표론을 앞세워 자본가들을 공산당 당원으로 영입했다. 공산당 일당독재를 유지하기 위해 노동자·농민의 이익을 대변했던 계급정당을 대중정당으로 바꾸었던 것이다.

중국은 공산당이 권력을 독점하면서 정치적인 안정을 추구했다. 그리고 자본주의 시장경제를 받아들여 경제발전을 이룩했다. 권력 집중 경제성장이라는 권위주의 국가발전 모델은 중국에서 효과적으로 작동했다. 전체주의 국가였던 중국은 덩샤오핑에 의해 권위주의 국가로 탈바꿈했다.

제6막 3장 정치권위를 찾아서

플라톤과 맹자가 살았던 전통시대 정치권위는 초월적인 존재를 매개로 삼았다. 그래서 조건 없는 절대적인 복종을 요구했고, 이런 요구에 따라 국민들이 복종하기도 했다. 그러나 현대인의 생각은 달랐다. 정치권위는 국민들이 만들어주는 것이라고 확신했고, 이런 확신은 대중들이 직접 정치운동에 참여하는 혁명으로 나타났다. 정치권위는 혁명으로 인해 새로운 서식지를 찾을 것으로 기대되었지만, 이러한 기대와는 반대로 혁명의 결과는 왕정 부활이나 전체주의에 길을 내주었다.

국민의 참여를 반대한 왕정, 국민의 복종을 이데올로기나 폭력으로 강제한 전체주의는 오래 지속되지 못했다. 대신 자유민주주의와 권위주의가 빈자리를 채웠다. 그러나 자유민주주의와 권위주의는 법의 강제를 통한 정치권력에 의존하고 있다. 법적권위에 기대어 강제에 의존하는 자유민주주의, 법적권위의 탈을 쓰고 권위로 위장한 권력에 의지하는 권위주의에서 정당한 정치권위를 찾기 어렵다.

정당한 정치권위는 국민들이 자유롭고 평등하게 참여하여 자발적으로 복종할 때 찾을 수 있다. 자유롭고 평등하게 참여할 수 있는 환경을 만들기 위해서는 제도적 습관(institutional conventions)을 바꾸는 작업이 필요하다. 제도적 습관은 권력집중으로 인해 시대에 맞지 않고, 불합리하며 부도덕한 제도가 지속되는 현상이다. 이런 현상을 막기 위해서는 없애는 작업과 만드는 작업이 동시에 이루어져야 한다. 없애야 할 것은 복종을 강제하고 불평등한 참여를 법으로 묵인하는 제도이다. 그리고 만들어야 할 것은 사회적 약자는 물론 모든 국민들이 자유롭고 평등하게 참여하는 것을 보장하는 법과 제도이다. 이런 법과 제도는 배제보다 공감을 통해 만들어질 수 있다. 그 결과는 적극적 자유의 완성이다. 적극적 자유는 정치체제가 정당한 정치권위를 되찾도록 안내하는 길잡이가 될 수 있다.

아테나 여신상. 기원전 5세기, 그리스 작품.

서문
권위를 찾는 사람들

한나 아렌트

"현대세상에서 권위는 사라졌다."[34] 반세기도 전인 1954년 한나 아렌트가 한 말이다. 아렌트는 독일 출신이었지만 미국에서 활동했던 정치철학자이다. 유대인이었던 아렌트는 나치 시절 독일의 대학에서 쫓겨났고, 강제수용소에 수감되기도 했다. 그런 아렌트가 권위의 실종을 선언했다. 1954년은 나치독일이 2차 세계대전에서 패하고 난 뒤였다. 그런 시절에 아렌트는 왜 권위의 상실을 선언했는가? 전체주의가 망했으면 권위의 복원을 선언해야 되는 것이 아닌가? 아렌트가 세상에 말하고자 했던 것은 무엇이었을까?

세상을 지탱하는 힘

인간은 신처럼 완전한 존재가 아니다. 이성, 감성, 욕망이 뒤엉켜 구분되지 않을 뿐만 아니라 선과 악이 공존하여 예측하기 힘든 행동을 일삼는다. 한마디로 종잡기 힘든 존재다. 이런 불안정한 삶도 두 갑자를 넘기지 못한다. 인간의 수명은 기껏해야 백년이다. 불안정한 삶과 죽음은 인간들이 서로를 불신하게 만든다. 그리고 이런 불신은 세상을 전쟁으로 내몬다. 전쟁은 서구와 동아시아를 시계추처럼 오가면서 인류문명을 파괴해 왔다.

그러나 세상은 멸망하지 않고 수천 년을 이어오고 있다. 인류는 용케 이 땅에서 더불어 살아가고 있는 것이다. 종잡을 수 없는 행동과 서로에 대한 깊은 불신, 그리고 전쟁으로 인류문명과 인간성이 한순간에 파괴되는 광풍 속에서도 인류는 어떻게 공동체를 유지하면서 생존할 수 있었던 것인가? 앞으로도 계속 생존해 나갈 수 있을 것인가?

전통, 종교, 권위

세상을 집에 비유해 보자. 인간은 세상의 집에서 살다가 죽는다. 인간은 태어나고 죽지만 세상의 집은 유지된다. 어떻게? 아렌트는 그 해답을 권위에서 찾았다. 아렌트의 얘기를 들어보자. 권위는 흔들리지 않는 초석인 토대에 의존한다. 토대는 시작을 알리는 초석이다. 그것은 후손들이 외부의 압력을 뿌리치고 지켜나가는 주춧돌이다. 전통은 이런 토대에서 시작되며, 세대를 거듭하면서 튼튼한 기둥이 된다. 그리고 종교가 있다. 종교는 절대적인 존재에 의지하면서 인간이 공동체를 유지할 수 있게 해주며, 기둥과 대들보를 연결하는 이음새가 된다. 이런 토대, 기둥, 이음새들이 세상의 대들보를 지탱해 주고 있다. 이 대들보가 바로 권위이다.

권위는 세상이라는 인간의 집이 무너지지 않게 해주는 대들보였다. 토대에서 시작된 전통이 종교와 권위를 만나 삼위일체를 형성하여 세상의 집을 지탱해 왔다. 그리고 이런 집에 질서가 거주하면서 세상은 유지될 수 있었다. 아렌트는 이런 대들보가 공적영역에서 전통과 종교의 상실로 인해 사라졌다고 말한다. 서구의 전통과 종교에는 어떤 일이 있었는가? 대들보가 없어진 세상의 집은 어떻게 유지되고 있는가? 아렌트의 이야기를 더 들어보자.

삼위일체의 해체

서구의 전통은 플라톤에서 시작된다. 그는 진리를 사랑하는 철학자가 공적인 정치영역에서 자신의 이성으로 세상을 통치해야 한다고 했다. 그리고 철학자가 세상을 통치할 수 있도록 사후세계를 고안했다. 인간은 죽은 뒤 사후세계에 들어가고, 그곳에서 생전의 행위에 따라 영혼이 그에 합당한 처벌과 보상을 받는다. 사후세계에서 처벌이 아닌 보상을 받기 위해서는 철학자의 이성에 복종해야 한다.

로마시대 기독교는 플라톤의 사후세계를 지옥과 천당이라는 교리로 발전시켰다. 정치영역에서 권위는 이런 전통과 종교에 의지했다. 그러나 종교가 점차 세속권력을 능가하기 시작했고, 그 대가는 치명적이었다. 교회는 권력을 유지하기 위해 폭력을 행사하기 시작했으며, 세속권력을 이용해 면죄부를 팔기도 했다. 지옥과 천당이라는 프레임은 유지될 수 없었다. 전통과 종교는 더 이상 권위의 기반이 될 수 없었다. 권위는 본래적 의미를 상실하고 사라졌다. 대신 남은 것은 복종을 통해 질서를 유지했던 권위의 기능이었다. 이런 권위의 기능은 권력과 폭력이 대신했다. 폭력에 의지한 권력이 권위의 기능을 이어갔다. 권위 없는 권력이 폭력을 통해 세상을 지배하기 시작한 것이다.

새로운 토대

권위가 사라졌다고 세상이 종말을 고하는 것은 아니다. 다만 또 다른 세상으로 변할 수 있는 계기가 된다. 토대와 기둥에 문제가 생겨 대들보가 제 역할을 못 하면 새로운 집을 지으면 된다. 전통과 종교에 의지했던 권위는 사라졌지만, 새로운 토대와 기둥은 새로운 시작을 가능하게 한다. 인간은 또 다른 세상을 새롭게 시작할 수 있는 능력이 있다. 세상은 자유자재로 변신이 가능했던 신(神) 프로테우스와 같다. 한순간에 모든 것이 변할 수 있다.

권위가 없는 조직과 국가가 권력에 의지해 존속하기도 한다. 오로지 법에 의지하여 복종을 강요하는 지도자, 폭력으로 권력을 잡은 참주, 쿠데타로 권력을 잡은 군인, 불공정한 선거로 권력을 잡은 독재자들이 지배하는 국가들도 있다. 그렇지만 토대와 기둥이 없어 대들보가 들어설 수 없는 집이 오래 존속하기는 어렵다. 그렇다면 현대는 새로운 대들보가 들어설 수 있는 새로운 토대와 기둥을 준비한 적이 있는가? 혹은 준비하고 있는가?

현대

권력이 폭력을 통해 세상을 지배했던 전통을 현대는 완전히 부정했다. 현대는 전통적인 정치사회 질서를 무너뜨리고 새로운 시대를 열었다. 이런 현대는 언제, 어디에서부터 시작되었는가?[35] 역사학자들은 현대가 연대기적으로 대략 14세기를 전후하여 유럽에서 시작된 것으로 본다. 이런 구분은 무엇을 근거로 삼은 것인가? 그것은 깨달음이다. 인간은 스스로 이성적인 존재라는 사실을 깨달으면서 신의 품에서 벗어났다. 인간이 스스로 생각하고 판단하여 결정을 내릴 수 있으며, 스스로 내린 결정에 대해 책임져야 한다는 사실을 깨달은 것이다. 이로 인해 현대적인 특징들도 잇달아 나타나기 시작했다. 주체로서의 개인과 개인주의, 이성에 대한 신뢰와 도구합리성, 도덕으로부터 분리된 법과 합법성, 구속으로부터 해방과 자유주의, 인민주권론의 등장과 다수 지배의 원칙 등은 현대성의 결정체라고 할 수 있다.

이런 현대적인 특징은 전통시대와 다른 다양한 현대적인 사건들을 만들어냈다. 인문정신의 부활을 알린 르네상스, 종교개혁과 이어진 종교전쟁, 사회계약론과 현대국가 출현, 혁명과 절대군주제 붕괴, 과학기술 발전과 산업혁명, 자본주의 등장 등과 같은 사건들이 순차적으로 발생했다. 이 모든 사건들은 현대가 기획한 것이었다. 이런 기획에 담긴 문화적인 프로그램은 인간을 자율적인 존재로 만드는 것이며, 정치적인 프로그램은 과거의 정치질서에 부여했던 정당성을 깡그리 부정하는 것이었다.[36] 현대는 인간이 자율적인 시민으로 거듭나면서 정치질서에 정당성을 부여하는 주체라는 것을 확신했다. 특히 혁명은 이런 확신이 단순히 생각에 그치는 것이 아니라 현실에서 일어날 수 있다는 것을 보여주었다.

혁명

　　　　　현대는 혁명을 통해 새로운 시작을 선언했다. 혁명은 이전에 일어났던 반란과 달랐다. 반란은 통치할 사람을 정하는 것이 아니라 통치해서는 안 되는 사람을 몰아내는 것이다. 혁명은 통치할 사람을 스스로 결정했다. 반란이 낡은 집에 머무는 것이라면 혁명은 새로운 집을 짓는 작업이었다. 새로운 집의 토대와 기둥은 전통과 종교가 아니라 도덕과 법이 대신했다.

　도덕과 법은 정치권위를 지탱하는 새로운 근거가 되었다. 또한 도덕과 법은 전통과 종교가 권력의 화신으로 변해 개인의 자유와 권리를 탄압했던 전철을 밟지 않으려고 했다. 도덕은 정치권력으로부터 개인의 생명과 안전을 보장하기 위해 저항하는 행위를 정당한 것으로 인정했다. 법은 개인의 자유와 권리를 명문화된 규정을 통해 보장했다.

　도덕과 법에 의지했던 현대의 혁명은 새로운 대들보로 만든 집에 자유가 살게 만들 것이라고 약속했다. 자유는 인간이 만든 제도에 의해 보장받는 것이 아니라 인간의 타고난 권리라고 선언했다. 더 이상 자유를 제한하는 것들이 기댈 수 있는 언덕은 없다고도 했다.

혁명과 폭력

　　　　　그러나 혁명은 낡은 집을 허무는 작업과 튼튼한 토대 위에 새로운 집을 짓는 작업이 안고 있는 딜레마를 해결하지 못했다. 낡은 것을 부수는 것도 어렵지만 새로운 것을 만들기는 더더욱 어렵다. 혁명은 낡은 집을 허무는 것에 성공했다. 다음 순서는 자유가 살

수 있는 집을 짓는 것이었다. 그런데 실패했다. 도덕과 법에 의지하여 만들어진 새로운 집을 지탱할 수 있는 대들보인 권위를 찾지 못했기 때문이다.

현대의 대표적인 두 혁명인 프랑스혁명과 사회주의혁명은 각각 군주제와 전체주의를 불러들였다. 자유가 살 집을 짓겠다는 혁명이 폭력을 통해 자유를 억압하는 체제로 퇴보한 것이다. 그것은 혁명이 폭력이라는 자기파괴적인 모순에서 헤어나질 못했기 때문이다. 폭력은 생존을 위한 필요(necessity)로부터 자유(liberty)를 쟁취하기 위해 사용되었다. 그러나 폭력은 자유(freedom)가 거처할 공간마저 파괴했다. 사적인 필요가 공적인 영역을 지배하고 파괴한 결과였다.

낡은 집을 허물기 위해 사용된 폭력과 권력은 새로운 집을 짓는 데 필요한 대들보를 대신했다. 자유를 쟁취하기 위해 사용된 폭력과 권력은 자유를 유지하기 위한 도구로도 사용되었다. 자유마저 폭력과 권력에 무릎을 꿇어야 했다. 새로운 집에 필요한 대들보의 역할을 폭력과 권력이 맡게 된 것이다.

이런 사태가 벌어진 이유는 권위의 기능을 권력과 마찬가지로 지배와 복종으로 이해한 결과였다. 그리고 오로지 법에만 의지하여 권위를 유지한 결과이기도 했다. 도덕은 사적영역으로 후퇴하여 개인의 선호와 마찬가지로 상대주의에서 벗어나지 못했다. 이 틈을 이용하여 참주와 독재자들은 합법을 가장하여 폭력으로 권력을 유지했다. 폭력이 복종을 이끌어낼 수 있는 가장 효과적인 도구로 인식되었다.

정치혁명

반란과 혁명의 차이도 잊혀졌다. 반란은 외부로부터의 구속에서 자유로운 소극적 자유(Liberty)를 쟁취하는 것이고, 혁명은 공적영역에서 자신의 의지대로 행동할 수 있는 적극적 자유(Freedom)의 토대를 만드는 것이다.[37]

이런 폭력과 망각이 가져다준 결과가 전체주의였다. 소극적 자유에 집착했던 현대는 적극적 자유를 전체주의의 원인으로 지목했다. 그러나 진짜 범인은 테러와 폭력에 의지해 소극적 자유를 쟁취한 현대 자체였다. 현대는 자신을 대신할 속죄양이 필요했던 것이다. 전체주의는 권위상실의 완결판이었다.

새로운 권위의 싹

아렌트는 현대에서 권위가 새로운 싹을 틔우고 발전해 온 과정을 미국의 대법원에서 발견했다. 아렌트의 설명을 들어보자. 미국혁명은 유럽혁명과 달랐다. 유럽혁명은 인민의 의지라는 정치영역 외부의 초월적인 존재가 정치권력의 근원이라고 여겼다. 이로 인해 인민의 이름으로 자행된 폭력의 굴레에서 헤어나지 못했다. 인민의 의사를 묻는 과정을 생략한 채 인민의 이름으로 실행된 정책들은 예외 없이 폭력을 동원했다.

그러나 미국은 권력에 대해 다르게 생각했다. 그들에게 권력은 인민들이 약속과 관습에 의해 서로를 구속하면서 발생하는 것이었다. 이런 구속은 헌법을 통해 제도적인 형태를 띠었다. 헌법은 자유가 주거할 수 있는 공간도 마련했다. 헌법의 수호자인 미국의 대법원은 헌법에 대한 자유로운 토론과 해석을 통해 권위를 행사하고 증식해 왔다. 전통과 종교에 의지했던 권위가 법으로 대체된 것이다.

그러나 아렌트가 발견한 미국 대법원의 권위는 좀더 세심하게 살펴볼 필요가 있다. 그것은 법적권위이기 때문이다. 사법기관의 권위가 실종된 정치권위를 대신할 수 있다는 주장은 여러 가지 문제를 안고 있다. 독일의 법학자인 켈젠이 적절하게 지적했듯이 법은 이제 미다스의 손으로 변했다. 미다스가 만지는 것마다 금으로 변했듯이, 법은 인간의 모든 행동을 통제할 수 있게 되었다.[38] 법이 남자를 여자로, 여자를 남자로 변하게 하는 것을 제외하고는 모든 일을 할 수 있다는 말이 공허하게 느껴지지 않는 것이 현실이다. 이런 현실은 법적권위가 안고 있는 문제를 살펴야 할 시점임을 말해준다.

갈림길에서

권위상실을 보는 아렌트의 시각은 서구적이다. 서구중심적인 시각은 권위상실의 원인과 해결방법을 서구의 역사 속에서 찾게 한다. 현대는 서구만의 공간이 아니다. 동아시아는 서구의 권유와 강압으로 현대에 발을 디뎠다. 이런 권유와 강압은 현대화를 서구화와 같은 것으로 오해하게 만들었다. 그러나 이런 오해마저 동아시아가 빠른 속도로 현대의 일원이 되는 데 도움을 주었다. 그 결과는 서구와 마찬가지로 권위상실을 가져왔다. 동아시아에서 권위상실의 원인을 제공한 장본인은 서구의 현대였다.

아렌트는 권위상실의 원인을 폭력에서 찾았다. 사적영역의 전통과 종교가 공적인 정치영역으로 확대되면서 폭력을 자행했기 때문이다.

정치혁명

이런 폭력은 새로운 시작을 선언한 현대의 혁명에서도 관철되었다. 그러나 동아시아에서 정치권위가 사라진 원인은 달랐다. 동아시아의 정치권위를 지탱했던 전통과 종교는 도덕과 도덕정치를 강조한 유교였다. 도덕에 의지한 전통과 유교는 사적영역은 물론 공적영역에서도 훌륭하게 작동했다. 문제가 생긴 것은 서구에서 현대가 들어오면서부터였다. 현대는 개인의 자유와 권리보장을 요구했다.

동아시아는 개인보다 공동체를 우선했다. 공공선을 달성하는 것은 개인의 자유와 권리보장보다 더 중요한 목표였다. 동아시아의 도덕과 도덕정치는 공공선을 위해 필요한 자원을 공급하는 데 기여했다. 현대는 동아시아의 이런 도덕과 도덕정치를 폐기할 것을 요구했다. 그리고 동아시아의 도덕과 도덕정치가 행사했던 폭력을 현대의 거울을 통해 보여주었다. 동아시아의 정치권위도 새로운 토대가 필요해진 것이다.

동아시아에서 정치권위가 사라진 원인은 서구와 다르기 때문에 다른 처방이 필요하다. 물론 원인과 처방은 다르지만, 달성해야 할 목표는 같다. 그것은 초월적인 존재가 주었던 권위가 아닌 새로운 정치권위를 만드는 일이다. 새로운 정치권위를 만들기 위해서는 두 가지 요소가 반드시 필요하다. 그것은 정당성과 정당화이다. 정당성은 국민들이 자유로운 참여를 통해 새로운 정치권위를 만들 때 필요하다. 이렇게 만들어진 정치권위는 국민들의 자유로운 참여를 통해 명령과 정책을 만들 때 정당화된다. 결국 정당성이 있는 정치권위가 자신의 정책을 정당화할 때 현대의 정치권위는 제 모습을 완성할 수 있다.

책의 구성

　　　　　이제 일탈한 혁명과 전체주의, 그리고 자유민주주의와 권위주의에 의해 사라진 정치권위를 새롭게 복원해 내기 위한 기나긴 여정이 시작된다. 이번 여정은 과거의 정치권위를 되찾는 것이 목적이 아니다. 정당한 정치권위를 새롭게 만들기 위한 최선의 방법이 무엇인지를 탐색하려는 것이다. 그리고 이번 여정이 시작되는 지점은 서구와 동아시아가 각각 다르다. 출발지점은 다르지만 탐색 기간 내내 서로의 경험을 비교하면서 보완할 것이다. 이번 여정이 순조롭게 이루어지고 나면 목적지에 도달하는 일은 한층 쉬워질 것이다. 그것은 후속작업을 통해 그 윤곽을 그려나갈 것이다.

그래서 먼저 공적인 정치영역에서 권위가 만들어지고, 이렇게 만들어진 권위가 사라지는 과정을 역사적으로 추적할 것이다. 그런 다음 현대에서 권위가 사라진 원인이 무엇인지 살펴볼 것이다. 그리고 정치권위를 새롭게 복원하기 위한 다양한 방법과 노력들이 어떻게 이루어지고 있는지, 그런 노력들이 새로운 시작의 토대가 될 수 있는지 따져볼 것이다. 탐색 기간 내내 길을 잃지 않기 위해 등불도 준비할 것이다. 물론 준비한 등불이 꺼지지 않도록 주의를 기울이는 데도 소홀히 하지 않을 것이다.

이 책은 크게 2부로 구성된다.

1부는 4개의 장으로 나누어져 서구와 동아시아에서 정치권위가 만

들어지고 사라지는 역사적인 과정들을 비교해서 살펴본다. 서문에서
는 서구에서 권위가 실종되었다는 아렌트의 이야기를 경청한다.

그런 다음 1장에서는 권위상실에 대한 아렌트의 시각을 동아시아
에 적용하는 데 어떤 문제가 있는지 가늠해 본다.

2장에서는 서구는 물론 동아시아에서 전통과 종교가 권위와 어떤
관계를 맺고 있었는지 비교한다.

3장에서는 혁명, 전체주의, 폭력이 현대에서 권위가 사라지는 데
어떤 역할을 했는지 살펴볼 것이다.

4장에서는 서구와 동아시아에서 정치권위에 대한 생각이 형성되
고 발전해 온 과정을 비교한다. 이를 통해 서구와 동아시아에서 정치
권위와 정치권력을 인식하는 방식의 차이, 그리고 이런 인식 차이로
인해 정치권위가 실종된 원인과 해결방법이 달라야 하는 이유를 알
아본다.

2부 역시 4개의 장으로 구성되었으며, 정치권위를 새롭게 복원하
기 위한 본격적인 여정을 시작한다.

5장에서는 실종된 정치권위를 찾기 위한 사전작업으로서 정당성
과 정당화가 무엇이며, 서구와 동아시아에서 이를 인식하는 방법이
어떻게 달랐는지 살펴본다.

6장에서는 혁명과 전체주의가 정치권위의 정당성은 물론 자신의
정책을 정당화하는 데 실패한 원인과 그 과정을 서구와 동아시아의
역사를 통해 비교해 본다.

7장과 8장에서는 자유민주주의와 권위주의가 디디고 있는 정당성
과 이들 정치체제가 스스로를 정당화하기 위해 기울이는 노력들을

살펴볼 것이다. 그리고 그런 노력에도 불구하고, 자유민주주의와 권위주의가 갖고 있는 정치권위의 정당성과 정당화 노력이 성과를 거두지 못하는 이유를 설명한다.

결론인 9장에서는 이 책을 통해 발견한 최선의 통로를 바탕으로 최종 목적지에 도달하기 위해 필요한 준비사항들을 점검해 볼 것이다. 이 책은 각 장마다 완결된 구조를 갖고 있기 때문에 책의 순서에 얽매일 필요는 없다. 관심가는 부분을 선별적으로 골라 읽어도 무방하다. 다만, 권력정치가 안고 있는 병폐에 대해 고민해왔던 독자라면 꼼꼼하게 읽을 것을 권장한다. 물론 이 책의 주장이나 결론에 동의하지 않을 수도 있다. 그러나 이런 꼼꼼한 독서가 독자의 문제의식을 확장하는데 도움을 줄 수 있을 것이라고 확신한다.

목용(木俑). 중국 한나라 시대 작품.

| 차례 |

서문 : **권위를 찾는 사람들** • 50
한나 아렌트/세상을 지탱하는 힘/전통, 종교, 권위/삼위일체의 해체/
새로운 토대/현대/혁명/혁명과 폭력/새로운 권위의 싹/갈림길에서/
책의 구성

정치혁명

제1부 권력의 시대

제1장 권위의 상실

제2장 전통, 종교 그리고 권위

정치혁명

제2부 정치권위를 찾아서

제5장 정당한 정치권위

제1부

권력의 시대

제1장
권위의 상실

1. 시각

현대의 영향을 받아 서구와 동아시아는 정치권위에 대해 같은 생각을 갖게 되었다. 그것은 정치권위가 초월적인 존재에 의해 매개되는 것이 아니라 국민들이 만들어가는 것으로 여기게 된 것이다. 그러나 이 같은 생각에 도달하는 과정은 서구와 동아시아가 달랐다. 이는 권위에 대한 생각이 변화해 온 역사적인 과정이 달랐기 때문이다. 이런 차이는 서구와 동아시아에서 권위가 사라진 원인을 진단하고, 그 해결책을 찾는 방법이 달라야 한다는 것을 말해준다.

서구의 시각

아렌트는 현대사회에서 권위가 사라졌다고 진단했다. 그리고 정치영역에서 시작된 이런 위기는 사적영역인 육아와 교육에까지 확산되고 있다며 그 심각성을 우려했다. 물론 이런 확산의 배경에는 사적영역의 절대적인 권위를 공적인 정치영역이 자신의 모델로 삼았기 때문이라고 적었다. 덧붙여 권위를 이렇게 설명하고 있다.

"(그것은) 오랜 기간 동안 서구사회에서 통용되었던 매우 특수한 형태이다."[39] 권위 실종의 원인을 서구의 시선으로 바라보고 있음을 알수 있다.

정치영역에서 권위의 서구적인 전통은 플라톤에서 비롯되었다. 플라톤은 철학왕의 이성을 통치의 도구로 삼았다. 이런 전통은 기독교에 의해 한 단계 더 나아갔다. 로마시대 기독교는 플라톤의 이성이 만든 사후세계를 천당과 지옥이라는 교리로 만들었다. 이로써 전통·종교·권위의 삼위일체가 완성되었다.

현대가 시작되면서 전통과 종교에 대한 생각에 변화가 일어났다. 그 여파로 전통·종교·권위의 삼위일체는 해체되었으며, 권위는 사라졌다. 권위 상실의 원인은 전통과 종교가 정치영역에서 강제와 폭력에 의존하여 세속권력을 유지한 데 있다. 현대인들은 권위를 전통적인 방식과는 다르게 생각했다. 그리고 현대에 맞는 새로운 권위를 만들기 위해 다양한 노력을 펼쳤다.

먼저 혁명은 국민참여를 보장하기 위해 개인의 자유와 권리보장을 공언했다. 그리고 이성에 의지한 도덕과 법의 도움으로 새로운 토대와 기둥을 만들었다. 그러나 혁명은 기대와 달리 왕정복고와 전체주의를 가져왔다. 이에 대한 반성으로 국민이 직접 공적인 정치영역에 참여했던 아테네의 민주주의를 다시금 불러냈다. 그러나 현대는 아테네의 직접민주주의보다 법의 강제에 의존하는 자유민주주의를 선택했다. 자유민주주의는 권위보다 법에 의존하여 자신의 정치체제를 유지해 오고 있다. 정치권위는 여전히 실종 상태에 있는 것이다.

동아시아의 시각

현대는 서구문명의 산물임에 틀림없다. 그렇다고 서구가 현대의 전부는 아니다. 현대적인 특징이 전세계로 확산되면서 현대성은 다른 문명권에 새로운 형태의 이념과 제도를 만드는 데 영향을 주었다. 축의 문명 가운데 하나인 유교문명에 의지했던 동아시아 국가들도 자신의 의지와는 무관하게 현대에 발을 디디게 되었다. 그리고 서구의 현대를 자신의 방식으로 이해하고 소화해 왔다. 동아시아 국가들은 한때 서구의 현대문명에 압도당하거나 식민지 혹은 반식민지 상태를 경험한 적이 있다. 지금도 서구의 지식과 제도를 이해하고 수용하기 위해 노력하고 있다.

비록 서구의 유럽문명에서 현대가 시작되었지만, 현대성은 이제 유교문명뿐만 아니라 다른 문명들을 모두 아우르고 있다. 현대성은 이제 서구가 자신의 저작권을 주장할 수 있는 단계를 넘어섰다. 세계적으로 다양한 형태의 현대성이 공존하고 있다는 주장은 이를 반영한 것이다. 그래서 이스라엘의 사회학자였던 아이젠스타트(S. N. Eisenstadt)는 "현대성은 더 이상 유럽의 전유물이 아닌 문명의 새로운 형태"라고 강조했다.[40]

도덕과 도덕정치

서구의 전통은 이성에, 동아시아의 전통은 도덕에 바탕을 두고 있었다. 동아시아의 도덕은 자연의 법칙이 인간의 본성에 들어오면서 형성됐다. 맹자는 이를 참을 수 없는 네 가지 마음으로 설명했다. 불쌍하고 가엾이 여기는 측은지심, 부끄럽고 미워하는 수오지심, 양보하는 사양지심, 옳고 그름을 가리는 시비지심이 그것이다. 이들 네 가지 마음은 타고난 것으로, '인의예지'로 발전할 수 있는 단서가 된다.

또한 서구의 종교와 달리 유교는 도덕을 정치영역으로 확장하는데 결정적인 기여를 했다. 인의예지를 달성한 군자는 권위가 이상적으로 형상화된 존재였다. 도덕을 실천하는 군자는 자신의 이익만을 추구하는 소인에 대해 절대적인 권위를 행사했다. 군자는 왕도정치를 통해 이런 권위를 누릴 수 있었다.

전통, 유교, 현대

현대는 서구와 다른 방식으로 동아시아의 전통과 종교에 개입했다. 현대의 특성들이 유입되면서 동아시아의 전통과 유교는 한때 의도적으로 버려졌다. 자연의 질서를 내재화한 동아시아의 도덕적 전통, 도덕을 기준으로 인간을 군자와 소인으로 구분한 유교는 공동체를 우선하는 특징을 갖고 있었다. 반면 현대는 개인의 자유와 권리를 우선했고, 전통과 유교는 시대에 뒤떨어진 것으로 여겼다. 이로 인해 동아시아는 권위 상실의 위기를 겪었다. 새로운 시작을 위해 서구와 같이 혁명을 경험한 국가들도 있었다. 물론 혁명은 서구와 같은 전철을 밟았다. 폭력이 지배하는 전체주의를 경험한 것이다.

그러나 동아시아의 혁명과 전체주의는 서구와 다른 발전과정을 거쳤다. 전체주의는 권위주의로 탈바꿈했고, 혁명을 겪지 않은 국가들도 권위주의에 포섭되었다. 심지어 자유민주주의 국가들도 권위주의라는 꼬리표를 떼지 못하고 있다. 권위주의라는 악화가 권위라는 양화를 몰아내고 있는 것이다. 이것이 동아시아의 시각으로 권위가 형성, 발전, 변화되는 과정을 챙겨봐야 할 이유다.

2. 원인

서구의 원인

오이코스와 폴리스

아렌트는 서구에서 일어난 권위 상실의 기원과 특징을 정치적인 것으로 진단했다. 전통과 종교의 역할이 사적영역에서 공적인 정치영역으로 확대되면서 문제가 발생했다는 것이다.

그리스 도시국가 시절에 사적영역은 자연적 결사체로서 가정 (Oikos), 공적영역은 인위적 결사체로서 도시국가(Polis)로 각각 분명하게 구별되었다. 전자는 생산을 목적으로 하는 경제적인 영역으로, 가장이 절대적인 지배권을 행사했다. 후자는 국가의 공적인 업무에 참여하는 정치적인 영역으로, 가장인 평등한 시민들에 의해 운영되었다.

사적영역에서 전통과 종교는 각각 진리를 좇는 이성과 신의 계시에 의해 권위를 유지할 수 있었다. 그러나 철학자의 이성과 신의 계시는 공적인 정치영역에서 권력을 유지하고, 대중을 통치하기 위한 폭력으로 변질되었다. 이런 폭력은 절대복종이라는 사적영역의 권위 관계를 평등이라는 공적영역의 권위 패턴에 무리하게 주입하려는 과정에서 발생했다. 그 결과는 정치권위의 상실이었다.

삼위일체

로마는 전통 · 종교 · 권위의 삼위일체를 어떻게 이룰 수 있었는가? 아렌트의 얘기를 들어보자. 로마에서 전통과 종교는 처음부터 공적인 정치영역에 개입했다. 플라톤에서 비롯된 위대한 그리스의 전통은 로마에 의해 계승되었다. 권위라는 용어도 이런 상황에서 처음으로 나타났다. 권위의 어원은 지금은 사라진 동사인 "덧붙임"이라는 뜻을 가진 "아우게레(aurere)"에서 나왔다. 권위를 가진 사람들은 로마를 건설한 선조들로부터 전통을 물려받은 원로들이었다. 권위는 더 이상 살아 있는 건국자들에게 의존하는 것이 아니라 과거에 뿌리를 두고 있었다. 이런 과거는 살아 있는 사람들의 힘에 뒤지지 않을 정도로 실제 도시생활에 영향을 행사했다.

그리고 로마에 새로운 정치체제를 수립하는 것은 곧 종교적인 활동을 의미했다. 로마의 종교는 단순히 신을 경배하는 것이 아니라 로마를 건립했던 토대를 지키는 것이었다. 그리스의 신이 도시와 떨어진 올림퍼스 산에 거주했던 것과 달리 로마의 신은 로마인들과 함께 거주했다. 로마의 종교는 바로 정치적인 활동이었다. 로마의 신인 야누스가 '시작'을 의미하는 것처럼 로마의 설립과 유지는 종교활동이자 정치활동이었다. 이러한 로마의 삼위일체는 사적인 영역과 공적인 정치영역의 갈등을 해소할 수 있었다.

사적 영역의 확장

로마의 삼위일체는 이성의 강제와 신의 계시가 정치영역을 지배하면서 해체되었다. 교회가 세속의 모든 권력을 압도하면서 사적영역이 공적영역을 지배했다. 이로 인해 공적영역에서 절대적인 복종이 강요되었다. 천당과 지옥의 이야기는 교회에 의해 교조적으로 받아들여졌고, 교회가 권위는 물론 세속적인 권력까지 독점하게 되었다. 그 대가는 치명적이었다. 로마시대의 권위는 본래의 의미를 상실했고, 교회는 절대적인 복종을 거부하는 이들에게 폭력을 행사했다. 천당의 기쁨은 지옥의 고통을 즐기는 것이 되었다. 그리고 면죄부는 교회가 행사한 가장 치명적인 폭력이었다. 그것은 돈을 내면 지은 죄를 용서받을 수 있고, 지옥에서 고통을 받지 않아도 되는 금전의 폭력이었다.

현대는 절대적인 복종을 요구했던 교회의 권위를 부정하기 시작했다. 공적영역에서 절대적인 복종은 더 이상 유지될 수 없었다. 그리고 천당과 지옥의 이야기도 더 이상 믿지 않았다. 그것은 종교인들의 신앙으로만 남았을 뿐이다. 교회는 권위를 지탱할 수 있는 여력을 완전히 상실했고, 정치권위는 새로운 서식지를 찾아야 했다.

동아시아의 원인

공과 사

동아시아에서 공과 사는 두 가지 다른 측면을 갖고 있었다. 하나는 서구와 같이 공간적인 것이지만, 다른 하나는 가치적인 것이었다. 공간적인 의미는 통치자와 일반 백성을 구분했다. 유교

경전인 『시경』과 맹자의 글에 등장하는 '공전'과 '사전'의 의미는 각각 공간적인 영역을 의미했다. 이런 공간적 의미와는 별개로 시간이 지나면서 가치판단도 포함되기 시작했다. 한비자는 군자에 대해 "공사의 구별을 명확하게 하고, 법률규정을 명시해서 사은을 버려야 한다."고 주문했다. 그리고 성리학을 체계화한 주자는 '공'을 하늘의 이치로, '사'를 인간의 욕망으로 구분했다. 이후 '사'를 추구하는 것은 탐욕이고, '공'을 추구하는 것은 정의로운 것이라는 공식이 생겨났다. 공공의 이익을 우선하고, 개인의 권리와 이익을 추구하는 것을 비도덕적인 것으로 여겼다. 공자가 "군자는 의리에 밝지만, 소인은 이익에 밝다."고 말한 것도 같은 맥락이다.

공과 사를 가치판단의 기준으로 삼은 동아시아의 전통과 유교는 사적영역이 철저하게 공적영역을 위해 봉사하도록 했다. 이로 인해 전통과 유교는 사적영역은 물론 공적인 정치영역에서도 훌륭히 작동했다. 서구의 교회가 세속권력을 유지하기 위해 폭력에 의존했던 전철을 밟을 필요도 없었다. 유교는 태생적으로 정치영역을 위해 봉사했기 때문이다.

수기치인과 내성외왕

동아시아의 전통과 유교는 정치영역에서도 문제없이 작동했다. 동아시아의 전통은 사적영역과 공적영역을 가리지 않고 도덕을 규범으로 삼았다. 그리고 유교는 사적영역의 규범이었던 도덕을 공적영역으로 확장하는 데 주력했다. 유교가 추구하는 것은 수기치인과 내성

공자가 노자를 만나 예를 묻다(《공자 적성도》 중에서). 동아시아의 전통과 유교는 정치영역에서도 문제없이 작동했다. 동아시아의 전통은 사적영역과 공적영역을 가리지 않고 도덕을 규범으로 삼았다.

외왕이었다. 사적으로는 수양을 통해 성인을 추구하고, 공적으로는 수양을 통해 얻은 성인의 자질을 백성을 다스리는 데 사용해야 한다는 가르침은 유교가 태생적으로 정치영역을 위해 봉사했음을 알 수 있다.

현대의 특성들이 유입되면서 도덕과 도덕정치는 흔들리기 시작했다. 수천 년을 이어왔던 정치권위가 흔들리면서 군주제도 더 이상 유지되지 못했다. 현대는 동아시아가 숨겨왔던 폭력도 적나라하게 드러냈다. 그것은 도덕과 도덕정치를 명분으로 폭력을 통해 개인의 자유와 권리가 억압당하는 모습이었다.

현대와의 불화

동아시아의 삼위일체가 해체된 원인은 서구와 달랐다. 서구에서 수입된 현대가 화근이었다. 개인의 권리를 우선하는 자유와 평등 사상이 문제였다. 동아시아는 도덕을 기준으로 인간을 군자와 소인으로 나누고, 유교는 개인보다 공동체를 우선했다. 현대사회가 요구하는 자유와 평등은 도덕정치를 통해 질서를 유지했던 동아시아와 격심한 충돌을 빚었다. 이런 충돌의 과정은 짧았다. 동아시아가 서구를 따라잡기 위해 서구화와 현대화를 추구하면서 전통과 유교는 더 이상 권위를 지탱할 수 없었던 것이다.

또한 현대의 거울에 비친 동아시아의 도덕과 도덕정치는 자유와 평등을 억압하는 도구에 불과했다. 도덕과 도덕정치가 자신의 목적 달성을 위해 폭력이라는 수단을 정당화해 온 사실도 새롭게 드러났다. 이런 실상은 현대의 거울을 통해 만천하에 알려졌다. 도덕정치의 권위는 한순간에 무너졌다.

3. 방법

이 책이 주목하는 세 번째 지점은 실종된 권위를 찾는 방법이다. 아렌트는 자유민주주의국가인 미국의 대법원에서 실종된 권위를 찾고 있다. 그러나 아렌트가 찾은 권위는 반쪽자리이다. 법적권위는 정당한 정치권위를 완성하기에 역부족이다. 법적권위는 정치권위를 온전히 대체할 수 없기 때문이다.

법적권위

삼위일체가 제도화되었던 로마상원은 현대사회에서 아

렌트에 의해 미국의 대법원으로 다시 부활했다. 현대사회에서 사라졌던 정치권위가 미국의 대법원을 통해 새로운 토대를 마련한 것이다. 미국의 종교는 로마의 종교처럼 건국정신을 지켜가는 것으로, 혁명과 헌법에 대한 그들의 믿음은 로마상원처럼 건국의 아버지들이 세운 토대를 지키는 것이었다.

미국혁명

미국혁명의 권력에 대한 생각은 다른 혁명과 달랐다. 프랑스혁명과 마찬가지로 미국혁명도 인민을 권력의 근원으로 보았다. 그러나 프랑스혁명은 권력을 정치영역의 외부에 기원을 갖고 있는 자연적인 힘으로 상정했다. 인민의 뜻, 일반의지 등은 그런 초월적인 힘을 상징하는 것이었다. 이런 힘은 혁명 과정에서 모든 구체제의 제도들을 쓸어버렸다. 그 결과는 인민의 권력이 아닌 인민의 폭력을 낳았다.

이와는 달리 미국혁명은 인민들이 약속, 관습, 서약 등을 통해 서로를 구속하면서 권력이 발생한다고 상정했다. 권력에 대한 이러한 견해는 폭력과 일정한 거리를 유지하는 데 도움을 주었다. 그리고 권력이 권위로 발전할 수 있도록 인간이나 신이 아닌 법과 제도에 의해 보완되었다.

또한 미국혁명은 법을 초월한 절대적인 존재로부터 권위를 차용하지 않았다. 헌법은 인민의 권력과 입법부의 대표들에 의해 만들어졌다. 문제는 이런 실정법이 유효하게 작동할 수 있도록 만드는 '상위의 법'이었다. 프랑스혁명은 '상위의 법'을 인민의 일반의지라는 정치영역 외부의 초월적인 존재로부터 찾았다. 권력의 근원인 인민이 곧 법의 근원이라고 생각했기 때문이다. 반면에 미국혁명은 달랐다. 법의 근원을 자명함에서 찾았다. 독립선언문의 서문은 이런 자명함에 기초하고, 독립선언문의 자명함은 헌법으로 탄생했다. 헌법은 '상위의 법'으로서 모든 실정법에 권위를 부여했다. 결국 미국혁명은 폭력의 도움 없이 헌법의 도움으로 완성된 것이다.

대법원

미국의 대법원은 헌법에 권위를 부여하는 제도적인 실체로서 헌법제정위원회가 맡았던 역할을 수행했다. 혁명정신을 손상하지 않는 범위에서 헌법을 새롭게 해석하는 역할을 맡았다. 지금도 미국 대법원은 아홉 명의 헌법재판관이 자유로운 대화 과정을 거쳐 헌법을 해석한다. 미국 대법원이 권위를 갖고 있는 이유는 대화를 통해 자신의 견해를 드러낼 뿐만 아니라 자유로운 생각들이 교환되면서 헌법이 새롭게 해석되기 때문이다. 미국 대법원은 자신의 권위를 로마상원과 마찬가지로 제도에서 찾은 것이다.

그러나 아렌트가 미국 대법원에서 찾은 것은 법적권위였다. 그것은 헌법에 대한 해석을 통해 부여된 것이었다. 미국 대법원은 헌법으로부터 자신의 권위를 확립했고, 법적권위는 반드시 강제를 수반한다. 그러나 로마 원로원이 맡았던 역할은 정치적인 것이었다. 로마 원로원의 권위는 충고보다는 강한 것이지만, 명령보다는 약한 것이었다.

정치권위는 강제를 수반하지 않은 채 복종을 끌어내며, 정치권위가 정당할 때 강제는 불필요하다. 복종이 자발적으로 이루어지기 때문이다. 이로 인해 권력 없는 권위가 가능해진다. 법적권위가 정치권위를 대체할 수 없음은 자명하다.

법적권위의 한계

법치(法治)

법치는 법에 의한 통치와 다르다. 법치는 인간의 기본권을 보장하려는 노력을 포기하지 않는 반면에 법에 의한 통치는 공표된 실정법에 따라 통치하는 것이다. 법치는 실정법이 자연법에 포섭돼야 한다고 믿는다. 그러나 현대는 실정법을 선호한다. 이 시대의 대표적 법실증주의자인 조지프 라즈(J. Raz)는 "법치의 개념에 모든 정치적인 이상을 포함하려고 해서는 안 된다."고 못박았다.[41] 실정법에 대한 현대의 외곬 사랑은 법의 강제에 의존하는 정치권력이 정치권위를 대신하게 만들었다.

법의 강제

법적권위와 정치권위의 차이는 다음의 사례를 통해 좀더 분명히 구분될 수 있다. 위험한 질병에 걸린 사람들이 있다. 다른 사람들을 보호하기 위해 이들을 격리하는 것은 법적으로 보장된 강제를 사용하는 것이다. 그러나 이런 격리행위는 정당한 정치권위와 다르다. 그 이유는 질병에 걸린 사람들이 자발적으로 복종의 의무를 수행한 것이 아니라 강제로 격리되었기 때문이다. 정치권력과 달리 정당한 정치권위가 작동되면 질병에 걸린 사람들이 격리되는 조건에 대해 수

궁하고 스스로 이런 명령에 복종한다.

이처럼 정당한 정치권위는 권리와 의무와 같은 법적관계로는 온전히 설명할 수 없다. 법적권위는 복종의 의무를 부과하여 통치할 권리를 갖지만, 자발적인 복종을 이끌어내는 데 한계가 있다. 미국의 최고재판소인 대법원이 비록 법적권위를 갖고 있지만, 그들의 결정이 정당하지 않을 개연성은 있다. 저명한 법철학자인 드워킨(R. Dworkin)은 법실증주의자로, 법이 인간 행동의 가장 세밀한 부분까지 통제할 수 있는 만능의 힘을 가지고 있다고 생각한다. 이러한 드워킨도 최고재판소의 판결보다 국민들의 판단에 따른 자발적인 복종을 우선한다.[42] 법적권위는 정치권위에 정당성을 부여하기 위한 필요조건이지만, 충분조건은 아닌 것이다.

동아시아와 도덕

도덕과 법

법도 도덕적인 판단을 포함한다. 단, 법은 이성의 도덕적인 판단으로 만들어진 것이다. 하지만 도덕은 이성의 판단에만 맡길 수 없다. 감성에서 비롯된 도덕은 타고난 것이지 이성에 의해 만들어지거나 습득되는 것이 아니기 때문이다. 지식처럼 습득하여 얻을 수 있는 이성의 도덕으로는 인간이 도덕적으로 행동하는 이유를 설명하기 어렵다. 인간의 본성에 내재되어 있는 감성의 도덕은 도덕적인 행위의 동기를 이해하는 데 필요하다. 이런 동기는 법에 의해 평가되고 판단될 수 없다.

예치(禮治)

동아시아는 전통적으로 합법성에 근거한 통치를 '법치'가 아닌 '법에 의한 통치'로 생각해 왔다. 그리고 법에 의한 통치는 '예(禮)에 의한 통치'로, 예에 의한 통치는 '덕(德)에 의한 통치'로 변화해야 한다고 생각했다.

『논어』에 나오는 다음과 같은 문구는 법치와 예치에 대한 동아시아의 생각을 극명하게 보여준다. "명령으로 백성들을 관리하고 형벌로 다스리면 일시적으로 범죄를 저지르지 않지만, 범죄가 수치스런 짓이라는 것을 깨닫지 못한다. 그러나 덕으로 백성들을 교화하고 예로써 그들을 다스리면 수치스런 마음을 갖게 되고 스스로 잘못을 고칠 수 있게 된다."[43]

동아시아는 예치와 덕치를 현대에 불러냈다. 그리고 법치가 안고 있는 한계를 넘어서려고 했다. 그러나 그것은 오히려 역효과를 가져왔다. 법치를 보완하려는 노력이 인치를 불러들인 것이다. 그리고 권위주의는 인치를 효과적으로 활용했다.

법치와 인치(人治)

동아시아에서 예는 사적인 혈연관계가 공적인 정치영역으로 확장된 행위규범이었다.[44] 그것은 법과 같은 외부적인 규범이 아니라 인간이 스스로 지키는 내면적인 규범이 외부로 확장된 것이었다. 그래서 예치는 행위규범이기도 하지만 법치의 중요한 기능 가운데 하나인 강제력을 동원할 수 있는 규범이기도 했다.[45] 그러나 예치와 덕치는 강제보다 교화에 방점을 두고 있어 스스로 잘못을 뉘우치도록 한다.

정치혁명

동아시아가 현대에 불러낸 예치와 덕치는 강제에만 의존하는 법치의 한계를 보완할 수도 있다. 그러나 예치와 덕치는 인치에 의존할 수밖에 없는 구조를 갖고 있다. 예치와 덕치는 도덕적으로 완성된 군자만이 실천할 수 있기 때문이다. 그래서 예치와 덕치는 인치를 위한 도구라는 극단적인 평가도 받는다. [46]

인치는 도덕적인 목표를 실천하기 위해 반도덕적인 폭력이 행사되는 것을 막을 수 없다. 참여를 보장하지 않을 뿐 아니라 통치자의 폭력에 대응할 수 없는 인치는 권위주의의 먹잇감으로 손색이 없다. 동아시아가 권위주의에서 벗어나지 못하는 중요한 원인으로 인치가 지목되는 이유도 이것 때문이다.

정당성과 정당화

정치권위는 법치와 인치로는 완성될 수 없다. 현대사회에서 정치권위가 존재할 수 있는 근거는 정당성과 정당화다. 정당성은 새로운 정치체제가 등장할 때 요구되고, 정당화는 새롭게 등장한 정치체제를 지속적으로 유지하는 데 필요하다. 정당한 정치권위는 정당성과 정당화에 의해 완성된다. 정당성이 없고, 정당화되지 않은 명령을 내리는 정치권위는 정치권력과 다르지 않다. 정치권력은 국민이 준 것이 아니라 자신의 능력으로 차지한 것이다. 그래서 정당성과 정당화를 장식품으로 여기기 쉽다.

(1) 정당성

정치권위에 복종할 것인지 여부는 국민들의 판단에 달려 있다. 현대는 동의를 그런 판단의 근거로 삼았다. 자신이 동의한 정치권위에 대해서만 복종한다는 것이다. 동의의 방식은 다양하지만 행동으로 표현될 때 의미를 갖는다. 계약 합의, 투표 참여, 충성에 대한 서약, 박수갈채에 의한 승인, 집단시위 참여 등과 같은 방법은 모두 동의가 구체적으로 표현된 것이다.

정치권위에 대한 동의의 표현방법은 법을 준수하는 것과 대중운동에 참여하는 것으로 나눌 수 있다.[47] 전자는 법이 정당성의 근거가 되고, 후자는 자신의 신념이나 이데올로기에 따라 대중운동에 참여하는 것이다. 막스 베버가 카리스마와 전통을 정당성의 근거로 삼은 것이나, 종교·이데올로기 등의 신념이 정당성의 근거가 될 수 있는 것도 이 때문이다. 정당성의 근거를 법에 의지하는 것은 대의민주주의가 대표적이며, 신념이나 이데올로기에 의지하는 것은 혁명이 전형적인 사례이다.[48]

동의와 도덕

그러나 동의만으로 정당성은 완성되지 않는다. 정치권위는 국민들이 부여한 것이기 때문에 동의는 정치권위의 정당성을 위해 반드시 필요한 것으로 여기기 쉽다. 그러나 동의가 반드시 필요한 것인지에 대한 논란은 지금도 계속되고 있다. 그 이유는 도덕 때문이다.

공원에 들어가는 행위를 동의한 것으로 생각해 보자. 그러면 공원에서 자신의 권리를 포기하면 공원 규칙에 복종하지 않아도 된다는 주장이 가능하다. 공원과 같은 공공장소에 들어가는 행위는 자연스럽게 해당 장소에서 만든 규칙을 준수하고, 공원의 권위에 복종하는 것과 같다. 이것은 규칙에 명시된 의무를 준수하겠다고 약속한 것과 마찬가지의 효력을 갖는다. 그래서 권리를 포기하고 규칙을 준수하지 않겠다는 주장은 성립될 수 없다. 또한 이런 주장에 따라 공원에서 규칙을 준수하지 않는 것은 도덕적으로 문제를 일으킨다.

동의하지 않았거나 심지어 반대한 법에 대해서도 국가는 복종을 강제할 수 있다. 이런 국가의 강제에 국민들이 자발적으로 복종하기 위해서는 동의를 뛰어넘는 이유가 있어야 하고, 그 이유를 도덕에서 찾는 것이다. 그래서 정당한 정치권위는 도덕적인 근거를 필요로 한다.[49] 도덕은 동의가 없더라도 복종을 강제할 수 있는 근거가 된다. 동의는 권리를 포기하는 순간 의무를 이행하지 않아도 된다. 그러나 정치권위는 다르다. 국가에 대한 자신의 권리를 포기한다고 복종할 의무가 없어지는 것이 아니기 때문이다.

잘못된 신념

도덕적으로 문제가 있는 신념이나 이데올로기에 따라 복종할 수도 있다. 예를 들어 파시즘과 같은 전체주의국가에서 자신의 생명을 기꺼이 희생하는 사례들을 볼 수 있다. 자신이 믿는 신념이나 이데올로기에 따라 자신을 희생하는 데 동의하는 것이다. 그러나 이런 동의는 도덕적인 정당성을 갖지 못한다. 특히 현대는 개인의 생명, 재산, 자유를 침해하는 행위는 어떠한 경우에도 도덕적 정당성을 갖지 못한다고 법을 통해 분명하게 선언하고 있다.

결국 동의만으로 정당한 정치권위는 완성되지 않음을 알 수 있다. 정당한 정치권위가 되기 위해서는 도덕적인 근거를 갖고 있어야 한다. 그래서 도구주의자들은 정치권위의 명령을 정당화할 수 있는 것은 동의가 아닌 약속이라고 주장한다.[50] 약속은 동의와 달리 항상 복종할 도덕적인 의무를 부여하기 때문이다.

(2) 정당화 [51]

정치권위는 통치할 수 있는 권리이다. 정책을 결정하고, 명령을 내리며, 법과 규칙을 제정하고, 이를 위반했을 때 제재를 가할 수 있다. 이런 권리는 국민들이 복종의 의무를 수행해야 의미를 갖는다. 그러기 위해서는 자신의 명령과 정책을 정당화할 수 있어야 한다. 그래야 강제에 의지하지 않은 채 통치할 권리를 행사할 수 있다.

정치권위가 내린 명령을 정당화할 수 있는 근거에 대해서는 크게 두 가지 이론적인 입장이 대립하고 있다. 하나는 민주주의이고, 다른 하나는 도구주의이다. 민주주의는 정치권위가 내리는 명령이나 정책이 민주적인 참여를 통해 만들어지면 정당한 것으로 평가한다. 반면 도구주의는 이런 국민의 참여나 동의가 반드시 필요한 것은 아니며, 국민들을 위해 봉사할 수 있는 명령이나 정책이면 정당화될 수 있다고 주장한다.

자발적 복종

정치권위를 기능적으로 이해하면 정치권력과 마찬가지로 복종의 도구로 여기기 쉽다. 이런 해석이 가능하다면 두려움과 존경도 정치권위의 근거가 될 수 있다. [52] 그러나 두려움과 존경은 외부적인 강제로 인해 복종하는 것이기 때문에 자발적인 복종과 거리가 멀다. 두려움과 존경은 정치권위보다 정치권력의 근거가 된다.

또한 자발적으로 복종하는 근거는 자신의 이해관계에 기초한 합리적인 숙고는 물론 당연히 해야 할 도덕적인 판단도 포함된다. 도덕적인 판단은 공동체의 구성원으로서 자신을 인식하는 가운데 형성된다.[53] 이러한 합리적인 숙고와 도덕적인 판단의 근거가 정당성과 정당화이며, 합리적 숙고와 도덕적 판단은 적극적 자유가 보장되어야 가능하다. 다시 정리하자면 정당한 정치권위는 적극적 자유가 보장된 상태에서 이루어진 합리적 숙고와 도덕적 판단으로 완성될 수 있다.

4. 혁명과 새로운 시작

혁명과 자유

과거의 정치권위는 혁명으로 인해 붕괴된 것이 아니었다. 혁명은 정치권위의 상실로 인해 나타난 결과였다. 혁명은 자유를 보장하면서 새로운 시작을 약속했다. 프랑스혁명에 적극 참여했던 콩도르세는 "'혁명'이라는 용어는 그 목적이 자유일 때만 사용할 수 있다."고 단언했다.[54] 자신의 신념에 따라 자유롭게 대중운동에 참여한 국민들은 혁명으로 탄생한 국가의 정치권위에 정당성을 부여했다. 그리고 이런 정당성에 기초하여 탄생한 새로운 정치권위는 자신의 명령과 정책을 정당화할 것으로 기대되었다.

인민주권

혁명은 정치권위에 정당성을 부여하는 근거가 국민에게 있음을 보여주었다. 정치권위가 신이나 혈통에 의해 주어졌다고 믿었던 전통시대의 신념은 혁명을 통해 바뀌었다. 혁명은 정치권위가 정당한지를 판단하는 것은 국민의 몫이라는 것을 확고히 했다. 이런 신념은 인민주권의 시대를 열었다. 대중운동은 이런 시대를 알리는 신호탄이었다.

혁명이 대중운동에 의지한 것은 당시의 법이 다수 대중의 의사와 무관하게 만들어졌기 때문이다. 법은 왕이나 귀족 같은 특정한 신분의 이해관계를 반영한 것이었다. 더구나 자유를 요구하면서 혁명의 신념에 복종해야 되는 모순은 법이 해결할 수 없는 문제였다. 그것은 대중이 자신의 신념과 도덕적 판단에 의지해야 가능한 일이었다.

무시된 법치

혁명을 통해 정당성을 획득한 정치권위도 자신의 명령을 정당화할 필요가 있었다. 혁명은 헌법질서를 완성함으로써 새로운 시작을 위한 토대를 만들었다. 비록 혁명은 대중운동에 의지했지만, 혁명이 성공한 이후에는 국민들의 참여와 동의를 거쳐 만든 헌법질서를 지켜야 했다. 그러나 혁명으로 탄생한 국가는 헌법질서를 무시했다. 그 이유는 혁명의 목표는 자유였지만, 동기는 결핍이었기 때문이다. 혁명이 성공한 이후 등장한 국가는 결핍으로부터 자유를 보장하는 것이 최우선적인 과제가 되었다. 과거 사적영역에 머물러 있던 경제적인 문제가 공적인 정치영역으로 급속하게 편입되었고, 그 해결방법은 소극적 자유가 아닌 적극적 자유에 맡겨야 했다. 그러나 혁명정부는 국민들이 공적영역에 적극적으로 참여할 수 있는 통로를 마련하여 문제를 해결하기보다 강제와 폭력에 의존했다. 강제와 폭력으로 가난한 국민들의 경제적인 결핍을 해결하려는 생각은 전체주의의 좋은 먹잇감이 되고 말았다.

전체주의

현대의 혁명은 자유를 보장하려는 의도와 무관하게 오히려 자유를 억압하는 반동적인 정치체제를 동반했다. 프랑스혁명은 나폴레옹의 왕정복고를, 사회주의혁명은 전체주의를 가져왔다. 혁명은 새로운 시작을 알리면서 정치권위의 정당성을 얻었지만, 자신의 정치권위를 정당화하는 데는 실패했다. 그 원인은 정치권위를 정치권력이 대신했기 때문이다.

혁명의 정치권위는 국민들이 자신의 신념에 따라 대중운동에 참여하면서 정당성을 얻었다. 그리고 대중운동을 통해 국민들이 보여주었던 신념은 헌법제정으로 구체화되었다. 혁명으로 탄생한 국가는 자신이 내린 명령이나 정책을 정당화해야 했다. 그러나 혁명의 정치권위는 폭력을 동원하여 자신의 명령을 정당화하려는 유혹에서 벗어나지 못했다. 폭력 앞에 노출된 국민들은 오히려 자신의 자유로운 의지를 상실했다. 더구나 국민의 의사를 반영하여 만든 헌법질서도 무시되었다. 그 결과는 폭력에 의지하여 자신의 정치권력을 유지하는 것이었다. 혁명이 전체주의를 완성한 것이다.

5. 정치권위의 적들

정치권위의 적은 전체주의만이 아니다. 자유민주주의와 반민주적인 정치체제를 통칭하는 권위주의도 정치권위의 적이다. 자유민주주의는 권위를 부정하고 자유를 우선한다. 권위와 자유는 공존할 수 없는 것으로 여긴다. 자유는 권위의 구속으로부터 벗어나려고 하고, 정당한 권위가 자유를 보장할 수 있다는 사실도 외면한다. 이런 외면은 권위를 지배와 복종이라는 사실을 통해서만 이해하기 때문이다. 권위는 옳고 좋은 것이어서 '주어지는 것'이라는 가치적인 측면을 기억에서 지워버린 것이다.

예를 들어보자. 자유민주주의는 자유로운 참여를 강조한다. 자유로운 참여는 옳고 좋은 것을 보장하지 않으며, 오히려 설득할 수 있는 능력에 의존한다. 설득은 권위와 달리 정당하지 않을 수도 있다. 정당하지 않기 때문에 오히려 자유를 제한하는 결과를 가져올 수도 있다. 그리스 도시국가 시절 소크라테스가 화려한 언설(言說)로 시민들을 설득했던 소피스트들을 비판한 것도 이 때문이었다. 공적영역에서 정당한 정치권위의 명령은 오히려 설득에 의해 자유가 제한되는 결과를 막을 수 있다. 정치권위의 명령이 자유를 보장할 때 이를 정당한 것으로 인증하기 때문이다. [55]

권위주의는 권위를 사랑한다. 국민들의 자발적인 복종을 이끌어낼 수 있기 때문이다. 그러나 그것은 왜곡된 사랑이다. 비트겐슈타인이 꿰뚫어본 언어와 현실의 부조화[56]를 권위주의는 적절하게 활용한다. 현대적 의미의 정치권위는 국민들이 만들어주는 것이다. 그러나 국민들은 망각의 늪에서 헤어나지 못해 정치권위에 대한 전통적인 생각에 여전히 집착한다. 전통과 종교에 의존했던 권위에 대한 생각을 떨쳐버리지 못했기 때문이다. 국민의 의사를 반영하지 않았거나 왜곡하면서 탄생한 권위주의 국가들은 이를 이용한다. 그리고 복종이라는 권위의 기능적인 측면을 강제한다. 정당한 정치권위와 거리가 먼 권위주의는 능숙하게 자신의 정치권력을 정치권위로 위장하는 것이다.

자유민주주의

자유민주주의는 전체주의의 경험에 대한 반작용으로 개인의 자유와 권리를 우선한다. 고약한 사실은 자유민주주의는 적극적 자유보다 소극적 자유에 더 관심이 있다는 것이다. 자유는 스스로 주체가 되어 공동체 활동에 참여하는 적극적 자유, 외부의 간섭으로부터 개인의 재산과 권리를 보호하는 소극적 자유로 나눌 수 있다. [57]

개인의 자유와 권리를 우선하는 자유민주주의는 소극적 자유의 보장에는 적극적이다. 그러나 사적영역에 속했던 경제문제가 공적영역으로 확장되면서 문제가 발생하기 시작했다. 자유민주주의는 빈부격차와 같은 사회경제적인 문제에 직면하게 된 것이다. 이를 해결하기 위해 적극적 자유에 의존해야 했지만, 이를 외면했다.

소극적 자유와 불평등

그 대가는 정치영역에 만연한 불평등이다. 이런 불평등은 자유로운 선택과 자기결정의 기회를 앗아간다. 아테네에서 다수의 지배가 선동가에 의해 주도되었듯이, 거대자본을 주축으로 하는 다수결의 논리가 자유민주주의를 지배했다. 다수결로 포장된 정당하지 못한 결정도 법에 의해 보호되었고, 거대자본을 등에 업은 다수의 독재는 소수의 의견을 귀담아 듣지 않게 되었다. 공적영역에서 방치되고 있는 이런 정치적 불평등은 자유민주주의의 정치권위를 정당화하기 어렵게 만든다.

적극적 자유는 정치적 평등을 전제로 한다. 그러나 자유민주주의는 인민주권에 기초한 평등사상이 개인의 자유와 권리를 침해할 수 있다고 여긴다. 그래서 현대의 시작을 알린 혁명이 고고성(呱呱聲)을 울린 뒤에도 모든 국민에게 참정권을 부여하는 보통선거는 20세기에 들어서야 이뤄졌다. 이런 지체현상이 발생한 또 다른 이유는 적극적 자유가 전체주의의 등장을 조장하는 데 관여했다는 의혹을 받았기 때문이다. 이런 의혹은 빈곤 문제를 해결하기 위해 혁명정부가 폭력을 사용했던 경험에서 나온 것이다. 공동체를 유지하는 데 필요한 도덕적 선이나 목적을 위해 자유가 수단으로 사용될 수 있고, 이로 인해 개인의 권리가 침해받을 수 있기 때문이라는 판단도 한몫했다.

그러나 다음과 같은 반론에도 귀 기울일 필요가 있다. 공적영역에서 자유는 새로운 정치권위를 만들어낼 수 있는 정치적 행위를 보장받는 것이다. 그럼에도 현대사회는 적극적 자유를 개인의 자유의지에 가두어둠으로써 공적영역에서 적극적 자유가 행사될 수 있는 여지를 없애버렸다. 공적영역에서 적극적 자유의 부재는 폭력에 의한 전체주의 지배를 불러들였다. 정치로부터 자유로울 권리를 강조하면서 소극적 자유에 집착하는 것이 오히려 모든 정치적 권리에 대한 무관심을 조장했다. 자유민주주의의 설계자로 평가받는 토크빌도 적극적 자유에 대한 무관심이 전체주의에 길을 내줄 수 있다고 경고했다. 프랑스혁명이 극단적인 공포정치로 끝난 원인을 정치적 자유의 부재에서 찾았던 토크빌의 생각은 여전히 유효하다. [58]

옳음이 우선

이런 반론에 대해 당대의 자유민주주의자들은 이렇게 반박한다. "개인의 자유와 권리[옳음]가 공공선[좋음]에 우선한다는 생각은 정의의 기본원칙이다.[59] 국가는 자유를 보호할 수도 있지만, 때로는 공공선을 위해 개인의 권리를 위협할 수도 있기 때문에 국가의 권위는 제한되어야 한다." 이런 판단에 따라 개인의 자유를 보장하고 정치권위를 제한하는 보루로서 법을 강조한다. 개인의 참여와 동의에 의해 만들어진 법에 의존하여 자신의 자유와 권리를 보호받으려고 한다.

그러나 법치주의는 권위와 권력을 구분하지 않는 토양을 제공할 수 있다. 법에 의해 부여받은 권위는 합법적이지만 반드시 정당한 것은 아니다. 특히 자연법을 배제하고 실정법에 의존하는 형식적 법치는 권위보다 권력에 의존한다. 소크라테스는 민주주의국가였던 아테네에서 다수결의 법칙에 따라 유죄선고를 받았다. 일본은 식민지 조선을 자신이 만든 법에 따라 통치했다. 전체주의 국가의 수많은 반체제인사들은 법이 행사하는 폭력에 무릎을 꿇어야 했다.

법적권위는 정치권위를 대신할 수 없다. 개인의 권리보호를 위해 법적권위를 우선시하면 정치권위는 제자리를 찾기 어렵고, 합법적 강제수단인 정치권력이 정치권위를 대신하게 된다. 법이 정치권위와 손을 잡기 위해서는 개인의 자유와 권리를 보호하는 소극적 자유에 집착해서는 안 된다. 정치적인 결정에 자유롭고 평등하게 참여할 수 있는 법과 제도적인 환경 속에서 적극적 자유를 행사할 수 있을 때 정치권위가 제자리를 찾을 수 있다.

권위주의

현대사회에서 권위의 귀환을 막는 또 다른 복병은 권위주의이다. 권위주의는 정당한 정치권위와 전혀 상관없다. 권위라는 같은 용어를 사용하고 있기 때문에 오히려 권위를 부정적으로 인식하게 만드는 장본인이기도 하다.

권위와 강제

권위는 사적영역에서 자발적인 복종에 의지하지만, 공적인 정치영역에서는 복종을 요구한다. 그러나 이런 요구는 자유롭고 평등한 참여가 있어야 가능하다. 그러나 권위주의는 사적영역의 권위를 공적영역으로 확장하여 무조건 복종을 강요한다. 가장과 선생이 자녀와 학생에 대해 갖는 절대적인 권위를 공적인 정치영역에서 실천하려는 것이다. 이런 강요와 실천은 공동체의 이익을 위한 것이라는 논리로 포장된다.

공동체의 이익은 정치권력에 의해 일방적으로 정해진다. 민족단결, 국가의 생존과 발전, 질서유지, 경제성장 등이 대표적이다. 이런 공동체의 이익은 정치권력을 정당화하는 데 사용된다. 개인의 자유와 권리는 정치권력이 정한 공동체의 이익을 위해 제한될 수 있는데, 이런 제한은 정치권력이 동원할 수 있는 다양한 수단과 통치능력에 의해 정당화된다. 그러한 수단에는 설득, 회유, 강압, 법에 의한 통치 등이 포함되어 있다.

법에 의한 통치

개인의 자유와 권리를 억압하는 권위주의적인 정치권력이 자신을 정당화하는 가장 중요한 수단 가운데 하나가 법이다. 법을 통해 억압을 합리화하는 방법에는 두 가지가 있다. 하나는 정치권력의 필요에 따라 만들어진 법으로 통치하는 것을 "법치"로 포장하는 것이다. 다른 하나는 이런 포장이 통하지 않을 때 사용되는 것으로, 법치를 최선이 아닌 차선이라고 우기는 것이다.

법에 의한 통치를 법치로 포장하는 데 법실증주의가 효과적으로 활용되고 있다. 물론 법실증주의가 개인의 자유와 권리를 억압하는 것을 옹호하는 것은 아니다. 다만 법실증주의는 자연법보다 실정법을 우선한다. 권위주의는 이런 법실증주의의 논리를 차용한다. 그리고 자신의 정치적 필요에 의해 만든 실정법을 근거로 삼아 정치권력을 독점한다.

이런 포장이 효과를 발휘하지 못할 때는 법의 강제에 의존하는 법치를 바람직하지 못한 통치수단으로 폄하한다. 특히 동아시아의 권위주의 국가들은 법의 강제에 의존하는 법치보다 자발적으로 복종하게 만드는 덕치 혹은 예치의 전통에 기댄다. 덕치와 예치는 도덕적으로 완성된 군자에 의해 이루어지는 통치다. 그래서 법치보다 인치에 가깝다.

제2장
전통, 종교 그리고 권위

1. 서구의 삼위일체

전통

플라톤의 이성

전통은 권위를 지탱하는 기둥이며, 과거와는 다르다. 과거를 인정하고, 이렇게 인정받은 과거는 선조들의 증언에 따라 다음 세대에 전승된 것이 전통이다. 선조들은 새로운 시작을 창조한 사람들이다. 이들은 후손들이 태어나기 전에 결정되어 경험할 수 없었던 과거의 기억들을 물려준다. 이렇게 대를 이은 기억들이 전통을 형성한다. 그리고 전통은 과거를 항해하는 실마리이자 안전한 닻이기도 하다. 이런 전통이 중단되지 않는다면 권위는 존중된다.

서구의 전통은 그리스 도시국가 시절로 거슬러 올라간다. 기원전 5세기를 전후한 '축의 시대(Axial Age)', 인류의 정신적인 토대가 만들어진 때였다. 그렇지만 이 시기에 권위의 진정한 의미를 찾기는 어렵다. 권위라는 단어조차 없었다. 다만 플라톤은 인간관계의 이상적인 형태로서 가족에 주목했다. 그리스 도시국가 시절 가장은 가정의 "지배자(despot)"로서 강제를 사용할 수 있는 권력을 갖고 있었다. 가족 구성원들이나 노예들은 가장에게 절대적으로 복종했다.

이런 가족관계는 모든 시민이 동등하게 정치적 자유를 누렸던 도시국가의 정치제도와 맞지 않았다. 사적영역인 가정에서 가장은 생존에 필요한 결핍을 해결하기 위해 절대적인 지배권을 갖고 있었다. 반면 공적영역인 도시국가는 개인의 인격이 발현되는 공간으로 시민들의 관계는 지배와 복종이 아닌 평등을 원칙으로 삼았다. 플라톤은 가족에서 유래된 자발적인 복종의 관계가 공적영역에서 실현되는 것을 이상적인 형태로 여겼다. 그의 이런 생각은 철인정치가 탄생할 수 있었던 배경이 되었고, 아렌트가 권위의 서구적인 전통이 시작된 지점으로 삼은 것이기도 하다. 아렌트의 플라톤 읽기를 따라가 보자.

절대적 복종

플라톤은 선장과 선원, 목동과 양떼, 의사와 환자, 주인과 노예 등의 관계에서 나타나는 절대적인 복종에 주목했다. 이들 관계에서 복종을 끌어내는 것은 폭력이나 설득이 아니었다. 이들은 해야 할 일이 무엇인지 알기 때문에 지시를 내리는 사람과 지시에 따라 일을 하는 사람들이다. 플라톤의 생각은 더 나아갔다.

인간의 영혼은 이성, 감정, 의지의 세 부분으로 구성되어 있다. 그리고 이성은 인간의 영혼을 구성하는 나머지 두 부분인 감정과 의지에 비해 참다운 실재인 이데아를 추구하는 욕망을 갖고 있다. 이데아는 인간의 능력이 닿지 않는 곳에 있지만, 인간의 일을 측정할 수 있는 척도다. '자(尺)'가 측정 대상이 되는 모든 사물을 초월하여 길이를 재는 척도로 사용되는 것과 마찬가지다. 인간이 조화로운 영혼을 갖기 위해서는 이데아를 추구하는 이성이 감정과 의지를 지배해야 한다.[60] 그러나 모든 사람들이 조화로운 영혼을 갖지는 못한다. 이런 상태는 소수의 신적 인간들만이 가능한데, 이들은 지혜를 사랑하는 철학자들이며, 이들의 이성은 이데아를 추구한다.

조화로운 영혼을 가진 인간은 이성이 감정과 의지를 지배하듯이 이데아를 인식하는 철학자가 국가를 통치해야 한다. 플라톤의 이런 생각과 도시국가와 빚어내는 불협화음이 동굴 비유[61]에 잘 묘사되어 있다. 동굴 안의 인간들은 불빛에 비친 허상을 진리로 알고 있다. 감각기관을 통해 받아들인 지식이 잘못됐음을 깨닫지 못하는 것이다. 동굴 밖 세계의 진리를 아는 철인들이 다시 동굴로 들어와 대중들에게 해가 비치는 세계를 설득하기는 힘들다. 동굴 속 대중들은 외부세계를 믿지 않기 때문이다.

이성의 강제

동굴 밖 삶과 동굴 속 삶은 분명하게 구분된다. 동굴 밖 진리는 동굴 속 인간들의 삶에 비해 우월하다. 이런 차이를 일깨워줄 수 있는 것은 이데아이다. 이데아는 자(尺)와 마찬가지로 인간행위의 척도이다. 철학자들은 이런 척도를 사용하여 동굴 속 인간들을 지배해야 하며, 철학자의 이성이 동굴 속 인간들의 행위기준이 되어야 한다. 플라톤이 발견한 해결책은 철학자의 이성이 발견한 이데아를 통한 지배였다. 그리고 사후세계를 고안했다. 인간행위의 척도인 이데아를 거부하고, 철학자의 지배를 받아들이지 않는 이들에게 기다리는 것은 사후세계의 처벌이었다.

아렌트는 이 지점에서 정치와 철학이 서로 대립되는 지점을 포착하고 있다. 정치에 대한 철학의 적대감이 서구 정치철학의 전통이 됐다고 생각하는 것이다. 철학자가 자신의 이성을 통해 인간들을 지배하는 것은 곧 철학이 정치를 지배하는 것이며, 진리를 강요하면서 의견 대립을 용납하지 않는 것이다.[62] 그리고 강제에 복종하지 않는 인간은 사후세계에서 처벌을 받는다. 로마시대 기독교는 플라톤의 사후세계를 천당과 지옥의 교리로 발전시켰다. 이런 플라톤의 생각은 서구의 전통으로 자리 잡았다. 권위가 기댈 수 있는 기둥이 마련된 것이다.

종교

신의 계시

플라톤의 생각이 서구의 전통으로 이어질 수 있었던 것은 로마인들이 이를 대들보를 떠받치는 기둥으로 사용했기 때문이다. 그래서 "서양철학은 플라톤의 각주에 불과하다."는 화이트헤드의 단언도 과장된 수사로 치부하기는 어렵다. 이런 서구의 전통은 로마시대를 거쳐 기독교와 결합된다.

로마의 토대가 흔들리지 않도록 묶어주는 역할을 맡은 것은 종교였다. 로마인들의 위엄과 자존심의 근저에는 새로운 시작을 알리는 신인 야누스가 있었다. 로마시대의 신들이 대체로 그리스 신들과 중첩되는 것과 달리 야누스는 로마인들에 의해 만들어진 신이다. 그리고 로마의 도시는 인간이 신들에게 영원한 거주지를 제공한 것이다. 그리스 신들이 유한한 인간들의 도시를 보호하기 위해 인간의 주거지와 멀리 떨어진 올림퍼스 산에 거주한 것과는 대조적이다.

로마 공동체가 굳건한 토대 위에 설 수 있도록 도와준 종교는 철학자의 이성이 맡은 역할을 이어받았다. 신의 계시는 권위의 근원이 되었다. 신은 권력을 통해 인간을 지배하기보다 인간의 행위를 승인해주었다. 신이 로물루스에게 로마의 도시를 건설한 것을 승인한 것처럼. 그리고 로마의 종교를 기독교가 계승한 것이다.

천당과 지옥

초기 기독교는 내세에 대해 모호하고 상충되는 입장을 갖고 있었다. 예수가 죽음과 부활을 통해 지옥을 청산했기 때문이다. 예수는 죄인들과 함께 십자가에 못 박혀 죽었다. 함께 죽은 죄인들의 영혼은 죄를 용서받아 지옥에서 처벌받지 않았다. 이것은 처벌과 고통이 사후세계에서도 영원히 지속되는 것을 해소했다. 세속적인 삶이 곧 종교적이었던 초기 기독교는 정치적인 목적을 위해 고안된 사후세계에 의지할 필요가 없었다.

그러나 기독교가 로마의 종교로 공인을 받으면서 상황은 달라졌다. 기독교는 313년 동로마와 서로마의 두 황제인 콘스탄티누스1세와 리키니우스의 밀라노칙령에 의해 공인되었다. 교회는 로마의 정치적·정신적인 유산을 이어받았고, 플라톤의 사후세계관을 천당과 지옥이라는 내세관으로 발전시켰다. 이로 인해 초기 기독교의 내용도 변했다. 부활에 대한 기독교적인 신앙은 더 이상 교회의 기반이 될 수 없었다. 대신 예수의 출생, 죽음, 삶을 역사적으로 기록한 사건이 그 역할을 대신했다. 그리고 이런 사건들을 기록한 제자들의 증언은 전통의 방식으로 세대를 이어가면서 전달되었다. 천당과 지옥의 내세관은 교회가 권위 있는 제도의 기능을 수행하기 위해 교리로 자리를 굳히게 된 것이다.

삼위일체

과거 권위에 대한 생각은 무엇을 해야 할 것인지를 알면서 명령을 내리는 사람과 이런 명령을 수행해야 하는 사람을 구별하는 것에서 시작되었다. 플라톤은 폭력과 설득이 아닌 이성의 강제를 통해 복종하게 하는 수단을 발견하려고 했다. 설득만으로는 충분하지 않던 것이다. 아테네의 민주주의가 소크라테스를 살해했다고 생각했기 때문이다. 플라톤은 자기 확신에 기초하고 있는 진리가 폭력을 사용하지 않고 인간을 강제할 수 있는 가장 강력한 도구라고 판단했다. 플라톤의 이런 생각은 기독교의 내세관과 결합되면서 전통·종교·권위의 삼위일체를 형성했다.

"설득하든지 복종하든지"

플라톤이 철인정치를 주장한 이유는 철학자와 그리스 도시국가 간에 갈등이 있었기 때문이다. 스승 소크라테스는 귀족주의자로 몰려 민주주의 세력들로부터 견제를 받았다. 민주주의를 신봉하는 아니토스는 소크라테스가 젊은이들을 현혹시키는 불경죄를 범했다며 그를 고소했다. 소크라테스는 법정에서 사형선고를 받고 수감됐다. 감옥에 있는 동안 주변 인물들이 그에게 탈옥을 권유했지만, 그는 "설득하든지 복종하든지"라며 독배를 마시고 죽음을 택했다.

이 사건은 플라톤이 철인정치를 주장하게 만든 직접적인 계기가 되었다. 그는 그리스 도시국가들의 민주주의가 철학자들의 생활을 직접적으로 위협하며, 공적영역에서 진리를 주장하면 소크라테스처럼 자신의 생명이 위험해질 수 있다고 판단했다. 플라톤은 이런 위협에 맞서 철인들이 진리를 무기로 도시국가들의 시민들을 지배해야 한다고 생각했다. 그래서 도시국가의 민주적인 정치생활을 파괴하지 않은 채 복종하게 만드는 방법을 강구했다. 설득은 다수의 동의를 얻는 유일한 방법이지만, 플라톤은 철학자들의 안전을 위해 설득보다 더 강력한 도구가 필요했다.

『국가』에 등장하는 동굴의 비유에서 플라톤이 해결의 실마리를 발견했음을 알 수 있다. 해가 비치는 밝은 세상을 알지 못하는 동굴 속 인간들을 이성의 힘에 의지하여 설득하기란 어렵다. 외적인 폭력을 사용하지 않고 그들에게 진리를 강제할 수 있는 강력한 방법은 무엇일까? 플라톤이 고민 끝에 내린 결론은 사후세계의 처벌과 보상이었다.

에르 신화

"그의 영혼이 (육신을) 떠날 때 다른 영혼들도 함께했다. 그들이 어떤 장소에 도착했는데, 그곳에는 땅과 하늘을 향해 각각 두 개의 구멍이 있었다. 구멍 사이에는 심판관들이 앉아서 정의로운 자들에게는 몸 앞에 판결내용을 붙이고 하늘로 난 구멍으로 가도록 했다. 그리고 정의롭지 못한 자들에게는 그들이 저지른 일을 담은 내용을 등에 붙인 채 땅으로 난 구멍으로 가도록 했다. 그가 앞으로 나아갔을 때 심판관들은 이곳에서 보고 들은 것들을 돌아가서 인간들에게 알려주라고 했다. 그는 영혼들이 판결에 따라 하늘과 땅으로 난 구멍으로 각각 가는 것을 보았다. 그리고 다른 두 개의 구멍 가운데 땅으로 난 구멍에서는 먼지와 오물을 뒤집어쓴 영혼들이 올라왔다. 반대편 하늘로 난 구멍에서는 깨끗한 영혼들이 내려왔다."[63]

플라톤의 『국가』에 담긴 에르(Er) 신화의 일부분이다. 이것은 사후세계의 처벌과 보상에 관한 이야기로, 이승에서 인간들이 행한 일들이 사후세계에서 처벌이나 보상을 받는다는 내용이다. 그러나 정작 플라톤 본인은 사후세계를 믿지 않았다. 그가 에르 신화를 언급한 목적은 정치적이었다. 설득이나 폭력적인 방법을 사용하지 않고 인간들이 정의롭게 살도록 만드는 방법으로 발견한 것이 사후세계였다. 민주적 방식인 설득은 진리를 알지 못하는 인간들에게 적합하지 않았다. 플라톤은 복종하게 만드는 방법을 에르 신화를 통해 찾으려고 했던 것이다.

정치혁명

내세관

교회가 권력을 담당하게 되었지만, 초기 기독교의 교리는 로마의 정치구조에 적용하기 어려웠다. 그러나 서구의 전통을 형성했던 플라톤의 사후세계는 이런 작업이 매끄럽게 진행되도록 만들었다. 신의 계시는 보이지 않는 도구였지만, 교회가 세속의 권력을 담당하면서 정치적인 의미를 갖게 되었다. 신의 계시는 플라톤의 이데아처럼 인간의 행위와 정치공동체의 원칙을 평가하는 기준으로 사용되었다.

예수의 죽음과 부활은 기독교의 신앙이기보다 역사적으로 기록된 삶과 죽음, 부활에 대한 기록이 되었고, 예수의 열두 제자들은 건국의 아버지로서 그들의 증언은 세대를 이어서 전승되었다. 기독교는 믿는 자들만의 종교에서 마침내 전세계의 종교가 된 것이다. 이를 통해 교회는 세속적인 권위를 굳건히 할 수 있었다.

교회의 정치화

세속권력을 담당하게 된 교황과 세속적인 업무에 대해 책임을 맡게 된 교회는 기독교를 변화시켰다. 콘스탄티누스 대제가 몰락하는 로마제국을 보호하기 위해 교회에 가장 강력한 신의 보호를 요청했을 때, 교회는 과거 기독교의 반정치적인 경향에서 벗어날 수 있었다. 이후 모든 죄에 대해 사면된다거나 지옥의 고통을 양심의 고통으로 정화시켜 해석하는 것은 이단으로 취급되었다. 이로 인해 플라톤의 사후세계에 의한 처벌과 보상도 다시금 그 빛을 발했다. 그리고 악행과 선행은 처벌과 보상이라는 확실한 응징체계로 다루어졌다. 물론 이런 확신은 나중에 교조적인 수준으로까지 발전했다. 플라톤의 사후세계는 세속권력을 담당한 교회가 천당과 지옥이라는 교리 속에 완전히 포섭하여 흡수해 버렸다.

기독교는 교세를 확장하면서 세속의 권력자인 황제를 압도했다. 밀라노칙령이 발표된 지 100여 년이 지난 494년, 겔라시우스(St. Gelasius) 교황은 아나스타시우스(Anastasius) 황제에게 편지를 썼다. "이 세상은 두 개의 권력에 의해 통치된다. 하나는 신성한 사제들의 권력이며, 다른 하나는 왕의 권력이다. 이 둘 가운데 사제의 권력은 훨씬 중요하다. 그들은 신의 심판대 앞에서 왕의 일을 포함하여 모든 것을 보고해야 한다."[64]

겔라시우스는 교황의 권력이 왕의 권력보다 우위에 있음을 분명히 선언했다. 교회가 세속권력을 담당하면서 플라톤의 사후세계는 처벌이 지옥으로, 보상은 천당이라는 이미지로 각색되었다. 플라톤의 사후세계는 정치적인 목적으로 고안되었으나, 이후 종교적으로 채색되었다. 전통과 종교는 그들의 결합으로 만들어진 권위와 함께 삼위일체를 이룬 것이다.

권위와 권력의 구분

권위라는 용어는 로마시대에 처음으로 등장했다. 권위의 어원인 라틴어 '아욱터(auctor)'는 "어떤 물체가 존재하도록 만들거나 그 물체가 번영 혹은 증식되도록 만든다."는 뜻을 갖고 있다. 로마시대의 권위는 선조들의 과거가 점차 증식되면서 전통이 되고, 이런 전통을 뒷받침하여 형성되었다. 종교적인 유대는 인간들이 전통을 통해 다시 결속되면서 로마시대 전통·종교·권위의 삼위일체가 이루어졌다.

또한 종교는 권위를 권력과 분명하게 구분하는 역할을 했다. 로마의 신은 인간의 행위를 안내하는 것이 아니라 인간이 내린 결정을 확인해 주었다. 미래 사건에 대한 객관적인 과정을 알려주는 것이 아니라 인간의 결정을 승인할 것인지를 판단했다. 그리스 도시국가가 신의 명령인 신탁에 의지한 것과 달리 로마는 신의 가호에 의지했다. 로마의 신은 인간들 속에서 권력이 아니라 권위를 가졌다.

이런 측면에서 '저자(author)'의 어원이기도 한 '아욱터'는 단순한 생산자와 대비된다. 저자는 권리의 출발점이며, 생산자와 달리 권력을 갖지 않는다. 명령을 내리는 주인과 명령을 실행하는 하인의 관계와는 다르다. 로마의 권력은 시민들에게 있었지만, 권위는 로마 원로원에 있었다. 로마 원로원이 정치적인 결정에 부여하는 것은 권력이 아니라 권위였다.

이데아와 내세관의 결합

기독교의 교회는 이런 로마의 정신을 계승했다. 교회는 권위의 제도적 형태인 로마시대의 원로원과 같은 기능을 했으며, 공공영역의 제도로서 그 역할을 이어갔다. 권력은 세속의 왕들이 차지했다. 전통·종교·권위의 삼위일체는 로마가 공화국에서 제국으로 전환되는 과정에서도 살아남았으며, 로마의 토대 위에 서구문명을 창조한 곳에서는 어김없이 관철되었다.

교회는 로마제국이 멸망한 이후에도 한동안 삼위일체의 유산을 물려받았다. 아니 교회는 단순히 물려받은 것이 아니라 이를 더욱 구체화했다. 인간행위의 척도였던 플라톤의 이데아는 신의 계시로 형태를 갖추었다. 또한 사후세계는 지옥과 천당에 대한 믿음으로 전환되었다. 그리스 철학이 기독교 교리로 탈바꿈한 것이다. 그러나 삼위일체는 점차 붕괴되기 시작했다. 붕괴의 결정적인 원인을 제공한 것은 폭력이었다. 사적영역에서 권위는 폭력의 도움을 받을 필요가 없었다. 그러나 공적영역에서는 상황이 달랐다.

삼위일체의 해체

이성의 폭력

이성의 강제는 사적영역에서 공적영역으로 확산되면서 모순이 드러나기 시작했다. 플라톤은 영혼불멸설과 관련된 철학적인 가르침, 처벌과 보상의 사후세계에 대한 정치적인 가르침을 구분했다. 오랜 관조를 통해 얻은 진리로서의 이데아와 지배 수단으로서의 이데아는 서로 달랐다. 진리의 이데아는 『향연(Symposion)』에서 '아름다움(beauty)'으로, 지배의 이데아는 『국가』에서 '좋음(good)'으로 표현되었다. 그러나 동굴로 다시 들어온 철학자는 동굴 속 대중들을 지배하기 위해 아름다움과 좋음을 더 이상 구분하지 않았다. 오히려 아름다움을 좋음으로 대체했다. 이로 인해 발생한 모순은 증폭되었다. 아름다움은 어둠을 밝히는 것이지 인간사회의 질서를 유지하는 것이 아니기 때문이다. 더구나 고통을 느끼지 않는 불멸의 영혼이 신체에 가해지는 고통스런 처벌로 대체될 수는 없었다.

이성을 강제의 도구로 사용하여 지배와 복종의 관계를 유지하려고 했던 정치적인 동기는 이런 모순을 피하기 위해 폭력을 완전히 배제하지 못했다. 이데아에 대한 플라톤의 설명에서도 폭력의 불가피성은 언급되고 있다. 침대의 형상[이데아]은 만들어지는 모든 침대가 적합한지를 평가하는 기준이 되듯이, 이데아는 모든 것을 측정하는 지표가 된다. 이런 지표와 기준에 맞지 않는 사물에 대해서는 강제가 수반될 수밖에 없다. 침대를 만들기 위해 나무를 잘라야 하는 것과 같은 이치다.

동굴 속 인간들을 지배하기 위해 고안된 사후세계가 폭력적인 요소를 갖고 있었던 이유도 이 때문이다. 사후세계는 철학자의 이성에 복종하지 않는 이들을 강제하기 위한 것이었다. 당초 플라톤은 사적 영역에서 이루어지는 자발적인 복종에 주목했다. 그러나 이런 관심이 공적영역으로 확장되면서 지배와 복종의 관계는 강제에 의지하게 되었다. 물론 신체에 가해지는 직접적인 폭력과는 성질이 다르지만, 사후세계의 처벌 역시 인간의 이성에 가해지는 또 다른 형태의 폭력이었다. 플라톤이 추구했던 최선의 정부형태가 권위[철학]와 권력[군주]을 동시에 겸비했던 군주제[철인왕]였던 이유도 미루어 짐작할 수 있는 대목이다.

교회의 폭력
교회가 세속권력을 담당하면서 천당과 지옥이라는 수단을 통해 지배를 실현하려고 했다. 플라톤의 사후세계가 기독교의 교조적인 교리로 전환되면서 이런 현상은 가속화되었다. 영원한 죽음이 구원이라면 사후에도 겪게 되는 영원한 고통은 죄를 지은 사람들에게 가해지는 적절한 처벌이 되었던 것이다. 더구나 토마스 아퀴나스는 "천국의 기쁨 가운데 하나는 지옥에 떨어진 자들이 벌을 받는 것을 보는 특권이다."라고 했다. 죄를 지은 자에게 가해지는 영원한 고통, 지옥의 고통을 즐기는 천국의 기쁨은 새로운 형태의 폭력이었다. 천당과 지옥의 교리로 무장한 폭력은 더 이상 종교적인 신앙이 아닌 정치적인 목적을 위해 이용된 것이다.

교회가 행사한 또 다른 폭력은 면죄부였다. 종교개혁을 주도했던 루터는 95개 논제에서 이렇게 기록하고 있다. "금화를 면죄부 헌금함에 넣어 딸랑 소리가 나면 죽은 자의 영혼은 천국으로 향한다." 교회가 면죄부를 판매하면서 휘두른 돈의 폭력은 지옥에 대한 공포를 해소시켜 주었다. 그러나 그 대가는 치명적이었다. 교회의 권위가 폭력으로 유지되었다는 것을 온 세상이 알게 된 것이다. 교회의 권위는 도전을 받았으며, 종교개혁은 그 도화선이 되었다.

교회의 폭력은 삼위일체의 균열을 가속화했다. 예수의 가르침도 뒷전으로 밀려났다. 지옥에서 당하는 처벌의 신체적인 고통에 대한 설명은 더욱 정교하게 만들어졌다. 그러나 교회의 부패하고 폭력적인 권력을 간파한 현대사회는 더 이상 지옥의 공포를 믿지 않았다. 정치적 목적을 위해 고안되었던 지옥에 대한 공포가 사라지면서 교회의 세속권력은 붕괴되기 시작했다.

삼위일체의 해체

전통 · 종교 · 권위의 삼위일체가 세상을 지탱할 때 공적영역에서 이루어지는 정치권위는 적나라한 폭력보다 이성에 의한 강제와 신의 계시에 의존했다. 그러나 전통 · 종교와 같은 이성적이고 절대적인 수단이 효력을 발휘하지 못해 권위가 제대로 작동하지 않으면서 정치권위는 물리적인 폭력에 무방비 상태로 노출되었다. 권위가 폭력에 의지하면서 삼위일체는 더 이상 작동하지 않았던 것이다.

아렌트는 현대의 정치영역에서 권위가 폭력과 개념적으로 구분되지 않는 데 주목했다. 그래서 다음과 같이 물었다. "사람들이 사용하고 있는 용어들이 그들에게 서로 다른 의미를 갖고 있다면 그들이 같은 세상에 살고 있다고 말할 수 있겠는가?" 이런 세상에서는 서로가 서로를 이해하기보다 순전히 형식적인 절차에 관한 논쟁만 계속할 것이다. 정치영역에서 권위라는 단어가 그렇다. 현대사회에서 권위는 더 이상 공통된 의미를 갖지 않게 되었고, 삼위일체가 해체되면서 이런 현상은 더욱 심해졌다.

자유주의자들에게 현대의 특징은 자유의 확장에 있다. 그렇지만 권위는 현대의 이런 특징에 반하는 것으로 여겼다. 자유주의자들은 권위를 권력이 특정한 개인이나 집단에 의해 독점되는 현상으로 생각했다. 권위를 참주, 독재, 전체주의 등과 같은 개념으로 여긴 것이다. 반면 보수주의자들은 권위의 쇠퇴가 자유의 쇠퇴를 가져올 것이라고 생각한다. 이처럼 한쪽에서는 권위를 자유의 확산을 막는 장애물로 여기는 반면 다른 쪽에서는 자유를 보장할 수 있는 보루로 인식하고 있다. 이런 차이를 좁힐 수 없다면 권위가 갖고 있는 정치적 의미는 더 이상 찾을 수 없을 것이다.

2. 동아시아의 삼위일체

전통

도덕

선진시대 중국은 외재적이고 초월적인 자연의 섭리를 '천[天, 하늘]'으로 표현했다. 그리고 하늘로 대표되는 자연의 섭리가 인간의 본성 안에 들어와 보편적인 행위규범으로 자리 잡은 것을 도덕이라고 생각했다. 그래서 맹자는 "마음은 생각하는 것이며, 생각하면 얻을 수 있고, 생각하지 않으면 얻을 수 없다. 이런 마음은 하늘이 나에게 준 것이다."라고 했다. 자연법칙이 인간의 본성으로 내면화되고, 이런 본성이 행위를 규범 짓는 도덕이 된다는 주장은 맹자의 성선설에서도 읽을 수 있다.

맹자는 인간은 선하지도 악하지도 않다는 고자(告子)의 말에 인간의 본성은 선하다고 반박했다. "고자가 말하길 '인성은 흐르는 물과 같아서 동쪽으로 길을 트면 동쪽으로 흐르고 서쪽으로 길을 트면 서쪽으로 흐릅니다. 인성은 선한 것과 선하지 않은 것을 구분하지 않는데, 흐르는 물이 동쪽과 서쪽을 구분하지 않는 것과 같습니다.' 이에 대해 맹자가 말하길 '물은 확실히 동쪽과 서쪽을 구분하지 않습니다.

그럼 상하도 구분하지 않습니까? 인성이 선한 것은 물이 아래로 흐르는 것과 같습니다. 인성이 선하지 않은 것은 없습니다. 물이 아래로 흐르지 않는 것이 없는 것과 같습니다.'라고 했다."[65]

자연법칙의 세속화

그러자 고자는 본성이 선한 인간이 왜 악한 행동을 하느냐고 되물었다. 이에 대해 맹자는 악한 행동을 하는 것도 인간의 본성이라는 것을 인정했다. 다만 맹자는 선한 성품을 드러냈을 때 인간의 본성에 더 가깝다고 주장했다. "인성에 따르면 모두가 선하게 됩니다. 내가 인성이 선하다는 것은 바로 이것입니다. 인간이 선한 일을 하지 못한다고 그의 인성이 잘못됐다고 책망할 수 없습니다."[66]

자연법칙이 인간의 본성으로 내재되었기 때문에 인성이 선하지 않을 수 없다는 주장은 다음과 같은 비유에서 빛을 발한다. "모든 사람이 참을 수 없는 마음을 가지고 있다고 말하는 것은 어린이가 우물에 빠지려는 것을 목격한 사람들 모두가 당황하고 불쌍히 여기는 마음을 갖기 때문입니다. 이것은 어린이의 부모와 사귀기 위한 것도 아니고, 주위의 친구들로부터 좋은 평판을 듣기 위한 것도 아니고, 어린이의 울음소리를 듣기 싫어서도 아닙니다."[67]

우물에 빠지려는 아이를 보고 생겨난 동정심은 인간의 본성이 선하다는 것을 말해준다. 그러나 이런 감정은 선한 본성을 나타내는 단순한 징표에 불과하다. 도덕심을 발휘해야 하는 상황에 직면하면 우연히 드러나는 것이기 때문이다. 이런 징표가 도덕규범으로 발전하기 위해서는 인의예지를 습득해야 한다. "측은하게 여기는 마음은 인이고, 수치를 아는 마음은 의이며, 공경하는 마음은 예이며, 옳고 그름을 아는 마음은 지입니다." [68]

하늘의 섭리가 도덕규범으로 내면화되면 인간은 더 이상 하늘의 권위에 의지할 필요가 없다. 인간은 자신의 내면에서 우러나는 목소리에 귀를 기울이고 여기에 복종하면 된다. 다만 이런 경지는 그냥 주어지는 것이 아니라 지속적인 수양을 통해 획득되는 것이다. "입으로 맛있는 것을 먹고, 눈으로 아름다운 것을 보고, 귀로 좋은 소리를 듣고, 코로 좋은 냄새를 맡고, 사지가 편안함을 바라는 것은 본성이기는 하지만 운명이기 때문에 군자는 본성으로 여기지 않는다. 부모와 자식 간의 인, 임금과 신하 간의 의, 손님과 주인 간의 예, 현명한 자의 지혜, 성인의 천도는 운명이지만 본성이기 때문에 군자는 운명이라 여기지 않는다." [69] 맹자는 생리적인 본성도 도덕규범과 함께 내재되었기 때문에 이를 극복하기 위해서는 인의예지와 같은 본성을 수양을 통해 갈고 닦아야 군자가 될 수 있다고 했다.

천인감응

인간은 하늘의 자식이기 때문에 하늘과 인간은 서로 통한다. 동중서의 천인감응론은 사적영역과 공적영역이 서로 관계 맺는 과정을 잘 보여준다. 임금은 천자[天子, 하늘의 아들]로서 하늘의 뜻을 집행하고, 백성은 이런 천자의 통치에 복종한다. 만약 천자가 하늘의 뜻을 어기면 하늘은 그에 상응하는 천벌을 내린다. 그리고 천자는 아버지와 같기 때문에 백성과 신하들은 자식과 마찬가지로 천자를 섬겨야 한다. 이로써 사적영역과 공적영역의 관계 맺기가 이루어진다.

이런 관계 맺기를 완성하는 것은 '예'이다. 예는 사적영역의 제도와 의식을 관장하던 규범이었다. 유교는 이런 예를 정치영역으로 확장했다. 공자로부터 시작해 동중서를 거쳐 성리학자들에 의해 체계화된 예는 중국의 권위질서를 떠받치는 역할을 했다. 특히 명나라 이후 삼강오륜의 윤리가 정착되면서 임금과 신하의 서열관계는 아버지와 아들의 서열관계와 마찬가지로 하늘의 섭리로 자리 잡았다. 그리고 이런 정치질서를 어지럽히는 것은 부도덕한 행위로 낙인찍혔다. 그래서 권력집단이 변화하는 왕조교체기에는 폭력이 동원되기도 했지만, 도덕이라는 갑옷은 왕의 정치권위가 지속될 수 있게 해주었다.

종교

유교

유교는 도덕을 강조하는 전통을 정치영역으로 확대하는 데 중요한 기여를 했다. 수기치인과 내성외왕을 유교의 학문적 특징으로 손꼽는 데 주저하지 않는 것도 이 때문이다. 공자는 어떻게 군자가 될 수 있느냐는 질문에 수기이안인[修己以安人, 자신을 수양하여 주변 사람들을 편안하게 하는 것]과 수기이안백성[修己以安百姓, 자신을 수양하여 백성들을 편안하게 하는 것]이라고 대답했다. 도덕적인 수양을 통해 사적영역은 물론 공적영역에 이르기까지 모든 사람들을 편안하게 하는 것을 군자의 도리로 본 것이다. 또한 노나라의 실권자였던 계강자가 정치에 대해 물었을 때 공자는 "군자의 덕은 바람과 같고, 소인

의 덕은 풀과 같아서 바람이 불면 풀은 엎드린다."라고 대답했다.[70]

공자는 도덕적으로 완성된 군자가 통치하면 나라가 자연스럽게 잘 다스려진다고 했다. 이때 군자는 통치자를 말하지만, 하늘의 섭리를 내재화하여 자신의 도덕규범으로 삼은 이들을 지칭하는 용어로 사용되기도 한다. 군자는 공자와 맹자에 의해 성인 혹은 대인 등과 함께 사용되었다. 유교가 태생적으로 정치적이었음을 알 수 있는 대목이다. 공자는 군자를 소인과 다양한 방법으로 구별하여 설명했다. 그리고 맹자는 도덕적으로 완성된 군자를 이상적인 통치자의 모델로 삼았다. 군자가 통치할 때 왕도정치는 비로소 실현될 수 있었다. 유교를 정치사상이라고 단정 짓는 이유도 여기에 있다. [71]

군자와 소인

군자와 소인은 본성에 내재된 도덕규범을 갈고닦은 수양의 정도에 따라 다르다.[72] "순임금도 깊은 산중에 있을 때 사슴이나 산돼지와 함께 지내면서 야인과 다를 바 없이 살았다. 그러나 선한 말을 듣고 선한 행동을 보면서부터는 큰 강의 물을 갈라놓듯이 패연히 선함으로 나아갔다."[73] 순임금이 군자가 된 것은 내재된 도덕규범을 갈고닦았기 때문이다. 소인은 도덕규범을 살리지 못하고 생리적인 본능에 이끌려 자신의 욕망을 추구한다.

맹자는 제자인 공도자가 군자와 소인을 구분하는 방법에 대해 묻자 "대체를 따르면 대인이 되고, 소체를 따르면 소인이 된다."라고 했다. 공도자가 "대체와 소체를 어떻게 구분하느냐?"고 다시 묻자 맹자는 이렇게 대답했다. "눈과 귀와 같은 기관은 생각하지 못한다. 그래서 외부의 사물에 갇히게 된다. 사물이 외부의 사물과 접촉하면 그것에 이끌려가기 쉽다. 마음은 생각하는 기관으로 생각하면 얻을 수 있고, 생각을 못 하면 잊어버린다. 이것이 하늘이 나에게 준 것이다. 먼저 큰 것을 세우면 작은 것이 뺏을 수 없다. 이로서 대인이 되는 것이다." 74)

이런 생각이 한 걸음 더 나아가면 수양 정도에 따라 맡은 직분이 다르다는 것을 인정하게 된다. 맹자는 초나라의 유학자인 진상이 "정치인도 손수 농사를 지어 식사를 해결해야 한다."고 주장했을 때 이렇게 반박했다. "모든 사물은 서로 일치하지 않습니다. 이것이 사물이 존재하는 객관적인 상황입니다. 어떤 것은 다섯 배, 혹은 백 배, 천배, 만 배의 차이가 납니다. 만약 이들을 같이 취급하면 천하는 혼란에 빠집니다. 질이 좋은 신발과 나쁜 신발을 같은 가격에 팔면 누가 받아들일 수 있겠습니까?"75) 유교의 도덕은 군자와 소인을 구분하는 기준이었을 뿐만 아니라 지배하는 사람과 지배받는 사람을 구분하는 기준이기도 했다.

삼위일체

도덕과 혈연

동아시아의 도덕은 인간의 본성에 내재되어 있던 자연의 섭리가 밖으로 드러난 것이 혈연관계라고 보았다. 배우지 않고도 부모는 아이를 돌보고, 어린아이는 부모를 사랑한다. 그래서 혈연관계는 도덕법칙의 기준이다. 부모를 섬기고 순종하는 것은 인을 실천하는 것이다. 도덕적인 행위규범의 시작을 가족을 중심으로 한 혈연관계에서 찾은 것이다. 남편과 아내, 자식 중에서도 아들과 딸, 아들 중에서도 장자와 둘째가 지켜야 할 행위규범은 다르다. 또한 가족관계에서 멀어질수록 도덕적인 행위기준도 달라진다. 동아시아의 도덕이 가정에서 맺어진 관계의 은유에서 벗어나지 못하는 것도 이 때문이다.[76] 그래서 맹자는 "배우지 않고도 할 수 있는 것이 양능이고, 생각하지 않고도 알 수 있는 것이 양지다."라고 했다.

이런 혈연관계가 정치영역으로 발전한 것이 종법질서에 의한 통치였다.[77] 왕과 왕의 혈족이 지켜야 할 도리는 다르다. 왕족과 신하는 물론 신하와 백성이 지켜야 할 행위규범도 다르다. 왕과 혈연관계가 가깝고 먼 정도에 따라 행위규범은 달랐으며, 이로 인해 맡은 역할도 달랐다. 혈연관계에서 나타나는 위계질서가 정치영역으로 확대되면서 지배자와 피지배자의 역할도 달라진다. 사적영역에서 지켜야 할 가족의무가 공적영역인 국가윤리의 바탕이 된 것이다.[78]

정명론과 위계

『여씨춘추』에서 권위를 설명하는 대목에 이런 구절이 있다. "모든 군주는 반드시 군주와 신하의 직분을 깨달아야 한다. 그런 다음 국가의 안정이 실현될 수 있고, 간계와 사악을 막을 수 있고, 혼란과 나쁜 기운의 확산을 막을 수 있다." 권위는 군주와 신하의 역할을 분명하게 구분하는 데서 발생한다. 군주는 군주다워야 하고 신하는 신하다워야 한다는 것은 직분에 따른 역할을 구분하는 것이다.

정명론은 혈연관계에서 비롯된 도덕적인 행위규범이 정치영역에

정치혁명

서 적용되는 방식을 잘 보여준다. 제자인 자로가 정치를 하면 무엇을 먼저 할 것인지 물었을 때 공자는 "이름을 바로 세울 것[正名]"이라고 했다. "이름이 바로 서지 않으면 말이 순조롭지 못하고, 말이 순조롭지 못하면 일이 성사되지 않고, 일이 성사되지 않으면 예악이 일어나지 않고, 예악이 일어나지 않으면 형벌이 알맞지 않고, 형벌이 알맞지 않으면 백성들이 어찌할지 모르게 될 것이다."79) 그러면 이름이 바로 서지 않으면 어떤 일이 벌어지는가?

공자는 그런 나라는 반드시 망하게 된다고 했다. "천하에 도가 있으면 예와 악이 천자로부터 나오고, 천하에 도가 없으면 제후로부터 나온다. 제후로부터 나오면 십 세대 안에 망하지 않는 경우가 드물며, 대부로부터 나오면 다섯 세대 안에 망하지 않는 경우가 드물며, 신하가 국권을 장악하면 삼 세대 안에 망하지 않는 경우가 드물다."

그럼 왜 망할 수밖에 없는가? 공자는 군주가 자신의 맡은 직분에 충실하지 않으면 백성들이 따르지 않기 때문이라고 했다. "권위를 가진 사람의 품행이 단정하면 비록 명령을 내리지 않아도 백성들은 명령을 수행한다. 그러나 행위가 정당하지 않으면 비록 명령을 내리더라도 백성들은 복종하지 않을 것이다."80) 군주의 직분은 군자가 맡아야 하며, 군자는 도덕정치를 실천하는 것으로, 군자의 권위는 그의 도덕적인 수양에 의해 부여되는 것이다. 물론 소인의 역할은 군자의 명령과 지시에 절대적으로 복종하는 것이다.

도덕정치의 완성

플라톤의 이성에 의지했던 서구의 전통은 사후세계를 통해 복종을 강제했다. 종교는 사후세계의 교리를 천당과 지옥에 대한 믿음으로 바꾸어 정치영역을 지배할 수 있었다. 동아시아에서는 자연법칙이 인간의 본성에 안착하여 도덕으로 내면화되었고, 도덕윤리는 종교윤리로 바뀌었다. 이런 전환은 유교에 의해 이루어졌다. 유교는 도덕에 기초한 전통과 이런 전통을 정치영역으로 확장했다. 특히 한나라의 유학자였던 동중서는 유학을 사회질서 유지와 정치제도를 위한 학문으로 재구성했다.

동중서의 천인감응론은 이런 확장을 설명하는 논리적인 근거였다. 하늘의 섭리가 인간에 내재되었지만, 모든 사람이 천자인 왕은 될 수 없다. 천자는 하늘의 뜻을 본받아 통치를 하는 사람이며, 이런 천자가 하늘의 뜻인 도덕이 아닌 형벌에만 의존하면 하늘은 천재지변을 통해 경고한다.[81] 그래서 천재지변은 곧 천자가 통치할 수 있는 자격을 갖고 있는지를 판단하는 근거가 된다.

동중서를 기점으로 동아시아의 도덕정치는 전통 · 종교 · 권위의 삼위일체를 형성했고, 도덕정치는 왕도정치를 통해 실현되었다. "힘을 가지고 남을 복종시키는 자에게는 마음으로 복종하는 것이 아니다. 복종하는 자가 힘이 모자라기 때문이다. 덕을 가지고 남을 복종시키는 자에게는 속마음이 기뻐서 진실로 복종하는 것이니 칠십 제자가 공자에게 복종하는 것과 같은 것이다." 지배자인 왕은 통치 과정에서 도덕적인 의무를 충실히 수행하고, 지배받는 백성들은 도덕적인 통치에 대한 화답으로서 자발적으로 복종한다.[82] 도덕을 매개로 이루어지는 왕도정치는 동아시아 정치권위의 완결판이었다.

삼위일체의 해체

현대의 충격

현대는 공적영역에서 전통과 종교가 강제와 폭력에 의지해 유지했던 권위를 부정했다. 동아시아에서 전통과 유교는 겉으로 보기에 공적영역에서도 잘 작동했다. 동아시아의 도덕과 유교는 가정에서는 아버지에게, 사회에서는 어른에게, 국가에서는 임금에게 복종할 것을 요구했다. 도덕은 국가를 혈연관계인 가족의 연장으로 여기게 했다. 자연법칙을 내재한 도덕법칙이 사적영역과 공적영역에서 동시에 작동했던 것이다.

그러나 현대가 유입되면서 상황은 달라졌다. 동아시아는 자신을 돌아볼 수 있는 거울을 가졌다. 현대의 거울에 비친 광경은 도덕과 유교에 의해 개인의 자유와 권리가 억압받는 모습이었다. 서구의 전통과 종교가 공적영역에서 폭력에 의존했듯이, 동아시아의 도덕은 자신의 목적을 달성하기 위해 동원할 수 있는 모든 수단을 정당화해 왔다는 사실이 드러났다. 그 중에는 폭력도 포함되어 있었다. 도덕이 자행했던 폭력이 현대의 거울을 통해 적나라하게 드러났던 것이다. 도덕과 도덕정치가 만들어낸 일그러진 자화상이었다.

도덕의 변주

정당하지 못한 것에 대한 분노는 폭력으로 발전하게 된다. 도덕은 폭력을 도구로 삼아 정의롭지 못한 폭력에 대항하는 것을 용인한다.

도덕을 명분으로 삼은 폭력은 제어하기도 어렵다. 이런 특징은 권력의 좋은 먹잇감이다. 폭력에 의지했던 현대의 혁명이 예외 없이 권력에 의존하여 공포정치로 막을 내린 것도 이를 입증한다.

폭력이 도덕을 명분으로 삼은 사례는 동아시아의 역사에서 쉽게 찾을 수 있다. 조선시대 세종의 지시로 출판된『삼강행실도』는 폭력이 도덕을 명분으로 자행한 행위들이 잘 묘사되어 있다. 이 책에는 중국과 한국의 충신, 열녀, 효자의 이야기가 담겨 있다. 백성들에게 널리 알리기 위해 한글로 작성된 이 책은 부모에게 효도하기 위해 자신의 신체 일부를 절단하거나, 임금에게 충성하기 위해 목숨을 초개와 같이 버리는 일을 장려했다.[83]

루쉰(노신)도『광인일기』를 통해 폭력이 도덕을 어떻게 활용하는지 묘사하고 있다. "옛날부터 사람을 잡아먹었다. 나도 기억하고 있지만, 분명하지는 않다. 내가 역사책을 펼쳐보니 연대가 적혀 있지 않았다. 페이지마다 '인의도덕'이라는 글자만 있었다. 잠을 자지 못하다가 책을 자세히 들여다보니 글자들 틈새에서 사람을 잡아먹는다는 글자가 가득 있는 것을 알게 됐다."[84]

도덕과 폭력

도덕이 자행한 폭력에 눈을 뜬 동아시아의 한 지식인은 이렇게 말했다. "종법질서는 개인의 독립과 존엄을 훼손하고, 개인의 자유의지를 훼손하고, 법 앞에서 평등한 개인의 권리를 훼손하고, 개인을 의존적이고 노예적인 존재로 전락시켰다."[85] 한때 완전한 서구화를 주장했던 천두슈(진독수)는 도덕과 유교가 개인의 자유를 제한했을 뿐만 노예적인 삶을 강요했던 사실을 적나라하게 드러냈다.

역설적인 것은 이런 반발을 주도했던 이들이 모두 민족주의자였다는 사실이다. 민족주의자들은 현대를 적극 수용하여 부강한 국가를 만들고 싶어 했다. 봉건질서를 지탱해 왔던 도덕과 도덕정치가 이들 민족주의자들에게는 최대의 장애물이었다. 이들은 개인의 자유와 권리를 강조하는 현대를 등에 업고 도덕정치를 부정했다. 동시에 이들은 국가와 민족이라는 공동체의 이익을 명분으로 폭력을 정당화했다. 천두슈 역시 개인의 자유와 권리보다 민족해방을 위해 폭력혁명을 주장하는 사회주의로 전향했다.

도덕이 추구하는 목적이 무엇이든 폭력에 의존하면 권위는 더 이상 유지될 수 없다. 도덕이 폭력에 의존하는 순간 도덕이 지탱했던 권위는 권력으로 변질되고 만다. 침묵과 묵종을 강요하는 폭력은 정치권위와 상극이다. 그것은 오히려 정치권력과 친화적이다.[86] 복종을 강요하는 것은 정치권력의 고유한 능력이기 때문이다.

제3장
현대와 권위

1. 현대

현대와 전통

전통의 역할

동물이 본능에 따라 집단을 형성한다면 인간은 전통에 따라 공동체를 형성하고 유지해 왔다. 나치즘에 반대했던 독일의 대표적인 질서자유주의자인 뤼스토우(A. Rustow)는 전통의 이런 특징을 놓치지 않았다. "동물이 인간과 비교해 부족한 것은 지능이 아니라 전통이다. 전통은 정신의 산물을 세대를 이어 전달할 수 있을 뿐만 아니라 이런 지식을 확장하고 유지·발전시킬 수 있다."[87]

전통과 권위

전통이 공동체를 형성·유지·발전시키는 역할을 맡을 수 있는 것은 권위를 내장하고 있기 때문이다. 전통은 기원과 근원이라는 의미를 담고 있다. 전통 있는 사물에 권위를 부여하는 것도 이 때문이다. 과거 권위는 인간의 영역을 벗어난 진리와 신의 계시라는 초월적인 존재를 매개로 주어진 것이었다. 선조들은 이런 초월적인 존재로부터 메시지를 받았거나 받은 것으로 여겨지는 이들이다. 이들이 받은 메시지가 세대를 거쳐 전승되면서 전통은 만들어졌다. 이런 전통은 세대를 이어 규범이 되고, 문화가 되었으며, 공동체를 결속하는 강한 힘이 되었다. 이로써 전통은 안정성과 지속성을 보장해 주었다. 반드시 지켜야 할 신성한 전통은 이런 안정성과 지속성에서 핵심적인 역할을 했다.

"천년 만의 급변"

전통은 인간 공동체가 유기적으로 통합할 수 있는 행위의 기준과 신념을 제공했다. 그러나 현대가 시작되면서 전통은 이런 통합력을 상실했는데, 그 원인은 내부에서 찾을 수 있다. 과거 중요한 전통은 대부분 공유할 수 있었다. 그러나 사회체계가 복잡해지면서 새로운 전통들이 생겨나고 확산되기 시작했다. 이로 인해 전통이 효과적으로 전승되지 못하면서 통합력에 문제가 발생했다. 이성을 강제의 도구로 사용했던 전통도 공동체를 구속하는 데 한계를 드러냈다. 공동체를 통합하는 방법으로 강제를 이성에 의존하기보다 다른 도구들을 사용하는 전통들도 속속 생겨났다.

내부보다 외부적 요인은 더 결정적이었다. 그것은 과거와 다른 형태의 사유방식인데, 새로운 시작이 가능하다는 생각이었다. 과거 모든 것의 기원은 하나였다. 다시 시작한다는 것은 생각하기 어려웠다. 그러나 완전히 새롭게 시작할 수 있다는 생각이 확산되기 시작했다.

인간 공동체는 더 이상 전통에 의존할 필요가 없었다. 현대의 가장 야심찬 기획이 전통과의 완전한 결별로 해석되는 이유도 여기에 있다. 그래서 미국의 사회학자 니스벳(R. Nisbet)은 현대의 등장을 "천년 만의 급변"으로 묘사했다.

이성과 경험

새로운 시작이 가능할 수 있다는 생각은 어떻게 만들어진 것인가? 그것은 인간의 이성과 경험이 전통을 대신했기 때문이다. 인간의 이성은 자신의 판단에 기초하여 사실을 분석하기 때문에 미리 주어진 어떤 전제도 허락하지 않았다. 또한 인간의 관찰과 지각에 의해 경험된 사실만을 진리로 받아들였다. 경험할 수 없는 과거의 전통은 받아들이지 않았다. 전통이 기대고 있던 자연의 세계는 인간의 의지와 필요에 의해 상당 부분 동원될 수 있는 대상으로 전락했다. 인간의 이성과 경험은 전통을 배격하고 완전히 새로운 시작을 보장할 수 있는 자원이 되었다.

이성과 경험에 의지한 과학의 발전도 한몫했다. 이성과 경험의 힘으로 모든 자연법칙을 설명할 수 있다고 생각한 이들은 더 이상 인간 외부의 초월적인 존재에 의지하지 않았다. 인간이 신에 의해 만들어졌다는 창조론은 다윈의 과학적인 진화론으로 대체되었다. 인간의 활동과 참여가 사회적·문화적·자연적 질서를 형성하는 데 중요한 역할을 맡았다. 확실하지 않은 모든 것을 거부해야 한다는 데카르트, 전통이 사라진 후에야 진정한 창조가 가능하다는 하이데거의 경구는

전통과 결별하려는 현대의 생각을 갈무리한 것이다.[88]

　의도하든 의도하지 않았든 전통의 몰락과 현대의 등장은 둘 사이를 물과 기름처럼 공존하기 힘든 관계로 만들었다. 전통은 정적이고 관습에 의존하는 농촌중심사회인 반면, 현대는 동적이고 창조적이며 산업화가 이루어진 도시중심사회로 평가되었다. 전통과 현대를 공동사회와 이익사회, 직위와 계약, 유기적 연대와 기계적 연대, 전통적 권위와 합리적 권위 등과 같이 구분하는 것도 이런 떼어내기 작업의 일환이었다. 전통사회는 초월적인 존재와 신의 계시에 의존한 엘리트에 의해 통치되었고, 현대사회는 대중의 폭넓은 참여에 의해 통치된다는 생각도 확산됐다. 전통에는 낡고 정체된 것이라는 꼬리표가 붙었다. 특히 계몽정신은 전통의 어둠을 밝게 하는 빛으로 현대를 묘사했다. 현대에서 전통이 설자리는 더 이상 찾기 힘든 듯이 보였다.

현대 속 전통

　현대라는 쓰나미는 대부분의 전통들을 쓸어버렸다. 보호되어야 할 전통마저 한꺼번에 휩쓸려갔다. 그 여파는 현대 자체에까지 미쳤다. 사회적으로 소외는 현대의 병리현상을 대표하게 됐으며, 자본주의의 발달로 심화된 불평등은 사회적 통합력과 소속감을 떨어뜨렸다. 초월적인 존재로부터 권위를 부여받아 질서를 유지했던 전통적 권위는 더 이상 작동되지 않았다. 현대는 공동체를 결속했던 전통의 역할을 다시 검토하기 시작했다.

　막스 베버는 전통적 권위를 새로운 형태의 합리적 · 법적 · 관료적

권위로 대체했다.[89] 그는 전통적 권위가 현대사회에 안정성을 줄 수 없다고 했는데, 이런 판단은 역설적이게도 현대가 전통을 완전히 부정하지 못하는 이유가 되었다. 현대 자체에 결핍된 안정성을 전통을 통해 보완하려고 했으며, 전통 속에서 현대사회의 질서를 유지하는 자원을 발견하려는 노력은 그 결과로 나타난 것이다.

이런 노력은 전통에 대한 현대의 새로운 자각으로부터 시작되었다. 전통은 과거와 다르다. 전달되지 않고 단절된 것은 전통이 아니라 단순히 과거에 불과하다. 전통은 현재와 과거를 이어주는 징검다리로, 과거의 가치 있는 것을 현재에 전달한다. 전통은 단순히 과거의 행위를 반복하는 관습과도 다르다. 이것은 믿음을 전제로 하고 있다. 믿지 않을 때 두 가지 방법을 사용하는데, 하나는 검증해 보는 것이며, 다른 하나는 부정하는 것이다. 현대의 인식적인 특징을 고려할 때 전통은 검증의 대상이지 부정의 대상이 될 수 없다. 전통은 단순히 수용되는 것이 아니라 인간의 경험과 이성에 의해 다시 검증과 재평가를 한 뒤에 수정되고 확장되며 풍부해지는 과정을 거친다. 이런 과정은 지식을 단순히 획득하는 것이 아니라 비판적으로 발전시키는 것이다.

전통에 대한 현대의 이런 자각은 한 걸음 더 발전했다. 인간의 지식은 전통과 이성에 의해 완성된다는 생각으로 이어졌다. 전통과 현대를 이분법적으로 구분하는 것은 인간이 그동안 축적해 온 지식의 절반을 포기하는 것과 다름없다는 인식도 생겨났다. 한때 현대에 의해 버림받았던 전통들이 과거와 관습에서 다시 전통의 지위를 회복하는 사례들이 늘어나기 시작했다.

동아시아에서도 유교는 과거의 낡은 가치로 취급된 적이 있다. 특히 현대는 유교를 봉건시대의 관습으로 여겼다. 그러나 유교는 동아시아의 발전과 함께 다시 주목받았다. 유교는 정치적·시대적 상황으로 인해 탄압을 받았지만, 그런 상황이 해소되는 순간 다시 그 지위를 부분적이나마 회복했다. 이런 사실을 알고 나면 전통과 결별하려고 했던 현대의 기획이 애초부터 잘못된 의도를 갖고 있었음을 알 수 있다.

발명된 전통

현대는 공동체의 안정성을 담보받기 위해 전통을 만들기도 했다. 발명된 전통이 그것이다. 급변하는 현대사회가 안정을 찾으려면 과거와의 연속성을 인위적으로 만들어내야 하는 것이다. 전통의 발명은 과거의 낡은 전통이 급속히 변화하는 현대사회와 충돌하거나 혹은 현대사회에 적응하지 못하고 사라졌을 때 이루어진다. 이렇게 만들어진 전통은 기능적으로 과거와의 연속성을 강조한다. 현대국가의 등장과 함께 발명된 민족주의는 과거의 재료들을 이용하여 고안된 발명품이자 상상의 공동체이다.[90] 민족주의는 다양한 사회집단들에 대해 동일한 가치를 주입하는 데 사용한 "발명된 전통"으로서 그 기능을 수행하고 있는 것이다.

순수하게 정치적인 목적을 위해 발명된 전통도 있다. 이런 전통은 식민지통치에서 전형적으로 발견된다. 영국이 아프리카와 인도의 전통을 효과적으로 재구성하는 과정에서도 전통은 발명되었다.[91] 특히 대영제국이 인도의 무굴제국을 계승하고 있다는 주장에 이르면 이런 의도가 노골적으로 드러난다. 인도의 전통을 호출하여 그 속에 내재되어 있던 권위를 차용하려는 영국의 목적은 효율적인 식민통치에 있었음은 두말할 필요가 없다. 일본이 식민지통치를 합리화하기 위해 한반도에 임나일본부[92]를 두었다고 주장한 것도 이 때문이다. 아시아적 가치가 권위주의적인 통치를 위해 만들어졌다는 주장에서도 발명된 전통이 갖는 정치적인 목적을 발견할 수 있다.

현대와 종교

(1) 종교와 도덕

그리스 도시국가 시절 종교는 도덕과 무관했다. 그러나 로마시대에 전통 · 종교 · 권위의 삼위일체가 형성되면서 정치영역에서 종교는 도덕을 대신했다. 현대와 함께 삼위일체가 해체되자 종교는 공적영역에서 그 의미를 상실하고, 다시 사적영역으로 돌아갔다. 사적영역에서 종교는 초월적인 존재를 믿는 사람들의 도덕이 되었다. 공적인 정치영역에 홀로 남은 도덕은 자신의 역할을 새롭게 찾아야 했다. 더 이상 초월적인 존재에 의지할 수 없었기 때문이다. 현대는 이성을 통해 도덕에게 새로운 역할을 부여했다.

신과 이성

"신은 죽었다."는 니체의 선언은 현대가 종교를 대하는 태도의 한 극단을 보여준다. 인간의 외부에 있는 절대적인 존재였던 신의 지위는 유지될 수 없었다. 대신 신은 인간이 자신의 내면에 자리 잡은 목소리에 귀를 기울여 스스로 찾아내는 것이 되었다. 종교에 대한 믿음이 인간의 이성에 대한 절대적인 신뢰로 대체된 것이다. 이로 인해 종교와 도덕은 공적영역에서 같이 붕괴되었다. 삼위일체를 지탱했던 종교는 공적영역에서 사적영역으로 물러났다.

인간의 이성은 공적영역에 남은 도덕을 새롭게 해석했다. 도덕법칙도 개인의 자유과 권리에 근거하여 새롭게 만들어졌다. 이렇게 만들어진 도덕법칙은 의무를 준수하는 규칙으로 명문화되기 시작했다. 이런 추세에 따라 도덕의 규범적인 내용은 점차 법으로 대체되었다. 종교와 결별한 도덕이 공적영역에서도 법에 밀려나 주변화되기 시작한 것이다.

변화는 도덕에 국한되지 않았다. 권위도 이성에 의해 합리적 권위로 대체되었다. 종교를 벗어던진 권위가 이성의 옷으로 갈아입으면서 현대는 신 중심의 세계를 벗어나 인간 중심의 세계를 연 것이다.

(2) 도덕과 자유
"자유는 도덕의 존재근거"

공적영역에서 신이 주었던 도덕법칙을 버리고 인간이 새롭게 도덕법칙을 만들 수 있는 길을 연 것은 칸트였다. 칸트는 자연 속 인간이 자연법칙을 벗어나 자유로운 존재가 될 수 있는 이유를 찾아냈다. 칸트는 자연의 일부인 인간이 자연의 필연적인 인과법칙과 동물적인 본능, 감정의 지배를 받지 않고 자유로울 수 있는 이유를 도덕과의 관계 속에서 발견했다. 그리고 "자유는 도덕법칙의 존재근거이고, 도덕법칙은 자유의 인식근거다."라는 결론에 이르렀다.[93]

도덕과 자유에 대한 칸트의 생각을 정리하면 이렇다. 인간이 자유로운 것은 동물적인 본능과 감정에 의해 좌우되지 않는 의지의 자유, 즉 자율성을 갖고 있기 때문이다. 자율성은 자연법칙과 달리 인과법칙을 따르지 않는 자율적인 이성이 있기에 가능하다. 자율적인 이성은 인간이 경험하거나 인지할 수 없기 때문에 선험적이다. 또한 자율적인 이성이 악한 행동이 아닌 선한 행동을 선택하는 것은 선험적으로 도덕법칙을 갖고 있음을 보여준다.

칸트가 말하는 자율적인 이성은 선험적인 순수실천이성이다. 순수이성은 진리에 근거하고 있으며, 실천이성은 이런 진리가 도덕적인 실천을 통해 나타난다. 즉 인간의 자율적인 이성은 도덕적인 행위를 통해 유추하게 된다. 그래서 도덕법칙은 자율적인 이성을 인식할 수 있는 근거이며, 자율적인 이성은 도덕법칙이 존재할 수 있는 근거가 되는 것이다. "아이가 우는 것(도덕법칙)"을 보고 "배고프다(자율적인 이성)"는 것을 아는 것과 마찬가지다. "아이가 배고프다"고 말하지 못해도 "우는 것을 보고 배고픈 사실"을 유추하는 것이다.

법에 갇힌 도덕
도덕과 자유에 대한 칸트의 견해는 현대화가 진행되면서 각색되기 시작했다. 현대는 도덕을 법이라는 새장 속에 가두고 자유라는 먹이를 주면서 사육했다. 도덕은 자유에 대한 깊은 이해를 갖게 되었지만 법의 테두리를 벗어나지 못했다. 공적영역에서 법에 갇힌 도덕은 장식품으로 전락했다.

대신 도덕성을 거세당한 또 다른 자유가 공적영역을 활보했다. 도덕은 어떤 행위를 옳은 것으로 시인하고, 그것과 다른 행위를 그른 것으로 부정한다. 도덕성을 거세당한 자유는 이런 시인과 부정에 대한 자율적인 의지를 갖지 못하게 되었다. 공적영역에서 자유는 비어버린 곳간처럼 이름뿐인 형식으로 전락한 것이다. 도덕으로부터 자유로워지고 싶은 현대가 이를 조장했다. 인간이 자연법칙의 지배를 받지 않는 근거는 자유이지 도덕이 아니라는 주장도 가능해졌다.

도덕으로부터 자유롭게 된 인간은 자신을 절대적인 존재로 설정했다. 타자는 물론 외부로부터의 어떠한 권위도 인정하지 않았다. 외부의 구속으로부터 자유로워질 수 있는 권리는 강제와 폭력을 동반한 법에 의해 보장되었다. 자유를 얻기 위한 혁명이 폭력으로 시작된 것도 의미심장하다. 혁명은 공포정치로 막을 내렸다. 도덕성을 거세당한 자유가 공적영역을 지배한 대가였다.

소극적 자유와 1차원적 자유

공적영역에서 자유가 도덕성을 거세당한 이유는 현대가 소극적 자유에 집착했기 때문이다. 현대는 외부의 구속과 속박으로부터 벗어날 때 자유로운 것이라고 생각했다. 그러나 이런 자유는 1차원적인 자유이며, 소극적 자유의 근거가 된다. 1차원적인 자유는 자유를 쟁취하는 것으로 여긴다. 자신을 구속하는 간섭으로부터 벗어나는 것을 목표로 삼기 때문이다.

그래서 마르쿠제는 『1차원적 인간』에서 다음과 같이 경고하고 있다. 발달된 산업사회에서 1차원적인 인간은 "안락하고, 순조로우며, 합리적이며, 민주적이지만 자유롭지 않다."라고 했다. 이런 인간들은 빈곤, 강제, 불합리, 독재와 구속으로부터 자유를 쟁취했지만, 더 이상 "자유롭고 평등한 토론"을 필요로 하지 않는다. 그래서 마르쿠제는 이 책의 서문을 다음과 같은 섬뜩한 문장으로 시작했다. "인류를 파국으로 몰아갈 수 있는 원자력의 위협이 이런 위험을 지속시키는 세력들을 보호하고 있는 것이 아닌가?"[94]

소극적 자유는 이런 1차원적인 자유를 근거로 타인의 권리를 침해하지 않는 범위에서 외부의 제약 없이 자신이 원하는 것을 얻는다. 그래서 소극적 자유는 사적영역에서만 그 의미를 갖는다. 도덕적 행위에 대한 판단도 전적으로 자신의 주관에 의지하며, 그 주관에 의지한 도덕상대주의는 공적영역에서 그 역할을 상실하게 된다.

적극적 자유와 2차원적 자유

마르쿠제는 1차원적 자유에 대한 집착이 가져올 미래를 인간의 내적 자유인 비판정신을 통해 해결하려고 했다. 2차원적 자유인 적극적 자유는 내적 자유를 통해 스스로에 대한 지배를 실현하는 것이다. 스스로에 대한 지배가 실현되면 공적영역에서 자유로운 존재들이 자유로운 상태를 모색할 수 있는 단초가 마련될 수 있다. 그래서 적극적 자유는 쟁취하는 것이 아니라 만들어가는 것이다.[95] 1차원적 자유가 구속으로부터 해방되는 것이라면, 2차원적인 자유는 스스로를 지배하는 공동체의 구성원들이 만드는 것이다.

저명한 정치철학자인 스키너(Q. Skinner)는 "독재적인 권력의 행사로부터 자유로운 정치적 제도를 가진 사회에 사는 사람이 자유로운 사람이다."라고 했다.[96] 적극적 자유는 스키너가 말한 자유로운 정치적 제도를 만들기 위해 자유로운 사람이 공적인 사무에 참여할 때 비로소 주어지는 것이다.[97] 그래서 적극적 자유는 한마디로 개인이 공적영역에서 자신의 의지와 행동의 주인이 되어 공동선(common good)을 실현하는 것이다.[98]

소극적 자유에 대한 집착

소극적 자유는 현대의 산물이다.[99] 현대는 초월적인 존재를 매개로 한 권위의 간섭으로부터 벗어나 자유를 찾으려고 했다. 그것은 도덕적인 선을 목적으로 삼는 전통적인 적극적 자유와 결별하는 것이다. 현대의 소극적 자유에 대한 집착은 자유에 대한 이분법적인 이해를 심화시켰다. 자유를 소극적 자유와 적극적 자유로 구분한 이사야 벌린(I. Berlin)도 소극적 자유를 옹호했다. 그의 옹호는 적극적 자유는 공공선(public good)을 달성하기 위해 자유를 수단으로 사용할 수 있다는 우려에서 나온 것이다.[100]

그러나 적극적 자유를 배제한 소극적 자유는 자신을 억압하는 모든 외부의 강제로부터 자유롭기 때문에 외부의 시선을 아랑곳하지 않는다. 공공선이 아닌 공동선(common good)을 실현하기 위해서는 공감이라는 감성의 도움을 받아야 한다. 공감은 공적영역에서 도덕적인 감정을 다른 사람과 공유하는 것이다. 이런 공감이 없이는 공동선의 완전한 실현은 불가능하다. 소극적 자유는 오로지 법에 의지하여 자유를 쟁취하는 것이 목적이기 때문에 공감으로부터 자유롭다.

공감 없이 실현된 공공선은 불완전할 수밖에 없다. 적극적 자유를 배제한 소극적 자유가 극단적으로 추구될 때 초래될 수 있는 병폐는 일찍이 플라톤이 기게스의 반지를 통해 경고한 적이 있다. 토크빌도 플라톤의 경고를 상기시켰다. 그는 소극적인 자유의 맹목적인 추구는 다수에 의한 독재를 초래할 것이라고 했다. 칸트가 "도덕적이기 때문에 자유롭다."고 말한 이유도 여기에 있다.

(3) 이성도덕

정언명령

칸트는 도덕법칙을 인간의 이성에서 찾는 데 결정적인 역할을 했다. 그는 인간의 이성은 자율적이며, 자율적인 이성은 스스로 법칙을 세울 뿐만 아니라 자신이 만든 법칙에 스스로 복종하는 자유로운 의지를 갖고 있다고 했다. 인간이 갖고 있는 자율적인 이성은 도덕법칙이 만들어지게 된 근거이며, 도덕법칙은 자율적인 이성이 있다는 것을 아는 근거가 된다. 그래서 칸트의 의무론적 도덕법칙인 정언명령은 이렇게 말하고 있다. "자신의 준칙이 항상 보편적인 법칙의 원리가 될 수 있도록 행한다."

간의 자유로운 의지인 자율적 이성이 만든 정언명령은 스스로 지켜야만 되는 것이다. 정언명령은 다른 목적을 위해 도덕법칙을 지키는 것이 아니라 그 원칙을 지켜야 하는 당위성을 갖고 있기 때문에 실천되는 것이다. 거짓말을 하지 않는 이유는 다른 사람에게 손해를 끼친다거나 혹은 자신의 명예를 실추시키기 때문이 아니라 거짓말을 하는 것이 도덕법칙에 위배되기 때문이다.

정언명령은 가언명령과 비교할 때 좀더 뚜렷하게 드러난다. 가언명령은 목적에 따라 행동하는 것으로 타율적인 원리에 따르는 것이다. 우물에 빠지려는 아이를 구하려는 것이 다른 목적, 예를 들어 아이를 구하여 명성을 얻으려는 목적 또는 아이의 부모와 잘 지내려는 목적 등을 담고 있다면 그것은 가언명령이 된다. 그러나 아이를 구하려는 행위는 다른 사람에게도 보편적인 법칙의 원리가 될 수 있는 자율적인 이성의 절대적인 명령이기 때문에 반드시 지켜야 하는 것이다.

당위와 현실의 간극

공적영역에서 자신의 준칙이 항상 보편적인 법칙의 원리가 되도록 한다는 정언명령이 실천을 담보할 수 있을까? 칸트의 정언명령에 따르면 도덕적인 행위를 강조한 소크라테스의 행위는 보편적인 법칙의 원리가 되지 못한다. 아테네 시민의 절반 이상이 그의 사형에 찬성표를 던졌기 때문이다. 소크라테스의 비극적인 죽음은 칸트의 정언명령이 현실과 일정한 거리가 있음을 보여준다.[101] 이런 괴리는 정언명령이 스스로 그 싹을 심었다. 정언명령은 모든 구성원들이 동의할 수 있는 행위만을 법칙으로 삼는다. 모두가 동의하는 법칙은 현실과 일정한 간극을 보일 수밖에 없다. 칸트는 자기강제를 통해 이를 해소하려고 했다.

칸트는 자유를 내적 자유와 외적 자유로 구분했다. 그리고 내적 자유는 도덕성에, 외적 자유는 합법성에 일임했다. 내적 자유는 어떠한 제약도 받지 않고, 자신이 어떤 행위를 하든 외부적으로 영향을 미치지 않는 자유이다. 이런 무제약적인 내적 자유와 달리 외적 자유는 다른 사람과의 관계를 통해 얻어진다. 공적영역에서 외적 자유를 보장받기 위해서는 제약이 필요한데, 이런 제약은 내적 자유의 도덕성에서 나온 자기강제가 법으로 형식화되면서 실현되는 것이다.[102]

그러나 자기강제를 통해 내적 자유와 외적 자유의 간극을 해결하려는 노력도 실효를 거두기가 어렵다. 외적 자유를 보장하는 칸트의 법은 정언명령을 그대로 따르고 있기 때문이다. 정언명령은 모든 구성원들의 자유를 보장할 수 있는 보편적인 원칙에 따를 경우에만 법이 자유를 제한하도록 했다. 이로 인해 칸트의 법은 현실에 적용할 때 나타나는 충돌을 피하기 어렵다. "언제나 선하게만 행동하려는 사람은 전혀 선하지 않은 많은 사람들 사이에서 결국 패배하고 말 것이다."라는 마키아벨리의 경구가 유효하기 때문이다.[103]

이성도덕과 공리주의

당위와 현실을 구분하려는 현대의 기획은 이성이 만든 도덕의 처지를 더욱 어렵게 만들었다. 자기강제가 법으로 형식화되는 과정에서 정언명령이 관철되기는 어렵다. 소크라테스에게 사형을 선고한

정치혁명

법, 선하지 않은 다수의 사람들이 만든 법은 내적 자유의 도덕법칙을 따르지 않았기 때문이다. 인간의 이성이 도덕과 법을 주관했지만, 현실과의 괴리를 메우기는 여전히 역부족이었다.

공리주의는 이런 간극을 메우기 위해 이성의 역할을 현실에 맞게 도구화했다. 이를 위해 먼저 도덕과 자유의 관계를 해체했다. 공리주의는 자유의 인식근거인 도덕의 역할을 포기한 대신 도덕을 인간에게 행복과 쾌락을 가져다주는 것이라고 했다. 개인의 자유가 존중되어야 하는 이유도 행복과 쾌락의 증진에 도움을 줄 수 있기 때문이라고 했다. 법이 자유를 보존하고 확대하는 이유도 마찬가지였다. 공리주의가 자유를 옹호한 이유는 행복과 쾌락의 증진에 도움이 되기 때문이었다. 이성도덕의 산물인 공리주의는 "최대다수의 최대행복"을 모토로 삼으면서 이성의 도덕적인 역할을 부정하는 역설을 낳았다.

이런 이성의 자기부정은 도구적 이성에 의해 이루어졌다. 도구적 이성은 공리주의의 도덕법칙인 정언명령을 가언명령으로 대체했다. 칸트의 이성이 만든 도덕법칙은 정언명령에서 가언명령으로, 의무론에서 목적론으로 변화했다. 이런 변화로 인해 도덕은 이성으로부터 다시 부정되는 결과가 나타났다. 이런 부정은 도덕을 "지배욕망의 숨겨진 언어이며, 새빨간 거짓말"이라는 니체의 선언에 의해 분명해졌다. 마르크스도 도덕은 "지배계급이 기존질서를 공고히 하는 데 사용한 도구"라고 평가절하했다.[104]

이성도덕이 직면한 이런 딜레마를 해결하기 위한 노력은 헤겔의 '인륜성'과 롤스의 '정의론'에 이르기까지 다양하게 이루어졌지만,

이성에 의지한 도덕은 이성에 의해 부정되는 악순환을 거듭했다. 물론 그 책임을 칸트나 공리주의자에게 물을 일은 아닐 것이다. 현대가 외길을 선택했기 때문이다. 그것은 이성도덕에 의지하여 소극적 자유를 지키는 길이었다.

감성과 결별

이성에 의지해 도덕법칙을 세운 현대는 더 이상 감성에 의지할 이유가 없었다.[105) 자유를 도덕법칙의 근거로 삼은 이성은 이제 감성의 도움을 받을 필요가 없으며, 감성에서 우러나는 도덕도 이성에 의해 새롭게 해석되었다. 다른 사람에게 선행을 베푸는 것은 동정심이라는 감성에서 우러난 것이기보다 이성적인 판단의 결과가 되었다.

선행을 하는 것은 의무라는 판단에 따른 것이며, 선행을 의무라고 생각하는 것은 주관적인 판단이기 때문에 도덕적인 명제 역시 보편적이 아닌 상대적인 것으로 변했다. 도덕상대주의가 확산되면서 보편적인 도덕법칙은 신기루로 취급됐다. 그래서 "도덕적인 현상은 존재하지 않고, 현상에 대한 도덕적인 해석만 있다."는 니체의 주장이 확산되었다. 결국 도덕은 공동체를 유지하기 위한 지배계급의 도구에 불과하다는 극단적인 평가도 가능해졌다.

이성이 도덕을 독점하면서 감성에서 나온 도덕은 설자리를 잃었다. 그렇다면 동정심과 연민이라는 경험과 지식이 없는 사람은 도덕적인 행동을 할 수 있을까? 이성도덕의 논리에 따르면 불가능하다. 동점심이라는 지식과 경험이 없는 사람에게서 그런 행동을 기대할 수 없다. 훌륭한 지식과 뛰어난 이성을 가진 사람이지만 도덕적인 동기가 없으면 공동체의 불행을 염두에 두지 않는 것과 같은 이치다. 공적영역에서 도덕적인 동기를 찾지 못하는 이성도덕은 자신이 한 행위에 대해 부끄러움을 느끼지 않는 상황도 용인하게 된다.

(4) 이성도덕의 딜레마

풀지 못한 문제

이성도덕이 직면한 난제는 사람들이 도덕적인 행위를 하는 이유를 설명해야 하는 것이었다. 왜 한 번도 만난 적이 없고 전혀 이해관계도 없는 사람들을 위해 자신을 희생하는가? 지식과 경험이 없음에도 동정심은 왜 일어나는가? 왜 나쁜 일을 하는 것보다 고통을 받는 것이 더 나은가? 선한 행동은 어떻게 일어나는가? 왜 자기가 하고 싶지 않은 일을 남에게 강요해서는 안 되는가? 절대적인 자유를 누릴 수 있는 기게스의 반지를 갖고 있기 때문에 자신의 행동에 대해 아무런 제약을 받지 않음에도 왜 도덕적으로 행동하는가?

사적영역에서 생긴 이런 의혹을 이성은 속 시원하게 해결해 주지 못한다. 이것은 공적영역에서도 마찬가지다. 왜 국가는 국민을 보호해야 할 의무가 있는가? 왜 국민은 국가의 명령에 복종할 의무가 있는가? 왜 이해관계가 없는 다른 국가를 위해 인도적인 지원을 해야 하는가?

이에 대한 해답은 이성으로부터 들을 수 없다. 이성은 도덕적으로 행동하는 동기를 설명할 수 없다. 인간은 자유로운 의지를 갖고 있기 때문에 스스로의 선택에 맡길 수밖에 없다고 말하는 이들도 있다. 그러나 이런 설명은 이성적으로 납득할 수 있는 이유에 불과하다. 이제 스피노자의 표현을 빌려보자. 인간이 도덕적으로 행동하는 것은 "그 것을 좋은 것이라고 판단해서 그런 것이 아니라, 그것을 욕망하고 바라고 희망하기 때문에 좋은 것이 된다."[106] 이성이 도덕을 독점할 수 없는 이유가 여기에 있다.

사회경제적 자유와 권리

이뿐만이 아니다. 때때로 이성은 자신이 세운 도덕법칙인 개인의 자유와 권리마저 효과적으로 보장하지 못한다. 그래서 다음과 같은 질문에 맞닥뜨린다. 먹고사는 문제를 해결하기 위해 대부분의 시간을 소비하는 사람들이 자신의 자유와 권리를 자유롭게 행사할 수 있는가? 자신이 속한 마을의 운영 혹은 재산권 행사와 같은 문제에 대해 정확한 정보를 갖지 못한 사람이 국가에 대해 자신의 권리를 효과적으로 행사할 수 있는가? 최저임금으로 살아가는 두 아이의 엄마가 언론재벌이나 방송국의 앵커에 비해 얼마나 언론의 자유를 누릴 수 있는가? 어떤 직업도 없는 대학졸업생이 직업선택에 대한 자유를 얼마나 누릴 수 있는가?

개인의 자유와 권리를 우선하는 현대의 이성도덕은 자본주의가 직면한 사회경제적인 문제에 적절한 해답을 제시하지 못하고 있다. 자본주의사회에서 가난한 사람은 자유를 제대로 누릴 수 없는 반면에 좋은 자리를 차지한 사람은 경제적으로 자유롭다. 부와 권력이 자유로운 소수의 손에 집중될수록 상대적으로 다수는 자유롭지 못하다.

이성은 이를 위한 해결책으로 무조건적인 평등이 아니라 법 앞의 평등을 내세운다. 이성의 산물인 법을 통해 불평등을 합법화하려는 것이다. 하지만 법에 의존하는 해결책이 갖고 있는 한계는 분명하다. 법은 이성의 산물로서 강제규범이지 도덕규범이 아니기 때문이다.

현대와 권위

　　　　　권위는 점차 늘어난다는 의미를 담고 있다.[107] 권위는 변화와 혁신을 통해 끊임없이 자신을 확장하려는 특징이 있다. 변화를 거부하는 정체된 권위와 권위적으로 복종을 강제하는 것과는 다르다. 오히려 권위는 기존의 가치와 관습을 새롭고 변화하는 흐름에 맞춰주기도 한다. 이런 의미에서 권위는 창조성과 개방성을 보장하고 새로운 변화를 이끌어내는 데 도움을 준다.[108] 그러나 현대는 권위를 오해했다. 현대가 공적영역에서 그 역할을 부정했던 전통과 종교가 권위를 지탱해 왔기 때문이었다. 권위를 지탱했던 전통은 새로운 시작을 기획했던 현대에 의해 해체의 대상이 되었다. 전통은 편견과 미신에 사로잡혀 있으며, 인간의 창의성을 저해하는 요인으로 지목되었던 것이다. 권위에서 해방되는 것이 현대의 기획이라고 생각하는 이들에게 권위는 현대의 이상인 자유와 평등의 실현을 방해하는 대상일 뿐이었다.[109] 그러나 현대는 닫혀 있는 전통뿐 아니라 살아 있는 전통마저 부정했다. 목욕물을 버린다는 것이 목욕하는 아이까지 함께 버린 것이다. 그 결과 전통이 살아 있도록 만드는 핵심적 요소인 도덕마저 약화되었다.

(1) 합리성

공적영역에서 도덕이 물러나면서 생긴 빈 공간은 합리성이 메웠다.[110] 공적영역에 등장한 합리성은 사적영역과 공적영역을 엄격하게 구분했다. 사적영역이 공적영역을 지배하여 강제와 폭력이 동원되었던 전통시대의 전철을 밟지 않도록 했다. 거꾸로 공적영역의 정치권력이 사적영역을 지배하여 개인의 자유와 평등을 침해하는 것도 용납하지 않았다. 권위의 원천인 사적영역이 공적영역의 식민지로 전락하는 현상도 막아주었다. 그 대가는 이성이 합리성의 옷을 입고 공적영역을 지배하는 것이었다.

도구합리성

합리성은 쉽게 그 뜻을 정의할 수 없을 만큼 다양한 의미를 갖고 있다. 사전적인 의미는 "논리나 경험적인 지식의 규칙에 따라 생각하거나 행동하는 것"을 말한다. 합리성은 분야에 따라 총 22개의 유형을 갖고 있다는 연구결과도 나와 있다. 합리성을 체계적으로 분석한 것으로 정평이 높은 막스 베버는 네 가지로 구분했다. 도구합리성, 전통합리성, 가치합리성, 감성합리성 등이 그것이다.

이 가운데 도구합리성은 선택의 자유가 가장 잘 보장되는 유형이다. 전통합리성, 가치합리성, 감성합리성은 과거의 습관, 가치, 감성에 의해 행위의 목적과 수단이 일정하게 제한된다. 반면 도구합리성은 행위의 목적은 물론 수단, 결과까지 고려한 상태에서 조정된다. 이 가운데 결과는 가장 우선적으로 고려된다. 그리고 목적과 수단은 물론 결과에 이르기까지 인간의 자유의지가 십분 발휘되는 것을 보장한다. 베버는 "분명하게 규정된 목적을 적절한 수단을 통해 실현하고 있다는 분명한 의식에 따라 행동할 때, 즉 우리가 합리성을 실현하고 있다는 의식을 가질 때 완전한 자유의 느낌을 갖게 된다."라고 했다.[111]

또한 도구합리성은 모든 현상이 이성에 의해 예측가능하고 계산될 수 있다는 가설을 전제로 한다. 이런 가설에 기초하여 현대는 선택의 자율성이 확대되는 도구합리성을 향해 발전해 왔다. 도덕적이지 않은 것도 합리적일 수 있으며, 도덕적이지 않기 때문에 합리적이라는 논리가 만들어질 수 있었던 것도 이런 발전의 산물이었다.

이기적 속성

합리성은 사적영역에서 개인의 자유의지에 따른 합리적인 선택의 결과를 보장하지만 공적영역에서는 태도가 일변한다. 특히 개인의 자유로운 선택을 가장 잘 보장하는 도구합리성은 바로 그 속성으로 인해 공적영역에서 완전히 길을 잃고 만다. 인간은 이기적이며, 인간의 합리적인 행동은 이기적인 목적을 최대한 달성할 수 있는 수단을 강구하는 것이다. 공적영역에서 공동체를 위해 헌신하는 행위는 비합리적인 것으로 매도된다. 자유를 사적영역에 단단히 묶어놓고, 합리적인 행위를 철저하게 개인의 속성으로 파악한 결과이다.

공동체의 이익을 달성하기 위해 구성원들이 맺은 합리적인 계약도 개인의 자유로운 의지에 따라 언제든지 파기될 수 있다. 계약자들이 자신의 이익을 극대화하는 데 도움이 되지 않는다고 판단할 때 계약을 준수하지 않는 행위도 합리화된다. 이처럼 개인주의에 매몰된 합리성은 공동체의 이익에 도움이 되는 합리적인 결과를 담보할 수 없다. 이로 인해 개인이 이익을 극대화하려는 노력이 공동체의 이익을 손상하여 결국 자신의 이익마저 훼손하는 비합리적인 결과를 가져오는 것이다.

현대의 대표적 정치사상가인 롤스는 정의의 원칙을 만들어 합리성의 이기적인 속성을 해소하기 위해 노력했다. 그러나 그도 합리성이 파놓은 함정을 피하지 못했다. 그가 주장한 "원초적 입장"과 "무지의 베일"[112]도 합리성이 갖는 이기적인 속성을 넘어서지 못했기 때문이다. 계약에 참여하는 이들의 행위는 도덕성보다 합리성을 동기로 삼는다. 합리적인 전략을 구사하는 인간이 정의를 실현하기 위해 자신이 가진 것을 포기하는 원초적인 입장으로 돌아가 무지의 베일을 쓰려고 하지 않는다.[113] 합리적인 인간은 자신이 가진 특권을 결코 포기하지 않기 때문이다. 기게스의 반지를 끼고 절대적인 자유를 행사하는 사람이 계약에 따라 행동하지 않을 것임은 분명하다.

(2) 합법성

도덕과 법이 구분되지 않았던 전통시대의 합법성은 도덕과 법을 준수하는 것이었다. 도덕과 법의 분리가 이루어지면서 현대의 합법성은 도덕과는 일정한 거리를 두었다. 그리고 법은 자연법과 실정법으로 구분되었다. 자연법은 개인의 자유, 생명, 재산 등과 같은 타고난 권리를 보장하는 것으로, 그것은 인간이 자신의 이성에 근거하여 계약에 동의한 내용이었다. 실정법은 이런 계약의 내용이 법조문으로 구체화되어 모습을 드러낸 것이다.

이성과 자연법

법은 애당초 인간이 만든 것이 아니었다. 그것은 초월적인 존재에 의해 주어진 것이었기 때문에 도덕과 법은 구분되지 않았다. 법은 자연에 내재하는 최고의 이성이며, 그것은 무엇을 행하거나 하지 못하도록 명령하는 것이었다. 그와 같은 이성이 인간의 정신 안에서 확증되고 완전할 때 도덕, 즉 법이 되었다.[114] 현대 이전의 자연법은 도덕질서와 법질서가 하나로 통일되어 있었던 것이다.

현대는 이런 법을 초월적인 존재로부터 분리해 냈다. 인간의 의지와 관계없이 존재하는 자연법의 도덕질서를 폐기한 것이다. 그리고 자연법마저 인간의 자기보존을 위한 원리로 만들었다. 현대의 자연법은 도덕법칙을 새롭게 해석한 이성에 의해 재탄생되었다. 자연의 질서에 내재되었던 객관적인 도덕법칙이 이성에 의해 발견되는 것이 아니라 이성에 의해 새롭게 만들어졌다. 미래에 실현하고자 하는 질서가 당위를 바탕으로 새롭게 기획된 것이다.[115]

인간의 이성으로 만든 법의 등장은 삼위일체가 해체될 때부터 예견된 것이기도 했다. 초월적 존재로부터 독립된 현대의 자연법은 인간의 이성에 대한 신뢰와 이런 신뢰를 바탕으로 등장한 사회계약론에 의해 그 모습을 드러냈다. 그리고 이성에 의해 만들어진 자연법은 자유롭고 평등한 개인들이 계약을 통해 만들었기 때문에 도덕적인 것이라고 했다. 자연법은 제정되지는 않았지만 인간의 이성으로 생각할 수 있는 규범도 포함시켰다. 그래서 자연법은 법과 도덕의 교차점에 위치해 있다는 평가를 받았다.

칸트의 의무론적 도덕법칙인 정언명령은 이런 기획의 일환이었다. 그는 마지못해 따르는 법 혹은 특정한 목적을 달성하기 위해 따르는 법이 아니라 당연히 지키고 자발적으로 따라야 할 당위의 법과 현실적으로 구속력이 있는 법을 구분했다. 그리고 이런 구분에 기초하여 현실적으로 구속력이 있는 실정법은 당연히 따라야 할 자연법의 규제를 받도록 했다. "있어야 할" 당위의 자연법과 "있는" 현실적인 실정법을 구분하고, 다시 이를 상호보완적인 관계로 연결하여 통합했다.

합리적 원칙

그러나 자연법은 실정법으로 대체되기 시작했다. 그 여파로 법은 도덕으로부터 점차 분리되었다. 법실증주의는 이런 분리를 고착화했다. 현실적으로 존재하는 법만을 법으로 인정하는 법실증주의는 자연법에 담겨 있는 도덕적인 특징을 배제하려고 했다. 그리고 고려되어야 할 도덕적인 가치는 실정법에 이미 반영했다고 주장했다.

도구합리성은 이런 실정법의 주장을 합리화했다. 법은 사회질서 유지라는 목적을 효율적으로 달성하는 역할을 수행할 수 있어야 하며, 또한 자신의 자유는 물론 타인의 자유를 보장할 수 있어야 한다. 이런 도구합리적인 목적에 자연법은 부합할 수 없다. 자연법은 법의 존재근거에 정당성을 부여할 수 있지만, 이런 목적을 달성하는 데 효

정치혁명

과적이지 않기 때문이다. 도구합리성은 자신의 논리에 근거하여 실정법만이 법의 목적을 달성할 수 있다고 선언한 것이다.

또한 도구합리성은 계약을 법조문으로 만드는 중요한 원칙이 되었다. 도구합리적인 원칙은 개인의 자유로운 선택을 가장 효과적으로 보장할 수 있다. 이런 원칙에 의해 만들어진 법에 따라 행위하고 실천하는 것은 바로 자신의 자유를 보장받는 것이다.[116] 그리고 개인들의 선택자유를 침해하지 않으면서 행위자들을 구속하는 데 효과적이다. 이런 특징은 국가의 지배가 합리적으로 조정될 수 있게 해준다. 그래서 합법성이 도구합리성을 내장하고 있다는 주장은 낯설지 않게 다가온다. 헤겔은 이렇게 표현했다. 사회계약론은 "근본적으로 이기적인 개인들의 합리성을 국가의 지배를 정당화하는 최종적인 기준으로 설정하고 있다."[117]

자연법이 도구합리성의 도움을 받아 명문화된 실정법으로 대체되는 순간 타고난 권리에 대한 도덕적인 기준은 사라졌다. 사회계약론에 담겨 있던 정신은 사라지고 대신 도구합리성만 남게 되었다.[118] 이로 인해 공동체의 공유된 가치를 법에 담으려는 노력은 등한시되었고, 그 대가는 실정법의 강화와 자연법의 약화였다.

배제된 도덕

자연법과 실정법을 통합하려는 칸트의 기획은 현실의 벽을 넘지 못했다.[119] 신의 법을 우선했던 안티고네의 도덕적인 주장이 자유로운 인간의 의지로 만든 법을 우선한 크레온에 의해 부정되었듯이 말이다.[120] 그리고 등장한 법실증주의는 도덕과 법을 완전히 분리했다. 현대는 도덕과 법의 연결고리를 찾으려고 했던 자연법의 입장에서 벗어나 이를 구분하려는 실정법적인 입장으로 돌아섰다.

이로 인해 자유의 근원이었던 도덕은 공적영역에서 법에 그 자리를 내주고 사적영역으로 물러났다. 이제 자유는 도덕이 아닌 법에 의해 보장되었고, 이성의 산물인 국가는 합리성에 기초한 법으로 도덕을 대체했다. 그리고 도덕을 배제한 법은 정치권력의 행위기준이 되었다.

2. 현대와 동아시아

현대와 전통

동아시아의 저항

전통을 대하는 현대의 태도는 동아시아의 전통에 대해서도 다르지 않았다. 다른 점이 있다면 현대가 서구에서 자생했다면, 동아시아에는 수입되었다는 것이다.[121] 박래품인 현대를 대하는 동아시아의 태도는 국가마다 조금씩 달랐지만, 현대는 한결같은 태도로 전통과 결별할 것을 요구했다.[122] 그러나 현대가 기획했던 전통과의 결별은 동아시아에서 순조롭게 이루어지지 않았다. 오히려 서구와는 다르게 새로운 장애물에 직면했다. 그것은 도덕이었다. 동아시아에서 전통은 도덕과 동일하게 인식되었다.[123] 종교에 대한 믿음을 통해 도덕을 실천했던 서구와 달리 동아시아의 전통은 도덕에 대한 믿음에 기초를 두고 있었다.

신앙에 기초한 서구의 도덕은 종교가 공적영역에서 물러남에 따라 새로운 도덕기준이 필요했지만 동아시아는 달랐다. 동아시아는 전통과 결별한 서구가 지식을 중시하여 도덕이 위기를 맞은 전철을 밟지 않으려고 했다.[124] 현대의 요구에 따라 전통을 부정한다는 것은 도덕을 버리는 것과 같았다. 동아시아는 도덕으로 현대의 도전에 맞서기로 했다. 머우종산(모종삼)으로 대표되는 현대의 신유학이 도덕철학을 강조한 것도 이런 노력의 일환이었다.

그리고 변용

현대는 도덕을 앞세운 동아시아의 저항을 폭력으로 무력화하려고 했으나, 이런 폭력에 동아시아는 굴복하지 않았다. 동도서기(東道西器), 중체서용(中體西用), 화혼양재(和魂洋才)는 각각 한국, 중국, 일본에서 일어났던 '거부'의 지난한 몸짓이었다. 그러나 현대의 폭력은 집요했다. 상황이 달라지기 시작했다.

명치유신을 통해 현대를 적극 받아들이기 시작한 일본은 "탈아입구[脫亞入毆, 아시아를 벗어나 서구를 지향]"로 입장을 선회했다. 중국은 5·4운동 이후 부국강병이라는 다분히 민족주의적인 기치에 따라 전통을 부정하고 현대를 적극 수용했다. 5·4운동 주도세력들이 내걸었던 "전반서화[全盤西化, 완전한 서구화]"는 강한 중국을 만들어야 한다는 민족주의 정서에 편승했다. 일본의 식민지지배를 받은 한국은 현대가 수용되는 것을 물끄러미 쳐다볼 수밖에 없었다. 현대는 방법은 달랐지만 동아시아에 거점을 확보하는 데 성공했다. 물론 동아시아가 도덕과 완전히 결별하도록 만드는 것은 또 다른 차원의 문제였다.

현대와 도덕

칸트와 맹자

칸트는 인간이 동물과 구별되는 것은 타고날 때부터 자유롭기 때문이라고 했다. 그리고 인간이 자유로운 이유는 동물이 본능에 구속을 받아 행동하는 것과 달리 도덕적으로 행동하기 때문이라고 했다. 칸트의 이런 주장에서 우리는 이성이 맡은 역할을 발견할수 있다. 인간과 동물에 내재된 본능을 자각하는 것은 이성이다. 그리고 인간은 동물과 달리 도덕적이기 때문에 본능의 구속을 받지 않고자유롭게 행동한다는 판단을 내리는 것도 이성이다.

맹자는 칸트와 달랐다. 맹자가 생각하기에 인간이 동물과 구별되는 것은 도덕적인 감성을 갖고 있기 때문이다. 맹자의 견해를 칸트의 주장에 대입하면 다음과 같이 달라질 수 있다. "인간이 타고날 때부터 자유로운 이유는 도덕적인 감성을 내장하고 있기 때문이다." 이문맥 속에서 이성은 아무런 역할을 하지 못한다.

다시 한 번 설명해 보자. 인간은 선한 것인가 아니면 악한 것인가. 성선설과 성악설을 둘러싼 논쟁은 인간의 본성을 이성의 판단에 맡긴 전형적인 사례다. 이성적인 사유를 거쳐 인간은 선한 존재인가 아니면 악한 존재인가라는 판단을 내리려고 하기 때문이다. 이성의 판단에 맡기면 인간은 선할 수도 악할 수도 있다.

맹자는 다르게 생각했다. 맹자는 도덕을 이성이 아닌 감성의 산물이라고 생각했다.[125] 선한 도덕적인 인성은 자연의 섭리가 마음에 자리 잡았기 때문에 타고난 것이다. 타고난 인성을 이성이 나서서 선한지 악한지 판단할 수 없다. 이것은 칸트가 도덕적인 행위의 동기는 자율적인 자기강제에 따른 것으로 해석하여 이성의 역할로 규정한 것과도 비교된다.[126]

맹자의 감성

맹자는 본성을 본능과 다르다고 했다. 인간도 동물처럼 식욕과 같은 생물학적인 본능을 갖고 있지만, 본성은 인간만이 갖고 있는 고유한 것이다. 사단(四端)은 인간의 본성이 타고난 것임을 설명해 준다. "측은한 마음은 인이고, 부끄러워하는 마음은 의이며, 공경하는 마음은 예이며, 시비를 가리는 마음은 지이다. 인의예지의 마음은 외부적인 어떤 것으로부터 나에게 주어지는 것이 아니라 본래부터 가지고 있는 것으로 그것을 생각하지 않고 있을 뿐이다. 그러므로 그것을 찾아 구하면 얻을 수 있고, 내버려두면 잃어버리게 된다."

우물에 빠지려는 아이를 보면 누구나 놀라고 측은한 마음을 갖는다. 여기에는 아이의 부모와 교분을 맺거나 이웃의 칭찬을 들으려는 계획적으로 계산된 판단이 개입한 것이 아니다.

맹자는 사단을 사람이 타고날 때부터 갖는 사지에 비유한다. "사람이 사단을 갖고 있음은 사지를 갖고 있는 것과 같다. 사단을 갖고 있으면서 스스로 할 수 없다고 말하는 것은 스스로를 해치는 것이고, 자기의 군주가 할 수 없다고 말하는 것은 자기의 군주를 해치는 것이다.”이처럼 사단의 감정은 누구나 태어날 때부터 갖는다. 그래서 사단은 직관적이고, 계산적이지 않으며, 사유를 거치지 않은 상태에서 자연적으로 발휘된다.

또한 맹자는 욕망을 억제하지 못해 도덕적인 행위를 하지 못하는 이유를 도덕적인 본성을 깨닫지 못한 데서 찾았다. “물길을 따라 아래로 내려가면서 돌아오기를 잊어버리는 것은 유(流)이며, 물길을 거슬러 올라가면서 돌아오기를 잊는 것은 연(連)이며, 짐승을 좇아 사냥하면서 만족을 모르는 것을 황(荒)이라 하고, 음주를 즐기면서 만족을 모르는 것을 망(亡)이라 한다.”라고 했다.

욕망을 버리지 못하는 것은 지식과 관계없다. 잘못된 행위라는 것을 안다고 해도 욕망을 이겨내지 못하는 경우가 있다. 그것은 본능에서 비롯되었기 때문이다. 맹자는 도덕적인 본성을 기르면 옳은 행위를 하는 동기가 자연스럽게 생겨나 욕망을 해결할 수 있다고 보았다.

감성도덕

이성도덕은 도덕이 무엇인지에 대한 인식론적인 질문에서 출발하며, 감성으로부터 자유로울 때 도덕적인 행동이 가능하다고 본다. 감성도덕은 이와 반대다. 도덕이 무엇인지 묻지 않는다. 왜냐하면 도덕은 자연의 섭리가 인간의 본성에 내재된 것이기 때문이다. 이성적인 사유를 거친 판단에 의존하기보다 본성에 따른다. 혈연에 기초한 자연적인 감성도덕은 타고난 것이며, 수양은 이런 감성이 도덕규범으로 자리 잡을 수 있게 해준다. 이는 이성의 영역이 아니며 의지를 갖고 실천해야 할 부분이다.

『한비자』와 『논어』에 나오는 두 이야기는 감성도덕에 대한 동아시아의 태도를 잘 설명해 준다. 먼저 『한비자』에 나오는 이야기를 살펴보자. 공자가 노나라의 판관을 맡고 있을 때였다. 노나라의 병사가 세 번 전쟁에 나가 세 번 모두 도망쳤다. 공자가 그 이유를 물으니 병사는 "나에게 늙은 아버지가 있어 내가 전사하면 봉양해 줄 사람이 없기 때문이다."라고 답했다. 공자는 그 병사를 효자라고 칭찬하고 상부에 추천했다. 다음은 『논어』에 나오는 또 다른 이야기다. 초나라 직궁이라는 사람이 그의 아버지를 절도죄로 관가에 고발했다는 말을 들은 공자는 다음과 같이 말했다. "우리 마을에서 칭찬하는 정직함이란 이와 다르다. 허물이 있을 때 부모는 자식을 숨겨주고, 자식은 부모를 덮어준다. 진짜 정직함이란 이 속에 있는 것이다." 혈연에 기초한 감성도덕은 이성도덕보다 우선적이었다.

현대와 유교

종교와 유교

유교가 종교인지에 대한 의문은 서구에서 기독교가 수입되면서 생겨났다. 예수회 신부인 마테오 리치는 유교는 종교가 아닌 사회의례라고 했다. 천[天, 하늘]의 자연섭리를 따르는 유교의 특성을 감안하여 마테오 리치는 자신의 종교를 "천주(天主)교"로 번역해 불렀다. 마테오 리치가 유교를 사회의례라고 주장하고, 자신의 종교를 천주교로 번역한 배경에는 선교의 편의를 위한 고려가 깔려 있었다. 일신의 잣대를 들이댄 다른 교파에 의해 유교를 다시 종교로 분류해야 한다는 주장도 제기되었다. 로마에서 유교와 종교의 관계는 전례논쟁으로 확산되었는데, 위패를 모시지 말고 조상과 공자에 대한 제사도 지내지 말라는 칙령이 로마에서 내려졌다. 그리하여 전통과 유교를 부정하는 천주교는 탄압의 대상이 되었다. 중국은 물론 한국에서 천주교가 수많은 순교자를 배출한 것도 이 때문이다.

전례논쟁 이후에도 유교를 종교로 보는 시각과 도덕과 윤리를 핵심으로 삼는 학문체계로 보는 시각은 여전히 대립하고 있다. 유교와 종교에 대한 이런 논쟁과 무관하게 유교는 서구에서 종교가 맡았던 역할을 수행했다. 다만 유교는 서구의 종교와 달리 사후세계보다 현실세계의 삶에 더 깊이 개입되어 있었다. 공자는 제자인 자로가 죽음에 대해 묻자 "살아가는 도리도 알 수 없는데, 죽음을 어떻게 아느냐?"고 반문했다. 유교가 현실주의적인 색채를 강하게 띠고 있는 학문체계로 평가받는 이유도 여기에 있다.

유교와 감성

종교논쟁에서 알 수 있듯이 유교는 서구의 종교와 다른 특징을 갖고 있다. 유교는 종교는 물론 세속의 모든 영역과 관계 맺고 있었다. 천(天)으로 대표되는 자연섭리에 대한 믿음은 종교 영역으로 볼 수 있지만, 이런 자연섭리가 인간의 본성에 자리 잡으면서 세속의 삶을 이끄는 도덕으로 바뀌었다. 서구에서 종교는 사적영역으로 물러났지만, 유교는 여전히 공적영역에서 도덕적인 행위의 기준이 되었다. 서구에서 현대가 수입되었지만, 서구와 같이 합리성이 공적영역을 독점하는 현상은 없었다.

공자는 유교가 사적영역은 물론 공적영역에서도 유용한 도덕법칙이 될 수 있는 토대를 만들었다. 인(仁)은 유교의 최고덕목으로 그 본래 뜻은 사람을 사랑하는 것이다. 공자는 인(仁)을 극기복례(克己復禮)라고 했다. 극기복례는 개인적인 욕망을 이겨내고 내적인 근원을 가진 예(禮)를 공적영역에서 실천하는 것이다. 인간의 도덕이 외부로 드러난 '예(禮)'는 가르친다는 의미의 '시(示)'와 풍성하다는 의미의 '풍(豊)'이 결합된 형태이다. 한마디로 예(禮)는 하늘로부터 계시를 받아 복을 구한다는 뜻을 담고 있다.[127] 자연의 법칙이 도덕의 모형으로 전환된 것이다.[128]

충서(忠恕)의 원리

공적영역에서 이루어지는 규범행위인 예(禮)는 충서의 원리를 배경으로 하고 있다.[129] 충서에 대한 언급은 유교 경전에서 다양한 방식으로 표현되고 있다. 공자는 "일생 동안 따를 만한 한마디 말이 무엇이냐?"고 묻는 제자의 질문에 "그것은 서(恕)다. 자신이 원하지 않는 것을 남에게 베풀지 마라."고 대답하고 있다.[130] 성리학을 집대성한 주자는 충(忠)을 "자기를 다하는 마음"이라고 했다. 중국 고대국가인 주나라의 건국연대를 정확히 고증했던 고고학자이자 중국철학자였던 데이비드 니비슨(D. Nivison)은 충(忠)을 "도덕적으로 자신에게 엄격한 것"이라고 해석했다.[131] 유교 경전인 『중용』에는 "충서는 도와 멀지 않으니, 자신이 원하지 않는 것을 남에게 베풀지 마라."고 나와 있다.

충서(忠恕)의 원리는 칸트의 과도 비교된다. 정언명령은 이성이 발견한 "행위의 준칙"으로서 공적영역에서 반드시 지켜야 하는 법칙이며, 그런 법칙은 인간의 생명에 대한 존엄과 자유를 존중해야 한다는 의무를 근거로 한다.[132] 반면, 충서는 감성에서 나온 "원하는 것[욕구]"을 다스리는 원리로, 충서는 극기복례인 인(仁)의 실천을 보편법칙으로 삼는다. 감성에 뿌리를 두고 있는 예(禮)와 인(仁)은 정언명령에서 요구하는 행위의 준칙처럼 공적영역에서 객관적인 법칙으로 만들기가 어렵다.

이런 차이는 유교의 특징에서 찾을 수 있다. 유교의 가르침은 이성적인 사유를 통해 형성되는 것이 아니라 감성적인 실천과 이런 실천을 하고자 하는 의지에 의해 드러나기 때문이다. 유교의 인간관계가 혈연관계의 은유에서 벗어나지 못하고 있다는 사실도 이를 뒷받침한다. 도덕적으로 완성된 군자의 자격은 인의를 실천하는 것이며, 인의는 부모를 공경하는 것에서 출발한다. 이성도덕은 감성에 따른 도덕적인 판단을 도와주는 역할을 맡을 뿐이다. 감성도덕을 주장한 맹자가 공자에 이어 아성(亞聖)으로 불리는 것도 이 때문이다.

순자와 도덕

순자는 맹자와 달리 도덕을 본성에서 구하지 않았다. 순자는 맹자의 사단론과 다른 입장을 취했는데, 인간과 하늘이 하나라는 전통 유학으로부터 비켜 서 있었다. 하늘과 같은 자연섭리에는 어떤 도덕적인 가치도 포함되어 있지 않다고 했다. 순자의 이런 사상은 초월적인 영역을 부정하는 현대의 생각과 닮아 있다. 순자는 이렇게 적고 있다. "하늘의 운행은 한결같다. 성군인 요(堯)임금 때문에 존재하지도 않고, 폭군인 걸(桀)임금 때문에 망하는 것도 아니다. …(중략)… 근본에 힘쓰고 절약하면 하늘이라고 가난하게 만들 수 없고, 몸을 잘 돌보고 적절히 운동하면 하늘이라도 병들게 할 수 없다."[133)

순자에게 자연과 하늘은 천연의 재료이며, 인간은 이런 재료를 활용하여 가치를 창출하는 주체이다. 또한 순자는 "사람의 본성은 악한 것이니 그것이 선하다고 하는 것은 거짓이다."라고 했다. 이 대목에서 순자의 성악설이 그 모습을 드러낸다. 인간은 물질적인 욕망을 버릴 수 없고, 의식주가 해결되지 않으면 살아갈 수 없다. 그러나 재화가 제한되어 있으므로, 욕망은 적절한 수준에서 관리되어야 한다. "사람들의 본성은 배고프면 밥을 먹고자 하고, 추우면 따뜻하고자 하며, 힘들면 쉬고자 하는데, 이것이 사람의 정(情)과 성(性)이다." 사람은 이런 정과 성을 통해 선한 경지에 도달할 수 있다.

순자의 성악설은 인간과 하늘을 분리한 데서 시작된다. 그래서 "하늘과 동등한 자격을 가질 수 있다는 것은 환상이다."라고 했다. 그러면 인간의 도덕적인 행동은 어떻게 가능한가? 순자는 이 물음에 대해 마음에서 해답을 찾았다. 이기적인 욕망에서 비롯된 악한 본성을 마음의 인위적인 작용을 통해 해결하려고 했던 것이다.

마음의 작용

순자는 도덕은 타고나는 것이 아니라 후천적으로 습득되는 것이라고 했다. 도덕은 마음의 작용을 통해 이루어지며, 인위적으로 도덕적인 행위에 대한 의무를 인식하도록 마음이 본성을 변화시키는 것이다. 물론 마음이 이기적인 욕망을 통제할 수 있도록 만드는 것은 수양이다. 그리고 수양을 통해 만들어진 마음의 경지가 예(禮)이다. 예는 인간의 물질적인 욕망과 현실적인 한계의 모순을 조절한다. 인간의 본성을 악한 것으로 본 순자의 예는 맹자와 다름을 알 수 있다. 이러한 순자의 생각은 칸트의 생각과 접목될 수 있다는 주장도 가능하다.[134]

그러나 순자의 이성도덕은 개인의 자유와 권리를 도덕법칙으로 삼은 현대의 이성도덕과 분명하게 구분된다. 그것은 순자가 이기적인 본성을 마음의 인위적인 작용을 통해 변화시키는 것을 도덕법칙의 기준으로 삼았기 때문이다. 순자는 "옛날부터 천하에서 선이라고 부르는 것은 예의 법도를 따르고 질서를 준수하는 것이다."라고 했다.[135] 순자는 유교의 전통을 벗어나지 않았던 것이다. 그래서 개인의 도덕수양을 강조한 유학을 개인주의(individualism)가 아닌 인격주의(personalism)로 부르는 이유도 여기서 찾을 수 있다.[136]

유교의 현대화

인간의 본성에서 도덕법칙을 찾았던 유교는 현대가 유입되면서 도전을 받았다. 특히 개인의 자유와 권리를 도덕의 존재근거로 삼은 이성은 유교에 변화를 강요했다. 동아시아의 대응은 모순적이었는데, 유교를 완전히 부정하면서도 현대와 접목할 수 있는 지점을 계속해서 찾으려고 했다. 혈연에 기초한 세습군주제, 유교경전을 교재로 삼았던 과거제의 폐지 등은 이런 부정의 결과였지만 정치권위가 디디고 있던 도덕과 도덕정치는 현대와 화해하려는 노력을 멈추지 않았다.

하나는 현대를 통해 유교를 흡수하는 것이었고, 다른 하나는 반대로 유교를 통해 현대를 흡수하는 방식이었다. 전자는 이성이 감성을 포섭하는 것이었으며, 후자는 감성이 이성을 포섭하는 것이었다. 거칠게 표현하면 전자는 서체중용, 후자는 중체서용이라고 부를 수 있다. 전자는 개인, 자유, 법치 등을 중요하게 다루었다면, 후자는 신유교, 공동체주의, 유교헌정주의 등에서 발견할 수 있다. 한때 동아시아의 급속한 경제발전에 힘입어 주목을 받았던 유교자본주의도 전자에 가깝다. 자본주의에 유교적인 요소를 결합하려고 했기 때문이다.

공동체 우선

동아시아의 권위주의국가들이 발전해 온 경로는 후자에 가깝다. 감성이 이성을 포섭하는 유교의 특징에 기대고 있었다.[137] 특히 현대화 과정에서 이런 특징은 개인보다 공동체를 우선했다. 충서(忠恕)의 원리에서 "자기를 다하는 마음"인 충(忠)의 도덕적인 요구는 모른 체하고, 서(恕)를 통해 욕망을 공유하려고 했다. 이런 경향성은 개인보다 공동체를 우선하는 행위를 도덕적인 것으로 여기게 만들었다. 그리고 공적영역에서 요구되는 도덕규범인 예는 공동체 질서를 우선하는 것으로 해석되었다. 더불어 도덕적으로 완성된 군자가 통치하는 예치는 인치로 가는 지름길이 되었다.

동아시아 국가들의 정치엘리트들이 민족을 도구로 삼아 국가주의로 무장한 것도 이런 현상을 잘 설명해 준다. 그들은 개인보다 공동체를 강조하고, 법치보다 예치의 현대적 변형인 인치를 통해 자신들의 권력을 강화했다. 이런 선택적인 결합은 우월한 능력을 가진 정치엘리트들이 공동체의 이익을 위한다는 명분으로 권력을 독점할 수 있는 토대가 되었다.

현대와 권위

동아시아는 현대의 영향으로 도덕과 도덕정치에 의존했던 전통적인 권위를 법적권위로 대체하려고 노력했다. 현대적인 법의 제정과 법률체계를 구축하기 위해 자신의 전통은 물론 서구의 경험과 지식에서 지혜를 빌려왔다.[138] 합법성에 기반을 둔 현대국가의 권위체계를 새롭게 수립하려고 했다. 노력의 결과는 예상과 달리 자유민주주의가 아닌 권위주의로 나타났다.

그 이유는 동아시아에서 법치가 법에 의한 통치와 효과적으로 구분되지 않은 채 사용되었기 때문이다. 인민주권의 현대사회에서 법은 국민들의 직접적인 참여에 의해 만들어진다. 권위주의국가에서는 이런 참여절차가 빠지거나 왜곡된 상황에서 개인의 자유와 권리를 보장하지 못하는 법을 만든다. 이런 법에 따라 통치하는 것은 "법치"가 아닌 정치권력의 필요에 따라 만들어진 "법에 의해 통치"하는 것이다. 이렇게 뒤틀린 법치는 인치와 친화적이 됐다. 동아시아에서 벌어지고 있는 법치논쟁이 "법에 의한 통치"와 인치의 문제에 집중되어 있는 것도 이런 경향을 반영한다.[139]

합법성의 수용

합법성이 무엇인지에 대한 논란은 현재진행형이다. 다만 합법성은 "국가와 구성원들의 행위가 법의 구속을 받는 것"으로 정의하는 데

정치혁명

일반적으로 동의하고 있다.[140] 문제는 "법의 구속"이라는 표현에서 등장하는 법이 자연법인지 실정법인지에 대한 쟁점은 해결되지 않고 있다. 순차적으로 합법성에 근거한 통치인 법치가 무엇인지에 대한 논란도 역시 정리되지 않고 있다.

현대는 법실증주의의 영향으로 법과 도덕을 분리하려고 한다. 특히 공리주의에 의존한 법실증주의자들은 이런 경향을 조장했다. 이들은 사악한 법에 복종하지 않는 것은 부도덕한 법이기 때문이 아니라 공동체의 이익에 도움이 되지 않기 때문이라고 했다.[141] 합법성은 도덕적인 구속으로부터 자유로워진 "실정법의 구속"을 받는 것이라고도 했다. 이런 해석은 동아시아 국가들이 합법성을 적극적으로 수용하는 배경이 되었다. 합법성에 의지하여 동아시아의 정치권력은 현대국가를 수립하는 과정을 단축할 수 있었다. 정치권력의 필요에 의해 만들어진 실정법으로 형식적 법치가 가능했기 때문이다.

감성도덕의 역할

합법성은 수용했지만 현대의 도전에 동아시아는 여전히 혼란스러웠다. 비록 형식적 법치에 의존한 합법성이 공적영역을 지배했지만, 현대의 자연법이 요구하는 개인의 자유와 권리 문제를 해결해야 했다.

이런 무거운 짐을 덜기 위해 감성도덕이 활용되었다. 동아시아에서 법은 전통적으로 공적인 질서를 유지하는 데 필요한 도구적인 수단으로 여겼다. 법은 인간의 이기적인 욕망을 다스리는 수단으로서 예와 덕을 대체할 수 없다고도 했다.[142] 법에 대한 이런 인식이 공리주의에 기대고 있는 법실증주의와 만나면서 법치는 다르게 해석되었다. 법은 개인의 자유와 권리를 보장하기보다 국가와 같은 공동체의 이익을 위해 봉사하는 도구여야 한다고 여겼다.

이런 법 해석에 따라 동아시아의 정치권력은 국가발전을 공동체의 이익으로 포장했다. 개인의 자유와 권리를 강조하는 것은 이기주의로 배척했다. 자연법의 부담스런 요구를 거절할 수 있는 구실을 찾은 것이다. 그리고 실정법을 합법성의 근거로 삼았다. 비록 실정법이 정치적 필요에 따라 만들어졌지만, 실정법을 준수하는 것이 국가와 민족을 구하는 길이라고 했다.

합법성의 근거를 실정법에 의존한 동아시아는 빠른 속도로 현대국가를 건설할 수 있었다. 법은 개인의 자유와 권리를 보장하기 위해 존재하는 것이 아니라 공동체의 정책목표를 달성하고, 이를 통해 외세의 침략으로부터 공동체의 자유와 권리를 보장받기 위한 수단이 되었다. 혈연·지연·학연 등을 중심으로 한 연고주의와 온정주의도 사적영역으로 물러나지 않은 채 공적영역에 머물렀다.[143] 연고주의와 온정주의는 개인보다 공동체의 이익을 우선하는 특징으로 인해 국가발전에 도움이 될 수 있다는 이유로 묵인됐다.

법치와 법적권위

동아시아에서 합법성을 수용하는 방식은 법치에 대한 생각도 변화시켰다. 법치는 견제와 균형의 역할보다 정치권력에 의해 만들어진 법과 규칙을 반드시 지켜야 한다는 의미로 받아들였다. 정치권력에 의해 수용·이해될 수 있는 법치는 이제 정치적 필요에 의해 만들어진 실정법에 따른 통치로 뜻이 변했다. 개인의 자유를 보장하는 법치는 공동체의 이익을 오히려 침해할 수 있다는 논리도 가능해졌다.

자연스럽게 법적권위도 그 역할이 달라졌다. 법적권위는 국가발전과 같은 공동체의 이익을 달성하기 위한 수단이 되었다. 동아시아의 경제발전이 법적권위에 의존하여 이루어졌다는 주장도 이를 반영한 것이었다. 어떤 이들은 동아시아의 법적권위가 법치의 본래적인 요구보다 공동체의 이익을 우선한 것은 문화적인 요인 때문이라고 했다. 법적권위와 국가발전이 서로 긍정적인 영향을 주고받은 것을 인정하는 것이다.[144]

법적권위가 기능적인 역할을 맡으면서 인치가 개입할 수 있는 통로도 마련되었다. 인치로 인해 법적권위는 정치권력을 유지하는 수단으로 전락했다. 중국 공산당이 사법부를 통제하면서 법적권위를 이용해 일당독재체제를 유지하고 있는 것은 좋은 사례다. 종교를 부정하는 사회주의국가 베트남이 국가발전을 위해 종교의 자유를 법으로 보장하는 것도 마찬가지다.

인치의 개입

법치가 의존하는 법이 자연법이든 실정법이든 인치가 개입할 여지는 충분하다. 개인의 자유와 권리 보장이라는 자연법의 추상적인 요구는 법이 갖는 효율성과 안전성을 보장할 수 없다. 그래서 법 집행을 어렵게 만든다. 여기에 인치가 개입한다. 법을 만드는 의원, 법을 해석하는 판사, 법을 집행하는 관료들이 실정법을 보완하기 위해 자연법의 추상적인 요구를 해석할 수 있는 권한을 행사하는 것이다. 실정법은 자연법의 요구를 완벽하게 만족시킬 수 없기 때문이다.

실정법도 마찬가지다. 법실증주의는 법의 안정성 때문에 실정법에 의지한다. 공표된 법에 의지하는 실정법은 법을 자의적으로 해석할 수 있는 여지를 줄일 수 있기 때문이다. 그러나 실정법도 인치의 사각지대는 아니다. 실정법에 의한 통치가 자연법이 요구하는 최소한의 조건들을 만족하지 못할 때, 법치가 개인의 자유와 권리를 억압할 때, 이런 통치의 근거가 되는 실정법은 혁명, 개헌, 법률개정 등과 같은 과정을 거치면서 인치의 개입을 불가피하게 만든다.

이처럼 법치와 인치는 동전의 양면과 같다. "사법부의 입법행위" 혹은 "정치의 사법화"라는 용어는 이를 반영한 것이다. 특히 정치적인 판단이 필요한 내용을 국민이 선출하지 않은 사법부의 판사들이 내리는 현상이 늘어나면서 인치에 대한 논란은 끊이지 않고 있다.[145] 정당 해산, 정치적 반대세력에 대한 사법적인 판결, 선거결과에 대한 법원의 해석 등은 대표적이다.

정치의 사법화가 문제되는 이유는 사법부가 정치적인 사안에 대해 정치권위를 행사하기 때문이다. 국민이 선출하지 않은 사법부가 이런 권한을 행사하는 것은 논란이 될 수밖에 없다. 정치적인 판단마저 법에 의지하는 것은 인치의 또 다른 모습에 불과하다. 그래서 법이 모든 것을 보장하는 순간 법은 아무것도 보장할 수 없다는 주장도 있다. 권위주의는 법치의 이런 한계를 효과적으로 파고든다. 자연법이든 실정법이든 인치에서 자유롭지 못하다는 권위주의의 주장을 궤변으로 넘길 수 없는 대목이다.

권위주의적 아비투스

동아시아는 법적권위의 기능적인 역할을 적극적으로 활용했다. 현대의 요구에 따라 비록 합법성은 수용했지만, 개인의 자유와 권리를 보호하는 자연법보다 현대의 도전에 맞서는 데 필요한 실정법으로 무장했다. 개인의 자유를 위해 국가의 정치권력을 제한한다는 법치의 본래적 의미는 퇴색되었다. 정치엘리트들은 사법부의 권위를 빌어 법치를 강조했지만, 자연법보다 실정법에 의존하는 것은 물론 법적권위에 의존하여 정치의 사법화를 의도적으로 묵인했다.

법치와 법적권위에 대한 동아시아의 이런 해석은 또 다른 현대를 낳았다. 그것은 개인의 자유와 권리 보장을 통해 아래로부터 만들어진 서구의 현대와는 다른 모습이었다. 동아시아의 현대는 공동체의 이익을 위해 엘리트들이 팔을 걷고 나서면서 위로부터 만들어졌다. 그 결과로 형성된 "아비투스"[146)는 권위주의의 자양분이 되었다.

제4장
현대와 정치권위

1. 폭력, 권력 그리고 권위

현대와 폭력

현대는 전통과 종교가 공적영역에서 행사하는 폭력을
거부했다. 그러나 현대 역시 폭력으로부터 자유롭지 못했다. 공적영
역에서 이루어지는 현대의 강제와 폭력은 내용과 형식에서 이전과
달랐다. 현대의 폭력은 과거보다 훨씬 진화되었다. 현대의 폭력은 신
이 아닌 이성의 이름으로 이뤄졌으며, 눈으로 볼 수 있는 명백한 폭
력은 물론 겉으로 드러나지 않는 폭력도 늘어났다.

비합리적인 개인의 행동은 폭력을 통해 합리적으로 다시 배열되
었다. 그러나 사회질서를 유지하기 위해 사용된 강제와 폭력은 오히
려 비합리와 계산, 그리고 예측이 불가능한 새로운 상황들을 만들어
냈다.[147] 통제를 위한 강제와 폭력의 악순환이 꼬리를 물고 계속되었
다. 현대는 폭력의 부정적인 측면을 부정했지만, 그 결과는 긍정보다
오히려 부정에 안주한 꼴이 되었다.[148]

현대의 양면성

현대는 비이성적인 전통의 유물로 생각했던 폭력을 자신과 상관없는 것으로 여겼다. 그러나 사태는 현대의 의도와 관계없이 진행되었다. 현대는 전통과 결별하기 위해 폭력을 사용했다. 더욱 놀라운 사실은 현대의 시작을 알린 수많은 혁명이 모두 폭력을 사용했다는 것이다. 사회주의 혁명이론을 창안한 마르크스는 "폭력은 새로운 사회를 잉태한 낡은 사회의 산파"[149]라고 했다. 그리고 현대가 가장 경멸했던 전체주의의 테러와 폭력마저 현대의 산물이라는 사실도 밝혀졌다.[150] 강제와 폭력은 현대국가의 권력을 재생산하는 데 한몫했던 것이다.

폭력이 현대를 가능하게 만든 원인은 아니었지만, 현대가 등장하는 데 유익한 도구로 사용된 것은 분명하다. 프랑스혁명은 폭력으로 얼룩졌다. 혁명 초기의 가담자들을 열광시켰던 매혹적인 청사진과는 전혀 달랐다. 그러나 폭력이 없었다면 프랑스혁명이 가능했겠는가? 폭력은 현대의 일부이지, 현대 이전의 역사가 아니었던 것이다.

이성에 대한 믿음

현대는 당초 폭력에 대해 낙관적인 생각을 갖고 있었다. 폭력으로 유지되었던 전통적인 권위의 전철을 답습하지 않을 것이라고 자신했다. 현대는 인간의 이성에 대한 믿음과 초월적인 존재가 행사했던 폭력에 대한 비판 위에서 출발했다.

이성은 자연의 맹목적인 힘과 달리 자율적이고 의도적이며 비폭력적인 능력을 갖고 있다. 그리고 이성은 인간을 동물과 구별해 줄 뿐만 아니라 자신의 생명, 재산, 안전을 지키기 위해 폭력을 효과적으로 통제할 수 있다. 현대의 과학기술이 자연으로부터 가해지는 폭력을 해소했듯이 이성은 폭력을 정복할 수 있다. 이성의 시대인 현대는 과거의 폭력으로부터 벗어나 상대적으로 평화로울 것이다.[151]

현대의 이런 믿음은 홉스의 글에도 잘 나타나 있다. 홉스는 초월적인 존재를 내세워 인간을 억압하고 통제했던 종교권력을 혐오했다. 홉스에게 성직자와 교회신학자들은 어둠의 왕국을 지배하는 이들이었다. 정교한 정치이론을 통해 교회와 성직자가 자신의 권력을 기반으로 휘둘렀던 폭력을 통제할 수 있을 것이라고 생각했다.[152] 홉스는 인간의 본성이 권력에 대한 욕망으로 가득 차 있지만 이성에 기초한 자연법은 평화를 추구한다고 믿었다. 만인에 대해 만인이 투쟁을 벌이는 자연 상태도 평화를 추구하는 이성이 해소할 수 있을 것으로 여겼다. 홉스의 사회계약론은 이런 믿음을 바탕으로 탄생했다.

(1) 이성과 법

이성과 도덕

이성은 도덕적인가? 현대는 이런 물음에 서로 상반되는 두 가지 대답을 내놓았다. 하나는 도덕적이라는 것이며, 다른 하나는 도덕과 직접적인 관계가 없다는 것이다. 이성이 도덕적이라는 주장은 '인간은 자신의 이익보다 우선하는 욕구가 있다'는 가설에서 출발한다. 특히 공적영역에서 합의를 통해 만들어진 규칙과 제도는 개인의 이익과 정반대되는 경우도 있다는 점에 주목한다. 그런 규칙과 제도는 공동체의 구성원들이 정당하다고 판단하기 때문에 이성적으로 수용된다. 그래서 공적영역에서 정당화할 수 있는 규칙과 제도를 행위의 근거로 삼는 이성은 도덕적이라는 것이다.[153]

이성이 도덕과 직접적인 관계가 없다는 주장은 다시 두 갈래로 나뉜다. 하나는 '이성은 인간행위의 근거'라는 가설에 기초하고 있다. 그리고 인간의 이성은 자신의 이익과 욕구를 충족하는 것을 행위의 근거로 삼는다. 그런데 비협조적인 상황에서는 개인들이 모두 받아들일 수 있는 협조적인 규범이 필요하다. 이런 상황에서 도덕은 이성을 보완하는 역할을 맡는다. 그래서 도덕은 이성의 하위개념이 된다.

이성이 도덕과 직접적인 관계가 없다는 또 다른 주장은 '이성은 인간의 도덕적인 행위에 동기를 제공할 수 없다'이다. 도덕적인 행위의 동기는 감성이다. 그래서 도덕적으로 행동하지 않는 사람은 나쁜 사람이지만 반드시 이성에 반하여 행동하는 사람은 아니라고 할 수 있다.

이성과 도덕의 이런 복잡한 관계로 인해 현대는 한때 골머리를 앓았다. 그러나 현대는 결단을 내렸다. 공적영역에서 현대는 도덕보다 이성을 행위의 근거로 삼았다. 그런 다음 도덕을 새롭게 정의했다. 도덕은 인간이 추구하는 궁극적인 목적이 아닌 이성이 만든 법칙을 준수하는 것으로 정리한 것이다. 이런 현대의 결단으로 인해 도덕은 좋음이 아닌 옳음을 추구하는 것이 되었다.

도구적 이성
이성은 한때 우주와 세계의 객관적인 자연질서라고 생각된 적이 있었다.[154] 이런 생각은 권위와 마찬가지로 이성도 초월적인 존재를 매개로 했기 때문에 가능했다. 플라톤은 이런 이성을 세속의 영역으로 끌어들이는 데 중요한 역할을 했다. 그는 인간의 영혼을 이성, 감성[욕망], 의지로 나누었고, 이성이 다른 두 요소를 지배해야 조화로운 영혼을 보장할 수 있다고 했다. 또한 사적영역에서 이성이 영혼을 지배하듯이 공적영역에서 이데아를 추구하는 철학자들은 자신의 이성으로 국가를 통치해야 한다는 것이 플라톤의 생각이었다.

플라톤은 목적을 달성하기 위해 필요한 수단을 인식할 수 있는 이성의 도구적인 능력에 주목했다. 그의 이런 생각은 현대에도 계속 이어졌다. 현대의 도구적 이성이 과거와 다른 점은 초월적인 존재를 인정하지 않는 것이다. 현대는 이성을 인간의 고유한 능력으로 바꾸었다. 자연의 질서를 유지하는 객관적인 법칙도 초월적인 존재에 의해 주어진 것이 아니라 인간의 이성으로 발견해야 그 의미를 갖는 대상으로 변했다. 그래서 데카르트는 "나는 생각한다. 고로 존재한다."라고 선언한 것이다.

이성은 인간의 인식능력을 지시하는 핵심적인 개념이 되었으며, 다른 존재와 구별하는 근거가 되었다. 인간의 전유물이 된 이성은 플라톤 시대보다 훨씬 노골적으로 인간을 위해 봉사하는 도구로 쓰였다. 현대는 이를 신 중심에서 인간 중심의 세계관이 낳은 자연스런 결과로 여겼다.

계약과 이성

현대를 특징짓는 가치는 개인, 자유, 인권, 주권과 같은 것들이 있다. 이들 가치는 폭력에 쉽게 노출될 수 있는데, 왜냐하면 타자를 배제하는 특징을 갖고 있기 때문이다. 타자를 적대적 존재로 생각하면 상황은 더욱 심각해진다. 이런 상황에서 협력과 공존은 공염불이 되기 십상이다. 오히려 폭력에 의존하여 배타적 이익을 독점하려는 유혹에 빠지기 쉽다.[155] 한정된 재화에 대한 욕망이 인간을 폭력적으로 만드는 것이다. 폭력에 의지한 인간의 욕망이 부메랑이 되어 자신의 생명, 재산, 안전을 위협할 수 있다.

이런 적대관계를 해소하기 위해 인간은 계약을 체결한다. 계약은 인간이 이성적인 존재이기 때문에 가능하다. 인간의 이성은 자신의 이익을 극대화하는 특징을 갖고 있다. 인간은 자신의 생명, 재산, 안전을 보장받기 위해 계약을 통한 합의에 이른다. 이로써 인간은 자신의 욕망과 이익을 보호 혹은 극대화하거나 불평등을 극복한다.[156] 이성에 대한 이런 가설과 판단의 결과로 탄생한 것이 홉스의 사회계약론이다.

사회계약론은 홉스, 로크, 루소로 이어지면서 현대국가의 탄생과정에서 산파 역할을 맡았다. 홉스는 전쟁을 피하고 자신의 안전을 보장받기 위해, 로크는 자유와 재산을 보호받기 위해, 루소는 불평등을 시정하기 위해 자신의 권리를 양보하는 계약을 맺는다고 했다. 그리고 이들 세 사람 모두 인간은 이성적이기 때문에 계약은 불가피하다고 여겼다. 이들은 이성이 갖고 있는 도구적인 역할에 주목했던 것이다. 이성은 홉스가 보기에 자신의 욕망을 만족시키는 도구였으며, 로크에게는 무한한 욕망을 억제할 수 있는 자원이었으며,[157] 루소에게는 일반의지를 실천하는 도구였다.

국가와 이성

국가는 이성의 도구적 기능과 계약이라는 배양기 속에서 탄생했다. 현대는 새롭게 탄생한 국가에도 이성을 부여했다. 계약 내용을 지키기 위해 국가는 자신의 이성에 의지하여 개인의 생명, 재산, 안전의 보호는 물론 공동체의 이익을 극대화하려고 했다. 그리고 이런 목적을 달성하기 위해 사용하는 수단을 정당화했다. 그런 수단에는 국가이성에 의해 자행된 폭력도 포함되어 있었다.

이탈리아의 정치인이었던 귀차르디니는 국가이성이라는 단어를 처음 사용한 인물로 알려져 있다. 그는 1284년 제노바와 피사 간에 일어난 전쟁에서 제노바의 행위를 국가이성이라는 단어를 통해 합리화했다. 당시 제노바는 전쟁이 끝난 이후에도 피사의 포로들을 돌려보내지 않고 감옥에서 죽게 했다. 이런 제노바의 행위를 그는 "국가이성과 관행에 따른 것"이라고 했다. 그의 얘기를 들어보자.

"만약 그와 같은 일이 잔혹성과 양심의 부재라는 이름으로 불린다면 그것을 자인할 수밖에 없겠지만, 내가 말하고 싶은 것은 오늘날 자신의 국가를 보존하고자 하는 사람이라면 가능한 한 자비심과 너그러움에 호소하되 그것이 불가능할 때는 잔혹성을 사용하고 양심에 구애받지 않는 것이 필요하다는 점이다. (중략) 그 이유는 오늘날 국가가 유지되는 방식을 감안할 때 그리스도교 계율에 따라서는 도저히 스스로의 국가를 통치할 수가 없기 때문이다."[158]

도구적 이성을 자양분으로 삼은 국가이성은 출생 과정에서 이미 비도덕적인 특징을 내포하고 있었다. 국가이성은 법으로 자신의 폭력행위를 합리화했다. 법은 정당성이 아니라 효율성과 안정성에 의지하여 국가가 행사한 폭력을 묵인했다. 법실증주의에서 작동하고 있는 이성의 도구적인 성격은 현대가 자연법을 멀리하면서 더욱 확고하게 자리 잡았다.

물론 국가이성에 도덕의 겉옷을 입히려는 노력이 없었던 것은 아니다. 국가는 인간의 이성에 의지한 계약의 산물이기 때문에 그 자체로 도덕적인 정당성을 갖고 있다는 주장이 그것이다. 이런 주장은 국가가 행사하는 폭력과 법의 관계를 근본적으로 되돌아보게 한다.

(2) 법과 폭력

"정당화된 폭력"

현대는 법이 인간 이성의 산물이기 때문에 정당성을 갖고 있다고 항변한다. 법의 정당성에 문제가 있는 것은 인간의 이성에 문제가 있는 것이지 법에 그 책임을 물을 수 없다는 논리를 들이댄다. 이런 논리에 따라 법의 정당성에 의문이 생기면 이성도 그 책임에서 벗어날 수 없다고 항변한다. 법의 정당성을 판결하는 법정에서 법은 이성을 자신의 변호인으로 삼고 있는 것이다.

법을 변호하기 위해 법정에 선 것은 도구적 이성이다. 도구적 이성은 욕망을 실현하기 위해 가장 유용한 수단을 찾는 것을 합리적이라고 여긴다. 도구적 이성은 이렇게 말한다. "법은 특정한 목적에 부합되도록 하는 합목적성을 갖고 있다." 공적영역에서 법의 목적은 질서를 유지하는 것이다. 그래서 질서유지라는 목적을 위해 법이 폭력을 사용하는 것은 불가피하다.

법은 폭력에 반대하지만, 법도 폭력의 일종이라는 것을 부인할 수 없다. 독일의 철학자 멘케(C. Menke)는 법을 "정당화된 폭력"이라고 했다.[159] 법은 질서를 어지럽히는 폭력을 무력화하기 위해 폭력을 사용한다. 그리고 법에 근거하지 않는 모든 폭력에 대해 불법이라는 낙인을 찍는다. 이런 역설은 법적권위를 지키기 위해 폭력이 동원된다는 의혹을 낳는 원인이 된다.[160] 법적 질서를 해치는 목적을 갖고 있는 행위를 모두 폭력으로 규정하는 현실은 이런 의혹을 떨치기 어렵게 한다. 법도 폭력이 빚어내는 역설에서 벗어나지 못하고 있는 것이다.

벤야민의 생각

독일의 사상가였던 벤야민(W. Benjamin)은 폭력이 어떻게 법과 태생적으로 연결될 수 있었는지를 탁월하게 보여준다. 벤야민은 목적을 가진 폭력을 '신화적 폭력'으로, 목적과 무관하게 행사되는 순수한 폭력을 '신적 폭력'으로 구분했다.[161] 신화적 폭력은 다시 폭력이 달성하려는 목적이 무엇이냐에 따라 '법정립적 폭력'과 '법보존적 폭력'으로 나뉘었다. 법정립적 폭력은 노동자의 총파업, 전쟁, 쿠데타 등과 같이 새로운 법질서를 세우려는 시도다. 법보존적 폭력은 기존의 법을 지키기 위해 사용되는 것으로 법의 본래 목적보다 법 자체를 지키기 위한 것이다.

법정립적 폭력은 새로운 시작이 가능할 수 있는 단초가 된다. 낡은 질서를 지탱하는 권력을 붕괴시키고 새로운 시작을 도모할 때 동원되는 폭력이 그것이다. 폭력이 만들어낸 정치권력은 새로운 시작의 결과이다. 혁명, 전쟁, 쿠데타 등이 그렇다. 이런 폭력은 곧 법보존적 폭력으로 전환될 운명을 갖고 있다. 정치권력은 자신을 보호하기 위해 법적으로 폭력을 정당화하기 때문이다. 해체주의를 통해 서구의 현대사상을 비판해 온 프랑스의 자크 데리다(J. Derrida)는 "정립과 보존 사이에는 아무런 엄격한 대립도 존재하지 않는다."라고 했다.162) 그리고 이를 "차이적 오염(différatielle contamination)"이라고 했다. 현대가 법적권위에 안주하는 한 폭력을 내장한 이런 순환적 구조에서 벗어나는 것은 힘들어 보인다.

법의 맹목적 폭력지향

그렇다면 폭력으로부터 완전히 분리된, 폭력에서 벗어난 세상은 가능한 것인가? 대답은 부정적이다. 인간의 역사에서 폭력을 뛰어넘는 세상은 존재하지 않았기 때문이다. 다만 뒤틀린 세상을 바로잡는 데 사용될 수 있도록 제한하려는 노력은 가능할지도 모른다.163)

이를 위해 필요한 것은 폭력을 수단과 목적이라는 관점에서 파악하려는 노력을 중단하는 것이다. 예를 들어 자연법주의는 목적이 정당하면 수단도 정당화될 수 있다고 생각한다. 새로운 시작을 위해 폭력 사용이 불가피하다고 여기는 것이다. 반면 실정법주의는 정당한 수단을 통해 목적의 정당성을 보장받으려고 한다. 비록 악법이라도 질서유지라는 목적을 달성할 수 있다면 정당하다고 여기는 것이다.

자연법주의나 실정법주의는 모두 수단과 목적이라는 관점에서 벗어나지 못하고 있다. 자연법주의는 폭력이 사용되는 수단에 조건을 다는 데 맹목적인 반면, 실정법주의는 폭력이 사용되는 목적에 아무런 조건을 달지 않는 것에 맹목적이기 때문이다. 이런 맹목성에서 벗어나는 길은 폭력을 법에서 정치 영역으로 되돌려놓는 것이다.

폭력과 권력

권력의 도구

폭력이 권력에 스며들 수 있는 공간은 충분히 마련되어 있다. 저명한 사상가들의 생각에서도 그런 여지를 발견할 수 있다. 홉스에게 권력은 "미래에 있을 확실한 이익을 얻기 위한 수단"이며, 막스 베버에 권력은 "한 사회 속에서 타인의 저항에도 불구하고 자신의 의지를 관철시킬 수 있는 모든 기회"다. 볼테르에게 권력은 "내가 선택한 행위를 다른 사람이 하도록 만드는 것"이며, 러셀에게 권력은 "의도한 효과의 산물"이다. 미래의 이익을 얻기 위한 수단, 저항을 무력화하기 위한 수단, 의도를 관철하기 위한 가장 효과적인 도구는 폭력이다. 그래서 라이트 밀스는 "권력의 궁극적인 본성은 폭력에 있다."라고 폭로했다.[164] 그리고 권력을 뜻하는 독일어 '게발트(Gewalt)'는 폭력이라는 뜻도 포함하고 있다.

현대 정치사상의 시조로 평가받는 마키아벨리는 신군주가 사용하는 폭력은 정당하다고 단언했다. 현대의 새로운 군주는 낡은 질서를 무너뜨리고 새로운 정치질서를 수립하기 위해 폭력을 사용할 수밖에 없다고 했다. 독일의 헌법학자인 칼 슈미트는 이를 '예외상태'로 설명했다. 국가가 망할지도 모르는 일시적인 위기상황에서 주권자는 공동의 안전과 질서를 위해 법에 의한 일상적인 통치에서 벗어나 독재적인 권력을 행사한다는 것이다. 이런 예외적인 상황에서 행사되는 권력은 위기를 극복하고 정치질서를 회복시켜 준다.[165]

법의 역할

정치권력이 폭력을 행사하는 이유는 여러 가지다. 한편에서는 국가질서를 유지하고 국민들의 안전을 도모하기 위해 불가피한 것으로 여긴다. 다른 한편에서는 정치권력을 장악한 집단이 자신의 권력을 지속적으로 유지하기 위한 방편으로 삼기 때문이라고 생각한다.[167]

법은 정치권력이 사용하는 폭력을 정당화한다. 지배를 위한 도구로서 정치권력은 법에 의존하여 폭력을 정당화해 온 삼각관계를 지속적으로 유지하려고 한다. 국가 역시 정치권력의 이런 폭력을 조장한다. 영토 경계선을 침범하는 외부세력은 물론 내부적으로 개인들의 폭력행위를 통제·관리하기 위해 법의 외투를 입은 폭력은 빠지지 않는다. 또한 사회경제적인 불평등도 법질서의 수호자임을 자처하는 국가의 폭력에 의해 유지된다. "법은 권력의 관철"[168]이라는 주장도 이런 맥락을 갖고 있다. 이를 통해 폭력의 정치화가 이루어지는 것이다.

구조적 폭력

법이 만들어지는 과정은 정치체제에 따라 다르다. 그러나 법의 역할은 한결같다. 정치권력을 매개로 지배질서를 유지하는 법의 기능은 어느 상황에서나 작동하고 있기 때문이다. 법은 스스로 자신의 목적을 관철하기 위해 작동하는 기제를 갖고 있다. 정치권력은 법의 이런 기능을 사랑하는데, 이는 정치권력의 욕망을 충족시켜 줄 수 있기 때문이다.

법에 의지하여 현대의 정치권력이 휘두른 폭력의 실상은 여러 가지 이름표를 붙이고 있다. 갈퉁(Galtung)은 "구조적 폭력", 지젝(S. Zizek)은 "체계적 폭력"이라는 이름으로 국가의 폭력을 고발했다. 국가의 폭력은 정치권력의 구조 속에 내장되어 특정한 집단에 불이익을 감수하도록 만들거나 혹은 정치권력이 지배를 위해 자신을 드러내지 않은 채 행사된다.

지젝과 갈퉁이 보여준 국가폭력의 실상은 객관적 현상이 아니라는 비판을 받고 있다. 국가폭력을 도덕적인 잣대로 비판하는 규범적인 편향성을 갖고 있다는 것이다.[169] 이런 비판 속에는 체념적인 현실인식론이 담겨 있다. 현대의 법체계 속에서 행사되는 정치폭력의 민낯이 드러났지만 이를 받아들일 수밖에 없다는 것이다. 논란은 계속되도록 놓아두자. 갈퉁과 지젝이 보여주고 싶었던 것은 현대의 정치권력이 철저하게 익명성을 갖고 폭력을 행사한다는 점이다. 겉으로는 폭력을 부정하지만, 안으로는 폭력에 의지해 온 정치권력의 실상을 탁월하게 드러냈다.

정치혁명

폭력과 권력의 상생

폭력은 권력이라는 보호막 속에서 자신의 행위를 합리화해 왔다. 폭력이 권력과 관계맺음으로써 자신의 부정적 이미지를 벗어나려고 노력했던 것이다. 정치권력은 이런 폭력과의 관계를 단절하려고 했다. 폭력이라는 단어가 내포하는 불법성에 대한 경각심도 생겼다. 그러나 권력을 지배 수단으로 여기는 이들은 이런 폭력의 의도와 완전히 결별하기 어렵다.

권력을 소통으로 파악하면 폭력의 이런 의도는 더 이상 유지될 수 없다. 정치권력을 지배 도구가 아닌 공동체의 산물로 보면 가능한 일이다. 여기서 한 걸음 더 나아가면 정치권력은 폭력이 아닌 약속과 합의로 만들어진다는 생각에 이른다. 그리고 법은 권력과 폭력을 구분하는 근거가 된다. 최종적으로 권력과 폭력은 서로 반대되는 개념으로 이해할 수 있다. 어느 한쪽이 지배적이면 다른 한쪽은 존재하지 않는 것이다.[170]

권력을 폭력과 구분해야 한다는 이런 생각은 자유민주주의에서 점차 확산되고 있다. 그러나 이런 해석은 권력의 발생과정을 설명할 수 있지만, 권력이 행사되는 과정을 설명하기에는 여전히 부족하다. 권력은 폭력이 아닌 소통을 통해 만들 수는 있다. 그러나 권력을 행사하고 유지하기 위해서는 폭력이 없어서는 안 된다.[171] 자유민주주의는 폭력이 아닌 투표를 통해 권력을 만들어낸다. 그러나 선출된 정치권력은 법적으로 보장된 강제와 폭력을 독점하기 위해 국민들의 관심을 왜곡시킨다. 정치에 대한 국민들의 냉소와 무관심을 조장하는 정치권력이 폭력과 완전히 결별하기는 어려운 일이다.

병리현상

구조적 폭력의 장본인인 정치권력은 폭력을 독점하고 있다. 정치권력은 다른 집단이 행사하는 폭력에 대해 "불법적"이라는 딱지를 붙일 수 있다. "악법도 법"이라는 극단적인 주장은 폭력과 권력을 매개해 주는 법의 병리적인 현상을 잘 설명해 준다. 이성의 산물인 법이 현대를 폭력의 세기로 변하게 만든 직접적인 원인제공자로 지목되는 것도 이 때문이다.[172]

법과 도덕이 구분되지 않았던 전통시대에는 악법에 대항할 논리를 찾기 어려웠다. 반대로 법과 도덕을 분명하게 구분하는 현대는 악법에 대항할 수 있는 논리를 충분히 찾을 수 있다. 도덕적인 가치를 배제한 실정법은 대항논리에 취약할 수밖에 없기 때문이다. 그럼에도 현대는 이런 대항논리를 불법으로 몰아붙인다. 불법에 대해서는 강제와 폭력으로 제재를 가한다.

합법을 가장한 폭력의 병리현상이 가장 극단적인 형태를 띠는 것이 "예외상태"다. 칼 슈미트와 아감벤이 말한 예외상태에서 법은 더이상 정상적인 기능을 수행하지 못한다. 다만 정치권력이 내리는 명령만이 정치의 핵심을 차지한다.[173] 아감벤은 행정부가 입법부를 압도하는 현상도 예외상태로 본다.[174] 이런 예외상태는 정치권력과 공모했던 법이 버림을 받으면서 폭력의 병리현상이 지속되는 과정을 잘 보여준다.

정치혁명

폭력과 권위

신적 폭력

　　벤야민은 "신화적 폭력"에 의해 규칙과 법이 만들어지고, 신과 인간의 경계를 구분하는 규범과 규범들 간의 경계가 만들어진다고 했다. 반면 "신적 폭력"은 법을 파괴하는 폭력으로 모든 경계를 허물어뜨리고, 모든 죄를 사한다. 그리고 어떤 질서도 인정하지 않고 모든 권력을 부정하고 해체한다. 유일한 주권자인 신만이 이런 폭력을 행사할 수 있다. 벤야민의 "신적 폭력"은 칼 슈미트의 "예외상태"에서 발휘되는 주권자의 폭력 개념으로부터 영향을 받았다. 그러나 칼 슈미트의 주권자는 신과 같은 권력을 인간이 행사하는 것이지만, 벤야민은 주권자가 신적인 권력을 갖고 있으나 신이 아니라 인간에 불과하다는 사실을 분명히 하고 있다. 칼 슈미트의 생각이 전체주의로 가는 길을 열어주었지만, 벤야민은 이를 경계한 것이다.

　　아감벤도 칼 슈미트의 예외상태에서 영감을 얻었다. 다만, 아감벤은 "신적 폭력"을 즉각적인 분노를 통해 발견하려고 했다. 분노는 폭력을 분출시키는 행위이지만, 이때 사용되는 폭력은 정해진 목적이 없으므로 수단이 아니며 단지 보여주는 행위이다. 이런 순수한 행위는 순수한 폭력이 된다. 아감벤은 이런 분노가 예외상태를 중지시킬 수 있을 것이라고 생각했다.[175]

　　지젝은 아감벤에서 한 걸음 더 나아간다. 그는 "신적 폭력"을 정치질서에서 발견하려고 했다. 민중의 폭력적인 자기방어가 그것이다.[176] 다만 이를 단순한 폭력으로 볼 것인지, 아니면 "신적 폭력"으로 볼 것인지 판단하는 객관적인 기준은 없다. 지젝은 그것을 판단하는 것은 주체의 몫이라고 주장한다. 그의 이런 주장은 민중의 자기방어가 혁명적인 정치질서로 회귀했던 역사적인 경험에서 멈춰 서 있다.

폭력의 종말(?)

아감벤의 분노와 지젝이 말한 민중의 자기방어는 예외상태를 중단시킬 수 있는 "신적 폭력"이 될 수 있다. 그러나 분명한 사실은 벤야민이 지적했듯이 "신적 폭력"은 인간의 영역 밖에 있다. 그런 의미에서 폭력은 예외상태를 중지시킬 수 없다. 현실은 법정립적 폭력과 법보존적 폭력이 공존하는 "신화적 폭력"이 지배하고 있다.

법은 폭력을 정당화한다. 폭력을 행사하는 것은 정치권력이다. 정치권력이 폭력을 사용하는 목적은 복종을 강제하기 위한 것이다. 그렇다면 이 지점에서 폭력에 대한 해결책을 발견할 수 있다. 자발적인 복종을 가능하게 만드는 정당한 정치권위는 폭력의 악순환을 끊을 수 있다. 자발적인 복종에서 분노와 민중의 저항과 같은 폭력은 발생하지 않는다. 폭력에 의존한 정치권력이 지배하는 현대국가는 예외상태를 지속시키고 있다는 비판을 받고 있다. 이런 예외상태를 끝낼 수 있는 것은 어떠한 형태의 폭력에도 의존하지 않고 자발적인 복종을 가능하게 만드는 정당한 정치권위를 불러내는 것이다.

2. 정치권력과 정치권위

권력과 권위

권력

권력(power)은 라틴어로 '포테스타스(potestas)' 혹은 '포테니아(potentia)'에서 유래했는데, 이 둘은 모두 '포테르(potere)'에서 파생된 말로 그 뜻은 '할 수 있다'이다. 포테스타스는 "무엇을 할 수 있는 힘(power to)"의 의미로, 권력소유자가 특정한 일을 할 수 있는 능력을 나타낸다. 개인의 지식, 역량, 재능이 만들어내는 능력에 방점을 두는 것이다. 포테니아는 "무엇에 대한 힘(power over)"이라는 뜻으로, 타자에게 영향력을 행사하는 관계적인 의미를 담고 있다. 영향력을 행사하는 수단들을 동원할 수 있는 능력은 관계적인 의미에서도 중요하다.[177]

권력에 담긴 관계적인 의미는 권력이 권위를 포섭할 수 있는 근거가 된다. 상대를 복종하게 하는 능력을 가진 권력은 권위가 된다는 생각으로 발전할 수 있다. 현대가 권위에 의존하지 않고 권력을 통해 사회질서 유지 기능을 담당할 수 있다고 생각하게 된 것도 이 지점에서 출발한다.

권력의 세 번째 속성을 밝혀 세계적 명성을 얻은 스티븐 루커스(S. Lukes). 그는 권력을 첫째, B가 하지 않았을 일을 A가 하도록 만드는 것. 둘째, B가 원하는 일을 A가 하지 못하도록 하는 것으로 보는 기존의 생각은 충분하지 않다고 비판했다. 그리고 루커스는 제3의 해석을 내놓았다. 그것은 B가 A의 명령에 자발적으로 복종하는 것이라고 했다.[178] 루커스의 이런 정의에서 그동안 권력이 포섭했던 권위의 얼굴을 발견할 수 있다.

권위

권위의 쓰임새만큼 논란이 되는 경우도 드물다. 긍정과 부정의 양극단을 오가고 있기 때문이다. "권위가 땅에 떨어졌다."는 표현에서는 권위가 긍정적으로 쓰였지만, "권위적이다."는 표현에서는 부정적으로 쓰였다.

권위(authority)는 라틴어인 '아욱토리타스(auctoritas)'와 '아욱터(auctor)'에서 유래된 말이다. '아욱토리타스'는 법률용어로서 "계약의 보증, 목격자의 증언, 사실의 입증을 위한 수단"등의 뜻을 갖고 있다. 그래서 행위자와 사물에 대한 존경과 신뢰를 나타낸다. '아욱터'는 "증식하다"는 뜻의 '아우게레(augere)'에서 나온 말로, 특정한 사물을 존재하게 만들었거나 노력에 의해 그 사물이 지속 혹은 번영하게 된 것으로 "발명가, 창조자, 생산자, 저자"등의 의미를 담고 있다.[179]

한자어인 권위(權威)는 "저울", "무게를 단다"는 의미를 가진 권(權)과 "경외감을 갖게 만드는 기세"라는 의미의 위(威)가 결합된 말이다. 권위의 한자어에 담긴 이런 의미에 기초하여 권(權)은 "권력, 영향력, 권위, 공직의 수행"으로, 위(威)는 "존엄, 존경, 경외심을 갖게 하는 권력"으로 각각 해석된다.[180] 이런 권과 위를 합친 권위는 결정과 명령의 근원에 대한 존경의 의미를 갖는다. 존경은 권위의 명령에 자발적으로 복종하는 근거가 된다. 결국 라틴어든 한자어든 권위는 물리적인 실력을 의미하는 "힘(力)"이 결합된 권력과는 다르게 사용된다는 점을 알 수 있다.

권력과 권위

권위는 정치현상을 설명하는 데 핵심적인 역할을 맡고 있지만, 그 중요성에 비해 충분한 관심을 받지 못하고 있는 것이 현실이다.[181] 그것은 권위가 개념적으로 권력의 한 형태로 분류되어 서로 구별되지 않은 채 사용되거나 혹은 전통적, 부정적 의미에 갇혀 있기 때문이다.[182] 정치학 용어사전에도 권위는 권력의 한 종류로 설명되어 있다.[183] 또한 권위는 전통적, 부정적 의미를 담고 있는 "권위적"이라는 용어와 같은 어원을 갖고 있다는 이유로 "권위"와 "권위적"이라는 단어가 이론적으로 관련이 있는 것으로 여기는 경향이 있다.[184]

권력과 권위는 A행위자가 B행위자에 대해 영향력을 행사한다는 점에서는 개념적으로 서로 유사해 보인다. 그러나 영향력을 행사할 수 있는 근거와 관련하여 권력은 권력 보유자의 강제할 수 있는 능력에 기초하고 있지만, 권위는 복종을 이끌어내는 법적·도덕적 자격에 근거를 두고 있다. 물론 권력도 자격에 의존할 수 있고, 권위도 강제에 기댈 수 있기 때문에 이를 엄격하게 구분하는 것은 지나치게 관념적인 접근이 될 수 있다.

능력과 자격

그러나 권력과 권위는 그 개념적인 정의와 획득과정을 통해 알 수 있듯이 서로 대체될 수 있는 것이 아니다. 권력은 이해관계가 서로 다른 행위자들이 자신의 의도를 달성하기 위해 강제적인 수단을 동원해 영향을 미칠 수 있는 능력이며, 이 능력은 권력의 핵심적인 특징이다.[185] 반면 권위는 강제가 아닌 법적·도덕적 자격에 의존하고 있기 때문에 권력과 아예 다른 별개의 개념으로 다루어진다.[186] 권위는 자유로운 공공의 지지에 의존하지만, 권력은 강제를 동원한 결과이기 때문이다.[187]

또한 복종을 요구할 수 있는 권위의 법적·도덕적 자격은 국민의 동의로 주어진다. 이때 이루어지는 동의는 계약에 의해 법적 구속력이 발생하는 단순한 동의와 다르다. 권위에는 도덕적인 자격도 함께 부여되기 때문에 규범적인 특징을 갖는다.

복종의 근거

권력과 권위는 폭력을 대하는 태도에서도 확연히 다른 모습을 보인다. 권력은 복종을 이끌어내는 능력이기 때문에 복종하는 상대의 의사와 무관하게 폭력이 행사된다. 권력에 복종하는 이유는 불복종으로 인해 받을 물리적인 강제와 보복을 두려워하기 때문이다. 반면 권위에 복종하는 이들은 의무감으로 인해 불복종을 자신의 잘못으로 받아들인다.[188] 권위에 복종하는 이들은 자신의 의무를 수행할 책임감 때문에 스스로 복종한다. 여기에 폭력이 개입될 여지는 없다.

폭력은 권력을 만들 수 있지만 권위를 만들 수 없다. 권위가 약화되면 폭력에 의지하는 경향이 심해진다. 폭력은 일시적으로 권력을 강화시킬 수 있지만 보장할 수 없다. 권력과 권위가 구분되지 않으면 폭력이 권위를 대체해도 문제되지 않는다. 권력과 권위를 구분하면 권력이 강제와 폭력을 동원할 때 그 의도가 분명하게 드러난다. 권력이 드러낸 강제와 폭력의 민낯은 권위에 의해 치장될 수 없는 것이다.

"권력은 총구에서"

공적영역에서 권력이 폭력과 불가분의 관계를 맺은 것은 권위와의 분화가 이루어지면서 두드러졌다. 특히 정치를 도덕으로부터 분리했던 마키아벨리는 권력과 권위가 다르다는 것을 자각할 수 있게 해주었다. 마키아벨리는 "(폭력은) 케사르와 같이 파괴를 위한 것이 아니라 로물루스처럼 질서를 재정립하기 위한 것이다."라고 했다.

마키아벨리뿐만 아니라 정치권력의 기원을 폭력으로 보는 사람들은 의외로 많다. 클라우비체는 "전쟁은 다른 수단에 의한 정치의 연속이다."라고 했으며, 마오쩌둥은 "권력은 총구에서 나온다."라고 했다. 이들은 낡은 사회의 산파로서 폭력이 새로운 시작을 가능하게 한다는 생각을 갖고 있었다. 그리고 전쟁의 목적은 적에게 나의 의지를 강요하는 것이며, 권력은 폭력을 통해 획득될 수 있다고 여겼다.

특히 새로운 시작의 문을 연 신군주가 자신의 목적을 효율적으로 달성하기 위해 사용하는 수단으로서 폭력은 정당화되었다. 마키아벨리는 무장한 자가 무장하지 않은 자에게 복종하는 것이나 무장하지 않은 자가 무장한 부하들로부터 안전하다는 것은 불합리한 것이라고 단언했다.[189]

정치권력

현대는 한때 정치권력과 정치권위를 명확하게 구분하지 않았다. 정치권력은 지위에서 생겨나는 것이 아니라 계약에 의해 주어지는 것이며, 위로부터 부여되는 것이 아니라 아래로부터 주어지는 것이라는 생각은 정치권력과 정치권위의 경계를 불분명하게 만드는 요인이었다. "모든 권력은 국민으로부터 나온다."는 생각은 정치권력과 정치권위가 구분되지 않고 사용되는 현상을 잘 반영하고 있는 문구이기도 하다.

오해는 풀어야 한다. 국민은 정치권력의 근원이지만, 국민이 정치권력을 행사할 수 있는 것은 아니다. 정치권력의 근원으로서 국민은 정치권력이 정당하게 획득되었는지 또 정당하게 행사하는지를 판단하는 권한을 갖고 있다. 다시 말해 정치권력은 국민으로부터 나오지만, 주권자인 국민들이 행사하는 권한은 이런 정치권력이 정당한지에 대해 판단하는 것이다. 그리고 정당하지 않은 정치권력에 대해서는 통치할 권리인 정치권위를 인정하지 않을 뿐만 아니라 복종의 의무도 수행하지 않는다.

계약과 동의

사회계약론은 정치권력이 국민의 동의를 통해 만들어진다는 생각을 이론적으로 체계화한 것이다. 홉스는 자연 상태를 만인에 의한 만인의 투쟁으로 보았으며, 이런 투쟁 상태에서 평화는 보장될 수 없다. 자연법은 이런 투쟁 상태에서 인간이 자신을 보존하기 위해 평화를 지키는 것이다.[190] 정치권력은 이런 자연법을 지키기 위해 인간들이 서로 계약을 체결하면서 발생한다는 것이 홉스의 생각이다.

로크가 보는 자연 상태는 홉스와 달랐다. 그것은 모든 인간이 자신의 재산이나 생명 등을 보장받는 상태이며, 자연법은 이런 상태를 유지하는 것이다. 그리고 개인은 자신의 재산과 생명이 침해받을 때 이에 대항할 권리를 가진다. 국가는 권리가 충돌하는 것을 막기 위해 개인의 권리를 위탁받아 관리한다. 홉스와 달리 로크의 자연법은 개인의 자연권을 보호하는 것이 핵심적인 내용이다.

홉스와 로크의 사회계약론은 정치권력에 대한 전통과 현대의 생각에 분명한 경계를 그었다. 그러나 이들의 사회계약론은 이론적으로는 성립할 수 있지만, 현실적이지 않았다. 국민들은 한 번도 계약서를 작성해 본 적이 없기 때문이다. 또한 정치권력은 합의의 산물이기 때문에 합의의 목적과 범위를 벗어나지 못한다.[191] 홉스는 계약 내용은 평화 유지라고 했지만, 로크는 재산권 보호라고 했다. 그래서 계약 내용이 무엇인지에 대해서도 다른 해석이 가능했다.

이런 괴리와 혼란으로 인해 정치권력이 계약을 위반했을 때 물리적인 제재를 가해야 되는 행위를 판별하기 어려웠다. 민주주의는 두 가지 원칙을 통해 정치권력이 준수해야 할 합의의 목적과 범위를 정했다. 스스로 지배하는 자치와 다수의 지배가 그것이다. 물론 자유민주주의는 현대국가의 특징으로 인해 자치가 현실적으로 불가능하다는 판단에 따라 다수 지배의 원칙을 채택했다. 그리고 다수 지배의 원칙에 따라 법을 만들고, 이렇게 만들어진 법을 준수하는 정치권력에 대해 정당하다는 평가를 내렸다.

다수 지배

자유민주주의 주창자들은 다수 지배의 원칙이 계약을 통해 합의한 목적과 범위에 대한 논란을 잠재울 수 있다고 생각했다. 자유민주주의의 이론적인 틀을 제공한 것으로 평가받는 슘페터는 민주주의를 이렇게 설명한다. "국민의 투표를 획득하기 위한 정치적 경쟁에서 다수의 지지를 얻은 개인 및 정당들이 정치적 결정에 필요한 국가권력을 획득하는 장치다."[192] 국민들의 동의는 선거를 통해 이루어지고, 다수득표자가 정치권력을 장악한다. 그리고 국가는 선거를 통해 선출된 국민의 대표들이 다수결에 의해 채택한 법에 근거하여 국민들을 지배한다.

그러나 다수 지배의 원칙은 다수의 독재를 부를 수 있다는 우려가 일찍부터 제기되었다. 자유민주주의 정치제도에 초석을 마련했던 이들도 마찬가지였다. 특히 미국의 헌법제정에 참여한 이들은 "다수 지배에 맡길 경우 분파적 감정이나 지역적 편견, 악의적인 계획이 음모나 부패 혹은 다른 수단을 통해 처음에는 다수를 획득하고, 그런 다음에는 인민의 이익을 배반하는 일이 나타날 수 있다."라고 생각했다.[193]

유럽의 혁명을 통해 얻은 경험은 다수의 지배가 소수의 독재로 전이될 수 있다는 생각을 강력하게 갖게 했다. 혁명이 이런 유혹에 쉽게 빠지는 이유는 다수에 의해 만들어진 정치권력이 그 자체로 정당하므로 어떤 제약으로부터도 자유롭다고 생각했기 때문이다. 이런 확신을 바탕으로 혁명을 주도했던 이들은 결핍으로부터 자유를 정책목표로 삼았다. 생존에 필요한 물질적인 욕망을 해결하는 경제적인 현안들이 공적인 정치영역으로 확장되었다.

이로 인해 현대의 시작을 알렸던 혁명은 과거 사적영역에 속했던 빈곤 문제를 우선적인 과제로 떠올렸다. 빈곤이라는 사회적 현상이 공적영역으로 확장되면서 혁명세력은 다수 국민의 이름을 도용하여 폭력을 통해 이를 해결하려고 시도했다. 다수를 대표하는 국민의 이름은 정치권력이 강제를 동원할 수 있는 부적과 같은 역할을 맡았다.

자유민주주의의 설계자로 평가받는 토크빌은 이런 딜레마를 잘 이해하고 있었다. 그는 이렇게 썼다. "어느 한 사람에게 전능의 권한을 부여해서는 안 되는 것과 같은 이유에서 다수에게 그런 권한을 부여해서는 안 된다고 확신한다."[194]

엘리트주의와 합의제 민주주의

다수 지배의 원칙은 그 의도와 무관하게 정치권력이 엘리트에 집중되는 현상을 묵인하고 있다. 다수를 대표하는 인물로 선출된 성공한 소수가 정치권력을 행사하는 딜레마에 봉착해 있는 것이다. 이런 현상은 정치적인 현안을 다수결로 결정할 경우 역설적이게도 진정한 다수의 의사를 제대로 반영할 수 없음을 보여준다.[195] 더구나 선거를 통한 후보선출과 정책결정 방식이 다양해지면서 진정한 다수를 확인하기가 더욱 어려워지고 있다. 예를 들어 투표결과 가장 많은 표를 얻은 후보 혹은 정책을 채택하는 최대다수방식, 투표참여자의 과반 이상을 요구하는 절대다수방식, 일정한 비율 이상을 요구하는 비례다수방식 등과 같이 다양한 다수결정방식이 있다. 이런 현실은 선거방식의 왜곡을 통해 다수의 의사를 가장한 소수의 지배도 가능하게 만든다.

이런 딜레마는 크게 두 가지 이론적인 경향을 낳았다. 하나는 엘리트주의의 등장이다. 엘리트주의는 정치권력이 특정한 집단에 집중되어 있는 것에 주목한다. 국가를 포함한 모든 조직이 소수집단에 의해 지배되고 있는 현실을 반영한 것이다.[196] 또 다른 경향은 합의제 민주주의이다. 합의제 민주주의는 레이파르트(A. Lijiphart)에 의해 체계화됐다. 그는 다수지배를 가능하게 하는 투표와 선거에 대해 집중적으로 분석했다. 그리고 다수결원칙의 민주주의는 권력집중 현상을 조장한다고 했다. 특히 이데올로기, 인종, 종교, 민족 등으로 분열된 사회일수록 다수지배의 원칙은 다수의 독재로 이어질 가능성이 크다고 보았다. 그리고 가능한 많은 이해집단들이 정치적인 현안에 참여하도록 만드는 합의제 민주주의로 이를 보완할 필요가 있다고 했다.[197] 이해관계가 다른 집단들이 정치권력을 나누어 가짐으로써 권력분산 효과를 볼 수 있다는 것이다. 그러나 합의제 민주주의는 사회적 갈등의 해소를 정치엘리트들에게만 일임하고 있기 때문에 오히려 권력집중을 심화시킨다는 지적도 받고 있다.[198]

다원주의

다원주의 주창자들은 정치권력이 소수에 의해 독점된다는 엘리트주의와 합의제 민주주의와는 다른 생각을 갖고 있다. 대표적 다원주의자인 달(Robert A. Dahl)은 정치권력을 "A가 B에 대해 권력을 가진다는 것은 B가 하지 않았을 일을 A가 하도록 만들 수 있는 것이다."라고 정의한다. 이런 정의에 따르면 권력은 지위를 나타내는 것이 아니라 특정한 의도를 갖고 자신의 의사를 관철시키는 능력을 말한다. 달이 말하려는 것은 정치적인 현안에 대해 영향력을 행사하는 것은 특정한 직책이 아니라 다양한 이익집단이라는 것이다. 달은 엘리트주의자들의 주장과 달리 정치권력이 다양하게 배분되어 있다는 것을 실증적으로 보여주었다. 그리고 정치적인 현안에 다수의 이익집단이 참여할 수 있도록 보장하는 것을 민주주의의 요체라고 생각했다.

그러나 다원주의는 정치권력이 행사하는 구조적인 폭력을 외면한다. 정치권력의 장에서 사회적 약자들이 배제되어 있는 구조적인 특징에 대해서는 무관심하기 때문이다. 달도 "정치적인 경쟁에 동등하게 참여할 수 있는 것을 보장하는 사회는 없다."라고 시인했다.[199] 다수 지배의 원칙에 의해 만들어진 법이나 규칙은 소수인 사회적 약자들이 선거라는 경쟁의 장에 참여하는 것을 원천적으로 봉쇄하고 있다. 물론 그런 봉쇄는 법적권위에 의지하여 합리화된다.

정치권위

정치권력으로부터 독립

정치권력에 대한 현대의 생각은 변했지만, 정치권위와

의 관계는 여전히 불분명했다. 권위를 세 가지 이념형으로 구분한 베버 역시 권위를 권력의 한 형태로 여겼다. 베버가 사용한 독일어 '헤르샤프트'는 "명령적 통제" 혹은 "지배"라는 뜻을 담고 있지만, 일반적으로 권위로 번역되고 있다.

베버는 권위를 명령의 내용과 관계없이 복종을 기대할 수 있는 것으로 정의했다. 그리고 이런 지배와 복종의 관계가 이루어질 수 있는 것은 강제에 의지하거나 혹은 정당성을 갖고 있기 때문이라고 설명했다. 정당성은 "지배를 옳다고 여기는 국민들의 믿음"으로 정의했다. 그는 권위가 강제 또는 지배를 정당한 것으로 여기는 국민들의 믿음에 근거한다고 했다. 또한 그는 권위를 세 가지 이념형으로 분류했다. 고대의 전통을 신성시하는 믿음에 바탕을 둔 전통적 권위, 개인의 영웅적이고 모범적인 특성에 의지하는 카리스마적 권위, 제정된 규칙의 적법성에 대한 믿음에 의지하는 합법적 권위 등이 그것이다.[200]

이런 베버의 이념형은 지배와 복종이라는 사실적인 관계와 정당성이라는 가치적인 판단을 구분하면서 분화되기 시작했다. 이런 분화는 권력과 권위를 개념적으로 구분하는 계기가 됐다. 권력은 의사결정이나 의제설정 등과 같이 공리적이고 유용한 임무를 수행하는 역할을 하는 반면에 권위는 구성원들의 믿음에 기초하여 사회질서를 유지하는 역할을 담당한다고 인식하기 시작한 것이다.[201] 또한 권력은 시간·장소·문화적인 차이와 관계없이 하나의 보편적인 원칙에 따라 작동되는 근본적인 현상으로 여기게 되었다. 권력과 권위의 이런 분화로 정치권력은 지배와 복종이라는 사실적인 관계에서 의미를 갖게 되었으며, 정치권위는 이런 사실적인 관계보다 정당성이라는 가치적인 판단에서 훨씬 중요한 의미를 갖게 되었다.

사실과 가치

권위를 사실적인 측면에서 다루면 지배와 복종의 관계가 지속되는 현상을 파악할 수 있다. 지배와 복종이라는 사실적인 측면을 통해 언제, 누가, 무엇을 믿는지를 밝혀낼 수 있으므로 권위의 명령에 따르는 근거도 알 수 있다. 그러나 권위를 사실적으로 다루면 권력은 물론 폭력과도 구분하기 어렵다.

권위를 권력과 구분하는 중요한 근거는 가치적인 측면에 있다.[202] 권력과 달리 권위는 정당하다는 가치판단에 근거하여 주어진다. 그래서 권위는 사실적인 판단은 물론 도덕적인 판단을 필요로 한다. 물론 정치권위에 대한 도덕적인 판단은 제도 속에서 인식되는 정도에 따라 다르다. 예를 들어 과거에는 초월적인 존재가 이런 판단의 근거였지만, 지금은 공동체 구성원들의 동의가 근거가 된다.

이런 변화가 일어난 것은 정치권위에 대해 도덕적인 판단을 내리는 제도의 배열이 달라졌기 때문이다. 현대의 정치권위는 사실적인 측면에서 법에 의해 부여되지만, 가치적인 측면에서는 국민들의 동의를 필요로 한다. 국민들의 동의가 있어야 비로소 정치권위는 정당성을 얻는다. 그래서 현대의 정당한 정치권위는 법은 물론 도덕적인 자격을 필요로 한다. 정치권위가 무엇인지, 정치권력과 구분할 수 있는지 혹은 구분될 수 없는지 등의 주제를 놓고 벌어지는 다양한 논의들이 사실과 가치 혹은 법과 도덕의 문제에 집중되어 있는 것도 도덕적 자격 때문이다.

강제와 규칙

권위는 사실상의 권위와 규정상의 권위로 구분된다.[203] 사실상의 권위와 규정상의 권위는 합법적인 권리 행사와 관련이 있다. 사실상의 권위는 통치할 권리를 행사하는 것이 정당한지 여부와 무관하게 상대를 복종하게 만드는 능력에 방점을 둔다. 이로 인해 사실상의 권위는 종종 권력과 구분되지 않고 사용된다. 그러나 권력은 물리적 수단을 통한 강제, 보상, 제재 등에 의존하면서 복종하는 상대를 고려할 대상에서 완전히 배제한다. 이와는 달리 사실상의 권위는 비록 강제에 의존하지만 그런 강제는 상대가 복종할 의사를 갖게 만드는 능력을 포함한다. 이데올로기와 신념 등을 통해 상대의 의사를 통제할 수 있는 능력도 이에 속한다.

규정상의 권위는 명령 등을 내릴 수 있는 기원 혹은 생산자가 될 수 있는 합법적인 권리를 가지고 있는지에 주목한다. 다시 말해 규정상의 권위는 어떤 행위를 할 수 있는 권리를 법률 혹은 규칙이나 규정 등에 의해 부여받는 것으로, 행위규칙에 대한 공통적인 뼈대를 구성한다. 규정상의 권위는 합법적인 권리를 부여받았지만, 그렇다고 상대의 복종을 얻어낼 수 있는 정당성을 갖고 있는 것은 아니다. 정당하지 않은 방법으로 권력을 잡은 이들이 자신의 권력유지를 위해 만든 법을 강제할 수도 있기 때문이다. 또한 상대의 복종을 끌어낼 수 있는 사실상의 권위와 달리 규정상의 권위는 상대가 복종할 수도 있고 복종하지 않을 수도 있다.

　규정상 혹은 사실상의 정치권위는 정당한 정치권위와 다르다. 왜
냐하면 국가가 통치할 권리와 자격을 갖고 있다고 스스로 주장하기
때문이다. 정당성과 무관하게 국가가 법에 의해 정해진 규칙을 만들
고 이를 유지하는 데 성공했기 때문에 통치할 권리를 갖는다는 주장
도 여기에 속한다. 규정상의 정치권위가 정당한 정치권위로 변하기
위해서는 그들의 명령과 지시가 정당화되어야 한다. 국민들이 정당
하지 않은 명령과 지시에 자발적으로 복종하기는 어렵다. 만약 법질
서가 아닌 무력을 사용하여 국민들에게 복종을 강제하면 적나라한
폭력에 의지하여 국가권력이 사용된 전형적인 사례가 된다. 마찬가
지로 사실상의 정치권위도 국민들을 복종하게 만드는 능력에 방점을
두기 때문에 정당한 정치권위로 해석할 수 없다.

권리와 의무

　정치권위를 권리와 의무의 관계에서 찾으려는 노력은 정치권위의
근거를 법에서 구하려는 현대의 기획이다. 법에 의존한 정치권위는
다음과 같은 가설이 가능해진다. 정치권위의 명령에 국민들이 복종
하는 것은 그 명령에 담긴 내용과 무관하다. 명령의 내용보다 오히
려 명령을 내린 근원에 대해 복종하는 것이다. 다시 말해 명령에 담
긴 내용들을 충분히 고려하여 행위를 하지 않고 반대로 명령을 내린
근원이 법적으로 권위를 인정받은 국가기관이기 때문에 복종하게
된다.

정치권위를 권리와 의무의 관계로 보는 것은 사회계약론의 영향 때문이다.[204] 사회계약론은 통치할 권리에 복종할 의무가 부여되는 것은 계약을 통해 국민들이 동의했기 때문이라고 주장한다. 그러나 계약은 법적인 의무를 부여할 뿐이다. 법적인 의무와 도덕적인 의무는 다르다. 비록 법에서 살인하지 말라고 하지만, 법이 만들어지기 이전부터 사람들은 이를 도덕적인 의무로 여기고 있다. 더구나 모든 법이 자유롭고 평등한 참여를 통해 동의했기 때문에 만들어진 것이라는 사회계약론의 이론적인 가설도 현실과는 거리가 있다.

또한 법적인 자격을 갖춘 정치권위는 규정상의 권위에 속한다. 규정상의 권위는 반드시 정당하지 않다. 그래서 정당한 정치권위는 법적인 자격과 함께 도덕적인 자격을 필요로 한다. 권위의 또 다른 분류 형태인 이론적 권위와 실천적 권위는 정치권위가 도덕적인 자격을 갖추어야 하는 이유를 설명해 준다.

이론과 실천

권위를 분류하는 또 다른 방법은 이론적 권위와 실천적 권위다. 이론적 권위가 신념의 근거를 제공한다면, 실천적 권위는 행위의 근거를 제공한다.[205] 이론적 권위(an authority)는 특정한 주제 혹은 활동에 대해 가진 자신의 지식, 기술, 전문성에 대해 경의와 존경을 받는 것으로서 신념의 근거가 된다. 실천적 권위(in authority)는 규칙 혹은 법률이 부여한 직책에서 비롯된 것으로서 행위의 근거가 된다. 예를 들어 이론적 권위는 의사, 교사, 변호사 등이 갖는 권위이며, 실천적 권위는 대통령, 장관, 판사 등의 직책에서 비롯된 권위이다.

이런 분류에 따라 정치권위는 실천적 권위로 여기는 것이 일반적이다. 그래서 정치권위가 내린 명령은 내용과 관계없이 복종해야 할 행위의 근거라는 해석도 가능하다.[206] 그러나 정치권위는 행위의 근거이기도 하지만, 때로는 신념의 근거가 되기도 한다. 정치권위가 정당하다면 행위의 근거는 당연히 신념의 근거가 될 수 있다. 정당한 정치권위는 "사실이 무엇이다."는 이론적인 근거에 기초하여 "사실이 반드시 어떠해야 한다."는 실천적인 근거를 제시한다. 이런 주장은 정치권위의 인식적인 능력이 국민들보다 우월하다는 판단을 배경으로 삼고 있다. 이런 판단이 옳다면 정치권위는 인식적인 차원에서도 정당화되어야 한다.

3. 실종된 정치권위

언어의 굴레

정치권위는 국민이 만들어주는 것이라는 현대적인 생각은 쉽게 확립되지 못했다. 혁명을 통해 이런 생각이 여러 차례 실천되었음에도 그러했다. 그 이유는 정치권위에 대한 생각 가운데 전통시대부터 지속적으로 이어지고 있는 한 가지 사실 때문이었다. 그것은 정치권위를 지배와 복종의 관계로 여기는 것이다. 이 지점에서 빠트린 것은 정치권위가 지배와 복종이라는 사실관계는 물론 가치판단을 포함한다는 점이다.

정치권위는 전통과 현대에 걸쳐 모두 가치판단을 포함하고 있었다. 전통시대에는 초월적인 존재를 매개로, 현대에는 국민들의 동의를 각각 이런 판단의 근거로 삼았다. 그러나 정치권위를 지배와 복종이라는 사실관계로만 파악하면 정치권위가 가치판단을 내장하고 있었다는 점을 외면하게 된다. 이런 외면으로 인해 현대는 정치권위에 이미 다른 의미를 부여했지만, 과거의 언어가 만들어낸 지배와 복종이라는 이미지에서 벗어나지 못하고 있다.

정치권력의 영향

정치권위가 실종되었다는 말은 정치권위가 정당하지 않다는 뜻이다. 정당하지 않은 정치권위는 정치권력과 구분되지 않는다. 정당한 정치권위는 자발적인 복종을 이끌어낼 수 있고, 자발적인 복종은 계약에 의해 맺어진 단순한 동의를 뛰어넘는 구속을 필요로 한다. 그것은 도덕적인 제약이다. 정당한 정치권위는 강제를 사용할 수 있는 법적인 자격은 물론 자발적인 복종을 가능하게 하는 도덕적인 자격을 갖추어야 한다. 그래서 정치권위는 동의보다 도덕적인 제약을 포함하는 약속과 같은 것을 필요로 한다는 주장도 있다.

또한 정당한 정치권위에 요구되는 도덕적인 자격을 인치로 오해하는 이들이 있다.[207] 플라톤의 철인정치와 최근 중국에서 논의되고 있는 현인정치[208] 등이 그것이다. 철인정치와 현인정치는 통치자에게 도덕적인 자격을 요구한다. 반면 현대의 정치권위는 국민들이 정당하다고 믿는 가치판단에 의존한다. 그래서 법적인 강제에 의존하는 법치, 통치자의 도덕적인 강제에 의존하는 인치는 정치권력의 근거는 될 수 있겠지만, 그 자체로 정당한 정치권위를 완성하기는 어렵다.

법치

권(權)과 저울

한자어인 권력과 권위에 공통적으로 들어가는 '권(權)'이라는 단어는 "헤아리고 가늠한다."는 의미를 담고 있다. 맹자의 "양혜왕 상편"에 나오는 글은 전통시대 '권'의 쓰임새를 잘 보여준다. 제선왕과 대화를 나누는 장면에서 맹자는 "'저울에 달아야(權)' 무게의 경중을 알 수 있으며, 자로 재야 길이의 장단을 알 수 있습니다. 모든 사물이 이와 같습니다. 생각도 이와 같이 경중과 장단이 있습니다. 더 많이 생각하고 판단할 필요가 있습니다."라고 말했다. '권'이 무게를 다는 저울의 의미로 쓰였음을 알 수 있다.

서구의 그리스로마신화에 나오는 정의의 여신은 한 손에는 저울을, 다른 한 손에는 칼을 들고 있다. 저울이 맡은 역할은 정의를 재는 것이다. 동아시아의 저울인 '권'과 서구의 저울은 같은 기능을 수행하지만, 다른 점은 저울의 무게중심, 즉 정의의 기준이다. 서구는 이성의 산물인 법이 정의의 기준이지만, 동아시아는 도덕이 정의의 기준이었다. 서구와 동아시아는 정의의 실현을 법과 도덕에 각각 의지했다.

그러나 현대는 법이 정의의 기준임을 일깨워주고 있다. 이는 간단한 사실에서 알 수 있다. 동아시아의 대다수 사법기관들이 정의의 여신을 자신의 상징물로 삼고 있다. 물론 이런 단순한 현상을 바탕으로 법이 정의의 기준이 되었다고 주장하는 것은 지나칠 수도 있다. 그러나 정치권력이 법에 의존하여 지배를 실현하는 현실은 이를 지나치게만 볼 수 없게 한다.

법의 지배

현대에서 그 중요성이 강조되고 있는 법치는 말 그대로 법의 지배를 의미한다. 법의 지배는 정치권력을 개인의 자유와 권리와 같은 기본권을 보장하기 위해 만든 법에 구속시키려는 것이다. 만약 법치를 이렇게 해석한다면 자연법적인 입장에 서 있는 것이다. 법은 도덕적인 기준에 의해서만 이해될 수 있으며, 인간의 이성으로 인식 가능한 객관적인 도덕질서와 맞아야 한다고 생각하기 때문이다. 그리고 법이 이런 기준에 맞지 않으면 법이 될 수 없다고 여긴다.

반면 법실증주의는 법의 지배를 명문화된 실정법에 따르는 것으로 해석한다. 정당한 절차를 거쳐 형식적으로 올바르게 만들어진 실정법은 정당성과 타당성을 갖는다. 그리고 현실에 존재하는 법은 반드시 있어야 되는 당위의 법에 부합될 필요가 없다. 왜냐하면 자연법이 담고 있는 가치가 법의 지배라는 목적을 달성하기 어렵다고 생각하기 때문이다. 법은 그 내용이 도덕적인지에 대한 판단과 관계없이 여전히 법이어야 한다는 것이다.

또한 가치의 문제를 배제하기 위해 도덕과의 관계단절을 시도한다. 만약 도덕과 법의 관계를 필연적으로 연결하면 법적 안정성이 훼손될 수 있다고 우려한다. 독일의 법학자인 켈젠은 법이 주관적인 가치의 평가나 정치적인 이데올로기에 의해 지배받는 것에서 완전히 벗어날 수 있도록 노력했다. 결정성과 규칙성에 취약한 도덕과 자연법은 법이 안정적이고 효율적으로 집행되는 것을 방해한다고 믿기 때문이다.

실정법 우위

현대는 자연이나 신에 의해 주어진 법을 거부했으며, 자연법마저 이성의 통제에 두려고 했다. 현대는 자연법을 자연이나 신과 같이 초월적인 존재에 의해 주어진 것이 아니라 인간의 이성이 자연의 법칙 속에서 발견한 것이라고 했다. 그리고 계약에 의한 합의에 따라 만들어진 실정법을 자연법보다 우선했다.

독일의 법철학자인 라드부르흐(G. Radbruch)의 사상편력은 실정법이 우위를 차지하게 된 배경을 이해하는 데 도움을 준다. 그는 한때 실정법을 우선했다. 그래서 "재판관은 정의에 대한 봉사를 할 수 없더라도 법적인 안정성에 봉사해야 한다."라고 했다.[209] 그러나 나치가 법을 지배의 수단으로 삼는 것을 경험했다. 이후 라드부르흐는 자연법론자로 완전히 전향하지는 않았지만, 자연법의 필요성을 절감했다. 그리고 그는 실정법에 대한 편애를 "권력의 우상숭배"라고 했다.[210] 실정법이 정치권력을 위해 수단으로 활용될 수 있음을 경고했던 것이다.

자연법과 실정법을 넘어 제3의 길을 모색하려는 노력은 라드부르흐를 기점으로 활발하게 이루어지고 있다. 라드부르흐의 뒤를 잇는 이들은 법적 성질을 갖는 것은 오로지 정의를 지향하는 규범들뿐이지만 정당한 법이 반드시 정의와 일치될 필요는 없다는 입장을 옹호한다. 그래서 법은 "정의에 봉사하는 의미를 갖고 있는 현실"로 파악된다.

법의 정당성을 보장하는 자연법과 법의 기능적인 역할을 반영한 실정법을 포괄하려는 노력은 지금도 계속되고 있다. 그러나 법치는 곧 실정법에 따르는 것이라는 해석이 주류를 이루는 것이 현실이다. 실정법을 자연법보다 우선적으로 고려하는 것은 정치권력에 의존하는 현대의 특징이 고스란히 반영된 것이다.

인치

도덕 우위

정치권위에 대한 동아시아적인 시각은 유교의 영향에서 자유롭지 못했다. 유교에서 법의 역할은 도덕을 보완하는 것이어야 한다. 공자는 "법령으로 백성들을 관리하고, 형벌로 그들을 다스린다면 백성들은 일시적으로 죄를 범하지는 않겠지만, 수치심을 느끼지 않을 것이다. 덕으로 백성들을 관리하고 예로써 그들을 다스린다면 백성들은 수치심을 느낄 뿐만 아니라 스스로 잘못을 고치게 된다."라고 했다.[211] 법과 형벌은 통치의 수단이며, 통치의 근본은 덕이 되어야 한다는 이런 생각은 덕치를 우선하는 유교의 정신을 잘 보여준다.

비록 유교의 이런 생각에 법가가 반기를 들기는 했지만, 이들 역시 도덕적인 군자의 역할을 부정하지 않았다. 특히 누가 법을 만들 것인지에 대한 문제에 대해 법가 역시 군주에 의존했다.[212] 법의 제정과 변화, 선포 등에 필요한 법적권위는 모두 도덕적으로 완성된 군자의 몫이었다. 전통시대 동아시아에서 법은 정치적 통제와 사회질서를 유지하기 위해 군자가 행사하는 실용적인 도구라는 생각에서 벗어나지 못했던 것이다.

현인정치

도덕을 우선하고, 법의 제정을 군자에 일임했던 동아시아의 법치에 대한 생각은 현대에 들어와 달라졌는가? 대답은 부정적이다. 동아시아도 현대를 수용하면서 법치에 대한 인식을 새롭게 갖게 되었다. 특히 유교를 통해 현대를 극복하려고 했던 신유교는 내성외왕을 새롭게 계승했다. 그들은 외왕의 새로운 형태를 군주제가 아닌 민주주의에서 찾으려고 했다. 도덕적으로 내성을 이룬 지도자가 민주주의를 실천하는 것이다. 그러나 신유교의 내성외왕은 덕치를 강조했던 전통적인 사유의 연장이었다. 민주주의가 도덕적으로 완성된 군자에 의해 만들어질 수 있다는 생각에서 인치의 흔적을 발견하는 것은 어렵지 않다.

법치와 인치의 통합을 주장하는 이들은 어떤 정치체제도 인간의 개입 없이 작동될 수 없다는 전제로부터 시작한다. 이런 전제는 다음과 같은 주장을 가능하게 만든다. 법만으로는 효율적인 통치가 불가능하며, 통치는 도덕성을 가진 능력 있는 지도자에 의해 보완되어야 한다. 법은 도구이며, 도구는 누군가가 선택한 목적을 위해 쓰여야 한다.[213] 이른바 현인정치는 이런 주장에 효과적으로 부응한다.

현인정치는 지도자 선출을 1인 1표의 보통선거에 의존하는 민주주의와 다르다. 그것은 민주적인 선거절차보다 도덕성과 능력이 뛰어난 지도자를 선출하는 데 초점을 맞춘다. 그리고 선출된 지도자들은 법을 준수하기보다 자신이 갖고 있는 정치적 자원들을 충분히 활용하여 성공적인 업적을 쌓는 데 몰두한다.[214] 이런 특징을 감안할 때 현인정치가 법치보다 인치에 의존할 수밖에 없는 구조를 갖고 있음은 분명하다.

제2부
정치권위를 찾아서

제5장
정당한 정치권위

정치권위는 통치할 권리이며, 통치권리는 국민들에게 복종할 의무를 요구할 수 있다. 그러나 무정부주의는 국가의 지배를 정당하지 않다고 여긴다. 국가의 지배를 원천적으로 부정하는 것이다. 지배 없는 자유로운 질서를 꿈꾸는 무정부주의는 매력적이다. 물론 현실은 무정부주의와 다르게 돌아가고 있다. 국가의 명령은 요람에서 무덤까지 우리의 일상을 지배하고 있다. 그래서 국가의 명령이 정당한지 따지지 않을 수 없다. 정당하지 않은 명령이라고 생각되면 더욱 집요하게 따진다. 정치권위가 정당하지 않으면 어떤 일이 생길까? 통치할 권리를 부정하고, 복종의 의무를 수행하지 않는 현상이 늘어날 것이다. 권력으로 이러한 현상을 누를 수는 있지만 지속되기는 어렵다. 결국 혁명과 같은 새로운 시작을 갈망하게 될 것이다.

1. 정당성

국가의 정치권위가 정당하면 국민들은 법적으로는 물론 도덕적으로 복종할 의무가 생긴다.[215] 정당성은 정치권위에 의무를 부과하는 배타적인 권리를 주기 때문이다.[216] 정치권위와 정당성의 관계에 대한 이런 주장은 타당한 것인가? 누가 정치권위에 정당성을 부여하고, 무엇이 정당성의 근거가 되는가? 그런 근거는 어떤 내용을 담고 있으며, 어떤 역할을 하고 있는가?

정당성의 근원

과거 전통시대에 권위와 권력은 구분되지 않았다. 권위라는 용어 자체도 없었다. 정치권위도 물론이다. 당연히 정치권위의 정당성에 대해 생각할 필요도 없었다. 정치권위는 자연이나 신과 같은 인간 외부의 초월적인 존재가 준 것이었다. 그래서 정당성을 따지는 것은 인간의 능력 밖에 있는 일이었다.

권위라는 용어가 생겨난 뒤에도 상황은 달라지지 않았다. 권위에 대한 생각들도 나타났지만, 인간이 다룰 수 있는 문제는 아니었다. 비록 종교가 세속권력을 담당하게 되었지만, 정당성의 문제는 여전히 인간의 능력 밖에 있었다. 정치권위는 자연에서 신으로 대상만 바뀌었지 여전히 초월적인 존재가 준 것으로 생각했다.

현대는 달랐다. 인간은 초월적인 존재에 더 이상 의지하지 않고 자신의 이성을 신뢰했다.[217] 정치권위를 인간의 통제가 미치는 범위에 두고자 했다. 정치권위에 국민들이 복종하는 이유는 자신들이 정당한 것으로 인정했기 때문이라는 생각도 확산되었다. 이런 확신을 바탕으로 정치권위가 정당성을 갖고 있는지 살피기 시작했다.

(1) 근원의 변화

자연

만물의 근원인 로고스는 곧 자연의 섭리를 담은 법칙을 말한다. 자연의 일부인 인간이 이런 자연법칙의 지배를 받는 것은 본성이다. 인간은 스스로 국가를 선택할 수 없음에도 자연적으로 한 국가의 구성원이 된다. 인간이 스스로 부모를 선택할 수 없는 것과 마찬가지로 자연적인 결과이다. 자연적으로 부가된 이런 의무는 부모에 복종하듯이 국가에 복종할 것을 요구한다.

이처럼 정치권위는 인간의 능력이 미치지 않는 자연의 섭리에 의해 주어진 것이었다. 이런 정치권위에 대해 정당성을 따지는 것은 인간의 능력 밖이었다. 국가가 내리는 명령, 정책, 행위, 전략, 제도와 같은 것은 정당성을 물을 수 있는 대상이 아니었다. 인간들은 국가의 이런 요구를 거부할 수 없었다. 국가의 명령에 복종하는 것은 인간의 본성이 자연의 섭리에 따르는 것과 마찬가지였다. 자신의 능력 밖에서 일어난 일에 대해 할 수 있는 일은 순응하는 것뿐이기 때문이었다.[218]

신

정치권위의 정당성은 자연법칙에 의해 주어진 것이었다. 그럼 자연법칙은 어떻게 만들어졌나? 신을 믿는 사람들은 창조주인 신이 만들었다고 생각했다. 종교가 세속권력을 행사하면서 자연법칙은 신의 법칙으로 대체되었다. "살인을 하지 말라.", "부모를 공경하라." 등 신이 내린 명령은 모두가 지켜야 할 규범이 되었다. 세속적인 권력을 담당하게 된 교회와 신부는 신의 명령을 집행하는 기관과 대리인이 되었고, 신의 목소리를 담은 책자는 법률이 되었다. 교회와 신부의 명령에 복종하는 것은 당연한 의무였다. 그들의 정치권위는 신으로부터 주어졌기 때문이다.

인간

현대는 인간의 이성과 경험으로 파악할 수 없는 초월적인 존재를 더 이상 믿지 않기로 했다. 정치권위는 외부에서 주어진 것이 아니라 인간이 통제할 수 있는 것으로 여겼다. 인간들은 이성을 통해 지켜야 할 규범을 스스로 발견하거나 만들었다. 인간의 이성이 발견한 규범은 자유, 생명, 재산, 권리의 보호와 같은 것으로 그 내용이 풍부해졌다. 국가는 규범을 지키기 위해 계약에 의해 만들어진 것이라는 생각도 나타났다. 이런 규범을 준수하는 국가에 정당성이라는 표식을 달기 시작했다. 국민들은 규범을 준수하지 않는 정치권위에 대해서는 정당성의 문제를 제기하게 되었다.

(2) 근거의 변화

도덕과 법

정당성의 근원이 바뀌면서 정당성을 판단하는 근거였던 도덕과 법의 관계에도 변화가 생겼다. 도덕과 법이 구분되지 않았던 전통시대에 법을 준수하는 것은 곧 도덕적으로 행동하는 것이었다.[219] 도덕과 법은 서로 구분되지 않은 채 정치권위의 정당성을 판단하는 근거로서 그 소임을 다했다. 그러나 현대가 시작되면서 이런 관계에 균열이 생겼다. 정당성의 근거가 자연, 신, 인간 순으로 바뀌면서 도덕과 법의 의미는 물론 둘의 관계에도 변화가 일어났다.

인간은 이성적인 판단을 통해 올바른 행위를 할 수 있다는 생각이 도덕을 공동체의 문제가 아닌 개인의 문제로 끌어내렸다. 도덕은 개인적으로 옳다 혹은 좋다고 믿거나 이런 믿음에 따라 행동하는 것으로 해석되었다. 개인의 주관과 편견에 따라 도덕적인 판단은 달라질 수 있다는 생각도 생겨났다. 개인의 주관적인 판단에 도덕을 맡기면 결과는 뻔하다. 상대주의의 덫에서 벗어날 수 없기 때문이다. 이른바 도덕상대주의다.

도덕의 몰락과 법의 독점

현대는 당초 도덕과 법을 통해 정치권위의 정당성을 발견하려고 했다.[220] 그러나 도덕은 상대주의의 덫에 걸려 공적영역에서 더 이상 자신의 소임을 찾기가 어려워졌다. 사적영역으로 떠밀려나가는 것은 시간문제였다. 도덕이 사적영역으로 물러나면서 법은 공적영역을 독점했다. 주관적이고 편견에 사로잡힌 도덕으로 공적영역에서 개인들 간에 일어나는 갈등을 해결하기 어렵다는 현대의 속성도 강고해졌다.

공적영역은 이성의 합의에 의해 도출된 규칙과 법으로 대체되었다. 개인의 도덕기준에 의지하여 내려진 주관적 판단보다 합의에 의해 만들어진 객관적인 규칙과 법이 도덕을 대체한 것이다. 법은 명문화된 규정에 근거하여 통제를 가하는 규범으로 자리 잡았다. 공적영역에서 제자리를 잃은 도덕은 사적영역에서도 종교에 떠밀려났다.

신을 믿는 사람들이 도덕을 종교로 대체했기 때문이다.

정당성의 내용

정당성(legitimacy)은 "합법적으로 만든"이라는 뜻의 라틴어인 '레지티메르(legitimare)'에서 유래했다. 이를 인간이 만든 법에 따르는 것이라고 해석하는 것은 현대의 속성이다. 전통시대에 공동체의 정치질서를 유지하는 규범으로서 도덕과 법은 구분되지 않았다. 법은 초월적인 존재에 의해 주어진 것으로서 정의를 실현하는 것이었다. 인간들은 이런 규범에 따라 옳음과 그름, 좋음과 나쁨, 아름다움과 추함을 구별했다. 정당성은 이런 규범들을 준수하는 것이었다.

전통시대의 규범은 인간이 만들지 않았기 때문에 정당성을 따지는 것은 인간의 능력 밖이었다. 그러나 현대는 자연과 신을 통해 매개된 규범들을 인간의 이성을 통해 발견하거나 만들어냈다. 자연법도 자연과 신에 의해 주어진 것이 아니라 인간이 자연과 신이 만든 질서 속에서 찾아냈다.

인간이 규범을 관장하면서 도덕은 물론 인간이 자연에서 발견한 자연법마저 실정법에 의해 설자리를 잃어갔다. 실정법은 다른 어떤 규범보다 사회질서를 유지하는 데 안정적이고 효율적이었다. 안정성과 효율성을 보장할 수 있는 실정법은 정치권위의 정당성을 평가해온 다른 모든 규범들을 주변화해 나갔다. 사적영역은 도덕이, 공적영역은 법이 관장하는 이런 변화는 도덕과 법의 분리현상을 낳았을 뿐만 아니라 도덕과 법의 의미도 변화시켰다.

(1) 내용의 변화

전통

전통사회는 혈연과 지연에 의해 서로 관계를 맺으면서 자연스럽게 만들어진 공동체였다. 개인들은 자신이 어떤 공동체에 속할 것인지 스스로 선택할 수 없었다. 자신의 부모를 선택할 수 없듯이 자신이 속한 공동체도 주어졌다. 공동체에 소속된 구성원들은 서로에 대해 잘 알고 있었다. 공동체의 질서를 유지하는 규범인 도덕과 법에 대한 생각도 크게 다르지 않았다. 도덕과 법은 변화하기보다 고정적이고 안정되어 있었다.

인간이 도덕과 법을 지키는 것은 당연한 일이었다. 이런 규범이 왜 정당성을 갖고 있는지 의문을 갖는 것은 애초부터 불가능했다. 그것은 정치권위와 마찬가지로 인간의 능력이 미치지 않는 외부의 초월적인 존재가 준 것이었다. "인간이 규범을 지키도록 만드는 것은 무엇인가?", "인간은 왜 동정심을 갖고, 이타적으로 행동하는가?" 인간이 전통시대에 가졌던 의문은 이처럼 규범을 준수하는 동기에 대한 것이었다. 이런 의문에 해답을 구하면 정치질서가 효율적으로 유지될 수 있을 것이라고 생각했다.[221] 그리고 그 해답을 도덕에서 찾았다.

현대

전통과 결별한 현대사회는 더 이상 혈연과 지연에 의존하지 않았다. 교통과 통신의 발달로 스스로 공동체를 선택할 수 있는 기회도 생겼다. 도시를 중심으로 형성된 시민사회는 이해관계가 서로 다른 사람들이 이합집산을 거듭하는 장소가 되었다. 더 이상 초월적인 존재에 규범을 맡기지 않고 공동체 구성원들이 규범을 만들었다. 공동체의 특징에 따라 정치권위가 준수해야 할 규범도 달라졌다.[222]

막스 베버는 법·전통·카리스마를 정당한 정치권위의 근거로 삼았다. 그러나 비담은 베버가 제시한 근거로는 정당한 정치권위를 설명하지 못한다고 반박하며, 법·전통·카리스마를 정당성의 근거로 삼은 것은 잘못이라고 했다. 비담은 전통시대와 현대는 정당성의 근거가 서로 다르다고 했다. 즉 정당성의 근거가 전통시대에는 혈통이었다면, 현대는 인민주권이라는 것이다.

비담의 얘기를 들어보자. 법은 그 자체로 정당성을 가질 수 없으며, 인민주권에 기초한 것이어야 한다. 이런 변화가 발생한 것은 신념이 달라졌기 때문이다. 전통시대에 통용되었던 종법질서에 대한 믿음이 현대에서는 인민주권에 대한 신념으로 바뀌었다. 인민주권은 종법질서에 기초한 특정계급의 특권을 부정한다.[223] 이런 신념의 변화는 저항할 수 없는 대중운동의 도덕적인 힘이 된다.

신념의 변화는 도덕의 내용에도 변화를 가져왔다. 종법질서가 유지되던 시절에 정치권위의 정당성을 판단하는 자격은 교회나 귀족들이 맡았다. 그러나 인민주권의 시대에는 인민들이 직접 이런 판단을 하게 되었고, 정치권위가 정당한지를 판단하는 것도 인민들의 몫이 되었다. 무엇이 도덕적인 행위인지를 인민들이 판단하면서 도덕의 내용도 변했다. 도덕의 대중화가 선언된 것이다.

(2) 도덕의 변화

도덕과 법을 구분하려는 현대의 노력은 도덕을 새롭게 해석하게 만들었다.[224] 전통시대 도덕은 주어진 규범을 준수하기 위해 "어떤 사람이 되어야 하는가?"라는 물음에 집중했다. 행위의 기준이 되는 "무엇을 할 것인가?"는 초월적인 존재에 의해 주어졌기 때문에 도덕적인 인간이 되는 것은 이를 실천하면 되는 것이었다. 규칙은 정해진 것이기 때문에 인간은 이런 규칙을 준수하는 행위에만 관심을 가지면 되었다.

그러나 현대의 도덕은 "무엇을 할 것인가"라는 물음부터 해결해야 했다.[225] 현대는 초월적인 존재를 더 이상 믿지 않았기 때문이다. 현대의 도덕은 행위의 기준인 규범도 스스로 정해야 했다. 그래서 이성이 "무엇을 할 것인가"를 결정할 뿐만 아니라, 이런 결정을 준수하기 위해 어떻게 행동할 것인지도 관장하게 된 것이다.

칸트의 역할

현대가 도덕의 의미를 이렇게 변화시키는 데 칸트는 중요한 역할을 했다. 칸트는 도덕을 행위의 문제보다 준수해야 할 규칙을 정하는 규범의 문제로 해석했다. 도덕성과 합법성을 구분한 칸트의 설명에서 이런 변화의 지점을 포착할 수 있다. "우리는 어떤 행위가 그 행위의 동기와 상관없이 법칙과 단순히 일치하거나 불일치하는 경우를 합법성·합법칙성이라고 부른다. 반면에 법칙으로부터 일어나는 의무에 대한 생각이 동시에 그 행위에 동기가 되는 그러한 경우를 도덕성·윤리성이라고 부른다."[226] 칸트는 규칙이 도덕적인 의무를 부여하는 것을 도덕성으로, 법적인 의무를 부여하는 것을 합법성으로 구분했다. 이는 초월적인 존재를 부정한 결과이다. 행위의 기준을 인간이 스스로 만들어야 했기 때문에 도덕은 더 이상 행위의 문제가 아닌 규칙의 문제가 되어버린 것이다.

그럼 도덕적인 의무는 어떻게 부여되는가? 그리고 도덕적인 의무를 부여하는 명령은 무엇인가? 도덕의 근본원칙은 선험적으로 존재하는 인간의 자유의지를 보장하는 것이다. 그래서 칸트는 실천이성으로 이런 의무를 지키기 위해 필요한 준칙을 만들었다. 칸트가 만든 준칙은 정언명령이다. "자신의 준칙이 항상 보편적인 법칙의 원리가 될 수 있도록 행한다."라는 정언명령은 인간이 스스로에게 자율적으로 부과한 법칙이다.[227] 그리고 이런 법칙에 복종의 의무를 수행하는 것은 도덕적인 의무를 수행하는 것이 된다. 칸트의 의무론적 도덕법칙이 현대라는 외투를 입고 등장한 것이다. 그러나 이성이 만든 법칙을 준수하는 것이 도덕적인 의무라면 이런 의무를 실행하는 동기는 어디서 찾을 것인지에 관한 문제는 여전히 대답을 기다리고 있다.

의무와 목적

초월적인 존재와 관계가 단절된 도덕은 이제 이성이 발견한 법칙이거나 혹은 이성이 만든 법칙을 준수하는 것으로 그 의미가 변했다. 도덕은 더 이상 인간 본성이 궁극적으로 도달해야 할 목적이 아니라 이성에 의해 판단될 수 있는 법칙을 준수하는 것이 되었다. 이성의 도덕법칙은 법과의 새로운 관계설정을 위해 둘로 나뉘었다.

의무론적 도덕법칙과 목적론적 도덕법칙이 그것이다. 의무론적 도덕법칙은 실천이성의 산물이며, 목적론적 도덕법칙은 도구이성의 산물이다. 의무론적 도덕법칙은 개인의 자유와 생명, 재산보호를 의무로 삼았고, 목적론적 도덕법칙은 공공선의 실천을 목적으로 삼았다.[228] 의무론이 옳음을 추구하는 것이라면 목적론은 좋음[선]을 추구하는 것이 되었다. 그리고 옳음이 좋음보다 우선한다는 의무론은 자유주의의 지배적인 도덕법칙으로 자리 잡았다.[229]

현대는 공리주의를 목적론적 도덕법칙의 전형으로 생각했다. 인간은 쾌락을 추구하고 고통을 피하려는 존재라는 생각은 공리주의의 기본원리였다. 그래서 공리주의는 가장 많은 사람이 가장 큰 쾌락을 얻을 수 있는 "최대다수의 최대행복"을 도덕법칙으로 삼았다. 이런 공리주의는 이성에 의지한 도덕실재론의 극단을 보여준다. 이성적인 판단에 의지하여 도덕이 실재한다고 생각하면 도덕에 대한 객관적인 평가가 가능해진다. 공리주의가 효용을 도덕적인 기준으로 삼은 것은 대표적이다.

그러나 이런 공리주의는 헤어나기 힘든 난관에 봉착할 수밖에 없다. 예를 들어 어떤 사람이 효용을 높이기 위해 스스로를 위해 돈을 사용하지 않고 다른 사람에게 주었다고 가정해 보자. 이런 행위는 효용을 극대화하지 못한 행위이지만, 도덕적으로 잘못된 것은 아니다. 오히려 이성에 부합하지 않는 비합리적인 행위라고 말하는 것이 더 적절하다.

또한 목적론적 도덕법칙인 공리주의는 개인의 자유, 생명, 재산보호를 우선하는 의무론적 도덕법칙과 충돌을 피할 수 없었다. 공리주의는 다수의 행복을 위해 개인의 권리를 침해할 수 있게 만든 원흉으로 지목되면서 설자리를 잃어갔다. 반면 의무론적 도덕법칙은 자유민주주의의 확산과 함께 현대에 의해 적극 수용되었다.[230]

역할 변화

도덕의 분화는 자연스럽게 역할의 분화를 가져왔다. 도덕은 옳음과 좋음을 추구하는 것이다. 올바른 규칙의 준수도 중요하지만 이를 통해 좋음을 실천하는 것도 생략할 수 없다. 인간은 도덕적이기 때문에 자유롭다는 것은 칸트의 명제다. 자유에서 도덕을 배제하는 것은 근본을 부정하는 것이다. 그러나 의무론적 도덕법칙은 자유를 보장하기 위해 준수해야 할 규범을 설정하는 데 주력했다. 그리고 점차 법에 포섭되어 갔다. 의무론적 도덕법칙은 자유민주주의의 근간이 되는 법치주의를 완성했다.

목적론적 도덕법칙은 공리주의를 불러냈다. 공리주의는 자유 대신 쾌락을 도덕법칙의 기준으로 삼았다. 자유를 추구하는 이유는 쾌락을 얻기 위한 목적 때문이라고 해석했다. 그리고 욕망을 극대화하려는 개인의 합리적 선택원칙을 공적영역으로 확장하기 위해 최대다수의 최대행복을 공리로 채택했다. 그러나 공리주의는 개인의 욕구를 사회적 욕구와 동일시하면서 개인의 자유와 권리를 억압할 수 있는 논리를 제공한 원흉으로 지목되었다. 공리주의는 설자리를 잃어갔다. 반면 목적론적 도덕법칙은 공동체주의에 의해 재조명되고 있다.

(3) 법의 변화

자연법의 분화

현대의 자연법과 전통시대의 자연법은 완전히 다르게 구분되었다. 전통의 자연법은 자연이 그 자체로 법 규범을 갖고 있으며, 이런 규범은 영원하고 보편적으로 타당하다는 생각에서 비롯된 것이었다. 종교의 영향을 받았던 시기에는 자연법의 규범이 자연질서를 창조한 신의 이성으로 대체되었다. 현대의 자연법은 이런 전통적 자연법을 부정하고 인간의 이성으로 새로운 도덕법칙을 발견하면서 등장했다.

자연법에 현대적인 의미를 부여하는 역할은 사회계약론과 이에 영향을 받은 칸트가 맡았다. 사회계약론은 개인과 공동체의 생활에 규범적인 질서를 만들려는 노력의 결과였다. 홉스는 자연법을 인간의 이성이 내린 명령에 따라 자신의 생명과 안전을 지키는 것이라고 했다. 로크는 개인의 생명은 물론 재산과 권리까지 포함했다. 루소는 일반의지 속에서 자연법을 찾았다. 사회계약론의 영향을 받은 칸트는 인간의 이성에 의지해 도덕법칙을 세웠다. 칸트는 자연법을 인간의 이성에 의해 선험적으로 인식이 가능한 법이라고 했다.[231]

로크는 자연법과 실정법을 구별하는 단초를 제공했으며, 자연 상태의 자유와 사회 상태의 자유를 구분했다. 자연 상태의 자유는 "스스로 정당하다고 생각하는 것에 따라 자신의 행동을 규율하고 자신의 생명과 재산을 처분할 수 있는 것"이다. 이런 자유는 자연법이 보장하도록 했다. 반면 사회 상태의 자유는 "공동체 구성원들이 동의하여 만든 법의 제한을 받는 것"이다. 이런 자유는 계약에 의해 만들어진 실정법이 보장하도록 했다.[232] 자유의 인식근거였던 도덕법칙이 자연법과 실정법으로 나뉘어 각각 그 모습을 드러낸 것이다.

자연법에 대한 현대의 새로운 해석은 정당성을 실정법에 맡길 수 있는 가교가 되었다. 자연법이 인간의 자유를 보장하는 것이라면 이런 추상적인 자연법보다 실정법은 인간의 자유를 안정적이고 실효적으로 보장할 수 있다는 주장이 힘을 얻었다. 칸트는 "법이란 한 사람의 자의가 자유의 보편법칙에 따라 타인의 자의와 합치될 수 있는 조건들의 총체"라고 했다. 그리고 이런 법은 반드시 도덕으로부터 나오는 것이 아니라고 했다.[233] 실정법이 자연법으로부터 일탈할 수 있는 여지를 발견한 현대는 이 틈을 더욱 넓혀갔다.

실정법의 딜레마

실정법은 중세시대 권력자들이 법을 자의적으로 집행하여 폭력을 서슴지 않았던 전철을 밟지 않으려고 했다. 마녀사냥을 합법화했던 1532년의 카롤리나 형법전은 신의 법을 등에 업고 행사되었던 대표적인 폭력이었다. 이 법전에는 누군가가 마술로 해를 끼쳤거나 이웃에게 손해를 입혔다면 사형에 처하거나 불로 태워버려야 한다는 조문이 담겨 있었다. 누군가가 입은 피해를 마술에 의한 것인지를 입증할 수 있는 방법이 없기 때문에 "만들어진" 수많은 마녀들이 목숨을 잃었다.

현대는 초월적인 법이 자행한 이런 폭력에서 벗어나려고 했다. 명문화된 실정법은 이런 자의적인 법 해석을 막을 수 있을 것이라고 생각했다. 그러나 실정법은 자신이 부정했던 폭력의 저주로부터 벗어나지 못했다. 법을 지배의 도구로 삼았던 전체주의의 등장은 실정법을 부도덕한 법으로 인식하게 만들었다. 독재자가 만든 법, 비도덕적인 법에 의해 행사되는 폭력은 실정법을 부도덕한 행위를 옹호하는 수단으로 전락시켰다. 나치 시절의 법, 중국과 북한의 사회주의헌법, 한국의 유신헌법 등은 실정법이 폭력의 수단이 될 수 있다는 것을 실감나게 보여준다. 이에 대한 반성을 바탕으로 재무장한 실정법은 도덕을 포섭하려고 했다.[234)]

그리고 변신

실정법을 옹호하는 이들은 괴테의 다음과 같은 말을 즐겨 인용한다. "무질서 상태의 세상을 감수하느니, 차라리 정의롭지 못함을 택하겠다." 이런 주장은 법의 안정성과 질서를 우선하여 부도덕한 행위들을 합법화할 수 있게 해준다. 라드부르흐는 실정법이 안고 있는 이런 함정을 자연법의 도움을 받아 해결하려고 했다. 즉 라드부르흐는 "법은 최소한의 안전을 보장하기 때문에 무법의 상태보다 낫지만, 법의 안전성보다 합목적성이 우선이며, 합목적성보다 우선인 것은 정의"라고 했다.

실정법은 이런 변신을 위해 전통은 물론 현대의 자연법에서 추구했던 가치의 문제를 수용하려고 노력했다. 그런 노력은 존재하고 있는 법만을 실정법으로 보는 시각에서 벗어나 도덕적인 규범에 근거하여 법을 해석한 것도 실정법의 범주에 포함시키려는 경향으로 나타났다. 이런 경향의 대표적인 인물인 드워킨(R. Dworkin)은 법전 속에 있는 법은 형식적인 법이고, 진정한 법은 이를 올바르게 해석한 결과라고 주장한다.[235] 이런 주장에 따르면 실정법에 의한 지배는 사악한 지배를 막을 수 있다. 왜냐하면 기본권을 보장하는 헌법이 있다면 이를 올바르게 해석할 수 있기 때문이다.

2. 정당성과 서구

이성에 대한 신뢰

현대가 정치권위와 정당성의 문제를 본격적으로 다루게 된 배경에는 인간의 이성에 대한 신뢰가 자리 잡고 있었다. 이성에 대한 사랑은 서구사상의 핵심적인 특징이다. 이런 특징은 정치권위의 정당성을 해결하려는 문제에서도 여지없이 관철되었다. 서구는 인간이 도덕적일 수 없는 이유를 감성에서 찾았다. 그것은 전통과 현대라는 시대적인 구분과 상관없이 공통적으로 나타나는 특징이었다. "감성은 복잡한 인간세상에서 도덕법칙에 따라 살 수 없게 만든다."라고 주장한 플라톤, "인간을 도덕적이게 만드는 것은 인간을 자유롭고 평등하게 만드는 이성이 있기에 가능하다."라고 말한 칸트, "감정적인 요인들을 포함한 모든 것은 합리적으로 계산될 수 있다."라고 밝힌 베버, 이들은 인간이 규범에 따라 행동하는 근원에는 이성이 자리 잡고 있기 때문이라고 생각했다.

물론 이성의 역할은 시대에 따라 달랐다. 전통시대 인간의 이성은 초월적 실재이자 참된 진리인 이데아를 추구했고, 자연의 진리를 습득하기 위한 지침서였다. 인간이 자연법칙을 따르는 것은 도덕성을 갖고 있기 때문이며, 이런 도덕성이 인간의 이성을 규제했다. 그러나 현대의 이성이 맡은 역할은 달랐다. 이성은 더 이상 진리를 탐구하기 위한 도구가 아니라 개인의 안전과 이익을 극대화하는 계산적인 수단이었다.[236)]

이성의 역할 변화는 도덕을 쾌락 추구와 규칙 준수로 이해하게 만들었다. 그 결과 한편에서는 공리주의가, 다른 한편에서는 법 준수를 강조하는 의무주의가 정치권위의 정당성을 보장할 수 있는 근거로 자리 잡게 된 것이다.

전통

전통시대 자연법은 우주를 다스리는 질서정연한 원리나 법칙이었다. 우주의 한 부분인 인간은 이런 질서와 법칙에 복종해야 했다. 인간사회의 질서를 유지해 주는 도덕과 법은 구분되지 않은 채 하나의 원리를 갖고 있었다. 인간의 이성은 이런 규범을 준수할 있도록 해주는 나침반이었다.

플라톤 : 지식의 이성

플라톤에게 이데아는 영원하고 변하지 않는 사물의 본질이었다. 이데아는 자연과 우주의 진리를 담고 있으며, 인간의 능력으로는 도달하기 힘든 초월적인 실재였다. 철학자는 자신의 이성을 통해 이런 이데아를 탐구하는 이들이었고, 철학자의 역할은 이데아의 존재를 널리 알리고 이를 추구하도록 대중들을 지도하는 것이었다.

플라톤은 이데아가 실현된 이상적인 국가를 그렸다. 그것은 각자가 자신에게 맞는 최선의 일을 하면서 조화를 이루는 나라였다. 플라톤은 이데아가 실현된 국가란 현실에서 가능할 것으로 생각하지 않았다. 이데아는 인간의 능력 밖에 존재하는 것으로 여겼기 때문이다. 플라톤이 말한 철인정치도 진정한 의미의 이상적인 국가는 아니었다. 철인이 통치하는 칼리폴리스는 완벽한 이상국가인 로고폴리스를 모델로 삼은 것에 불과했다. 플라톤은 소크라테스의 입을 빌려 글라우콘에게 다음과 같이 말하고 있다. "우리가 논의 과정에서 자세히 말한 것들이 완전히 실제로 실현되는 걸 보여주어야만 된다고 내게 강요하지는 말게."

그럼에도 플라톤은 왜 철인정치를 말했는가? 그것은 플라톤이 철학자들의 이성과 도덕적 품성을 깊게 신뢰했기 때문이다. 플라톤이 배와 동굴의 비유에서 묘사했듯이 철학자는 별을 보는 진정한 항해사이며, 동굴 밖에 햇빛이 존재한다는 사실을 알고 있었다. 그러나 그리스 도시국가에서 철학자에 대한 기대는 높지 않았다. 대중들은 철학자를 신뢰하지 않았기 때문에 그들에게 배를 맡기지 않았으며, 햇빛의 존재를 믿지도 않았다. 그렇지만 플라톤은 철학자들이 배를 지휘해야 하고, 동굴 속으로 다시 들어가야 한다고 했다. 그는 이데아를 추구하는 철학자들의 이성만이 배를 제대로 지휘할 수 있다고 생각했던 것이다.

그러나 철학자들은 배를 지휘하고 동굴 속으로 다시 들어가는 것을 주저했다. 어리석은 대중들과 함께 지내는 것은 소크라테스처럼 자신의 목숨을 앗아갈 수도 있기 때문이었다. 이 지점에서 철학자들의 도덕적인 품성이 작동하는데, 플라톤은 이데아를 탐구하는 데 필요한 지식을 쌓는 일이 덕이라고 했다. 진정한 지식을 얻는 것은 훌륭한 덕을 쌓는 것과 같다는 뜻이다. 플라톤에게 덕은 지식의 축적이었다. "덕은 지식인가?"라는 소크라테스의 질문에 플라톤은 "그렇다."고 대답했다.

이데아를 추구하면서 습득한 지식으로 인해 철학자는 동굴 밖의 햇빛이 존재한다는 것을 알고 있다. 물론 철학자는 동굴 속으로 들어가는 것을 주저할 수 있다. 그러나 이데아를 추구하는 과정에서 얻은 지식 덕분에 철학자들은 높은 도덕적 품성을 갖고 있다. 철학자는 동굴 속의 삶이 비록 열등하고, 자신의 희생을 필요로 하지만 도덕적인 품성으로 인해 기꺼이 이를 받아들이게 된다.

아리스토텔레스 : 습관의 이성

아리스토텔레스는 인간이 도달할 수 없는 이데아에서 정당한 정치권위를 발견하려는 시도에 대해 반대했다. "우리가 지금 하고 있는 탐구는 이론적인 지식을 얻기 위한 것이 아니다. 우리가 탐구하는 것은 덕이 무엇인지 알기 위한 것이 아니라 덕을 갖춘 사람이 되기 위해서이다." 아리스토텔레스는 덕을 지식으로 획득할 수 있는 "지성의 덕"과 지식으로 획득할 수 없는 "성품의 덕"으로 구분했다. 그리고 성품의 덕은 습관을 통해 길러야 한다고 했다.[237] "지성의 덕"은 탁월한 이성의 능력에 의해 달성할 수 있는 것이기 때문에 인간의 능력

밖에 있는 것이다. 그래서 아리스토텔레스는 인간이 달성할 수 있는 "성품의 덕"을 기르는 데 주력해야 한다고 했다.

"덕은 지식인가?"라는 질문에 플라톤과 달리 아리스토텔레스는 "아니다."라고 대답했다. 그는 "보편적인 선이 무엇인가 하는 문제는 우리의 친구(플라톤)가 이데아론을 끌어들인 것 때문에 아주 곤란해졌다. 그렇지만 진리를 지키기 위해서는 우리와 가까운 친구들과의 우정도 저버리는 것이 철학자로서 도리일 것이다. 친구와 진리는 다 같이 소중하지만, 친구보다는 진리를 존중하는 것이 마땅하기 때문이다."라고 했다.[238]

아리스토텔레스의 생각은 그의 스승인 플라톤과 분명히 다른 입장에 서 있었다. 그러나 감성보다 이성을 더 높고 고귀한 것으로 생각했던 서구의 전통은 그대로 이어받고 있다. "한 마리의 제비가 난다고 해서 봄이 온 것은 아니다."라는 아리스토텔레스의 말은 덕성(德性)이 우연히 했던 한 번의 행위로 만들어지지 않는다는 점을 설명한다. 이런 덕성은 반복적인 행위를 통해 습관이 되면 지식으로 바뀐다.[239] 결국 아리스토텔레스의 도덕도 습관을 통해 지식으로 발전하는 과정을 거친다. 그래서 콘포드(F. M. Cornford)는 "상식과 경험적 사실을 중시하는 방향으로 나갔음에도 불구하고 아리스토텔레스는 플라톤주의자가 아닌 적이 한 번도 없다."[240] 라고 단언했다.

아퀴나스 : 신의 이성

교회가 세속적인 권력을 행사하면서 상황은 달라졌다. 규범은 자연법칙이 아닌 신의 법칙으로 대체되었다. 로마시대에 탁월한 설교 능력 덕분에 '황금의 입'으로 불렸던 크리소스톰(J. Chrysostom)은 다음과 같이 썼다. "입법자는 결혼, 살인, 유언, 부당이득의 금지 등에 관한 규범을 어디서 받아들였는가? 그것이 물론 조상 전래의 것일지 모르지만 계속 거슬러 올라가면 결국 양심 내지 신념에 이르게 되는데, 창조주가 처음에 인간에게 부여한 규범을 기초로 하여 유래되었음이 명백하다."[241]

신의 의미도 달라졌다. 그리스 도시국가 시절 자연현상이나 생활 속에서 두려움이나 즐거움을 주는 것에 대해 경외감을 갖거나 크게 감화 받는 일이 생기면 그것을 신이라고 불렀다. "사랑은 신이다."와 같이 인간에게 경외감과 두려움을 주는 현상에 대해 신이라는 이름을 붙였다. 그러나 아퀴나스가 활동하던 시기에는 그 반대였다. "신은 사랑이다."와 같이 신의 존재를 선언한 다음 그 특징을 열거했다. 인간의 능력이 미치지 않는 존재에 대한 경외감과 두려움이 자연에서 그리스도라는 특정한 신으로 구체화된 것이다.

신에 대한 의미는 달라졌지만, 이성의 역할은 달라지지 않았다. 신의 법칙으로 안내하는 것은 여전히 이성이었다. 아퀴나스는 인간의 이성은 신에 의해 주어진 것이라고 했다. "인간 본성의 원천은 하느님이다. 하느님은 자신의 지혜 속에 있는 원리를 인간의 이성적인 원리로 이식했다."[242] 그리고 인간의 이성이 신의 원리를 깨닫고 이에 따르는 것은 진리를 추구하는 작업이다. 왜냐하면 인간은 신의 뜻에 따라 순종하도록 만들어진 존재이기 때문이다.

현대

       인간의 이성은 더 이상 주어진 것을 맹목적으로 수용하지 않기로 했다. 신은 이제 절대적이고 완전한 존재자로 생각되지 않았다. 그리고 칸트는 신이 존재한다는 사실을 부정했다. 그는 신이 더 이상 인식할 수 있는 구체적인 존재가 아님을 증명하려고 했다. 이성은 자연법을 인식하는 수단일 뿐만 아니라 인간의 자연적인 권리를 정당화하는 수단이 되었다. 이로 인해 정치권위는 더 이상 초월적인 존재에 의해 주어진 것이 아니라 인간의 이성이 만들어낸 것이 되었다. 정치권위는 이성이 만든 규범을 준수할 때 정당성을 보장받았다. 이성의 역할이 강화되면서 정치권위가 준수해야 할 규범도 점차 도덕에서 법으로 바뀌었다.

  사회계약론은 정치권위의 정당성이 도덕에서 법으로 변화하는 과정에서 이성이 맡은 역할 변화를 잘 보여준다. 사회계약은 인간이 자연권을 보장받기 위해 이성의 지시에 따라 맺은 것으로, 그 결과 나타난 것이 국가다. 계약에 의해 탄생한 국가는 계약 목적을 효율적으로 달성하기 위해 강제를 동원한다. 이때 사용되는 강제가 법이며, 그래서 법은 이성에 부합하는 힘 혹은 합리성의 산물이 된다.[243]

  초월적인 존재로부터 주어진 자연법이 합리화되는 과정은 법을 인간의 이성이 통제할 수 있도록 만드는 과정이기도 했다. 그래서 사회계약론의 이론적인 관심은 정치권위와 실정법에 대한 것이라는 주장도 가능해진다. 이런 주장을 감안하면 실정법은 자연법에 기초한 사회계약에 의해 탄생한 것이다.[244] 사회계약론은 이성과 합법성을 이어주는 매개체로서 그 역할을 담당했다.

홉스 : 절대주의

이성은 현대에 이르러 과거와 확연히 다른 역할을 수행했다. 먼저 이성은 인간이 자연에서 법칙을 발견해 내는 데 결정적인 역할을 맡았다. 자연법칙은 더 이상 주어진 것이 아니었다. 홉스는 "자연법은 이성에 의해 발견된 계율 또는 일반법칙이다."라고 했다.[245] 홉스는 자연법이 초월적인 존재가 준 것이라는 명제를 완전히 부정했다. 홉스의 이성은 도덕과 법을 하나로 여겼던 전통적인 자연법에서 벗어나 현대적인 자연법의 토대를 세웠다.

홉스의 이성이 발견한 자연법칙은 평화였다. 평화를 위해 인간은 자기보존이라는 자연권을 포기해야 했다. 자연법칙은 부족한 자원과 타인을 지배하려는 인간의 욕망으로 인해 지켜질 수 없다. 만인에 대해 만인이 투쟁하는 자연 상태는 인간이 인간에 대해 늑대가 되도록 만든다. 이런 상태에서 벗어나 스스로의 안전을 보장받기 위해 인간은 자신의 권리를 유일한 주권자인 리바이어던, 즉 국가에 위임하는 계약을 맺는다. 이 계약은 자기보존이라는 자연권을 양도하는 것이기 때문에 오직 복종의 의무만 발생한다. 물론 계약위반자에 대한 처벌은 국가에 일임된다.

홉스의 절대주의는 그렇게 탄생했다. 국가는 계약을 실천하기 위해 법을 만든다. 이렇게 만들어진 법은 정당성의 기준이 된다. 법이 없다면 다시 자연 상태로 돌아갈 수밖에 없기 때문에 법은 시민사회가 평화를 유지할 수 있는 유일한 척도이다. 그리고 국가의 권위가 내린 명령만이 법으로서 효력을 갖기 때문에 정치권위의 정당성은 철저하게 실정법에 의해 평가된다. 독일의 법학자인 칼 슈미트가 홉스를 법실증주의의 원조로 삼은 근거가 여기에 있다.

로크 : 자유주의

로크의 자연법은 홉스와 달랐다. 로크의 이성이 발견한 자연 상태는 모든 개인이 자신의 권리인 자유, 생명, 재산을 존중받는 것이었다. 자연법은 이런 상태를 유지하여 인간의 자연권이 보장받을 수 있도록 질서를 유지한다. 그리고 자연권의 주체로서 모든 개개인은 자연법을 어기는 사람들을 처벌할 권리를 가지고 있었다. 로크의 이런 가설이 안고 있는 문제는 자연법과 자연권의 충돌이다. 모든 개인이 법을 위반한 자를 처벌할 권리를 갖게 되면 서로 간의 충돌을 조정할 수 없기 때문이다. 이런 상태는 홉스가 주장한 만인에 대한 투쟁의 상태로 발전할 가능성이 높다. 이런 모순을 해결하기 위해 로크는 개개인이 갖고 있는 자연권의 일부를 동의를 통해 공통의 권력인 국가에 위탁하는 계약을 맺는다고 주장했다.

로크가 설정한 국가는 탄생하기까지 두 단계의 계약을 거친다. 하나는 사회계약이다. 로크는 사회계약이 필요한 이유를 다음과 같이 설명했다. "어떤 사람도 자신의 동의 없이 다른 사람에게 종속될 수 없다." 인간은 누구에게 강요받기 위해 태어난 것이 아니라 태어날 때부터 자유로울 권리를 갖고 있다. 단지, 자신이 동의한 계약을 통해 권리의 일부를 양도할 수 있다.

사회계약을 통해 형성된 공동체에 의해 다음 단계인 정부계약이 이루어진다. 정부계약은 사회계약과 다르다. 사회계약에서 국민들은 자신의 권리를 위임했지만, 정부계약에서 공동체는 단지 자신의 권리를 정부에 위탁한다. 국민들은 권리를 단지 위탁한 것에 불과한 것이기 때문에 국가에 대해 의무를 지지 않는다. 국가가 위탁받은 사무를 제대로 수행하지 않을 경우에는 언제든지 위탁한 권리를 회수할 수 있다. 다시 말해 국가를 해고하는 것이다.

계약을 통해 국민의 권리를 위탁받은 국가는 국민의 자유, 생명, 재산을 보호하기 위해 법을 만들지만 주권은 여전히 국민에게 있다. 따라서 법은 철저하게 국민들의 동의에 기초해야 한다. 국가가 만든 법은 국민들이 동의한 내용으로 제한된다. 국민이 동의한 내용을 벗어나 법률을 만든다든지 동의하지 않은 내용에 대해 법을 만들 수 없다.

로크가 생각한 정치권위는 국가가 아닌 개인의 것이다. 국가의 정치권위가 정당성을 갖기 위해서는 개인의 동의가 필수적이다. 홉스가 군주의 이성에 절대성을 부여한 것과 달리 로크의 국가는 모든 인간의 이성에 절대성을 부여했다. 그리고 홉스와 달리 자연법을 국가가 만든 실정법보다 우선했다. 그래서 세금은 국가로부터 받는 서비스에 대가를 지불하는 것이며, "대표 없이 과세는 없다."는 주장도 가능해진다.

이런 로크의 관점은 홉스를 다음과 같이 비판할 수 있다. 인간이 여우로부터 받을지 모르는 해악을 피하기 위해 조심을 하면서도 사자에게 잡아먹히는 것에 대해서는 만족하거나 심지어 안전하다고 생각할 정도로 어리석다고 생각하는 것과 같다.[246]

루소 : 공화주의

루소의 자연 상태는 다음과 같은 구절에서 잘 드러난다. "자연은 인간을 행복하고 선하게 만들었으나 사회가 인간을 타락시키고 불행하게 만들고 있다." 루소가 생각한 자연 상태는 사유재산도 없고 지배와 복종의 관계도 없는 평화롭고 자유로운 상태였다. 그러나 사회는 인간을 경쟁적이고 이기적이며 다른 사람을 해치도록 변화시킨다. 그래서 루소는 "인간은 자유롭게 태어났으나, 도처에서 사슬에 묶여 있다."라고 선언했다.

루소의 사회계약은 모든 악의 근원인 불평등한 사회를 바로잡고 이상적인 사회를 만들기 위해 필요한 것이었다. 그리고 사회계약은 주권자인 모든 국민이 동의하여 체결한 순수한 의미의 사회계약이지 정부계약이 아니었다.[247] 루소의 사회계약이 이루고자 하는 목표는 "모든 공공의 힘으로부터 각 구성원의 신체와 재산을 방어하고 보호해 주는 연합의 형태, 그리고 이런 형태로 인해 각 개인은 전체와 결합되어 자신에게만 복종하고 자유로울 수 있는 그런 연합의 형태를 발견"하는 것이었다. 그것은 일반의지에 의해 실현될 수 있었다.

일반의지는 다수의 인간들이 서로의 생존을 위해 계약을 체결할 때 만들어진다. 모든 개인이 전체가 요구하는 정도에 따라 자신의 권리를 양도할 때, 이런 양도된 권리를 지배하는 최고의 의지이다. 일반의지의 주체가 곧 국가이며, 법의 근원이 된다. 루소는 일반의지를 법으로 구현하는 임무를 맡은 입법자를 "인간을 공동체적 존재로 변화시키는 헌법적 기초를 제공할 수 있는 존재"로 여겼다.

입법자가 만든 법은 일반의지에 의해 형성된 국가를 안정된 발판 위에 올려놓는 것을 목적으로 삼는다. 그리고 군주가 만든 실정법은 일반의지의 표현인 자연법에 종속되어야 한다. 루소는 실정법이 자연법과 일치하면 정부의 존재가 불필요한 황금시대가 열릴 것으로 기대했다. 그래서 루소의 사회계약은 인간의 이성에 대한 과도한 신뢰에서 비롯된 것이라는 비판을 받는다.[248] 그것은 자신을 속이는 몽상에 지나지 않는다는 것이다.

합법성의 시대

국가 통치가 도덕보다 법에 의지하면서 정치권위는 합법성에 안주해 정당성을 확보하려고 했다. 합법성이 근거하고 있는 법은 두 가지였다. 하나는 전통시대와는 그 의미가 달라진 자연법이며, 다른 하나는 실정법이었다. 현대의 자연법은 전통의 자연법과 달리 외부에서 주어진 것이 아니라 인간의 이성에 의해 발견되었다. 그것은 인간의 자기보존과 안전을 위해 합리적으로 계산된 것이었다. 일관되면서 예측 가능한 합리성의 원칙에 따라 법은 발견되고 만들어졌다.

사회계약론은 현대의 자연법에 담긴 도덕적인 요소를 완전히 부정하지 않았다. 그러나 법실증주의가 등장하면서 자연법은 도덕과 마찬가지로 주변으로 밀려났고, 그 빈자리는 실정법이 차지했다. 명문화되지 않은 자연법을 인정하는 것은 실정법이 근원으로 삼았던 근본규범을 부정할 뿐만 아니라 이데올로기적인 동기들이 법 해석 과정에 개입할 수 있는 여지를 줄 수 있다는 주장도 힘을 얻었다.

현대의 자연법은 안정성과 실효성을 보장해 주는 실정법에 의해 대체되었다. 국가형성의 근원이었던 국민들의 계약과 동의, 신념과 태도 등은 자연법의 몰락과 함께 설자리를 잃었다. 현실에 실재하는 법만을 법으로 인정하는 법실증주의는 자신의 진지를 공고히 구축했다. 이제 합법성은 실정법을 따른다는 의미를 가지며, 정치권위의 정당성도 실정법에 의존하게 되었다.

막스 베버

현대가 도구합리적인 이성에 의존하여 정당성의 근거를 합법성으로 삼는 과정에서 낯익은 사람을 만나게 된다. 독일의 사회학자인 막스 베버다. 베버는 권력이 정당성과 무관하다고 여겼다. 왜냐하면 베버는 권력을 타인의 의지와 반하더라도 자신의 의지를 관철시킬 수 있는 가능성을 가진 것이라고 생각했기 때문이다. "타인의 의지"를 무시하는 권력은 정당성과 거리가 멀다.

다만 베버는 정치권력이 안정적이고 효과적인 지배를 유지하려면 정당성이 있어야 한다고 생각했다. 베버는 정당성을 가진 권력이라는 의미로 '헤르샤프트'라는 단어를 사용했다. 이 단어는 영어권에서 권위 혹은 지배로 번역되고 있다.[249] 그 뜻은 "명령의 내용과 관계없이 이에 복종하는 사람들이 그 지시를 수행할 것으로 기대하는 것"이다. 그리고 정당성은 정치권력에 대한 규범적인 평가가 아닌 국민들

의 신념과 태도에 의해 결정된다고 했다.[250]

베버는 권위를 권력의 일종으로 생각했다. 그래서 권위는 반드시 정당성을 충족할 필요가 없다고 했다. 권력은 상황에 따라 위협을 동반하여 국민들의 신념과 태도를 강요할 수 있기 때문이다. 이처럼 베버에게 정당성은 권위의 필수적인 조건이 아니었다. 정당성은 안정적이고 효과적인 정치권력의 권위 혹은 지배를 위해 고안된 것이었기 때문이다.

법적 · 합리적 권위

베버는 권위 혹은 지배를 정당성의 내용에 따라 크게 세 가지로 나누었다. 전통적 권위, 카리스마적 권위, 법적 · 합리적 권위가 그것이다. 권위의 이런 세 가지 유형은 각각 전통, 심성, 합법성 등을 정당성의 근거로 삼는다. 베버는 이들 유형 가운데 합법성을 정당성의 근거로 삼는 법적 · 합리적 권위를 현대국가의 공통된 특징이라고 했다.

전통과 심성에 의존하는 권위는 비합리성에 기반하고 있다. 이들 권위는 주술적으로 제약된 절차를 따르거나 감정적인 가치에 의존한다. 반면 합법성에 의존하는 권위는 합리성을 기반으로 하고 있다. 합리성은 공적영역에서 물러난 도덕을 대신할 뿐만 아니라 법이 권위의 근거가 될 수 있는 자원을 제공한다. 특히 도구합리성은 권위가 자신의 정당성을 법에 의존할 수 있도록 도와준다. 합리성은 초월적인 존재의 주술과 개인의 주관적인 판단에 의지하지 않은 채 공적영역에서 법이 자신의 권위를 유지할 수 있도록 한다. 결과적으로 법은 합리성의 도움을 받아 자신의 권위를 완성하게 되었다.

합법성과 정당성

공적영역에서 자연법이 실정법으로 대체되는 과정은 인간의 이성이 법을 통제하려는 의도를 잘 보여주고 있다. 이런 의도는 합법적인 것을 정당한 것으로 여기는 대목에서 노골적으로 드러난다. 합법성과 정당성이 일치하지 않는다고 판단하는 이유는 실정법이 정당하지 않을 수 있기 때문이었다.[251] 그러나 현대의 법실증주의는 합법성을 정당한 것으로 여기기 시작했다. 정당성은 법을 만들고 집행하는 절차가 합법적이면 보장되었다.[252] 이로 인해 헌법과 법률이 정한 절차에 따라 만들어지고 행사되면 정치권위의 정당성을 얻을 수 있었다.

실정법은 정치권위의 정당성을 보장할 수 있는 유일한 기준인 것처럼 행세했다. 그것은 모든 실정법이 도덕적인 의무를 부여하고 있기 때문이라는 주장에서도 확인할 수 있다.[253] 또한 실정법으로 강제할 수 없는 정당성은 의미를 갖기 어려워졌다. 자연법이 실정법에 의해 대체되고, 합법성은 실정법에 근거하게 되고, 정당성은 이런 실정법을 준수할 때 부여되었다.

물론 합법성은 정당성의 필수조건이 아니다. 국가의 권위가 합법적이라는 것은 주관적인 판단에 기초한 것이다. 정당하지 않은 방법으로 권력을 잡은 이들도 법치와 합법성을 강조한다. 이때 법은 권력유지를 위한 방편으로 전락할 수 있기 때문에 합법성을 강조한다고 해서 정당성을 갖는 것은 아니다. 그래서 합법성은 정당성과 반드시 일치하지 않는다.

법실증주의

베버에게 법의 권위는 정당성을 얻기 위한 하나의 방편이었다. 국민들이 정치권위의 명령을 합법적인 것으로 믿어야 효과적으로 복종을 이끌어낼 수 있기 때문이다. 그러나 법실증주의는 베버가 던진 화두를 집요하게 추궁했다. 현대의 정치체제는 자신의 결정을 만장일치 혹은 도덕적인 일치에 의존하는 것이 아니라 법적 절차를 통해 결정한다는 베버의 주장을 법실증주의는 자신의 것으로 만들었다. 그리고 한 걸음 더 나아가 실정법만을 법으로 인정하고, 합법성과 정당성은 일치한다고 주장하며, 합법성을 정당성의 유일한 근거로 삼기도 했다. 또한 현대의 자연법이 추구하는 개인의 자유, 생명, 재산의 보호에 대해서는 법적 안정성을 이유로 멀리했다.

법실증주의는 헌정주의에 이론적인 자원을 공급했다. 헌정주의는 실정법인 헌법을 국가의 조직과 역할에 관한 최고의 규범으로 여긴다. 그리고 헌법은 그 자체로 규범적인 성격을 갖고 있기 때문에 도덕적 판단의 대상으로 삼지 않는다. 헌정주의는 법실증주의의 전통을 이어받아 헌법에 의해 통치권을 제한하거나, 또는 헌법을 통치권의 토대로 삼았다.

헌정주의

현대의 새로운 시작을 알렸던 혁명, 이 혁명에 의해 새롭게 만들어진 토대가 헌법을 통해 구현된 것이 헌정주의이다. 헌법은 인간이성의 도구적 산물이며, 한 국가의 정치를 형성하는 일반의지의 반영으로 여겨졌다.[254] 초월적인 존재로부터 정당성을 담보했던 전통시대의 정치권위는 이제 헌법에 의지하여 정당성을 모색했다. 헌법을 만들었던 권력, 일명 제헌권력은 혁명을 가능하게 했던 정신이었다. 이런 정신이 헌법이라는 제도적인 형태로 다시 탄생한 것이다.

헌법이 혁명정신을 오롯이 담고 있다는 헌정주의의 주장은 내부적으로는 물론 외부적으로도 다양한 비판을 받고 있다.[255] 혁명을 가능하게 했던 인민의 의지가 헌법에 의해 제한된다는 것을 받아들이기 힘들었기 때문이다. 특히 헌법이 혁명정신을 제대로 보장하지 않은 사례는 셀 수 없을 만큼 많다.

미국 대법원에서 정치권위의 귀환을 목도했다는 아렌트의 견해도 헌정주의에서 크게 벗어나지 않는다. 물론 아렌트가 생각한 헌정주의는 입법 및 사법기관에 의존한 헌정주의와 달리 자유로운 토론과 합의를 강조하기 때문에 정치적 헌정주의로 구별해 부르기도 한다.[256] 그러나 미국의 대법원 역시 정당한 정치권위를 보장하지 못하는 판결을 내리기도 했다. 대표적인 사례는 노예제도를 옹호하는 판결을 내린 드레스 스콧 대 샌포드(Dred Scott vs. Sanford)사건이다.

더구나 헌정주의에 대한 극한적인 반발이 전체주의를 불러왔던 사실도 기억할 필요가 있다. 한국의 사례는 더욱 비극적이다. 헌법 제정에 국민의 의사가 제대로 반영된 적이 한 번도 없었기 때문이다.[257] 그래서 미국의 법철학자인 드워킨은 최고재판소가 내리는 결정이 항상 옳은 것은 아니기 때문에 개인의 자발적인 판단에 따라 행동하는 것은 정당하다고 주장한다.

정치자유주의

실정법의 폐해를 교정하기 위해 정치자유주의는 이성에 의지한 도덕을 다시 불러들였다. 정치자유주의를 표방한 롤스는 자신의 관점이 칸트의 도덕철학에 대한 해석을 바탕에 깔고 있다고 했다. 롤스의 관점은 자유와 "원초적 입장"이라는 도덕원칙을 기초로 한다. "원초적 입장"이란 자신의 사회적 지위와 재능 등에 대해 알지 못하는 '무지의 베일'을 쓴 상태를 말한다.[258]

자유와 원초적 입장은 롤스가 추구하는 정의를 위한 기본적인 전제들이다. 사회계약에 참여하는 이들은 무지의 베일을 쓰고 있기 때문에 자신이 가진 사회적 자원으로부터 발생하는 경향성과 욕구를 버림으로써 자유로운 선택이 가능하다. 또한 이들은 합당한 다원적인 가치를 존중한다. 다만 합당하지 못하고 비합리적이며 심지어 광적이기까지 한 종교적·도덕적·철학적 교의들은 배제한다. 이 대목에서 거칠지만 헌법을 제정하는 권력으로서 슈미트가 설정한 집합행동의 통일된 기준이 낯설지 않게 다가온다.[259] 그리고 이들이 합의를 도출하는 과정에서 사용되는 수단은 공적이성이다. 공적이성은 헌법적인 핵심사항들과 기본적인 정의 문제에 국한하여 발휘된다.

도덕에 대한 정치자유주의자들의 생각은 원초적 입장, 무지의 베일, 공적이성 등과 같은 가설에서 엿볼 수 있다. 그것은 도덕을 규칙의 준수로 해석하는 현대의 특징을 담고 있다. 몇 가지 전제들에서 그런 특징은 쉽게 발견된다. 첫째, 자유와 평등은 지켜야 할 도덕원칙으로 사전에 주어진 것이다. 둘째, 합리적 인간들에게 자유롭고 평등한 원초적 입장으로 돌아갈 것을 요구한다는 점이다. 합리성이 스스로 도덕성을 발휘할 것으로 기대하기는 어렵기 때문이다. 물론 롤스는 정치자유주의를 주장하면서 합리성을 합당성으로 수정한다. 그러나 합리성이든 합당성이든 자유와 평등이라는 도덕적인 원칙들을 준수하도록 요구받는 것은 마찬가지다. 셋째, 공적이성은 오로지 자유롭고 평등한 인간들이 합당한 주제를 놓고 토론을 벌일 때 작동된다. 정치는 구성원들의 서로 다른 가치들을 조정하는 것이지만, 롤스의 정치는 합당한 가치관만을 대상으로 한다. 이로 인해 롤스의 공적이성은 정치가 빠진 곳에서만 작동한다는 역설을 피할 수 없다.[260]

롤스의 도덕

롤스는 정의로운 사회를 정치자유주의를 통해 완성하려고 했으며, 자유와 평등이라는 도덕원칙을 통해 합법성과 도덕성을 매개하려고 했다. 그러나 접목 과정에서 다원적인 가치관을 가진 개인이 자유와 평등이라는 도덕원칙을 준수하는 이유를 효과적으로 설명하지 못했다.

이런 실패의 배경에는 도덕을 행위의 동기에서 찾기보다 규칙의 준수로 이해했던 현대적 도덕관이 자리 잡고 있다. 왜 인간이 이타적으로 행동하는지에 대한 의문을 품었던 전통적인 도덕은 일찌감치 사적영역으로 물러나 있었기 때문에 정치자유주의가 고려할 대상이 아니었다. 정의로운 사회는 정당한 정치권위를 바탕으로 하며, 그것은 정치권위의 도덕성과 합법성이 적절하게 조화를 이루는 것이다. 그러나 도덕을 법칙의 준수로 이해하는 서구에서 정치권위의 정당성이 합법성으로 편향되는 현상을 막기는 어렵다.

　더구나 정치자유주의는 공적영역에서 감성도덕의 문제와 결별한다. 낙태 문제는 종교적·도덕적인 영역으로 분류되어 정치적인 논의에서 삭제된다.[261] 마이클 샌델이 정치자유주의를 비판하면서 도덕, 종교, 철학과 같은 형이상학적 영역을 배제했다고 지적한 것도 이 때문이다. 이로 인해 정치자유주의는 칸트의 도덕철학과도 어울리지 못한다. 이런 불일치는 합리성을 도덕성에 접목하는 과정에서 칸트를 자의적 혹은 상호주관적으로 해석했기 때문이라는 평가를 받기도 했다.[262]

3. 정당성과 동아시아

감성에 대한 신뢰

　정치권위가 무엇인지에 대한 논란은 있지만, 대체로 통치할 권리로 보는 것이 일반적이다.[263] 그리고 정치권위는 국민들의 동의에 의해 정당성을 얻는다.[264] 통치할 권리는 명령을 내리고 규칙을 만드는 것은 물론 복종을 강제할 수 있다. 이런 강제는 복종할 의무가 없는 국민들에게도 행사된다. 이런 정치권위에 대한 관점은 이성에 절대적인 신뢰를 딛고 서 있는 서구의 사상적인 전통과 관련이 있다. 이성이 만든 규칙과 법을 정당성의 기준으로 삼고, 이런 규칙과 법을 준수하는 정치권위를 정당한 것으로 보기 때문이다.

그러나 이성에 의지한 정치권위는 동의하지 않았거나 복종할 의무가 없는 국민들에게도 통치할 권리를 갖는지 설명하기 어렵다. 그래서 필요한 것이 통치할 자격이다. 통치할 자격은 법적인 권리개념을 뛰어넘는 요건을 갖추어야 한다. 이성보다 감성에 의지했던 동아시아는 정치권위를 권리보다 자격으로 여기는 경향이 있다. 개인이 인격(personality)을 갖고 있듯이 국가는 국격 혹은 국위(national prestige)를 갖고 있다고 본다. 그래서 정치권위의 정당성에 대한 근거를 법적인 권리보다 도덕적인 자격에서 찾는 것이다.

전통

전통시대 서구에서 도덕은 개인이 규범을 준수하는 동기였다. 그럼 도덕성은 어떻게 생기는가? 플라톤과 아리스토텔레스는 지식 또는 습관을 통해 도덕성은 길러진다고 생각했다. 동아시아의 유학자들은 이들과 다른 생각을 갖고 있었다. 유교 경전인 『대학』의 첫 문장은 이렇게 시작된다. "큰 학문의 도는 밝은 덕을 밝게 하는 데 있다."265) 인간의 본성에 내장된 덕을 밝게 하는 것이 큰 학문의 도리라는 것이다. 이 문장에서 알 수 있듯이 유학자들은 덕이 본성에 내장되어 있다고 생각했고, 수양을 통해 덕을 드러내야 한다고 여겼다.

그리스 철학자들과 중국 유학자들의 이런 차이는 서구와 동아시아가 서로 다른 도덕관을 갖는 근원이 되었다. 덕성을 지식처럼 습득하거나 습관을 통해 길러야 한다고 생각한 서구와 달리 동아시아는 본성에 내장된 것으로 이해한 것이다. 도덕적으로 행동하는 것은 이성적인 판단보다 감성적인 본성에서 비롯된 것으로 보았다. 특히 이타심, 자비심과 같은 도덕적인 감성은 공동체의 연대를 가능하게 만드는 도덕적인 행위의 동기라고 생각했다.[266]

동아시아의 도덕은 아리스토텔레스의 도덕관과 접점을 찾을 수 있는 부분이 있다. 아리스토텔레스는 도덕을 지성과 성품으로 구분했다.[267] 지성의 도덕은 스승인 플라톤과 마찬가지로 지식을 통해 습득하는 반면에 성품의 도덕은 반복된 행위와 습관을 통해 얻을 수 있다고 했다. 또한 플라톤은 올바른 지식을 가지면 도덕적인 행위를 할 수 있다고 주장했지만, 아리스토텔레스는 올바른 지식을 갖고 있더라도 도덕적인 행위를 하지 않을 수 있다고 했다. 플라톤과 달리 "아크라시아"를 인정한 것이다.

아크라시아[268]

아크라시아는 도덕적인 행위가 무엇인지 알지만 이를 실천하지 못하는 것이다. 플라톤은 이런 행위들을 인정하지 않았다. 그는 올바른 지식과 올바른 행위는 반드시 일치한다고 생각했다. 그래서 플라톤은 올바른 지식을 아는 철인들이 통치해야 한다고 주장했다. 또 권선징악에 의존하여 올바른 지식을 알지 못하는 이들이 철인통치를 받아들이도록 했다. 그가 에르 신화를 언급하면서 천당과 지옥을 구분한 것도 이 때문이었다.

아리스토텔레스는 달랐다. 그는 아크라시아의 상황을 네 가지로 꼽았다. 첫째, 해서는 안 되는 일을 하면서 참된 인식을 사용하지 않는 경우, 둘째, 보편적 전제만 있고 특수한 전제가 없는 경우, 셋째,

잠시 인식이 없는 경우, 넷째, 어떤 감정에 사로잡힌 경우 등이다.[269] 아크라시아의 원인을 지식 부재와 감정 개입으로 설명한 것이다. 그래서 해결책은 성장과정에서 올바른 지식과 좋은 습관을 습득하는 것이다.

동아시아의 철학자들도 아리스토텔레스처럼 아는 것과 행하는 것은 항상 일치하지 않는다고 여겼다. 맹자도 마찬가지였다. 다만 맹자가 아리스토텔레스와 다른 점은 도덕성을 인간의 본성이라고 생각한 지점이다. 아리스토텔레스는 아크라시아를 해결하기 위한 방안으로 성장과정에서 얻은 습관을 강조하며, 성품의 덕은 본성에 의해 생기는 것이 아니라 습관을 통해 얻어지는 것이라고 했다. 본성에 반하여 습관을 들이는 것은 불가능하기 때문에 도덕을 본성으로 보지 않던 것이다.

반면 맹자는 수양을 강조했다. 맹자는 아크라시아를 본성의 수양을 통해 해결하려고 했다. 수양은 경험과 지식뿐만 아니라 마음의 작용 또한 놓치지 않는다.[270] 이런 차이는 중요하다. 왜냐하면 아리스토텔레스의 생각대로 경험과 지식에만 의존하면 니비슨의 반론에 적절히 대응할 수 없기 때문이다. 니비슨은 이렇게 묻고 있다. "올바른 지식과 좋은 습관을 기르지 못한 성인은 도덕적인 행위를 할 수 없는 것인가?"[271]

아시디아

아시디아에 대처하는 방법은 맹자의 감성도덕이 갖는 특징을 가장 잘 보여준다. 아크라시아와 마찬가지로 아시디아도 도덕적인 행위가 무엇인지 알지만 이를 실천하지 않는 것이다. 다른 점은 아크라시아가 외부의 유혹에 굴복해서 실천하지 않는 것이라면, 아시디아는 외부의 유혹이 없음에도 실천하지 않는 경우를 말한다. 노인에게 자리를 양보하지 않는 젊은이를 생각해 보자. 아크라시아는 하루 일과가 피곤해서 쉬고 싶다는 욕망을 이기지 못해 자리를 양보하지 않는 것이다. 아시디아는 별다른 이유가 없는데 자리를 양보하지 않는 경우이다.

맹자는 "할 수 없는 것"과 "하지 않는 것"을 구분했다. "할 수 없는 것"은 욕망이라는 본능이 작용했기 때문이며, "하지 않는 것"은 도덕적인 본성이 작동하지 않았기 때문이다. "할 수 없는 것"이 아크라시아라면 "하지 않는 것"은 아시디아다. 이런 차이는 중요하다. 아크라시아는 자신의 욕망이 일어나면서 할 수 없게 되는 것이다. 올바른 지식과 경험은 이런 욕망을 억제할 수 있는 이성적인 판단을 길러준다. 반면 아시디아는 도덕적인 본성에 따라 행동하지 않기 때문에 나타나는 현상이다. 아크라시아와 달리 아시디아는 이성이 개입할 여지가 없다. 아시디아는 수양이 도덕적인 행위에 동기를 부여하는 중요한 요소임을 설명해 주는 사례이다.

유교의 도덕

아크라시아에 대한 맹자의 생각은 공도자와의 대화에서 알 수 있다. 맹자는 욕망을 억제하지 못하면 올바른 행위를 할 수 없다는 것을 감각기관을 통해 설명하고 있다. "눈과 귀와 같은 감각기관은 생각하지 못해 외부의 사물에 가려진다. 감각기관과 외부의 사물이 만나면 끌려갈 뿐이다. 마음의 기능은 생각할 수 있으며, 생각하면 얻고 생각하지 않으면 얻지 못한다. 이는 하늘이 나에게 준 것이며, 먼저 큰마음을 세우면 작은 것이 이를 빼앗아 갈 수 없다. 이것이 대인이 되는 이유이다." 감각기관의 유혹에 이끌려 욕망을 억제하지 못하면 올바른 행위를 하지 못한다고 했다. 이를 극복하고 올바른 행동을 하게 만들려면 마음이라는 감성을 활용해야 한다.

맹자와 제선왕[272)]의 대화에서는 다른 외부의 유혹이 없었음에도 올바른 행동을 하지 못하는 아시디아의 상황이 잘 묘사되어 있다. 어떻게 하면 왕도정치를 실천할 수 있느냐는 제선왕의 질문에 맹자는 이렇게 답하고 있다. "호흘[273)]에게서 들은 얘기인데, 왕께서 제사에 사용하기 위해 잡혀가는 소가 두려워 떠는 모습을 보고 소 대신 양을 사용하라고 한 적이 있습니다. 그런 마음을 갖고 있으면 왕도를 실천할 수 있습니다. 문제는 왕의 이런 마음이 백성에게 전달되지 못한 데 있습니다."[274)]

왕이 왕도를 실천할 마음은 있지만, 실행하지 않은 것은 "할 수 없는 것"이 아니라 "하지 않은 것"이다. 맹자는 도살장에 끌려가는 소의 모습을 보고 제선왕이 측은함을 느낀 것에서 그 가능성을 발견했다. 따라서 제선왕은 왕도정치를 할 수 없는 것이 아니라 하지 않는 것이었다. 할 수 있는지를 판단하는 것은 이성의 역할이지만, 하지 않는 것을 하게 만드는 동기는 감성이 맡은 역할이다. 그래서 근본적인 해결책은 수양을 통해 본성에 내재된 도덕적인 감성을 불러내는 것이다.

도덕적인 행위가 무엇인지를 판단하는 것은 이성이지만, 도덕적인 행위를 하도록 만드는 것은 감성이다. 맹자의 이런 생각은 감성도덕의 뿌리를 이룬다. 그리고 도덕성은 행위의 동기를 제공하지만, 행위의 결과는 다시 도덕성을 기르는 데 영향을 미친다. 이런 순환적인 과정을 통해 유덕한 사람, 혹은 군자가 탄생하는 것이다.

법가의 도덕

유교는 도덕성을 정당성의 근거로 삼았지만, 법의 필요성에 대해서도 긍정적이었다. 반면 법에 따른 통치를 중요하게 생각한 법가는 도덕은 배격할 가치라고 생각했다. 도덕은 군주의 정치권위를 약화시키는 요인이 될 수 있다고 생각했던 것이다.

이런 생각은 법가의 대표적 사상가인 한비자의 글에서 읽을 수 있다. 한비자는 제나라의 간공275)이 신하였던 전성자에게 살해당한 사실을 거론하면서 도덕정치의 폐해를 설명했다. 신하가 도덕정치를 펴면 민심을 등에 업고 모반을 꾀하게 되므로, 신하는 법에 따라 자신의 직무를 수행하는 것이 도리라고 설파했다.

그리고 도덕적인 행위를 하지 않는 인간에 대해서는 법에 따른 처벌이 필요하다고 주장했다. 물론 이때 법은 예(禮)에 기초해야 한다. 예는 인간이 마음의 인위적인 작용을 통해 도덕적인 행위를 할 수 있도록 도와주는 역할을 한다. 유교와 달리 법가는 도덕질서를 수립하는 데 법과 예가 필요한 이유를 인간의 본성이 악하다고 생각했기 때문이다.

법가의 생각이 순자의 성악설을 그 출발점으로 삼는 이유가 여기에 있다. 순자의 성악설은 인간을 도덕주체로 파악한 유교와 달리 인식주체로 여겼다. 순자는 맹자와 달랐다. 순자는 인간의 본성이 악하다고 했다. 인간의 본성을 이성에 의지해 악한 것으로 판단한 것이다. 순자가 도덕주체보다 인식주체를 강조했다는 평가는 이런 사실을 바탕으로 한다.

현대

동아시아에서 합리성이 설자리는 좁았다. 현대는 이런 분위기를 바꾸었는데, 자유와 평등의 가치가 확산되면서 합리성의 입지도 넓어지기 시작했다. 정치권위의 정당성을 평가하는 근거도 합리성이 도덕성을 대체해 나갔고, 사적영역과 공적영역에 대한 구분도 분명해졌다. 법가의 생각도 재조명되었다. 그러나 도덕성은 쉽게 물러나지 않았다. 합리성이 안고 있는 폐해는 서구에서조차 도덕성을 다시 공적영역으로 불러냈다. 인간행위의 옳고 그름을 구분하는 도덕이 정의라는 이름으로 그 모습을 다시 드러냈다. 물론 좋음이라는 가치의 문제는 여전히 사적인 개인의 영역에 맡겨두었다.

동아시아는 이런 서구의 경향과 다른 방향으로 움직였다. 이성보다 감성의 도덕에 의존했던 동아시아는 공적영역에서 좋음이라는 가치를 포기하지 않았다. 그리고 이성도덕을 포섭하려고 했다. 이를 위해 정통유교로부터 비켜 서 있었던 순자를 다시 불러낸 것이다.

순자와 신유교

신유교의 대표적인 학자들은 현대의 산실인 유럽과 미국 등지에서 공부했다. 이들은 헤겔의 변증법과 칸트의 도덕철학을 통해 유교를 재해석했다. 헤겔을 통해 서구와 중국을 변증법적으로 이해하는 한편 칸트를 통해 도덕의 문제에 몰입했다.

그 중에서도 머우종산(모종삼)은 순자를 "중국과 서구 문화융합의 한 실례가 될 수 있기 때문에 살펴보지 않을 수 없다."라고 했다. 또 그는 순자가 "논리적이고 이지적인 정신의 소유자로서 객관정신을 중시했다."고 평가했다.[276)]

순자는 궁극적 진리인 도(道)도 인간이 스스로 만들어갈 수 있다고 했다. "도는 하늘의 도가 아니며, 땅의 도가 아니며, 인간이 그것으로 길을 삼은 것이며, 군자가 길을 삼은 것이다."라고 했다. 그리고 이런 도를 예에서 찾았다. 순자가 생각한 예는 도덕적인 감정이 구체적인 형태로 모습을 드러낸 것이었다. 단순한 도덕적인 감정이 내용과 형식을 갖추면서 예로 나타난 것이다. 이 지점에서 익숙한 장면을 떠올릴 수 있다. 칸트가 본능에 구애받지 않고 도덕적으로 행동하는 인간에게서 자유의지를 발견한 장면이다. 그래서 순자는 도덕에 관해 칸트와 유사한 문제의식을 갖고 있었다는 평가를 받는다.[277)]

그러나 신유교는 순자가 인식주체에 몰두하면서 도덕주체를 소홀히 취급하여 참된 객관정신을 실현할 수 없었다고 비판했다. 그리고 순자가 정통유교에서 벗어난 것도 이 때문이라고 했다. 이를 거꾸로 표현하면 정통유교는 이성도덕의 근원인 인식주체에 대한 생각들을 방치했다는 것과 마찬가지다. 그것은 인간을 도덕주체로 파악한 맹자의 생각이 주류를 형성했기 때문이다.

신유교는 순자의 인식주체와 맹자의 도덕주체를 통합하려고 했다. 그래서 머우종산(모종삼)은 "맹자는 도덕주체를 확립했지만 객관정신이 부족했고, 순자는 인식주체는 확립했지만 인간의 본성과 주관정신에 대해서는 무관심했다."라고 평가했다. 그리고 만약 이를 통합하면 이성도덕에 바탕을 둔 현대의 도전을 극복해 낼 수 있을 것으로 기대했다.

이성을 포섭한 감성

신유교는 서구의 현대에 도전하기 위해 전통인 도덕을 무기로 삼았다. 서구의 이성도덕이 사적영역으로 물러난 전철을 밟지 않으려고 한 것이다. 신유교는 동아시아의 감성도덕을 서구의 이성도덕과 결합시켰다. 전통적인 유교는 권리를 우선하는 정치경제적인 해방보다 공동체의 이익을 우선하는 도덕적인 해방을 추구했다.[278] 반면에 현대는 혁명을 통해 정치경제적인 해방을 달성하고, 이를 통해 개인의 자유와 권리를 쟁취하는 새로운 출발을 모색했다. 신유교는 이런 전통유교와 현대의 요구를 통합했다.

수기와 내성을 통해 새로운 외왕을 열어야 한다는 신유교의 요구는 이에 부응하기 위한 것이었다. 정통유교에서 벗어나 있던 순자를 호출한 것도 이 때문이었다. 도덕주체가 인식주체로 거듭나면서 새로운 외왕을 열 수 있는 단서가 있으리라고 기대했던 것이다.[279] 사적인 감성에서 비롯된 도덕적인 동기가 공적영역에서 자리 잡도록 만들어 이런 기대를 충족하려고 했다. 그런 노력은 지속적인 수양을 통해 자신을 극복하고, 사적인 이해관계를 공적인 이해관계로 대체하는 것이기도 했다.

머우종산

신유학자인 머우종산(모종삼)은 칸트를 비판하면서 자신의 이야기를 완성했다. 칸트는 인간이 신과 같은 자유의지를 가질 수 없기 때문에 정언명령이 필요하다고 주장했는데, 모종삼은 이를 반박했다. 그리고 인간이 도덕적으로 완성된 성인의 경지에 도달할 수 있는 것은 '양지(良知)' 때문이라고 주장했다.

머우종산은 칸트의 철학을 도덕의 형이상학(道德底形上學)이라 부르고, 자신의 도덕적 형이상학(道德的形上學)과 구분했다. 인간의 도덕 행위가 자주적이고 자율적인 특성에서 나온 것이라는 칸트의 관점에는 동의했다. 그러나 칸트가 도덕에 가까이 갈 수 있는 자율과 자유의 의지를 인간의 본성으로 보지 않고 가설로 보았기 때문에 공허해졌다고 비판했다.[280] 그래서 칸트의 관점은 도덕에 대한 의문을 형이상학적으로 해결하려는 것이기 때문에 도덕의 형이상학이라고 지칭했다. 반면 자신의 관점은 도덕으로부터 형이상학의 문제를 해결하려는 것으로서 도덕적 형이상학으로 불렀다.

머우종산은 자유에 대한 의지는 가설이 아니라 인간의 본성이라고 했다. 감성도덕은 자유에 대한 의지를 갖고 있으며, 이런 의지는 이성도덕의 도움을 받으면 제 역할을 할 수 있다고 생각했다. 이 지점에서 모종삼은 감성도덕이 한 단계 아래로 내려와 이성도덕을 발전시키는 데 기여해야 한다고 주장한다. 이른바 양지감함론(良知坎陷論)이다. 양지가 스스로 한 단계 아래로 내려와 이성도덕을 실천하는 것이다. 이로써 내성은 민주주의라는 새로운 외왕을 달성할 수 있게 된다.

양지(良知)

머우종산에게 양지는 인간의 본성이 갖고 있는 자유의지다. 이런 자유의지로 인해 인간은 배우거나 생각하지 않아도 자연스럽게 부모에게 효도하는 것이라고 주장한다. 칸트가 정언명령이라는 도덕적인 준칙으로 인간의 행위를 규범화하려고 했다면, 머우종산(모종삼)은 모든 인간은 도덕적인 준칙을 내장하고 있다고 생각했다. 도덕에 대한 유교의 사상적인 전통을 이어받은 것이다.

아크라시아는 알아도 하지 않기 때문에 도덕적인 준칙이 필요하며, 이성이 만든 도덕적인 준칙은 올바른 지식과 좋은 습관을 통해 길러진다. 반면 양지는 알지 못해도 행하기 때문에 수양을 통해 자신에게 내재된 본성을 발견하면 된다. 수양은 단지 사적영역에 한정되지 않는다. 윤동주가 참회록에 "밤이면 밤마다 나의 거울을 손바닥으로 발바닥으로 닦아 보자."라고 적었는데, 여기서 '거울'은 식민지에서 벗어나려는 민족적인 성찰을 보여준 것이었다. 이처럼 양지는 자연의 이치를 내재한 감성이 수양을 통해 혈연과 같은 사사로운 이해관계를 벗어나 공적영역으로 확장될 수 있는 자원이라고 여겨졌다.

또한 머우종산은 서구는 과학적인 현상계와 도덕적인 실재계를 구분하고 있다고 비판했다. 만약 과학적인 현상계가 참이기 때문에 이를 준수해야 한다면 과학적 현상계를 따라야 하는 인간은 자유롭지 않으며, 인간에 의해 행해지는 도덕적인 당위는 불가능해진다. 머우종산은 과학적 현상계와 도덕적인 실재계를 이어주는 것이 양지라고 주장했다. 덕행은 지식에 우선하는 것으로, 인간의 양지에 의해 드러난다고 했다.

내성외왕

신유교는 내성외왕을 현대에 불러내면서 전통유교를 비판했다. 전통유교가 생각했던 이상적인 정치제도는 내성을 완성한 군자가 통치하는 군주제였다. 내성은 자연의 섭리를 내재한 감성도덕을 완성하여 도덕적인 해방을 얻는 것으로, 외왕은 내성을 완성한 군자가 왕도정치를 실천하는 것이었다. 전통유교는 이 가운데 감성도덕인 내성을 우선했기 때문에 이성도덕인 외왕을 충분히 실현하지 못해 민주주의를 이루어내지 못했다. 전통유교도 민본을 강조했지만, 민본은 민주와 다를 뿐만 아니라 내성을 우선했기 때문에 꽃을 피우지 못했다.[281]

신유교는 전통유교에 대한 이런 비판을 바탕으로 내성외왕을 새롭게 해석했다. 도덕적으로 완성된 군자가 직접민주주의를 실천하는 것은 불가능하다. 그렇기 때문에 감성도덕인 양지가 자신을 부정하고 한 단계 내려와 이성도덕의 요청을 수락한다. 내성외왕에 대한 이런 정비작업을 거쳐 신유교는 새로운 외왕을 열었다. 그것은 사회경제적으로 감성에 기초한 도덕을 실천하고, 정치적으로 민주주의를 달성하는 것이었다. 공적영역에 편입된 빈부격차의 문제를 감성도덕을 통해 치유하고, 민주주의를 통해 개인의 자유와 권리를 쟁취하는 것이다. 이런 목표는 내성을 이끄는 감성도덕이 이성도덕을 지도하면 완성될 수 있을 것이라고 생각했다.

이성을 감성으로 포섭하려는 신유교의 노력은 머우종산의 양지감 함론과 새로운 외왕론으로 정점을 찍었다. 그는 감성도덕을 통해 이성도덕의 산물인 민주주의를 포섭하려고 했던 것이다. 머우종산은 중국에서 민주주의와 과학기술이 일찍 발전하지 못했던 이유를 이같이 설명했다. "지나쳐서 생긴 결과이지, 모자라서 생긴 결과는 아니다."[282]

신유교의 한계

신유교는 감성의 도덕적인 요소를 배제한 현대의 기획을 비판하는 지점에서 치인(治人)과 외왕을 새롭게 완성하려고 했다. 그러나 개인이 내적으로 갖고 있는 도덕성에 기초했던 신유교는 내재주의의 한계를 벗어나기 어렵다. 내재주의는 현실을 반영하지 못하고 있기 때문에 부서지기 쉽다. 특히 감성도덕이 혈연과 같은 이익공동체를 벗어나지 못하면 연고주의나 온정주의에 매몰될 수밖에 없다. 이로 인해 공적영역에서 발생할 수 있는 일탈을 개인의 탓으로 돌릴 수 있다.

또한 내성을 달성한 군자와 새로운 외왕인 민주주의는 서로 어울리지 않는 한 쌍이다. 모든 사람이 내성을 달성할 수 없다는 현실적인 상황은 차지하더라도, 민주주의는 도덕적인 성취와 관계없이 모든 사람의 자유와 권리를 보장하는 정치제도이다. 그래서 내성을 완성한 인물만이 민주주의를 실천할 수 있다는 주장은 모순이다. 민주주의는 도덕적으로 완성된 특정한 인물이 완성하는 것이 아니기 때문이다. 그렇다고 모든 국민이 군자가 될 수 있는 것도 아니다.[283] 내성을 이룬 군자가 민주주의를 실현한다는 것은 모순이기 때문에 비현실적으로 들린다. 신유교가 변형된 도덕주의라는 평가를 받는 것도 이 때문이다.

민본과 민주

또한 신유교가 추구하는 민주주의는 국민들의 참여와 동의에 의해 정치권위가 부여된다는 사실을 소홀하게 다룬다. 유교의 민본사상이 민주주의로 발전할 수 있는 토양이 될 수 있다고 주장하지만, 민본과 민주는 근본적으로 다르다. 민본사상은 백성을 우선하는 지도자의 도덕적인 통치에 바탕을 두고 있기 때문에 국민의 동의에 기초한 현대의 자유민주주의와 질적으로 다르다. 유교는 군주가 아닌 백성들을 주권자로 생각했기 때문에 일찍부터 민주주의를 실천했다는 주장도 있다.[284] 그러나 이런 주장은 주권이 정치권력의 근원으로서 백성들이 동의한 절차에 따라 정치권력이 만들어진다는 점을 놓치고 있다.

더구나 군주제와 민주주의를 결합하려는 노력은 부작용을 낳는데, 바로 법치의 훼손이다. 도덕적인 군주에 의존하는 덕치와 예치는 법치를 극복해야 할 대상으로 삼는다. 자발적인 복종에 의지하는 덕치와 예치는 강제를 동원하는 법치에 우선한다. 법치에 의존하지 않고 도덕적으로 완성된 군자의 덕치와 예치에 의존하려는 신유교의 외왕은 자칫 전체주의를 부를 수 있다. 슈미트의 결단주의가 전체주의를 옹호했던 역사적인 경험은 이를 기우로 여길 수 없게 한다. 동아시아의 권위주의가 법치보다 인치의 영향을 받고 있다는 지적도 같은 맥락에서 이해할 수 있다.

또한 내성외왕을 통해 민주주의를 실천하려는 노력이 직면하고 있는 현실은 긍정적이지 않다. 그것은 민주주의에 내장된 특징 때문이다. 민주정치제도에 내재된 권력분할, 선거제도 등은 이성도덕에서 발전해 나온 것이다. 그래서 신유교의 주장은 공허하기만 하다. 민주주의는 서구의 역사와 문화가 만들어낸 산물이다. 민주주의는 서구 현대의 외왕이지 중국의 외왕이 될 수 없다. 이 지점에서 자유민주주의를 강조하는 신유학은 단순히 서구를 추종하는 것으로 평가받을 여지를 준다.[285)

합법성의 시대

법치와 인치

전통시대 동아시아 국가들은 유교의 영향으로 인치에 의존하는 경향이 있었다. 그러나 현대가 수입되면서 법치에 대한 관심이 높아졌다. 유교의 영향으로 제 역할을 못했던 법가의 전통도 새롭게 해석되었고, 순자의 전통을 잇는 법가의 사상도 활발하게 재조명되었다. 그러나 법가의 사상은 법치와는 거리가 멀다. 법을 만들 수 있는 권력이 왕에게 있었던 시절에 법치를 주장하는 것은 "법에 의한 통치"를 말할 뿐이다. 순자로부터 법치의 전통을 찾으려는 시도에서 인치의 또 다른 흔적을 발견할 수 있는 것은 이 때문이다.

이처럼 인치는 동아시아에서 강한 전통을 형성해 왔다. 이런 인치는 서구의 법치사상을 수용하면서 새로운 형태로 그 모습을 바꾸고 있다. 그것은 인치가 법치의 탈을 쓰는 것이다. 행정기관과 사법부에 포진한 이들이 법을 적용한다는 것을 빌미로 법을 만들거나, 모호한 사법적 명령을 자의적으로 해석하여 실행한다. 그리고 법원은 권위 있는 법조항들이 만들어질 당시에 의도했던 내용들을 무시한다. 이런 전용은 인치가 형식적 법치와 결합되면서 더욱 혼란스러워진다.

더구나 법실증주의는 실정법이 안고 있는 한계를 극복하기 위해 법조인들의 법 해석을 적극적으로 옹호하고 있다. 특히 실정법에서 다루지 못한 문제에 대해 판사가 입법취지에 맞게 해석할 필요가 있다고 주장한다.[286] 그러나 이런 주장은 자의적인 법 해석을 줄여 법의 안정성을 추구한다는 실정법의 본래 목적을 상실하는 단초가 될 수 있다.

형식적 법치

"법에 따라 통치하는 것이 법치다." 법치가 무엇인지를 묻는 질문에 대한 대답으로 전혀 문제될 것이 없어 보인다. 그런데도 법치가 무엇을 뜻하는지에 대한 논란은 가라앉지 않는다. 그것도 법을 전문으로 다루는 사람들이 이런 논란에서 헤어나지 못하고 있다. 문제는 법에 있다. 어떤 법에 따를 것인지에 따라 법치는 다양하게 해석될 수 있기 때문이다. 학자들은 거칠지만 법치를 대략 두 가지 형태로 분류하고 있다. 하나는 형식적 법치이며, 다른 하나는 실질적 법치이다. 형식적 법치가 가리키는 법은 실정법이며, 실질적 법치가 가리키는 법은 자연법을 포함하고 있다.

이런 차이는 법치를 이해하는 데 매우 중요하다. 형식적 법치에 대한 법철학자의 설명을 옮겨보면, "사적이든 공적이든 상관없이 한 국가의 국민과 정부당국은 법원에 의해 공개적으로 관리되고, 공표되는 법에 의해 자격을 부여받거나 구속되어야 한다."[287] 이런 설명을 채택하면, 법은 공개적으로 공표된 실정법만이 효력을 가지기 때문에 자연법은 배제된다. 반면 실질적 법치는 법이 갖고 있는 형식적인 측면은 물론 규범적인 내용을 담은 자연법도 포함한다. 법은 책임성과 투명성, 명확성은 물론 법 앞에 평등, 자유와 인권보장 등과 같은 규범적인 내용들을 담아야 한다. 형식적 법치는 기술적인 측면에서 법의 원칙이 강조된다면, 실질적 법치는 규범적인 측면에서 통치의 원칙이 강조된다.

저명한 법철학자인 라즈는 형식적 법치주의자이다. 라즈는 법치의 두 가지 요소를 들어 형식적 법치를 주장한다. 첫째, 법치는 국민들이 법에 의해 통치되고 그것에 복종한다는 것이다. 둘째, 법은 사람들의 행위를 구체적으로 지도할 수 있는 내용을 담아야만 한다. 그러기 위해서 법은 공개적으로 공표된 것으로서 분명하고 공식화된 것이어야 한다. 라즈는 이런 자신의 주장을 칼에 비유하여 설명한다. "날카로운 칼은 좋은 칼이 가지고 있는 특징이다. 마찬가지로 법은 법치에 부합하는 것이 가장 중요한 요소이다. 법의 핵심은 규칙이나 규칙을 적용하는 법원을 통해 행위를 지도하는 것이다. 법치는 바로 법이 갖고 있는 우월성을 보여주는 것이다."[288] 법의 내용이 갖는 규범적인 특징과 관계없이 법이 되는 데 필요한 형식적 조건들을 갖춘 법에 의해 통치된다면 법치가 되는 것이다.

동아시아 보통법

형식적 법치는 동아시아에서 광범위하게 지지기반을 확보하고 있다. 동아시아 국가들은 형식적 법치가 갖고 있는 도구적인 측면을 애용한다. 날카로운 칼이 분명한 목적을 갖고 있는 것처럼 법도 특정한 목적을 달성하기 위해 국민들의 행위를 구체적으로 지도하는 데 봉사해야 한다고 여기는 것이다. 형식적 법치가 봉사하는 이런 기능적이고 도구적인 역할은 동아시아 국가들이 현대국가를 형성해 가는 과정에서도 쉽게 볼 수 있다. 그래서 동아시아 보통법의 가능성도 타진되고 있다. 동아시아 보통법에 대한 관심은 법치사상이 유럽 보통법에 근거를 두고 있다는 데서 착안했다. 서구에서 시작된 현대의 영향으로 법치는 유럽 보통법에 의존하여 발전해 왔다. 그래서 공동체를 우선했던 문화적인 특징을 살리는 방편으로 동아시아 보통법이 필요하다고 주장한다.[289]

동아시아 보통법의 가능성을 타진하는 이들은 유교의 도덕적 가치가 법에 반영되었던 역사적인 경험을 반추한다. 그래서 예(禮)를 동아시아 보통법의 근원으로 삼으려는 시각도 등장했다. 그러나 예는 인치의 특징이 강하다. 유교의 가치도 도덕적으로 완성된 군자에 의존하고 있기 때문에 인치의 그림자를 벗어나기 어렵다. 이런 이유로 동아시아 보통법은 권위주의국가가 자신의 정당성을 옹호하는 데 이용될 수 있다는 우려도 나온다.

4. 정당화

국가가 안정적으로 유지되거나, 합법적이거나. 박해를 가하지 않으면 나쁜 국가는 아니다. 그렇다고 정치권위가 정당화될 수는 없다. 폭력에 의해 안정을 유지하거나, 합법적이지만 정당한 절차를 거치지 않거나, 박해를 가하지 않지만 자유를 제한할 수 있기 때문이다. 국가는 자신의 명령과 정책이 시행되어야 할 근거를 제시하고, 이런 근거가 국민들로부터 수용되지 않으면 정당화될 수 없다. 정당하지 않은 정책과 명령에 국민들이 자발적으로 복종할 것을 기대하기는 어렵다. 국가가 강제력을 행사하여 복종을 강요하면 그런 강제는 정치권위의 정당성을 약화시킨다.

그리고 그 역도 성립될 수 없다. 국가의 명령이 정당화될 수 있다고 해서 국가의 정치권위가 정당성을 갖는 것은 아니다. 정당성이 없다면 국민들을 통치할 수 있는 정당한 자격과 권리를 갖고 있다고 말할 수 없다. 이런 국가의 명령은 자발적이든 의무적이든 복종을 기대하기 힘들다. 그래서 정당성이 없는 국가는 자신의 명령을 정당화하는 데 더 많은 노력을 기울인다. 정치권위가 내리는 명령은 어떻게 정당화될 수 있는가? 이에 대한 대답은 이론적인 입장에 따라 달라진다. 도구주의와 민주주의는 이들 이론진영을 대표한다.

도구주의와 민주주의

국가의 통치에 국민들이 자발적으로 복종하는 것은 국가의 명령과 정책이 정당하기 때문이다. 그렇지 않다면 국가의 정치권위는 유해하거나 혹은 쓸모없는 것이 된다. 만약 정당하지 않은 정치권위의 명령에 따르면 자신이 피해를 볼 수 있기 때문에 해롭다. 또한 그런 명령에 따르는 것보다 자신의 판단에 따라 행동하는 것이 더 유익하다. 따라서 명령을 정당화하는 것은 정치권위가 존재할 수 있는 이유이기도 하다.[290]

무엇을 근거로 국민들은 정치권위의 명령에 자발적으로 복종하는가? 이에 대한 해답은 이론적인 입장에 따라 다르다. 도구주의가 결정된 내용을 중요하게 고려한다면, 민주주의는 결정된 내용보다 결정과정에 더 무게를 둔다. 도구주의는 정치권위의 명령이 국민을 위해 봉사한다면 정당화될 수 있다고 한다. 그래서 동의가 정당화의 전제조건은 아니다. 이와 달리 민주주의는 정책의 결정과정에 공정하고 동등하게 참여해야 정당화된다고 말한다. 따라서 동의는 반드시 거쳐야 하는 절차다.

도구주의와 민주주의 외에도 합리적 합의이론, 연대의무이론, 민주적 의회이론 등이 있다. 합리적 합의이론은 제도의 강제와 국민다수가 참여한 합리적 견해의 일치, 연대의무이론은 공동체의 규범, 민주적 의회이론은 법 제정과정에 평등한 참여 등을 정당화의 근거로 삼는다. 이들 이론은 정치권위의 명령이 갖는 결과의 효율성을 근거로 삼는 도구주의, 합의와 평등한 참여를 강조하는 민주주의 이론을 통해 수렴·확산되어 왔다.

도구주의

국민을 위한 봉사

도구주의는 정치권위의 명령이 정당화될 수 있는 근거를 봉사(service)에서 찾는다. 대표적인 도구주의 학자인 라즈는 정치권위의 명령이 국민들의 필요와 이해관계를 위해 봉사할 때 비로소 정당화될 수 있다고 주장한다.[291] 정치권위가 내린 명령에 국민들이 복종하는 것은 그런 명령이 자신들의 필요는 물론 공공선을 실현하는 데 도움이 되기 때문이다. 그리고 이런 명령이 국민들을 위해 봉사하지 않고 권위를 가진 이들의 이익을 도모하면 그 명령은 정당화될 수 없으며, 국민들은 복종할 의무를 갖지 않는다.

의존명제와 정상적 정당화 명제는 도구주의자들의 이런 생각을 집약적으로 표현하고 있다. 의존명제란 정치권위의 명령은 국민들에게 이미 독립적으로 적용된 근거에 기초하며, 이런 근거들은 새롭게 부가되는 것이 아니라 국민들이 고려하고 있던 근거에 의존한 것이다. 그리고 이런 의존명제에 따른 명령은 선제적인 근거가 된다. 정치권위의 명령은 어떤 행위를 할 것인지 판단할 때 고려하는 기존의 근거들을 대체하기 때문에 다른 모든 근거들을 배제하게 된다.[292] 예를 들어 세금과 징병제도는 그런 제도가 만들어지기 이전에 국민들이 필요하다면 복종할 의사를 갖고 있었기 때문에 이미 독립적으로 적용된 근거이며, 새롭게 부가된 근거가 아니다. 그리고 이런 제도의 도입은 국민들이 이전에 갖고 있던 세금과 징병제도에 대한 행위의 근거들을 모두 배제하고 대체하게 만든다.[293]

정상적 정당화 명제

정상적 정당화 명제란 정치권위는 국민들이 스스로 판단한 근거에 따르기 위해 노력하는 것보다 그들에게 이미 내려진 권위 있는 명령을 따르는 것이 더 나을 때 정당화될 수 있다.[294] 다음과 같은 사례는 정상적 정당화 명제에 대한 이해를 높이는 데 도움이 된다.

첫째, 전문가의 조언이 필요하고, 정치권위가 이에 필요한 능력을 보유하고 있을 때이다. 예를 들어 제약업과 관련된 국가의 규제는 국민들이 갖지 못한 전문정보에 기초하고 있기 때문에 국가의 역할은 전문가로서의 기능을 한다. 둘째, 정치권위는 국민들이 쉽게 흔들릴 수 있는 편견과 유혹으로부터 비교적 자유롭기 때문에 객관적인 명령을 내릴 수 있다. 셋째, 국민들이 스스로 판단하기에는 많은 비용이 소요되기 때문에 정치권위에 의존하면 이런 비용을 줄일 수 있다. 넷째, 정치권위가 갖고 있는 우월한 지위로 인해 조정이 필요한 문제를 보다 쉽게 해결할 수 있다. 예를 들어 교통질서는 운전자들보다 국가가 만든 법률에 의해 더욱 효율적으로 조정될 수 있다. 다섯째, 국민들은 공공재에 대해 공정한 부담을 지불할 근거를 갖고 있기 때문에 국가는 효율적이고 공정한 세금체계를 구축하여 국민들이 이런 근거에 따르도록 만들면 된다.[295]

때로는 동의가 불필요

도구주의의 내용을 요약하면 이렇다. 국가의 명령과 정책은 국민들이 고려하고 있던 근거에 기초해야 하며, 이런 근거를 기반으로 한 명령과 정책은 국민들을 위해 봉사할 수 있기 때문에 정당화될 수 있다. 따라서 정치권위의 명령은 반드시 국민들의 동의를 요구하지 않는다. 왜냐하면 정치권위의 명령은 국민들이 고려하고 있던 근거에 기초한 것이며, 완전히 새로운 근거들을 부과하는 것이 아니기 때문이다. 예를 들어 "환경을 보호해야 한다.", "교통질서를 지켜야 한다." 등과 같은 명령은 동의가 없었지만 국민들은 스스로 이런 규칙을 지키기 위해 노력한다.

또 이런 이유로 인해 정치권위의 명령은 선제적 근거가 된다. 정치권위가 명령을 내리기 이전에 고려했던 여러 가지 행위의 근거들은 정치권위의 명령에 따르면서 모두 배제되기 때문이다. 예를 들어 신호등이 없을 때 좁은 길에서 도로를 건너는 것은 교통질서와 상관없다고 판단할 수 있다. 그러나 신호등과 횡단보도가 설치되면 상황은 달라진다. 국가의 명령에 의해 이전의 행위들은 더 이상 유지될 수 없다.

이처럼 정치권위는 국민들의 복지를 위해 도움이 되는 유익한 결정을 내리는 능력을 갖고 있어야 정당화될 수 있다.[296] 정당한 정치권위의 명령이 국민에게 유익한 결과를 가져다줄 수 있다는 인식론적인 판단은 한 걸음 더 나아간다. 정당한 정치권위는 유익한 명령을 내리기 때문에 국민들의 동의를 반드시 받을 필요가 없다는 주장도 가능해진다.

신념의 근거로서 정치권위

도구주의는 정치권위를 이론적 권위로 여길 수 있는 단초를 제공했다. 이론적 권위는 신념의 근거로서 명령을 따르는 사람의 동의를 반드시 필요로 하지 않는다. 정당한 정치권위의 명령이 항상 유익한 결정을 내릴 수 있는 능력을 갖고 있다면 국민의 동의를 받지 않아도 되기 때문이다. 이런 사례는 일상생활에서 쉽게 찾을 수 있다. 국가는 특정한 약품의 판매를 허용 혹은 금지하는 명령을 내리는 권리를 갖고 있다. 이런 명령은 약품의 안전에 대해 다양한 조사와 실험을 통해 검증을 거친 뒤 내려진다. 국민들은 국가의 이런 명령이 엄밀한 조사와 실험에서 나타난 사실을 바탕으로 내려졌다고 믿는다. 이때 국가는 약품의 안전과 관련하여 충분한 전문지식을 보유한 것으로 판단되는 이론적인 권위는 물론 이를 바탕으로 내린 명령에 대해 국민들이 신뢰하고 복종의 의무를 지는 실천적인 권위를 행사하게 된다.

자율성과의 화해

도구주의의 이런 주장은 다음과 같은 비판에서 자유롭지 못하다. 정당한 정치권위의 명령에 복종할 의무가 있다는 도구주의의 주장은 인간이 스스로의 이성적인 판단에 따라 자유롭게 행동한다는 자율성과 합리성의 원칙에 배치되기 때문이다. 미국의 정치철학자 볼프는 "인간은 스스로의 도덕적 기준에 기초하여 무엇이 옳고 그른지를 판단하기 때문에 정치권위는 결코 정당화될 수 없다."라고 한다.[297] 이에 대해 도구주의는 정치권위의 명령에 따른다고 자신의 자율성을 상실하는 것이 아니라고 반박한다. 왜냐하면 정당한 정치권위의 명령은 정치권위를 위해 봉사하는 것이 아니라 국민들의 요구와 이해를 충족시켜 주기 위한 것이기 때문이다. 다시 말해 정치권위의 명령

정치혁명

은 국민들이 스스로 판단하기 이전에 주어진 "선제적" 근거이기 때문이다.[298]

도구주의자들은 이런 논리에 기초하여 정당한 정치권위의 명령은 합리성의 원칙과도 충돌하지 않는다고 주장한다. 왜냐하면 정당한 정치권위의 명령은 자신들의 생활에 도움을 줄 수 있다는 판단과 자신들이 고려했던 근거에 기초하고 있기 때문이다. 예를 들어 정부가 세금을 부과하는 것이 정당화될 수 있는 이유는 국민들이 이미 효율적이고 공정한 세금체계가 필요하다는 생각을 갖고 있었던 것을 근거로 삼기 때문이다. 더구나 세상은 매우 복잡하기 때문에 국민들은 자신의 생활에 필요한 일부 결정을 정당한 정치권위의 명령에 위임하는 것이 스스로를 위해 더 낫다고 인식하고 있음을 주장한다.[299]

민주주의에 대한 비판

도구주의는 이런 관점에 기초하여 민주주의에 대해 비판적이다. 민주주의는 결과보다 과정을 통해 정치권위의 명령을 정당화한다. 그래서 정당한 정치권위의 도덕성을 부정할 수 있다. 예를 들어 정치권위의 명령이 정당하더라도 공정한 과정을 거치지 않으면 정당화되지 않는다. 그리고 공정하고 동등한 참여가 보장된 명령과 정책은 비록 그것이 잘못된 것이라도 정당화된다. 이런 관점은 불완전한 과정도 정의로운 것으로 만들 수 있다.[300]

또한 민주주의는 자신의 신념에 따른 생활을 지지하면서도 이런 신념이 행위의 근거가 되는 것을 제한한다. 민주적인 절차에 의해 결정된 내용이 올바른 것인지 아니면 정의로운 것인지 고려하지 않고 복종을 강제하기 때문이다. 도구주의는 이런 민주주의 이론에 대해 명령의 결과와 정의에 무관심하기 때문이라고 주장한다. 예를 들어 사형제도에 대해 반대하는 이유는 도덕적인 근거에 기초하고 있지만, 민주주의는 그런 사실의 근거보다 투표결과의 계량적인 평가에 따라 정책을 결정하며, 이런 결정에 대해 복종의 의무를 부과한다.[301]

다수 지배의 모순

더구나 도구주의는 국민들이 스스로 통치한다는 민주주의의 가설을 통해 민주주의를 비판한다. 도구주의는 경제력의 차이와 같은 사회적 불평등이 정치권력의 불평등으로 이어지고, 이로 인해 국민들이 누군가의 통치를 받는 현상은 어떻게 설명할 것인지 묻는다.[302] 특히 특정한 사안에 대해 반대표를 행사한 이들의 소수의견을 반영하지 않는 다수결 논리는 투표로 나타난 득표의 결과만을 고려하기 때문에 국민들이 스스로를 통치한다는 가설에도 배치된다.

선거를 공정하고 동등한 참여의 한 형태로 보는 민주주의는 한 번의 선거로 대표자를 선출했다는 사실만으로 모든 정치적 사안에 대해 국민들이 동등하게 참여했다고 주장한다. 그리고 찬반을 묻는 투표는 개개인이 특정한 정치적 사안에 대해찬성 혹은 반대하는 근거에 대해서는 관심을 갖지 않는다. 그들의 신념과 의견은 득표수로 환산되어 나타날 뿐이다. 그리고 이런 다수의 선호가 좋은 것인지 나쁜 것인지에 대해서도 고려하지 않는다. 왜냐하면 민주주의는 자신과 다른 신념을 가졌다고 해서 배척하거나 불이익을 주는 것을 정당하지 못하다고 인식하기 때문이다.

민주주의

동의는 선택이 아닌 필수

도구주의가 직면한 가장 직접적인 도전은 동의이론에서 출발한다. 동의이론은 국가의 통치할 권리가 국민들의 동의에 기초하고 있다는 사실을 자명한 원리로 삼는다. 이런 주장은 로크의 자연권이론에 토대를 두고 있다. 로크는 어떤 사람도 다른 사람의 명령에 종속될 수 없는 것은 모든 사람이 동등하게 누려야 할 자연권에 속한다고 못박고 있다.[303] 따라서 정치권위의 명령에 복종하는 것은 이런 자연권을 위배하는 것이기 때문에 국민들의 동의는 정치권위가 정당화되기 위해 필수적인 조건에 해당한다.

동의이론의 한계

그러나 동의이론은 대답해야 할 여러 가지 문제를 안고 있다. 하나는 동의하지 않은 명령은 정당하지 않기 때문에 복종하지 않아도 되는 것인지 되물을 수 있다. 이런 물음은 국가의 존재에 근본적인 의문을 제기하는 것이다. 동의이론은 국가가 내린 명령 혹은 정책이 정의로운 것일지라도 자신이 원하지 않고 동의하지 않으면 복종하지 않는 것을 인정한다. 국가가 내린 명령이 지켜지지 않는다면 국가는 더 이상 존재하기 어렵다. 물론 국가가 존재할 수 있는 근거인 도덕적인 필요성도 사라진다.

또한 국민들의 직접적인 동의를 구하지 않는 대의민주주의가 실시되고 있는 현실도 동의이론이 갖고 있는 한계를 설명해 준다. 특히 현실적으로 자신의 의사와 무관하게 국가의 압력에 동의할 수밖에 없는 경우도 있다. 예를 들어 국민들의 동의가 필요한 대표적 사례인 세금과 병역의무 역시 자발적인 동의보다 국가의 통치기술에 의해 유지되고 있다는 주장도 설득력을 얻어가고 있다. 더구나 국민들이 복종할 의무를 지키지 않는 정당한 정치권위도 있기 때문에 동의의 유효성에 대한 의문은 해결되지 않는다.

자유롭고 평등한 참여

동의이론이 갖고 있는 이런 한계는 민주주의 이론에 의해 보완될 수 있다. 민주주의는 구성원들의 동의보다 명령 혹은 정책의 결정과정에 평등한 참여를 강조한다. 정치적 결정이 가져올 내용의 결과적인 측면보다 정책결정에 공정하게 참여하는 과정적인 측면을 우선하는 것이다. 따라서 정책의 결정과정에 평등하게 참여하는 것이 보장된 가운데 생산된 명령 혹은 정책은 결과와 관계없이, 설사 결과가 불공정하더라도 복종해야 한다.

국민들은 정책결정을 이끄는 협상과 숙의 과정에 평등하게 참여하고 그들의 의견은 동등하게 존중되지만, 결정된 사항에 대해서는 복종할 의무를 지게 된다. 국민들 간의 의견 불일치에도 불구하고 국가를 꾸려가는 방법은 각 개인의 이해관계와 의견을 공정하게 다루는 것이다. 그리고 다른 행위자들이 생각하는 정의와 공공선이 잘못된 것으로 여길지라도 민주적으로 선택된 결정에 따르지 않는 것은 그들을 공정하게 다루지 않는 것이기 때문에 정당화될 수 없다.[304]

정치혁명

잘못된 결정에도 복종

민주주의는 국민들보다 현명하고, 전문적이며, 인식적으로 앞선 이들의 효율적인 명령에 의해 정치권위가 정당화된다는 도구주의의 주장을 정면으로 반박한다. 만약 민주적으로 결정된 것임에도 그 결과에 동의하지 않는 것은 타자를 공정하게 다루지 않는 것이며, 이는 타자와의 관계에서 독재적인 태도를 견지하는 것이다. 전문가들이 통치할 권리를 가져야 한다는 논리는 동등한 참여를 강조하는 민주주의 이론과 정면으로 배치되는 것이다.[305]

병을 치료하기 위해 의사라는 전문가가 필요하듯이 국가의 명령 혹은 정책을 결정하기 위해 전문가가 필요하다는 도구주의의 논리는 독재적인 태도에 불과하다. 왜냐하면 그것은 타자와의 사회적 관계의 조건들을 일방적으로 강요하는 것이며, 타자의 생활에 대해 부적절한 통제를 행사하는 것이기 때문이다. 또한 평등한 참여를 통해 내려진 결정이 비록 올바르지 않은 결과를 낳더라도 특정한 사람이 이를 지적할 필요가 없다. 왜냐하면 그 결과가 옳든 그르든 다른 사람에게 자신의 판단을 부과하는 임무는 그 어느 누구에게도 없기 때문이다. 이는 다수가 기대했던 결과를 부정하는 것이고, 그들 자신의 생활에 대한 통제를 부정하는 것이며, 동등한 참여자로서 그들에게 주어졌던 존중을 부정하는 것이다. 만약 국민들의 자율성이 완전하게 보장된다면, 민주적인 권위는 심지어 잘못된 결정을 내리더라도 국민들이 복종할 의무가 있다.

행위의 근거

그리고 민주주의자들은 일부 도구주의자들이 정치권위를 실천적 권위이자 이론적 권위로 보는 시각에 대해서도 비판적이다. 정치권위는 실천적 권위로서 명령이 잘못되더라도 복종을 강제할 수 있다. 그러나 정치권위가 이론적 권위로 전환하면 잘못된 명령은 복종할 필요가 없기 때문에 실천적 권위를 행사할 수 없다. 그리고 실천적 권위는 행위의 근거이기 때문에 잘못된 신념에 대해 처벌할 수 없지만, 정치권위가 이론적 권위를 행사하면 다른 신념을 가진 국민들을 강제할 수 있다. 이로 인해 정치권위가 절대적인 권력을 행사할 수 있으며, 그 결과 전체주의나 정당하지 못한 정치체제를 합리화하는 함정에 빠질 수 있다.

자율성이 우선

정당한 정치권위와 인간의 자율성에 관한 명제가 서로 충돌하지 않는다는 도구주의의 주장에 대해서도 비판적이다. 도구주의의 이런 주장은 자율성의 뜻을 스스로 결정할 수 있는 능력이라고 오해한 데서 출발한다. 자율성을 이렇게 정의하면 합리성과 구분하기 어렵다. 인간은 때로는 잘못된 결정을 내릴 수도 있지만, 이로 인해 차후에는 더 나은 판단을 할 수 있다. 이런 측면에서 인간의 자율성은 역설적이다. 이런 역설을 도구주의가 부정하는 것은 인간의 자율성이 갖는 도덕적인 의미를 제대로 이해하지 못한 것이다.[306] 도구주의는 불일치의 도덕적인 중요성을 소홀히 다루고 있으며, 동등한 참여를 이룰 수 있는 여지를 주지 않는다.

정치혁명

또한 도구주의의 정상적 정당화 명제는 이런 불일치가 도덕적인 측면에서 갖는 중요한 의미를 소홀히 다룬다. 의견 불일치를 피할 수 없는 경우 정치권위의 명령에 동의하지 않는 집단이 나타나는 것은 자연스럽다. 도구주의의 봉사개념은 이런 불일치를 설명하는 데 한계가 있다.[307] 반면 민주주의는 명령의 결정과정에 동등한 참여를 보장하기 때문에 특정한 법률이 자신의 이해관계와 일치하지 않거나 잘못된 것이라고 믿을 상당한 이유가 있음에도 불구하고 국민들은 복종한다.

조정과 중재

민주주의는 정치의 중요한 역할 가운데 하나인 갈등하는 이해관계를 조정하는 데 도구주의가 서투르다는 사실에 주목한다.[308] 사피로(S. Sapiro)는 도구주의의 봉사개념을 조정과 중재로 구분하여 이런 한계를 설명한다. 조정은 정치권위의 명령으로 인해 가치 있는 정보 확산, 인식적인 한계의 보완, 비용 절감, 협력적인 태도 등과 같은 이득을 볼 수 있는 효과를 얻는다. 이로 인해 국민들은 스스로 판단하여 결정하는 것보다 정치권위의 명령에 따르는 것이 훨씬 효율적인 결과를 얻을 수 있다.

반면 중재는 정치권위의 명령에 포함된 내용보다 이런 명령으로 인해 분쟁을 해결할 수 있는 능력에 방점을 둔다. 그리고 중재의 결과를 수용하는 것이 도덕적인 의무임을 받아들일 때 정치권위의 명령이 효과를 얻는다. 따라서 도구주의 관점에 따르면 정치권위는 조정이 이루어지면 정당화될 수 있지만, 중재가 성립되었다고 정치권위가 반드시 정당화되지 않는다. 왜냐하면 중재가 이뤄지더라도 그 결과에 대해 만족하지 않는 경우가 생길 수 있기 때문이다. 조정에 따르는 것은 유익하지만, 중재에 따르는 것은 반드시 그렇지 않다. 그 래서 사피로는 이렇게 반박한다. 때로는 복종함으로써 손해를 볼 수 있지만, 이런 손해는 감수해야 할 도덕적인 비용이다.[309]

대안적 이론들

도구주의와 민주주의가 벌이는 이론적인 논쟁의 간극을 메우기 위한 다양한 노력들이 있다. 인식적 과정주의와 정치권위의 민주화론이 그것이다. 인식적 과정주의는 도구주의와 민주주의를 구성하는 이론적 특징의 일부를 선택적으로 결합하고 있다. 정치권위의 민주화론은 국가의 정치권위를 법과 제도로 제한해야 한다고 주장한다. 그리고 국민들에게 정치권위를 재분배하여 궁극적으로 정치권위를 완전히 소멸시키는 방안을 내놓고 있다.

인식적 과정주의

인식적 과정주의는 절차를 우선하는 민주주의에 대해 비판적이다. 정책의 결정과정이 공정하면 결과와 무관하게 정치권위가 정당화될 수 있다는 주장은 민주주의가 굳건히 설 수 있는 논리를 제공하지 못한다고 비판한다. 그리고 대안으로서 결과의 질적인 향상을 담보하기 위해 인식적으로 앞선 전문가들의 견해가 개입하는 것을 허용한다. 대신 이들 전문가들이 특권을 행사하지 않는 방안을 마련해야 한다고 주장한다.

이런 인식적 과정주의를 가장 잘 설명해 주는 사례로는 배심원제도가 있다. 에스룬드(D. Eslund)는 재판과정에서 배심원들이 참가하여 증거, 증언, 반대심문, 집단적 협의 등과 같은 정교한 심사를 거치면 비록 완전하지는 않지만 피의자에 대해 유죄 여부를 판정할 수 능력을 강화할 수 있다고 한다. 그리고 이런 인식적인 가치는 판결이 비록 그릇되더라도 도덕적으로 구속력을 갖도록 만들 수 있다고 한다.[310]

그러나 인식적 과정주의는 도구주의와 민주주의 이론이 갖고 있는 한계에서 크게 벗어나지 못하고 있다. 한편에서는 특정한 집단이 다른 사람들에 비해 인식적으로 더 낫다는 것을 인정하지 않으면서, 다른 한편에서는 민주주의의 기본원칙인 공정하고 동등한 참여를 보장하지 못한다. 비록 플라톤과 밀의 주장과 비교할 때 정도의 차이는 있지만, 정치적 식견을 가진 전문가들을 인정하고, 이로 인해 나타나는 불평등을 수용하고 있다는 비판을 피할 수 없다.[311]

민주화론

민주화론은 정치권위를 지속적으로 재분배하여 국민들에게 되돌려주는 과정을 통해 달성할 수 있다고 주장한다.[312] 대의민주주의 혹은 선거민주주의와 같은 절차적 민주주의는 막대한 정치자금, 거대정당, 언론 등의 우월적인 지위로 인해 국민들의 평등한 참여를 보장해 주지 못한다. 이런 불평등은 국민들을 위해 봉사할 수 있는 정책을 만드는 데 제약이 된다. 그래서 민주화론은 국가의 정치권위가 완전히 소멸되어야 정당한 정치권위가 완성될 수 있다고 주장한다. 이는 직접민주주의를 연상시킨다.

"급진적 형식"인 직접민주주의는 이론적인 논의에 그칠 수밖에 없는 것이 현실이다. 이를 고려하여 대안으로 "제한적 형식"을 생각해 볼 수 있다.[313) 예를 들어 국가의 정치권위를 되도록 제한하여 국민과의 간극을 줄여나가는 것이다. 이는 서구국가들이 삼권분립, 언론자유, 선거, 국민투표, 국민소환 등과 같은 법과 제도를 제정해 절차적 민주주의를 실현해 왔다. 이런 노력이 지속되면 국가가 소유하고 있는 정치권위가 지속적으로 국민들에게 재분배되어 실질적 민주주의를 이룰 수 있다고 보는 것이다. 그러나 정치권위의 민주화론이 마주한 현실은 다르다. 정치권위의 소멸은 현실적으로 볼 때 국가를 부정하는 무정부주의와 맞닿아 있기 때문이다.

권위주의와 동아시아

정당성보다 정당화

민주화론이 마주한 또 다른 현실은 동아시아이다. 동아시아 국가들은 역사적으로 서구와 다른 경험을 했기 때문에 정당한 정치권위에 대해서도 다르게 생각한다. 예를 들어 서구의 현대국가는 시민사회와 함께 발전해 왔기 때문에 권위를 부정적으로 여겨왔다. 이들은 절차적 민주주의를 통해 권위를 제한하고, 권력을 분할하는 데 더 많은 관심을 기울였다.[314) 정치권위를 강화하기보다 민주화하는 데 더 많은 노력을 쏟았던 것이다. 그 결과 정치권위에 의지하지 않은 채 민주주의를 발전시켰다.

서구와는 달리 동아시아는 현대국가 형성과정에서 정치엘리트들이 주도적인 역할을 했다. 그리고 정치권위를 제한하기보다 효율적으로 강화하는 데 주력했다. 국민 참여와 동의보다 엘리트에 의존했던 동아시아의 정치권위는 정당성에 취약할 수밖에 없었다. 특히 급속한 경제성장은 정치엘리트에 대한 의존을 더욱 심화시켰다. 그 결과 정치엘리트들은 정당성보다 자신의 명령과 정책을 정당화하는 데 더 매달리게 되었다.

이로 인해 동아시아는 두 마리 토끼를 좇아야 하는 과제를 떠안았다. 한편에서는 정치권위를 제한하여 민주화를 추구해야 했지만, 다른 한편으로는 국가발전을 위해 효율적인 정치권위를 구축해야 했다. 이런 모순은 절차적 민주주의로는 해결될 수 없었다. 동아시아의 이런 딜레마는 권위주의에 자신의 약점을 노출시키는 원인이 되었다.

정당화와 권위주의

권위주의 정치체제가 자신을 정당화하는 주요한 논리는 후견자를 자임하는 것이다. 로버트 달은 이렇게 쓰고 있다. "비민주적인 통치를 정당화하는 것은 뛰어난 지식과 덕을 갖춘 후견자가 필요하다는 데 있다." 평등하지 않은 인간의 능력은 권위주의 정치체제가 자신을 정당화하는 주요한 논리적 근거가 된다. 국가발전을 주도한 정치엘리트들은 자신들의 인식이 국민들보다 앞서 있다는 생각을 갖기 쉽다.

동아시아에서 권위주의가 쉽게 사라지지 않은 이유도 여기서 찾을 수 있다. 정치엘리트들이 스스로 후견인을 자처하기 때문이다. 합법적으로 정치권력을 장악한 정치엘리트들은 자신들의 우월한 능력을 내세워 국민들에게 복종할 것을 요구한다. 특히 경제발전과 같은 정책결과를 통해 권위주의는 후견자로서 자신의 명령을 정당화한다.

결과에 의존하여 정치권위를 정당화하려는 노력은 도구주의와 접목될 수 있는 지점이다. 그러나 정치권위의 명령과 정책이 국민들을 위해 봉사할 수 있도록 실질적인 노력을 기울이는 경우도 있지만, 한편으로는 실질적인 노력은 하지 않으면서 그런 생각을 갖도록 만드는 데 주력하는 경우도 있다. 이런 노력은 대중들을 설득하는 작업을 통해 이루어진다.

5. 정당한 정치권위

서구든 동아시아든 정당한 정치권위는 국민들이 주는 것이라고 여겼다. 그래서 국민의 참여와 동의는 정당한 정치권위를 위해서는 반드시 필요한 조건이다. 실질적인 참여와 동의로 만들어진 정치권위는 정당하기 때문에 자발적인 복종을 기대할 수 있다는 등식이 성립되는 것이다. 문제는 이런 국민 참여와 동의가 없더라도 자발적으로 복종하는 경우이다. 이런 경우는 정치권위가 정당하다는 것을 결과적으로 인정하는 것이다. 이런 사후 인정이 가능한 이유는 정당한 정치권위는 도덕적인 의무도 부여하기 때문이다.

참여

사람마다 갖고 있는 능력과 영향력은 다르다. 참여는

이런 차이를 해소하는 하나의 방편이다. 공적인 정치영역에서 참여는 지배하는 사람과 지배받는 사람 간의 차이를 없앨 수 있다. 일반인들이 정치적인 결정과정에 참여하여 영향력을 행사하는 기회를 가질 수 있기 때문이다. 특히 참여는 민주주의 이론의 핵심적인 요소이다. 말 그대로 민주주의는 정치적인 현안에 모든 구성원들이 동등하게 참여할 때 의미를 갖기 때문이다.

참여의 제한

문제는 참여를 제한하려는 생각이다. 현대의 민주주의 이론은 효율성이라는 측면에서 참여를 일정 수준에서 통제하려고 한다. 미국의 대표적 민주주의 이론가인 로버트 달은 방대한 영토와 엄청난 규모의 인구를 가진 현대국가에서 이런 통제는 현실적으로 불가피하다고 말한다. 그리고 민주주의의 요체인 선거를 통제의 일환으로 본다. 선거는 통치자를 제어할 수 있는 수단일 뿐만 아니라 참여를 적절한 수준에서 조절하는 효과를 얻을 수 있기 때문이다. 그리고 선거를 통한 경쟁은 다원주의적인 가치를 유지하면서 정책결정에 영향을 미칠 수 있는 유용한 수단이다.[315]

그러나 효율성을 이유로 참여에 제한을 가하면 민주주의의 본래 의미를 훼손할 수밖에 없다. 이런 훼손은 곧바로 정치에 대한 무관심을 조장한다. 물론 이런 무관심조차도 민주주의의 안정적인 유지를 위해 바람직한 것으로 생각할 수 있다. 정치에 무관심한 이들의 참여는 민주주의의 제도적인 안정성을 오히려 훼손할 수 있기 때문이다. 이런 생각은 민주주의라는 제도의 안정을 위해 민주주의 원칙을 스스로 훼손하는 결과를 초래하는 역설을 낳는다.

또 다른 문제는 효과적인 참여가 이루어졌는지에 대해서는 제대로 살피지 않는 것이다. 참여의 필요성은 인정하지만, 의사결정 과정에 영향을 미칠 수 있는 참여인지에 대해서는 관심을 갖지 않는다. 이런 참여는 형식에 그치기 마련이다. 실질적인 영향력을 행사할 수 없다면 참여의 진정한 의미는 찾기 어렵다. 대표자에게 모든 것을 일임하는 선거는 형식적인 참여의 전형이다. 그러나 선거를 제외한 방식으로 정책의 결정과정에 참여하는 것을 오히려 민주주의 정신에 위배되는 것으로 여기는 이들도 있다. 선거 결과를 무시하고 대표자를 통제하려는 의도를 가진 것으로 해석하기 때문이다.[316) 선거로 참여를 제한하려 한다면 실질적인 참여는 기대하기가 어렵다.

대의민주주의

참여를 제한하려는 생각과 효과적인 참여에 대한 무관심은 대의민주주의 확산으로 나타났다. 대의민주주의는 현대 민주주의의 가장 큰 특징이다. 현대는 민주주의가 이상적인 가치를 실현할 것으로 기대하지 않는다. 다만 민주주의의 제도적인 배열이 현실을 가장 효과적으로 반영할 수 있다는 것에 만족한다. 대의민주주의는 현대의 이런 기대에 가장 잘 부응한다. 대의민주주의에서 대중은 선출된 엘리트들의 정책에 반응할 뿐이지 스스로 정책을 산출하지 않기 때문이다.[317)

문제는 대의민주주의가 민주주의에 대한 불신과 냉소를 확산시키는 주범이라는 것이다. 1999년 갤럽이 대의민주주의국가를 대상으로 한 설문조사 결과는 이런 현상을 잘 보여준다. 이 조사에서 응답자의 60% 이상이 자신이 속한 "국가는 국민의 뜻에 따라 지배되고 있지 않다."라고 응답했다.[318] 대의민주주의는 선거 때만 자유로운 국민들이 국가에 대해 불신하는 악순환을 막을 수 없다. 국민의 의사를 대의하지 않는 대의민주주의를 대체하기 위해 새로운 대안들도 등장했다. 그중 참여민주주의가 대표적이다.

참여민주주의

참여민주주의는 참여를 투표행위로 제한하는 대의민주주의를 적으로 삼는다. 참여민주주의는 투표행위를 참여가 아니라 이미 결정된 내용의 찬반을 묻는 것에 불과한 것으로 여긴다. 그리고 참여민주주의는 개인이 정치적으로 소극적이고, 정치에 대한 관심과 지식이 부족하다는 견해도 거부한다. 오히려 참여는 개인이 공동체의 구성원으로 거듭나는 교육적 효과를 가져다줄 수 있다고 주장한다. 개인의 이익만 추구했던 대중이 참여를 통해 자유로운 시민으로 탄생할 수 있는 기회를 가질 수 있다고 생각하는 것이다.[319] 시민의 등장은 대중을 자양분으로 삼았던 전체주의를 막을 수 있다. 그래서 공적영역에 영향을 미치는 사안의 정책결정과정은 반드시 참여를 통해 이뤄져야 하며, 이런 참여는 실질적인 지배로 나타나야 한다고 주장한다.

참여민주주의는 이론적으로는 물론 현실적으로 다양하게 실천되고 있다. 전세계적으로 확산되고 있는 주민참여예산제도가 대표적이다. 주민참여예산제도는 주민들이 직접 투표나 토론을 거쳐 필요한 사업을 선정하고, 이런 사업에 대해 실질적으로 예산이 집행되는 제도이다. 참여민주주의를 논쟁의 장으로 끌어들인 페이트만(C. Pateman)은 주민참여예산제도가 확산되고 있는 추세에 대해 다음과 같은 평가를 내리고 있다. 주민참여예산제도의 성공은 더 많은 참여가 이뤄질 때 더 나은 결과를 기대할 수 있으며, 이로 인해 더 많은 참여가 일어나는 시너지 효과가 발생한다는 것을 입증해 준다.[320]

참여민주주의 한계

참여민주주의가 마주하고 있는 가장 현실적인 문제는 사회경제적 불평등이다. 적극적 자유가 보장되지 않는 현실에서 이루어진 참여는 동등하고 유효한 참여를 보장하기 위한 사회경제적인 조건들을 충분히 고려하지 않는다. 사회경제적인 현안들은 이미 공적인 정치 영역의 의제로 다루어지고 있는 것이 현실이다. 이런 현실적인 상황을 감안하면 참여는 정당한 정치권위를 행사하는 데 필요하지만 충분한 조건이라고 할 수 없다.

참여의 제한이 필요하다고 주장하는 이들은 편견을 갖고 있다. 사회적으로 지위가 낮고 경제적으로 빈곤한 일반대중은 권위주의 지향적인 경향을 갖고 있다는 것이다. 그래서 이들 계층의 광범위한 참여는 민주적인 제도를 안정적으로 유지하는 데 도움이 되지 않는다고 한다.[321] 이런 편견을 불식시키는 가장 효과적인 방법은 이들이 정치적 자유를 행사할 수 있도록 사회경제적인 지위를 향상시키기 위해 노력하는 것이다. 그래서 루소는 부유한 이들은 다른 사람을 살 수 없을 만큼만 부유해야 하며, 가난한 이들은 자신을 팔 수 없을 만큼 가난하지 않아야 된다고 했다.[322] 이런 평등이 이루어지지 않은 상태에서 외치는 참여민주주의는 한계를 가질 수밖에 없다.

사회경제적인 불평등으로 인해 참여가 제한적으로 이루어지는 상황은 바버(B. Barber)가 잘 묘사하고 있다. 바버는 실질적인 참여는 개인의 자유가 보장될 때 비로소 가능하다고 주장한다.[323] 사회경제적으로 자유롭지 못한 개인이 실질적인 참여의 기회를 갖기는 어렵다. 더구나 사회적인 지위와 경제적인 수준이 높을수록 적극적인 참여가 이루어진다는 사실도 실증적인 연구를 통해 확인된다.[324] 그래서 참여를 요구하는 모든 정치체제는 정치에 무관심한 빈곤계층보다 정치에 관심을 갖는 부유한 활동가들을 편애하는 불평등주의를 조장한다는 비판을 받고 있다.

기본소득

기본소득은 참여민주주의가 안고 있는 이런 난점을 해결할 수 있는 대안으로 등장했다. 일을 하든 하지 않든, 자산이 있든 없든 모든 사람에게 무조건적으로 일정한 금액을 소득으로 지급하자는 것이 기본소득의 개념이다.[325] 특히 기본소득은 경제적인 측면에서 빈부격차 해소는 물론 로봇이 인간의 노동력을 대신하는 시대에 대처할 수 있는 하나의 방안으로 떠오르고 있다.

그러나 기본소득이 가져올 경제적인 효과보다 더욱 중요한 것은 자유다. 경제적인 결핍에서 벗어나면 정치적으로 적극적 자유를 행사할 수 있는 토대가 마련될 수 있다. 또한 사회적으로 기본소득은 분배정의의 실현으로 실질적인 자유를 보장할 수 있다.[326] 법에 의해 보장되는 조건의 평등이 아닌 실질적인 평등이 가능해지는 것이다. 법 앞의 평등은 왜곡된 노동시장으로 인해 열악한 임금을 감내해야 하는 현실을 해결하기 어렵다.

기본소득이 도입되기 위해서는 해결해야 될 문제가 많다. 우선 충분한 예산 확보가 이루어져야 한다. 그리고 개인의 노동의욕을 저하시키고, 일하지 않는 사람이 일하는 사람들을 착취하는 것이라는 우려도 만만치 않다. 예를 들어 2016년 기본소득의 도입을 놓고 스위스에서 실시된 국민투표 결과는 이런 우려를 잘 보여준다. 투표결과 스위스 국민의 압도적인 다수인 77%가 기본소득 도입에 대해 반대하는 것으로 나타났다.

또한 기본소득이 자유의 문제를 완전히 해결할 것으로 기대하기는 어렵다. 기본소득이 보장되더라도 사회적인 불평등은 여전히 해결을 기다리고 있다. 기본소득은 성소수자, 여성, 이주민 등과 같은 약자들의 사회적 불평등을 해결할 수 없다. 그렇지만 기본소득은 이들이 공적영역에 적극 참여하여 자신의 자유를 행사하는 단초를 제공할 수 있다. 그래서 기본소득이 가져다줄 수 있는 손실과 적극적 자유가 보장되면서 얻을 수 있는 이익에 대한 본격적인 검토가 필요하다.

동의

로크의 동의

로크는 동의를 정당한 정치권위의 근거로 삼은 대표적인 인물이었다. 그는 "인간은 원래 모두 자유롭고 평등하며 독립적이기 때문에 어느 누구도 자기자신의 동의 없이는 이러한 상태에서 벗어나 다른 사람의 정치권력에 복종할 수 없다."라고 천명했다.[327] 로크는 국민이 국가에 복종하는 이유는 자발적으로 동의했기 때문이라는 점을 분명히 하고 있다.

문제는 로크가 말한 자발적인 동의가 실제로 이루어지지 않았다는 점이다. 국민들은 자신의 의사와 관계없이 출생과 동시에 국가에 소속되기 때문이다. 이런 난점을 해결하기 위해 로크는 "묵시적 동의"라는 용어를 만들었다. 어떤 국민이 한 국가의 영토 안에 존재하고 있다는 사실만으로 이미 묵시적인 동의를 한 것이라고 설명했다. 그러나 이런 논리는 동의가 정당한 정치권위의 근거가 되기에 불충분하다는 사실을 반증하는 것이나 다름없다.[328]

명시적 동의

묵시적 동의는 정당한 정치권위를 보장하지 못한다. 그래서 필요한 것은 명시적이고도 구체적으로 표현된 동의이다. 동의를 표현하는 방법은 다양하다. 법을 지키거나 법에 정해진 절차에 따라 투표를 하는 행위도 동의의 한 형태이다. 집회와 시위 같은 대중운동에 참여하여 자신의 동의를 표현할 수도 있다. 또는 박수갈채 혹은 환호, 몸짓 등과 같은 방식으로 동의를 표현할 수도 있다.

그러나 이런 명시적인 동의도 자발적으로 이루어진 것인지는 분명하지 않다. 법을 준수한다고 해서 그 법의 내용에 동의하는 것은 아니기 때문이다. 더구나 법을 제정하는 과정에서 폭력과 같은 강압적인 방법이 개입되었다면 자발적인 동의가 있었다고 보기는 어렵다. 쿠데타나 부정선거로 권력을 잡은 집단이 만든 법을 강요하는 상황이 빈번하게 일어나는 것은 부정할 수 없는 현실이다. 집회와 시위 같은 대중운동에 참여하는 것도 주위의 강압적인 분위기가 작용했을 가능성이 있다. 이런 이유로 인해 명시적인 동의를 모두 자발적인 동의로 보기는 어렵다.

가상적 동의

가상적 동의는 동의이론이 직면한 이런 문제를 해결하기 위한 노력의 일환으로 만들어졌다. 명시적으로 동의하지는 않았지만 국가의 행위 덕분에 수혜를 본 상황을 생각해 볼 수 있다. 예를 들어 오염되지 않은 강, 국방, 치안 등과 같은 공공재의 수혜를 입은 경우이다. 동의의 과정은 거치지 않았지만 수혜를 입었기 때문에 그 보답으로 정치권위에 복종해야 한다는 것이다. 이는 공정성의 정의에 따라 자신이 받은 수혜만큼 복종해야 한다는 가상적 계약상황을 염두에 둔 논리이다.[329]

그러나 가상적 동의는 자발적인 동의와는 거리가 있다. 물론 공공재의 혜택을 누리는 것은 동의한 것으로 해석할 수 있다. 그러나 외부효과를 가진 공공재를 무상으로 누리는 경우도 있다. 이른바 무임승차가 그것이다. 따라서 가상적 동의는 기본적으로 자율적인 의사에 따라 이루어진 동의의 결과가 될 수 없다.

개인과 집단

또한 동의이론은 해석 방식에 따라 다양하게 이해될 수 있다.[330] 동의의 주체를 개인으로 볼 것인지 아니면 집단 혹은 공동체로 볼 것인지에 따라 상황은 달라진다. 동의의 주체를 개인으로 보면 국가 운영은 사실상 불가능해진다. 왜냐하면 모든 개인이 만장일치로 동의하기란 거의 불가능하기 때문이다. 특히 이성에 의지할 때 모든 개인의 이해관계가 일치하는 상황은 현실적으로 불가능하다. 완전합의를 위해서는 자신의 불이익을 감내해야 하기 때문이다.

동의의 주체를 집단으로 생각하면 이런 문제를 부분적으로 해결할 수도 있다. 개인 간의 계약과 달리 집단 간의 계약은 동의하지 않았지만 복종해야 하기 때문이다. 국가의 존재이유는 도덕적인 정당성을 기반으로 삼고 있다. 그러나 여전히 문제는 남아 있다. 그것은 다수 지배를 인정하고 개인의 자유의지를 부정하는 것이기 때문이다.

동의이론의 한계

동의이론이 안고 있는 이런 한계 탓에 피트킨은 정당한 정치권위를 동의보다 국가 혹은 정부의 성격을 기준으로 판단한다.[331] 국가가 국민들과 맺은 계약의 내용을 준수하면 복종하고, 준수하지 않으면 복종하지 않는 것이다. 그러나 강제가 없더라도 계약을 준수하지 않는, 그래서 정당하지 않은 정치권위에 복종할 수 있다. 이런 경우에도 동의는 자발적으로 이루어졌다고 보기 어렵다. 정당하지 않은 정치권위의 지배를 받는다는 것은 스스로의 의지에 따라 동의할 수 있는 권리를 행사하지 못하는 것과 다를 바가 없기 때문이다.[332]

참여와 동의를 정당한 정치권위와 인과적으로 연결하는 고리는 완벽하지 않아 보인다. 그럼에도 불구하고 자발적으로 참여하여 동의하지 않았거나, 아니면 실제 동의하지 않았음에도 불구하고 복종하는 상황은 어떻게든 설명되어야 한다. 이것은 자발적인 복종이 참여와 동의는 물론 다른 요인에 의해서도 일어날 수 있음을 보여준다. 그래서 복종의 문제를 살펴볼 필요가 있다.

복종

　　　　실질적인 참여와 동의는 정당한 정치권위를 만들고, 정당한 정치권위는 자발적인 복종을 가능하게 한다. 그런데 정당한 정치권위는 참여와 동의가 없어도 자발적인 복종을 이끌어낼 수 있다. 자발적인 복종에 담긴 의미를 살펴봄으로써 그 해답을 찾을 수 있다.

자발적 복종

복종은 자신의 자율성을 포기하는 것이다. 그래서 "자발적 복종"이라는 용어 자체는 모순적이다. 이런 모순은 자율성을 버리고 복종을 선택하려는 의지를 개입하면 해결된다. 그리고 이런 의지를 갖기 위해서는 스스로 납득할 만한 근거를 가져야 한다. 물론 폭력과 같은 강제도 복종의 근거가 될 수 있지만, 폭력은 자유로운 선택과는 거리가 멀기 때문에 여기서는 제외된다. 결국 자발적인 복종의 정확한 뜻은 복종해야 하는 근거에 따르기 때문에 의무를 수행하는 것과 같은 의미로 해석할 수 있다. 복종해야 할 의무에 따르는 것은 자신의 자율성을 스스로 포기하고 여러 가지 요인으로 인해 복종을 선택하는 것이다. 그리고 이런 의무는 공동체의 구성원들이 서로 의존적일 수밖에 없기 때문에 생긴다.

의무는 크게 두 가지로 구분할 수 있다. 하나는 자신이 명시적으로 동의했거나 아니면 가상적인 동의가 있었다고 판단한 의무이다. 법적인 의무를 근거로 복종하는 것은 대표적이다. 법이 정한 절차에 따라 선거에 참여하여 대표자를 선출하거나 법을 준수하는 것은 법에 동의한 것으로 볼 수 있기 때문이다.

다른 하나는 어떤 형태로든 동의는 없었지만 복종해야 될 의무를 지는 경우이다. 롤스를 비롯한 정치철학자들은 이를 자연적 의무라고 부른다.[333] 도덕을 자연과 같은 초월적인 존재로부터 부여받은 것으로 생각하면 자연적 의무는 곧 도덕적 의무이다. 물론 현대는 법도 개인의 자유와 권리의 보호라는 자연법에 근거한 이성도덕의 산물로 본다. 그러나 도덕은 이성도덕뿐만 아니라 감성도덕도 배제할 수 없다. 특히 감성도덕 가운데 공감은 의무적인 복종을 유도하는 데 빠뜨릴 수 없는 부분이다. 이성도덕이 만든 법은 행위를 도덕적으로 정당화하기 위한 도구로는 효과적인 데 반해 행위의 도덕적인 동기를 설명하기는 어렵기 때문이다.

법적 의무

이성도덕의 산물인 법은 국민들의 동의에 의해 만들어졌기 때문에 복종의 의무를 강제할 수 있다고 주장한다. 이런 주장은 루소의 생각에서도 발견할 수 있다. 루소는 공동체 구성원들의 일반의지가 명문화된 것을 법으로 여겼다.[334] 그리고 이런 법만이 정당성을 가진다고 생각했다. 개인의 자유와 권리 보장이라는 현대의 자연법적인 내용이 실정법에 그대로 반영될 수 있다는 생각은 다음과 같은 논리로 발전할 수 있는 징검다리를 만들어준다. 계약에 동의하여 법으로 조문화된 실정법에 국민들은 복종해야 한다.

　그러나 현실에서 일반의지와 개인의 특수의지는 일치하지 않는다. 법 제정과 법 집행도 엄격히 구분된다. 현대는 이런 불일치와 구분을 극명하게 보여주고 있다. 특히 법이 다수결의 원리에 의해 만들어지는 자유민주주의 국가에서 법은 루소가 생각하는 것과 다른 방식으로 발전해 왔다. 자유민주주의에서 법은 다수 지배의 또 다른 형식에 불과하기 때문이다.[335]

　물론 법이 다수의 횡포로부터 개인을 보호하기 위한 수단으로 발전해 온 사실은 무시할 수 없다. 그리고 민주든 독재든 대부분의 국가들이 현대적인 의미의 자연법인 개인의 자유와 권리를 보장하는 조문들을 다수결의 원칙과 무관하게 법조문으로 갖고 있다. 그러나 이런 조문들이 실질적으로 지켜지는지는 또 다른 판단이 필요한 것이 현실이다. 더구나 자연법을 개인의 자유와 권리로 한정해서 보는 현대의 관점은 공동선이라는 또 다른 도덕적인 요구를 외면하고 있는 것 역시 현실이다. 이런 상황에서 국민은 실정법에 무조건 복종해야 한다는 주장은 법이 정당한 정치권위의 필요충분조건이 될 수 없다는 사실을 망각하는 것이다.

　또한 법도 로크의 동의가 직면한 문제에서 벗어나지 못한다. 자신이 직접 동의한 적이 없는 법이지만 복종해야 하기 때문이다. 특히 국가와 계약을 맺은 적도 동의한 적도 없다고 생각하는 국민들로부터 자발적인 복종을 받아내기는 어렵다. 그들은 국가의 명령에 대해 복종해야 될 이유를 발견하지 못하는 것이다.

도덕적 의무

자발적으로 특정한 행위를 하도록 만드는 동기는 규범이 아닌 도덕으로부터 나온다. 도덕이 규범 기능을 하게 되면 자발적인 행위의 동기에 대한 고민은 해결될 수 있다. 도덕적인 동기가 자신의 행위에 자발성을 부여하는 근거가 되기 때문이다. 감성도덕은 법적 의무에서 부족한 자발성을 보완할 수 있다. 감성도덕은 이성도덕과 달리 복종이라는 행위의 동기를 제공할 수 있기 때문이다.

도덕적 의무에 따른 복종이 법적 의무에 따른 복종과 다른 지점은 동의와의 관계에서 찾을 수 있다. 예를 들어 정당하지 않은 정치권위에 자발적으로 동의할 수 있다. 전체주의 국가의 통치에 적극적으로 헌신한 이들이 대표적이다. 이들은 전체주의 국가의 통치에 동의했기 때문에 법적 의무에 따라 복종하게 된다. 그러나 법적 의무에 대한 동의는 완전히 자발적으로 이루어진 동의로 볼 수 없다. 왜냐하면 시몬스가 지적했듯이 독재국가에서 개인이 자신의 권리를 자유롭게 행사하기는 어렵기 때문이다. 이런 상황에서 이루어진 동의는 자발적인 것으로 볼 수 없으며, 복종도 법적 의무를 수행할 뿐이지 도덕적 의무를 수행하는 것은 아니다. 법적 의무에 따른 복종은 자발적인 복종을 구성하는 필요충분조건이 되지 못한다. 아렌트가 나치의 부역자인 아이히만을 통해 발견한 "악의 평범성"은 법적 의무에 따른 복종이 낳은 결과를 잘 보여준다.

또한 자신의 생명과 권리를 보호하기 위해 강제가 동원되는 것은 수용할 수 있지만, 남의 권리를 보장하기 위해 강제가 행사되는 것은 받아들이지 않는 경우가 종종 있다. 예를 들어 인권운동 단체들이 타인의 권리를 보장하기 위해 활동하지만, 이들의 활동을 지원하기 위해 법적인 수단을 동원해 강제를 행사할 수 없다. 이런 상황에서 필요한 것은 공감에 기초한 감성도덕이 행위동기로 작동해야 자발적인 복종이 이루어질 수 있다.

규제적 관계

법적 의무를 무시한 채 도덕적 의무에만 의존하는 것도 자발적 복종과 거리가 멀다. 도덕적인 판단이 엇갈리는 현안을 놓고 모든 국민들이 완전히 자발적으로 복종하기는 힘들기 때문이다. 더구나 국가마다 정치권위를 정당한 것으로 평가하는 도덕적인 근거는 다를 수 있다. 이런 상황에서 동의에 기초한 법적 의무는 도덕적 의무를 대신할 수 있다.

그리고 법적 의무는 도덕적 의무가 감성도덕에 의존하면서 혈연에 의한 연고주의에 빠질 가능성을 막아줄 수 있다. 공감에 기초한 감성도덕이 본성에 충실하기보다 혈연이라는 본능에 더 충실할 여지는 충분하기 때문이다.

자발적인 복종은 법적 의무와 도덕적 의무 모두 필요로 한다. 그리고 정당한 정치권위의 완성은 법적 의무와 도덕적 의무가 서로를 구성하기보다 서로를 규제할 때 가능해진다.

제6장
혁명과 전체주의

1. 혁명의 유래

전통시대 혁명이라는 단어는 사용되지 않았다. 플라톤이 국가론에서 사용했던 희랍어인 '메타볼리($\mu\varepsilon\tau\alpha\beta o\lambda\alpha\eta$)'는 "혁명"으로 번역되고 있지만, 그것은 하나의 정부 형태에서 또 다른 형태의 정부로 변하는 것을 의미했다. 독일의 역사학자 코젤렉(R. Koselleck)은 '개념사'라는 학문 분야를 개척한 사람이다. 개념사는 단어의 의미가 역사적으로 변화해 온 과정을 분석하는 학문이다. 코젤렉이 분석한 혁명이라는 말은 그리스 도시국가 시절에는 "순환"이라는 뜻에 더 가까웠다. 군주정치, 귀족정치, 민주정치 등과 같은 몇 가지 정치체제가 서로 순환적으로 바뀔 때 '메타볼리'라는 단어를 사용했다는 것이다.[336)]

정치체제의 순환

인상주의라는 용어를 처음 사용했던 19세기 프랑스의 문화비평가였던 루이스 르로이(L. LeRoy)는 군주정치를 모든 정치체제의 시작으로 여겼다. 군주정치가 부패하면 독재정치가 되어 민주정치로 변하고, 민주정치가 부패하면 중우정치가 되어 귀족정치로 변하며, 귀족정치가 부패하면 과두정치가 되어 다시 군주정치로 돌아온다고 했다. 군주정치는 이런 순환과정의 출발지이자 종착지가 되는 것이다. 그리스 도시국가는 이런 정치체제의 순환구조를 뛰어넘지 못했다. 그래서 혁명은 없었다고 말할 수 있다.

혁명이라는 단어가 본격적으로 사용되기 시작한 것은 16세기 무렵부터이다. '레볼루션(revolution)'이라는 단어는 "회전", "순환"이라는 의미를 가진 라틴어인 '레볼루티오(revolutio)'에서 유래했다. 공교롭게도 지동설을 주장하여 인간의 의식과 삶에 혁명적인 변화를 가져왔던 코페르니쿠스는 1543년 지동설을 주장하는 자신의 논문 제목에 회전이라는 의미로 '레볼루티오니부스(revolutionibus)'라는 단어를 사용했다.

"회전", "순환"이라는 의미를 갖고 있던 용어가 현대적 의미의 혁명으로 처음 사용된 것은 1688년 영국에서 일어난 명예혁명이었다. 그리고 100년 후인 1789년 프랑스의 루이16세는 파리의 민중들이 바스티유 감옥을 습격하자 "반란이냐?"고 물었지만, 리앙쿠르 공작은 "아닙니다. 혁명입니다."라고 정정했다. 이제 혁명은 "순환"이라는 뜻에 "불가항력적"이라는 의미가 더해졌다. 그리고 정치체제의 단순한 변화가 아니라 인민의 의지가 반영된 총체적인 사회질서의 변혁을 의미했다. 그래서 아렌트는 혁명을 새로운 시작이 가능한 토대로 해석했다.

정치혁명

왕조교체

동아시아에서는 일찍부터 '혁명(革命)'이라는 용어를 사용했다. 그러나 혁명의 의미는 권력을 가진 집단의 단순한 교체를 뜻했고, 새로운 시작이라기보다 그리스 도시국가 시절에 사용했던 순환적인 변화의 의미에 더 가까웠다.

『주역』에는 기원전 1046년 무왕이 상나라의 마지막 왕인 탕왕을 몰아내고 주나라를 건국한 사실을 "탕무혁명(湯武革命)"이라고 적혀있다. 그리고 맹자는 하늘의 뜻을 거스르는 왕조를 전복하고 새로운 왕조를 세우는 것을 "역성혁명"이라고 했다. 맹자의 역성혁명은 왕조체제의 근본적인 변화가 아닌 왕조질서가 유지되는 가운데 권력집단이 교체되는 것이다. 그래서 정치체제가 순환적으로 변화했던 그리스 도시국가에 비해 그 의미는 훨씬 보수적이다.

서구에서 현대적 의미의 혁명이라는 용어가 쓰이면서 동아시아에서도 혁명은 권력집단의 단순한 교체를 넘어섰다. 혁명은 정치체제가 바뀌는 것보다 인민의 의지에 의해 사회질서가 총체적으로 변하는 것을 뜻하게 되었다. 그래서 량치차오(양계초)는 현대적 의미의 혁명을 "변혁"이라고 불렀다. 중국에서 혁명이라는 단어는 왕조가 교체될 때 사용했음을 량치차오는 놓치지 않았던 것이다. 당시 량치차오에게 혁명은 폭력으로 폭력을 대체한 것에 불과한 것이었다. 그래서 현대적 의미의 혁명은 "인(仁)"으로 폭력을 대체하는 "변혁"이라고 불러야 한다고 했다.[337]

2. 과거의 혁명

용어의 유래에서 알 수 있듯이 전통시대에 현대적인 의미의 혁명은 없었다. 권력과 권위가 구분되지 않았던 전통시대에 혁명은 용납되지 않았다. 그것은 초월적인 존재에 의해 주어진 것이었기 때문이다. 그러나 권위에 대한 생각이 생겨나기 시작하면서 초월적인 존재의 의도가 무엇인지 관심을 갖기 시작했다. 플라톤은 초월적인 존재의 의도를 가장 잘 읽을 수 있는 이들을 "철학자"라고 했다. 맹자는 "군자"라고 생각했다.

플라톤은 소크라테스가 사형선고를 받자 아테네의 민주정치체제에 대해 회의를 가졌다. 플라톤은 무절제한 자유와 불평등이 사회를 지배하면 정치체제가 변하게 된다고 생각했다. 그리고 자유남용과 경제적 불평등을 막을 수 있는 길을 철학자의 이성에서 찾았다. 철학자의 이성은 초월적인 존재의 의도를 파악하고 있기 때문에 이상적인 국가를 만들 수 있다고 했다.

맹자도 무력에 의지하여 패도를 일삼는 군주는 몰아내야 한다고 했다. 그리고 인의예지를 갖춘 군자가 왕도를 실천할 수 있다고 했다. 군자가 천명에 따라 실천하는 인의예지는 본성에서 비롯된 것으로, 이성보다 감성의 산물이다. 맹자가 그리스의 철학자와 달랐던 것은 바로 이 지점이다. 정치체제 변화와 그 변화의 종착지로 이끄는 것은 철학자의 이성이 아닌 군자의 감성이었다.

서구의 생각

플라톤의 생각

플라톤은 현실국가들이 이상적인 국가와 거리가 있기 때문에 정치체제가 변할 수밖에 없다고 생각했다. 그래서 변화의 중요한 요인으로 자유와 재산을 꼽았다. 지나친 자유와 과도한 재산에 대한 욕심이 민주정치체제를 참주정치체제로, 과두정치체제를 민주정치체제로 변화시킨다고 생각했다.

플라톤은 대중들이 자유를 남용하면 민주정치체제가 폭군에 의해 통치되는 참주정치체제로 변한다고 했다. 기게스의 반지와 같은 자유를 얻게 되면 정의롭지 못한 사람은 말할 것도 없고 정의로운 사람마저 그 힘을 남용할 수밖에 없다고 했다. 민주정치가 참주정치로 변하는 과정에 대한 플라톤의 묘사는 이를 잘 보여주고 있다.

"민주정치의 도시에서 자유는 가장 좋은 것이다. 자유에 대한 과도한 욕심은 다른 사람들을 돌보지 않게 되고, 이로 인해 참주를 필요로 한다. 자유를 추구하는 도시들은 자유를 억압하는 지배자들을 비판한다. 법을 준수하는 사람은 예속되는 것을 좋아하는 쓸모없는 사람으로 욕을 듣게 된다. 피지배자처럼 행동하는 지배자, 그리고 지배자처럼 행동하는 피지배자들이 사적으로나 공적으로 칭찬을 받고 존경을 받는다. 아버지는 자신의 자식들처럼 되어 자식을 두려워하고, 자식들은 아버지처럼 되어 아버지를 두려워하지 않고 겁내지도 않아 자유로워진다. 이와 같은 상황에서 선생은 제자들을 두려워하여 영합하고 학생은 선생을 경멸한다. …(중략)… 내 생각에 이로 인해 자연스럽게 참주가 성장하게 된다. 극단적인 자유로부터 가장 비참한

아리스토텔레스는 정치체제가 변하는 원인을 불평등에 기인한다고 보았다. 플라톤에게 정치체제 변화의 종착지는 철인왕이 통치하는 국가였다.

노예제도가 생겨나게 된다."

또 플라톤은 과두정치가 민주정치로 변하는 것은 재산에 대한 과도한 욕심 때문이라고 했다. "민주정치가 참주정치로 변하는 것과 같은 방식으로 과두정치는 민주정치로 변하게 된다. 과두정치의 지배자들에게 좋은 것은 부유함이다. 재산에 대한 욕심으로 다른 사람들을 돌보지 않고, 그것은 과두정치를 몰락시킨다.", "민주정치는 가난한 사람들이 이겼을 때 나타난다. 가난한 대중들은 소수의 재산보유자들이 통치했던 과두정치의 지배자들을 몰아내고 민주정치를 실시한다."[338]

자유남용과 경제적 불평등으로 인해 정치체제는 변화를 피할 수 없다. 그러나 철학자의 이성은 초월적인 존재에 의해 주어진 이데아를 추구하기 때문에 정의를 실현할 수 있다. 진리를 좇는 철학자들만이 자유남용과 경제적 불평등을 극복하여 정치체제가 더 이상 변하지 않게 막을 수 있다. 플라톤에게 정치체제 변화의 종착지는 철인왕이 통치하는 국가였다.

아리스토텔레스의 생각

아리스토텔레스는 『정치학』 5장에서 그리스 도시국가들의 사례를 통해 정치체제가 변하는 과정을 사실적으로 묘사하고 있다. 이 부분을 읽다 보면 누구나 드는 생각이 있다. 그것은 정치체제가 변하는 원인은 불평등에 있다는 것이다.[339) 물론 아리스토텔레스는 완전한 평등을 말하지 않았다. 그가 생각한 불평등은 특권을 가진 정치집단이 그에 상응하는 경제적인 지위를 누리지 못하거나, 경제적인 이점을 가진 집단이 그에 상응하는 정치적인 특권을 행사하지 못하는 상태였다. 아리스토텔레스가 그렸던 정치체제의 변화과정은 이렇다.

민주정치체제의 변화는 선동가들이 대중들을 부추겨 부자들에 대항하면서 일어난다. 대중들은 부자들을 추방하거나 그들의 재산을 몰수하고, 자산계급들은 이런 도전에 대항하여 단합하고 민주정치를 전복시킨다. 자산계급과 대중 간의 불평등을 선동가들이 활용하면서 민주정치가 전제정치 혹은 과두정치로 변한다.

과두정치의 변화는 다수의 대중이 정치권력을 쥐고 있는 반면, 경제권력은 소수의 귀족들이 쥐고 있는 불평등한 상황에서 일어난다. 선동가들은 소수의 경제엘리트들만이 공직을 차지하고 있는 것을 비난하면서 대중의 지지를 받는다. 정치권력은 공직을 차지한 특권계급에서 다수의 대중에게 넘어간다. 경제권력은 부유한 소수들이 차지하면서 과두정치로 변하게 되는 것이다.

과두정치는 소수가 자신들의 이익을 우선하여 대중들을 탄압하고, 대중은 이런 과두정치를 타도하고 입헌적인 민주정치를 실현한다.

그러나 민주정치는 빈민들이 불평등을 이유로 반란을 일으키면서 빈민정치로 전락하게 된다.[339] 빈민들이 부유한 이들을 공격하면 자산가들이 단결하여 빈민정치를 종식시키고, 다시 군주정치 혹은 전제정치로 돌아간다.

귀족정치의 변화는 부유한 엘리트들에게 정치권력이 집중되고, 경제적으로 다른 영향력 있는 집단들이 상응하는 만큼 공직을 차지하지 못해 일어난다. 또한 소수에게 집중된 경제권력은 대중의 정치권력이 강해지면서 도전을 받는다. 법에 의해 허락된 것보다 더 많은 토지를 소유한 지배귀족들은 대중의 정치권력에 의해 도전을 받고, 그들의 과도한 재산을 포기하도록 압력을 받는다. 이로 인해 귀족정치는 민주정치 또는 전제정치로 변한다.

군주, 귀족, 신민들이 자신들의 이익만 추구하면 각각 전제정치, 과두정치, 빈민정치로 변한다. 이런 변화의 원인은 불평등이다. 불평등이 가장 극명하게 드러나는 것은 소수에게 권력과 부가 집중되는 경우다. 그래서 권력과 재산이 한 사람에게 집중되는 참주정치는 단명할 수밖에 없다.

자연법의 생각

플라톤과 아리스토텔레스는 혁명의 전주곡이라 할 수 있는 반란이 일어나는 원인을 살피고 있다. 그리고 이런 반란을 막기 위해 통치자가 해야 할 일과 해서는 안 될 일을 주문하고 있다. 플라톤과 아리스토텔레스는 통치자의 권력을 제한해야 하는 이유에 대해서는 관심을 갖지 않았다. 인간의 생명과 재산을 침해할 수 있는 통치자의 권력을 제한할 것인지, 제한한다면 어떻게 해야 하는지에 대한 문제는 다루지 않았던 것이다.[341] 그 이유는 전통시대의 사유방식이 현대와 달랐기 때문이다. 당시에는 정치권력이 초월적인 존재가 준 것이었기 때문에 정치권력의 정당성을 따질 수 없었다. 그래서 정치권력을 행사할 때 나타나는 현상과 이런 현상들을 막을 수 있는 방법에 대해 기술하고 있을 뿐이다.

정치체제의 변화를 정당성에서 찾은 사람은 토마스 아퀴나스였다. 정치권위에 대한 생각이 생겨나면서 아퀴나스는 자연법을 위반하는 실정법은 법이 될 수 없다고 선언했다. 자연법에 대한 이런 신념은 실정법이 개인의 자연권을 침해할 때 일어나는 정치체제의 변화를 지지했다. 정치체제 변화에 대한 이런 전통적인 생각은 교황보다 세속적인 왕의 권력이 강화되면서 점차 변화되었다.

내전과 혁명

왕의 권력이 교황의 권력을 압도하면서 신의 권위에 의지했던 삼위일체는 해체되었다. 그리고 무력에 의지한 세속의 왕이 지배하는 절대군주제의 시대가 열렸다. 이로써 신 중심이었던 전통시대의 삼위일체가 붕괴되었고, 더 이상 초월적인 존재에 의지하여 정치권위의 정당성을 구하지 않았다. 그러나 "피지배자가 지배자로 변화하는 현상"이 낳은 정치권력의 변화에 정당성을 부여할 수 있는 단어는 여전히 등장하지 않았다.

당시 정치권력의 변화를 설명하는 데 사용된 단어 가운데 "내전"이라는 말이 있었다.[342] 내전은 무력으로 적대세력을 물리치고 법적 명분을 얻는 유혈적 사건들을 일컫는 말이었다. 그리고 내전을 통해 획득한 법적 명분은 적대세력을 비합법적인 폭도로 낙인찍는 데 사용되었다. 그러나 국가가 등장하면서 내전세력이 차지했던 이런 법적권리는 사라졌다. 국가는 대내적으로 폭력을 독점하고, 대외적으로 전쟁을 선포할 수 있는 권리를 독점하면서 모든 내전을 금지했다.

국가가 법적인 정당성을 독차지했지만, 현대는 이에 만족하지 못했다. 인간을 중심으로 한 새로운 생각들이 생겨나면서 법적권리만으로는 정당성을 충족시킬 수 없었다. 사회계약에 의해 만들어진 국가가 계약 내용을 위반할 때 저항할 수 있는 권리가 폭넓게 받아들여졌다.[343] 혁명은 이런 권리를 행사하면서 적대세력들을 물리쳐 정당성을 얻었지만, 자신의 적을 끊임없이 재생산했다. 혁명이 자신의 정당성을 무기로 삼으면서 스스로 내전의 논리에서 벗어나지 못했기 때문이다. 심지어 사회주의혁명을 주도했던 레닌주의자들조차 "내전은 전쟁을 폐지할 수 있는 유일하게 정당한 전쟁이다."라고 선언하기도 했다.

동아시아의 생각

역성혁명

맹자는 인간의 본성을 타인에 대한 자연스런 동정심으로 설명했다. 우물에 빠지려는 아이를 보는 순간 누구나 측은한 마음을 갖는다. 이것은 이성적인 판단을 전제로 하지 않는 자연스런 감성의 발로이다. 우물에 빠지려는 아이를 보면서 발생한 자연스런 감정의 변화는 인간 심성에 내재한 이타심이 드러난 것이다. 이런 이타심은 인간이 본성적으로 도덕적이라는 것을 증명한다.

모든 인간이 갖고 있는 이런 도덕적인 감성을 실천하지 못하는 군주는 민심을 거스르게 된다. 백성들이 이런 군주를 교체하는 것은 당연한 일이다. 맹자는 이렇게 썼다. "걸왕과 주왕이 천하를 잃은 것은 백성을 잃었기 때문이며, 백성을 잃은 것은 그들의 마음을 잃었기 때문이다. 천하를 얻는 방법이 있는데, 백성을 얻으면 천하를 얻는다. 또 백성을 얻는 방법이 있는데, 그들의 마음을 얻으면 백성을 얻는다. 백성들의 마음을 얻는 방법이 있는데, 그들이 바라는 것을 그들을 대신해 모아주고 그들이 싫어하는 것은 강요하지 않으면 된다."[344]

맹자의 혁명론은 현대적 의미의 혁명과 분명히 거리가 있다. 그것은 정치질서를 바꾸는 것이 아니라 덕이 없는 군주를 덕이 있는 군주로 교체하는 것이었다. 그래서 맹자의 혁명론은 왕조교체라는 전통적인 범주에서 벗어나지 않았다. 특히 정치체제의 순환이라는 서구의 전통시대 혁명관과도 달랐다. 그래서 맹자가 말한 것은 혁명이 아니라는 이들도 있다.[345]

하늘이 내리는 벌

유교의 혁명관은 맹자의 생각에서 크게 벗어나지 않는다. 차이가 있다면 왕조교체에서 백성이 맡은 역할의 차이다. 맹자가 백성의 마음을 염두에 두었다면, 동중서는 하늘의 역할을 우선시했다. 그것은 왕조교체가 일어나기 전에 먼저 하늘이 정당하지 못한 군주에 대해 자연재해를 통해 경고하는 대목에서 알 수 있다. 인민이 직접 나서 덕이 없는 군주를 몰아내는 것이 아니라 하늘이 먼저 스스로 판단하여 벌을 내리거나 문책하는 것이다.

"제가 삼가 『춘추』의 의미를 생각하옵건대, 이전에 있었던 일을 보고 그것으로 하늘과 인간과의 상호관계를 생각해 보면 거기에는 너무나도 두려운 것이 있습니다. 국가에 장차 도를 상실하는 실패가 있으려고 하면 하늘은 먼저 재해를 일으켜 경고합니다. 그런데도 스스로 반성할 줄 모르면 다시 괴이한 현상을 일으켜 위협합니다. 그럼에도 불구하고 고칠 줄 모르면 이때 비로소 크나큰 파괴가 엄습해 옵니다. 이것으로 알 수 있는 것은 하늘의 마음이 군주를 인애(仁愛)하여 그러한 혼란을 그치게 하길 원하는 데 있다는 것입니다. 완전히 무도한 세상이 아니라면 하늘은 어떻게든지 이 세상을 도와 온전하게 하길 원하는데, 인간이 해야 될 일이란 노력하는 것밖에 없습니다."[346]

동중서에게 정치체제의 변화는 하늘이라는 초월적인 존재에 의해 일어나는 것이었다. 백성들은 군주의 통치행위를 판단하는 기준이지 정치체제의 변화를 가져오는 주체가 될 수 없었다. 동중서는 "왕의 덕이 충분해 백성을 편하고 즐겁게 하면 하늘이 그에게 천하를 주고, 그의 해악이 백성을 해칠 수 있으면 하늘이 천하를 빼앗는다."라고 적고 있다.[347] 그러나 이런 변화의 원인을 도덕적 감성인 인의를 실천하지 못한 왕에게 그 귀책사유를 돌리는 것은 맹자와 마찬가지였다.

정치혁명

혁명의 의미 변화

혁명에 대한 동아시아의 전통적인 생각은 군주제에서 벗어나지 못했다. 임금이 의롭지 못하여 "하늘과 백성의 뜻"에 따르지 않으면 역성혁명이 일어나 군주를 교체한다는 것이다. 서구에서 현대적 혁명사상이 유입되던 초창기에도 이런 생각은 변하지 않았다. 중국에 프랑스혁명을 처음으로 소개했던 왕도(王韜) 역시 마찬가지였다. 1862년 홍콩으로 망명한 이후 일찍이 서구문명을 접했던 왕도는 프랑스혁명을 주도한 세력을 '반당', 혁명에 참가한 사람들을 '폭도'라고 불렀다. 그리고 왕정복고가 이루어진 이후에야 비로소 혁명이라는 용어를 사용했다.[348]

량치차오(양계초)는 혁명에 대한 이런 전통적인 생각을 뿌리째 흔들었다. 그는 왕조교체를 뜻하는 전통적 역성혁명은 폭력으로 폭력을 대체한 것이라고 폄하했고, 대신 현대의 혁명은 "인(仁)으로 폭력을 대체한 것"이라고 옹호했다. 그리고 "오늘날 중국의 병을 고치기 위해서는 반드시 한 사람 한 사람이 권리를 갖는 것, 자유를 갖는다는 것을 알지 않으면 안 된다."라고 했다.

그러나 량치차오가 생각한 혁명은 "중국의 병"을 고치기 위한 것이었다. 혁명을 중국이라는 공동체의 이익에 봉사하는 도구로 여겼다. 이 지점에서 흔들리는 량치차오를 볼 수 있다. 그의 혁명관은 공화제가 아닌 개명군주제에서 멈춰 있었다. 개인의 자유와 권리를 우선했던 서구의 현대적 혁명사상이 공동체를 우선했던 동아시아의 가치관과 충돌하면서 돌파구를 찾지 못한 것이다.

3. 현대의 혁명

새로운 시작

혁명에 대한 현대의 생각은 과거와 달랐다. 프랑스대혁명을 연구한 미국 스탠퍼드대학의 에델스타인(D. Edelstein)은 "혁명이 일어나면서 모든 것이 변했다."라고 했다.[349] 현대는 새로운 시작으로서 혁명을 선택했다. 새로운 시작을 가능하게 한 혁명은 단순한 정치체제의 변화 혹은 왕조교체와는 질적으로 다르게 취급되었다. 그것은 사회질서 전반에 걸쳐 발생한 변화로 인해 새로운 역사가 시작되는 것이었다.[350]

혁명은 폭력으로 얼룩진 발생 당시의 상황과 관계없이 현대의 가치를 대변했다. 그것은 모든 인간은 자유롭고 평등하다는 현대의 각성이 혁명을 가능하게 했기 때문이다. 혁명은 인민이 주권자임을 분명하게 선언했던 것이다.

인민주권의 실천

혁명은 정치권위에 대한 생각을 이론적으로는 물론 현실적으로 전통시대와 완전히 구별할 수 있게 해주었다. 현대는 정치권위를 초월적인 존재에 의해 매개된 것이 아니라 인민들이 통치자에게 준 것으로 생각했다. 혁명은 이런 생각들이 현실에서 실현될 수 있음을 보여준 것이다.

인민주권의 시대가 열린 것이다. 현대의 정당한 정치권위는 국민이 준 것이기 때문에 국민의 참여와 동의는 정치권위를 정당하게 만

정치혁명

드는 핵심적인 요소가 되었다. 혁명은 시민으로 거듭난 대중에 의해 참여와 동의가 실현될 수 있다는 것을 보여주었다. 그리고 정당한 정치권위는 법적권위로는 충분하지 않다는 것을 보여주었다. 왕과 귀족의 이해관계를 대변하는 실정법은 인민주권 시대에 어울리지 않았던 것이다.

더구나 법에 의존한 동의는 분명한 한계를 안고 있었다. 그것은 두 가지로 나누어볼 수 있다. 먼저 동의는 자신의 권리를 철회함으로써 의무를 수행하지 않아도 되지만, 정치권위는 자신의 권리를 포기하는 것과 무관하게 복종의 의무를 요구하기 때문이다. 더구나 혁명은 자유를 보장했다. 그런 혁명의 정치권위에 복종한다는 것은 자유를 포기하는 것이다. 법은 이런 역설을 스스로 해결할 수 없다. 이런 모순은 인민들의 동의와 참여가 있어야 해결될 수 있다. 시민으로 거듭난 대중이 혁명에 참여함으로써 자신의 자유를 유보하는 결정에 동의해야 가능해지는 일이다. 그래서 정치권위는 법뿐만 아니라 도덕을 필요로 하게 된 것이다. 인민주권 시대는 법만으로 해결할 수 없는 문제에 직면하자 도덕을 불러내어 자유를 보장받으려고 한 것이다.

혁명과 폭력

혁명은 전통시대와는 전혀 다른 새로운 정치권위를 수립했다. 혁명이 세운 새로운 정치권위는 혁명정부의 부침과는 무관하게 세상을 획기적으로 전환시켰다. 이런 전환으로 인해 혁명이라는 이름으로 행해진 모든 행위는 정당화되고, 혁명의 정치권위에는 복종해야 한

다는 생각도 자리 잡게 되었다.[351]

혁명은 모든 인간을 자유롭고 평등하게 만든다는 자신의 목표를 완성할 때까지 지속되어야 한다는 생각도 생겨났다. 혁명에 사용된 폭력도 이런 목적을 위해 정당화되었다. 혁명은 법과 제도적인 절차를 무시하고 필요한 경우에는 폭력을 사용했고, 한때는 범죄적인 행위였을 폭력이 용인되고, 심지어 환영받기도 했다. 혁명을 가능하게 했던 폭력은 불의에 대항해 자연적으로 발생한 "신적 폭력"이라는 해석을 얻으면서 자신의 정당성을 확고히 했다.

서구와 혁명

(1) 혁명과 이성

플라톤에게 인간의 이성은 초월적인 존재의 의미를 탐구하는 도구였다. 아리스토텔레스의 이성은 그 쓰임새가 플라톤과 조금은 달랐다. 그렇지만 아리스토텔레스도 플라톤과 마찬가지로 인간의 이성이 도달할 수 없는 초월적인 존재를 부정하지 않았다. 이들에게 인간의 이성은 주어진 것을 해석하는 권리는 있었지만, 새롭게 만들 권리는 없었다.

그러나 현대의 자유로운 이성은 주어진 근거에 굴복하지 않았다. 현상 중에서 나타나는 사물들의 질서를 단순하게 추종하지 않고, 완전히 자발적으로 자기자신의 질서를 만들며 이 질서에 경험적인 조건들을 맞추었다. 이성은 심지어 발생하지도 않았고 어쩌면 발생하지도 않을 행위들까지 필연적이라고 천명했다. 이때 이 모든 행위들에 대해 이성은 자기가 그것들의 원인이라고 했다. 이성은 그 자유로움으로 인해 경험보다 우선하고, 경험 너머의 선험적인 규칙들을 결정했다.

주어진 것에 부여된 권위를 부정하는 자유로운 이성은 이제 아무런 도움 없이 혼자서 설 수 있게 되었다. 타율성을 벗어던진 이성은 스스로 결정할 수 있는 자유를 얻었고, 다른 어떤 가치보다 자유를 추구하는 혁명을 정당화했다. 인민이 자신들을 억압하는 정부로부터 통치할 권리를 회수하는 것을 당연하다고 여겼다. 그런 회수의 방식으로 폭력을 동원하는 혁명도 용납되었다. 현대의 자유로운 이성은 이 모든 것을 가능하게 만들었다. 프랑스혁명은 이런 변화를 추동한 자극제였다.[352]

이성도덕과 혁명

혁명은 자유로운 이성을 토대로 새로운 도덕기준을 마련했다. 그것은 모든 인간의 자유를 보장하는 것이었다. 혁명은 자유를 보장했지만, 다른 한편으로 혁명의 정치권위에 복종할 것도 요구했다. 이런 모순은 법이 해결할 수 없었다. 이성도덕의 역할은 이 지점에서 빛을 발했다. 도덕은 더 이상 주어지는 것이 아니라 인간의 이성이 만들어 낸 산물이 되었다.[353] 정치권위가 초월적인 존재에 의해 주어졌다는 것을 부정하는 인간의 이성은 자신의 추론을 통해 그에 맞는 기준을 만들었다. 초월적인 존재의 빈자리를 이성이 채운 것이다.

홉스의 사회계약론은 그런 노력의 일환이었다. 사회계약은 자연

상태를 벗어나려는 이성의 도덕적인 고려에 따른 것이었다. 계약을 통해 자유가 도덕의 울타리를 벗어나지 못하게 만들었다. 따라서 홉스에게 정치권위의 정당성은 계약을 통해 부여되는 것이었다.

자유로운 이성이 계약을 통해 만든 도덕적인 기준은 법으로 그 모습을 드러냈다. 법의 역할은 인간의 자유로운 이성이 스스로 재판관이 되어 자유가 무조건적으로 행사되지 않도록 하는 것이었다. 이성의 법에 의해 개인의 자유가 보호될 수 있도록 한 것이다. 만약 계약을 지키지 않고 법이 개인의 자유를 침해할 때 인민들은 다시 자신들의 주권을 호출하여 혁명을 할 수 있는가? 이런 물음에 대해 로크와 칸트는 서로 다른 대답을 내놓았다.

(2) 로크의 혁명론
"분노의 이론가"

혁명에 대한 로크의 생각은 이론적이기보다 현실적인 필요에 의해 만들어졌기 때문에 선동적이었다.[354] 로크가 활동하던 시기의 영국은 가톨릭을 지원했던 찰스2세의 군주정치와 청교도가 다수를 차지했던 의회정치가 빈번하게 충돌하던 시기였다. 로크는 이런 시기에 청교도의 정치적 입장을 지지하면서 혁명의 필요성을 역설했다. 1688년에 성공한 명예혁명은 로크의 혁명론이 현실적인 필요에 어떻게 부응했는지를 잘 보여준다.

로크는 절대군주에 의한 전제적인 통치와 이에 반대하는 상황은 동의된 판단을 공유하지 않는 자연 상태라고 단정했다. 그리고 자연

정치혁명

상태에서 모든 사람은 타고난 권리, 즉 자기보존의 권리를 갖고 있다. 그래서 한 명이 통치하든 다수가 통치하든 전제정부에 대한 혁명은 자연권을 되찾기 위한 노력이다. 자기보존의 권리가 침해당할 때 일어나는 분노가 혁명을 정당화한다고 생각했기 때문이다. 로크가 '분노의 이론'가로 불리는 이유도 여기에 있다. 이는 홉스가 만인의 투쟁이라는 무질서를 방지하기 위해 리바이어던을 탄생시킨 덕분에 '두려움의 이론가'로 불리는 것과 대비된다.[355]

폭력의 정당화

혁명에 대한 로크의 생각은 계약의 두 번째 단계인 정부계약에서 잘 드러난다. 첫 번째 계약인 사회계약은 공동체를 이루기 위해 필요하다. 인간은 자기보존의 본능을 갖고 있다. 인간이 스스로를 보존하는 수단은 자산[생명, 자유, 재산]이다. 그것은 개인에 속하는 것이기도 하지만 신이 부여한 권리이기도 하다. 그러나 자신의 자산이 끝나는 지점과 다른 사람의 자산이 시작되는 지점에서 충돌이 발생할 때 인간은 자기이익을 우선하는 편견을 갖고 있다. 이 지점에서 두 번째 계약인 정부계약이 이루어진다. 정부는 인민들의 자산을 보호할 목적으로 존재한다. 정부가 없다면 사람들은 지속적인 위험에 노출되며, 그들의 자산은 불안전해진다. 그래서 사람들은 정부와 계약을 맺어 자신의 자산을 보호한다. 혁명은 정부계약이 지켜지지 않을 때 일어난다. 로크의 이야기를 들어보자.

개인은 정부의 권력남용에 대해 필요하다면 폭력을 포함하여 자신을 보호해야 한다. 혁명의 목적은 개인의 자산에 대한 권리를 지키는 것이기 때문이다. 정부가 개인의 자산을 보호해 주지 못하거나 정부에 있는 사람들이 개인의 자산을 침해하면, 그들은 공공의 적으로서 공격을 받는다. 이럴 때 국민은 동의를 철회하고 정부를 공격하여 혁명을 꾀한다. 또한 정부가 절대적인 권력을 행사하여 전제적인 행위를 할 때 그것은 동의의 영역을 벗어난 것이다. 그런 정부를 구성하고 있는 이들은 한때 동료시민이었던 이들을 대상으로 "권리 없는 무력"을 동원해 전쟁상태를 만드는 것이다. 이런 상태에서 폭력으로 자신의 자산을 지키는 행위가 곧 혁명이다.

(3) 칸트의 혁명론

혁명에 반대하다

칸트는 로크와 달리 혁명에 반대했다. "입법과 행정기관이 매우 폭력적으로 행동하고 가장 기본적인 법을 위반하더라도, 국가에 저항하고 혁명에 참여하는 것은 옳지 않은 것이다."[356]라고 했다. 칸트는 국가와 맺은 계약은 철회할 수 있는 것이 아니라고 했다. 혁명은 다른 사람의 자유를 침해하기 때문에 이성의 도덕법칙인 정언명령을 위배할 수 있다고 생각했다. 또한 칸트는 이성의 산물인 실정법을 혁명보다 우선시했다. 공적인 자유는 실정법에 기초하여 합법적인 권력을 행사할 수 있는 국가를 통해 보장받을 수 있다고 생각했다. 공적영역에서 이성의 산물인 헌법에 복종하는 것은 자유를 보장받기 위한 필요조건이었다.

혁명에 대한 칸트의 생각을 재구성하면 이렇다. 자유는 법을 준수해야 보장받을 수 있다. 국가가 더 이상 자유를 보장하지 못한다는 판단은 개인이 내릴 수 있는데, 그런 국가는 왕관을 쓴 폭력배이지 헌정국가는 아니다. 다만 개인이 국가에 이런 사망선고를 내리고 저항하는 경우이다. 반란은 보편적인 것이 아니다. 어떤 사람들이 통치자를 독재자로 판단하고, 이에 반대하여 반란을 일으키는 것은 다른 사람의 자유를 침해하는 것이다. 비록 정의롭지 못한 국가라도 개혁의 여지는 가질 수 있다. 그러나 개인이나 집단의 일방적인 판단에 따라 혁명을 일으키는 것은 주관적일 수밖에 없다.

칸트가 혁명에 반대한 것은 바로 이런 상황을 염두에 두었기 때문이다. 칸트는 국가가 존재하고 있는 상황에서 개인이나 집단이 국가에 저항하는 것을 반대한다. 개인은 자신의 도덕적인 판단에 따라 법을 평가하거나 복종할 법을 선택할 수 없다는 것이 칸트의 생각이었다.

"혁명은 새로운 국가의 시작"

그런데 칸트는 혁명에 대한 자신의 입장과 다르게 프랑스혁명에 대해서는 적극적인 지지를 보냈다. 이런 이율배반은 칸트의 정언명령에서 해답을 찾을 수 있다. "개인의 자유의지에 따른 행위가 보편적인 법칙에 따라 타인의 자유와 공존해야 한다." 칸트의 정언명령은 자신의 자유를 위해 다른 사람의 자유를 침해해서는 안 된다고 했다. 그러나 국가가 존재근거를 상실했다는 개인적인 판단들이 모아지면 새로운 국가를 만들기 위한 조건이 갖추어진다.

국가가 없는 자연 상태는 헌법도 없기 때문에 혁명은 필요 없지만, 새로운 국가를 만들기 위한 강제와 폭력은 필요하다. 이때 사용되는 강제와 폭력은 공적영역에서 자유를 보장받기 위한 것이기 때문에 정당성을 인정받을 수 있다. 국가의 존재가 부정된 상태에서 대중들이 집단행동을 해서 새로운 도덕법칙을 세우는 것은 옹호된다. 칸트가 프랑스혁명을 지지할 수 있었던 것도 국가의 존재가 부정된 상태라고 판단했기 때문이다. 그래서 "칸트가 부인한 것은 혁명에 대한 법적권리이지 공적영역에서 자유를 보장하지 못하는, 그래서 정당하지 않은 정부를 전복해야 한다는 도덕적인 주장을 부인한 것은 아니었다."라는 주장도 가능해진다.[357]

동아시아와 혁명

(1) 감정과 감성

감정은 신체적인 동요에 의해 생기는 감각작용으로서 느낌으로 나타난다. 서구에서는 일찍이 인간의 감각기관에 의해 생긴 감정 가운데 놀람, 기쁨, 슬픔, 수치심, 동정심 등과 같은 감정을 동물적인 본능과 구분하려고 했다. 한 걸음 더 나아가 개인적인 욕망에서 생겨나는 이기심·소유욕·권력욕 등을 비도덕적인 감정으로, 동정심·자제심·이타심 등은 도덕적인 감정으로 구분했다.[358]

그리고 이런 감정이 이성과 어떤 관계를 갖고 있는지 지속적인 관심을 기울여왔다. 서구는 이성이 관여할 수 있는 감정을 "감성(sentiment)", "정념(passion)" 등과 같은 용어를 사용해 구분했다.[359]

그리고 감성 혹은 정념은 이성의 통제를 받아야 도덕적인 행위가 이루어질 수 있다고 생각했다. 정념은 이성과 달리 외부 자극이 감각기관에 전달되면서 발생하기 때문에 의지와 달리 스스로를 제어할 수 없다고 생각한 것이다.

이런 생각은 데카르트와 칸트로 이어지면서 서구의 사상적 특징을 형성해 왔다. 칸트가 인간의 선한 의지에 바탕을 둔 정언명령을 도덕적 행위의 기준으로 삼은 것도 같은 맥락이다. 이들은 인간이 신체의 기능을 통해 감지되는 기쁨, 슬픔, 분노 등과 같은 감성이 감정적인 본능에 예속되지 않는 것은 이성이 작용한 의지 때문이라고 했다.

정념과 이성

서구에서 이성이 정념에 관여할 수 없다고 주장한 이들도 있다. 흄이 그 대표적인 인물로, 흄은 이성이 정념의 노예라고 했다.[360] 흄은 이성이 인간의 행위에 동기를 제공할 수 없다고 했으며, 정념은 신체의 감각기관이 단순하게 받아들인 감정과는 다르다고 했다. 그것은 감각기관으로부터 받은 것에 대한 단순한 반응으로 나타나지 않으며, 그렇다고 이성이 관여할 수 있는 부분도 아니라고 했다.

정념과 이성의 관계에 대해 흄은 이렇게 설명했다. 이성의 작용을 통해 "오늘 비가 올 것이다."라는 정보를 얻었다고 해서 비를 맞지 않기 위해 반드시 우산을 들고 나가지는 않는다. 우산을 들고 나가는 것은 이성이 얻은 정보에 대응하는 하나의 수단이지 목적은 아니다. 비를 맞지 않기 위해 취할 수 있는 행동은 다양하다. 비가 오기 때문에 약속을 취소하고 집에 머물 수도 있다.[361]

흄의 정념은 감각적인 느낌과 사고, 모두에 적용된다. 이성은 정념에서 비롯된 감정을 만족시킬 수 있는 도구이지 행위의 동기가 될 수 없지만, 그렇다고 정념과 대립하는 것도 아니다. 그래서 흄은 다음과 같은 결론에 도달했다. "이성은 정념의 노예이며, 노예여야 한다."

정념과 감성

흄이 말한 정념은 동아시아의 감성과 일정한 거리가 있다. 흄의 정념은 쾌락과 불쾌에 대한 반성에 의해 생겨났다. 그리고 도덕적인 행위는 쾌락을 주며, 비도덕적인 것은 불쾌감을 주는 것이라고 했다. 흄의 이런 주장은 벤담에 의해 계승되었다. 벤담은 흄과 달리 이성을 통해 쾌락을 객관화했다. 벤담은 감성에 의지한 흄의 도덕관을 독단적인 허구라고 비판했다.[362] 이런 판단에 기초하여 벤담은 최대 다수의 최대 행복이라는 공리주의 원칙을 만들었다.

도덕에 대한 흄과 벤담의 시각 차이에도 불구하고, 이들 공리주의자에게 도덕은 쾌락이라는 목적을 위해 봉사하는 도구에 불과했다. 이는 감성을 도덕적인 행위의 동기로 생각했던 동아시아와 달랐다. 정념과 감성은 똑같이 행위의 동기로서 이성이 관여할 수 없는 영역이었다. 그러나 공리주의의 정념은 쾌락을 행위의 동기로 보았지만, 동아시아는 감성을 도덕적인 행위의 동기라고 생각했다.

감성과 지식

맹자가 말하는 감성도 감각적 자극이나 반응을 통해 형성되는 심리적 태도로 설명될 수 있다.[363] 그래서 흄의 정념과 맹자의 감성은 똑같이 이성과 대립적이면서도 동물적인 감정과도 다른 지점에서 출발한다. 그러나 맹자의 감성은 도덕의 목적을 쾌락의 추구로 보았던 흄의 정념과는 다르다. 우물에 빠지려는 아이에 관한 맹자의 이야기는 정념과 감성의 차이를 잘 보여준다. 아이를 구하려고 하는 행동은 연민이라는 감성에서 나온 것이지, 쾌락을 추구하려는 동기에서 그런 행동을 하지 않기 때문이다.

맹자의 감성은 다음과 같은 구절에서도 잘 드러난다. "세상 사람들이 말하는 성(性)은 사회적 관습일 뿐이다. 사회적 관습은 이익을 근본으로 한다. 지식이 많은 사람들이 나쁜 것을 파헤치기만 하기 때문이다. 우임금이 물을 다스린 것처럼 하면 그들도 나쁘지 않다. 우임금이 물에 잠기는 지역의 문제를 해결하기 위해 바다와 연결된 수로를 만든 것은 자연스런 흐름에 맞추어 일을 처리한 것이다. 지식이 많은 이들도 자연스런 흐름에 맞추어 일을 처리하면 대단하다고 할 수 있다."[364]

맹자는 지식을 앞세워 만사를 헤아리는 행위가 인간의 도덕적인 감성에 따라 자연스럽게 행하는 것만 못 하다고 여겼다. 이성을 통해 터득한 지식을 앞세워 이익을 추구하는 이들은 관습적인 규칙에 얽매여 본질을 파악할 수 없다고 본 것이다. 맹자는 도덕적으로 행동하도록 만드는 감성에 의지하여 모든 일을 자연스럽게 처리할 것을 주문하고 있다.

공감의 원칙
감성은 공적영역에서 보편성과 일반성을 얻기가 힘든데, 이는 인간의 감성이 변덕스럽기 때문이다. 그렇지만 흄은 쾌락과 불쾌의 감정이 다른 사람에게도 유사하게 일어나는 현상을 통해 공감을 발견했다. 비록 흄은 쾌락을 도덕적인 행위의 기준으로 삼았지만, 이런 감성이 다른 사람에게도 일어나는 것을 놓치지 않았다. 물론 벤담은 감성이 아닌 이성에 의지했지만, 공리주의는 공적영역에서 쾌락을 통해 도덕적인 공감을 발견하려고 한 것이다.

동아시아의 공감은 공리주의와 달리 쾌락이 아닌 사단(四端)으로부터 얻는다. 사단은 측은하게 여기는 마음, 부끄러워하는 마음, 공경하는 마음, 시비를 가리는 마음이다. 이런 마음은 모든 인간의 본성에 자리 잡고 있기 때문에 공감할 수 있다. 또한 공감은 공적영역에서 충서(忠恕)의 원칙을 따른다. 충서의 원칙은 "자신이 원하지 않는 것을 남에게 베풀지 마라."는 것이다. 그리고 주희는 "충은 자기를 다하는 것이며, 서는 자기를 미루는 것"으로 해석했다.[365]

사단은 모든 사람이 갖고 있는 도덕적인 감성이지만, 모든 사람이 충서의 원칙을 지키는 것은 아니다. 여기에서 도덕적으로 완성된 군자의 역할이 강조된다. 인의예지를 완성한 군자는 모든 사람이 충서의 원칙을 지킬 수 있도록 일깨우는 역할을 맡는다. 물론 이런 일깨움은 사단이라는 도덕적인 감성을 모든 사람이 갖고 있기 때문에 가능하다.

(2) 감성과 자유

서구는 공적영역에서 개인의 자유를 보장하기 위해 이성에 의지해왔다. 특히 소극적 자유에 대한 집착은 일방적으로 법에 의존하는 경향을 낳았다. 감성은 법에 의존해 소극적 자유를 보장하려는 노력을 보완할 수 있다. 그것은 공감을 통해서 가능하다. 자신의 자유가 소중한 만큼 타인의 자유를 존중하려는 노력은 적극적 자유를 보장해 줄 수 있다.

도덕적인 행위의 동기가 되는 감성은 외부의 영향을 받지 않은 채 자발적으로 일어난다. 예를 들어 우물에 빠지려는 아이를 구하려고 행동하는 것은 자발적인 감성에서 비롯된 것이다. 그리고 이런 감성은 모든 사람이 갖고 있는 것이기 때문에 공감으로 인해 보편적이 될 수 있다.

공감은 자유가 개인의 선호에 따른 주관성을 뛰어넘어 보편적으로 적용될 수 있도록 해준다. 또한 다른 사람의 입장에서 세상을 이해할 수 있게 하고, 자신에게 이득이 되는 것을 거부할 수 있게 해준다. 다른 사람의 자유도 자신의 자유만큼 중요하다고 생각하는 것은 공감을 통해 얻을 수 있다. 이런 공감은 이타심으로 인해 강화된다.

공감과 적극적 자유

이성이 인간의 본성을 이기적인 것으로 판단했다면, 감성은 인간의 본성에 대해 판단하지 않는다. 다만 다른 사람을 자신과 마찬가지로 대하게 만드는 행위의 동기를 제공할 뿐이다. 이런 동기는 사단(四端)이라는 도덕적인 감성이 공감을 통해 외부로 드러난다. 이런 공감이 공적인 정치영역에서 자유를 보장할 수 있는 중요한 자원이라는 사실은 혁명을 통해 입증된다. 혁명은 다른 사람의 자유에 대한 공감이 확산되어 집단적인 행동으로 나타난 것이다. 그리고 이런 공감은 타인의 자유를 위해 자신을 희생할 수 있게 만들었다. 자유에 대한 공감이 강한 연대를 형성하고 이런 연대가 혁명을 가능하게 만드는 것이다.

(3) 감성과 혁명
혁명과 이타심

이성은 다른 목적을 갖지 않은 순수한 의미의 이타심을 인정하지 않는다. 그리고 동정심과 같은 이타적인 행동을 이기심의 한 형태라고 여긴다. 이성이 보는 이타심은 개인의 이익을 추구하는 자기중심적인 경향에 불과하다. 남에게 동정을 베푸는 것도 자신의 만족을 위한 것이다. 동정심은 이기적인 본성이 자연스럽게 드러난 것에 불과하다. 감성을 대하는 이성의 이런 태도로 인해 이기심은 이타심을 압도하게 되었다. 결국 이기심은 이성의 도움으로 인간 본성의 자리에서 이타심을 몰아낼 수 있었다.[366]

그러나 감성에서 비롯된 이타심은 외적인 보상을 바라지 않으면서 다른 사람에게 이익이 되도록 행동한다. 이타심은 이타적인 행위 그 자체를 목적으로 삼기 때문이다.[367] 혁명은 자유에 대한 공감이 이타심에 의해 강화된 도덕적인 감성을 딛고 서 있다. 혁명가들이 개인의 특정한 이해를 뛰어넘어 자신의 삶을 희생할 수 있었던 것도 이 때문이다. 마르크스는 파리코뮌에서 혁명가들이 인류의 집단적인 이익을 위해 자신들의 이익을 기꺼이 포기하는 모습을 놓치지 않고 있다. 칸트 역시 참된 열정은 자신의 이익보다 올바른 것을 추구한다고 서술하고 있다.[368]

"도덕은 정념"

인간의 본성은 이기적이라는 이성의 판단에 따라 공적영역의 질서를 법에 맡길 수 있는가? 혁명은 이런 물음에 "아니다."라고 답한다. 정당한 정치권위는 동의의 산물인 법적인 절차를 준수함으로써 얻을 수 있지만, 신념을 토대로 형성된 국민들의 도덕적인 판단도 놓쳐서는 안 된다. 혁명가들의 행위에 정당성을 부여했던 국민들의 도덕적인 판단은 법이 아니었다. 자신의 이익보다 자유에 대한 공감으로 인해 자신을 희생했던 혁명가들은 이를 웅변으로 말해준다.[369] 이들 혁명가들의 활동은 인간의 본성이 이기적이라는 현대의 해석에 대해 근본적인 의문을 던지고 있다.

합법성에 의지하는 이성은 이기적인 인간의 본성으로 인해 적극적 자유를 보장해 주지 못한다. 공적영역에서 적극적 자유를 보장받기 위해서는 이성에 의지하기보다 구성원들의 도덕적인 감성을 필요로 한다. 이런 감성은 자신의 삶을 희생하면서까지 인류의 발전을 위한 선택을 마다하지 않는 열망과 정념을 담고 있다. "법은 이성이며, 도덕은 정념"이라는 주장도 그래서 가능해진다.[370]

경제적 권리와 혁명

현대의 가장 큰 골칫거리는 부와 재화가 집중되는 현상을 막는 것이었다. 개인의 자유와 권리를 보장할수록 공동체는 심각한 빈부격차를 피할 수 없었기 때문이다. 사적영역에 속했던 개인과 가족의 경제문제가 공적영역으로 확장되면서 생겨난 새로운 숙제이기도 했다. 시민사회의 등장도 사회경제적인 문제가 공적인 정치영역으로 확장되는 중요한 계기를 제공했다. 혁명이 자유 보장을 목표로 삼았다가 빈곤 해결로 방향을 전환한 이유이기도 하다.

경제적 권리는 정치적 권리와 달리 적극적인 권리에 속한다.[371] 참정권, 언론자유 등과 같은 정치 · 시민적 권리는 타인의 권리를 침해하지 않기 때문에 소극적인 권리에 속한다. 그러나 경제적 권리는 이와 다르다. 로크는 개인의 재산에 대한 권리는 타고난 것이라고 했다. 재분배를 통해 이런 권리를 침해하는 것은 동의가 없으면 불가능하다. 혁명은 이런 동의를 생략한 채 폭력에 의지했지만, 오히려 역풍을 맞았다.

그러나 재분배는 적극적 자유를 보장하기 위한 전제조건이다. 가난한 사람이 적극적 자유를 행사하기는 어렵기 때문이다. "왜 그런 행동을 했지?"라고 묻는다는 것은 상대가 자유롭게 행동할 수 있다고 생각하기 때문이다. 가난한 사람들에게 이런 질문을 할 수 없는 것은 그들의 행동이 가난으로 인해 자유롭지 못하기 때문이다.

이런 문제를 해결하기 위해서는 공동체가 재화와 부를 재분배할 수 있는 권리를 행사하도록 만들어야 한다. 이런 적극적 권리는 소극적 자유로 해결될 수 없다. 공동체의 이해당사자가 모두 자유롭게 참여하는 적극적인 자유를 보장해야 해결될 수 있다. 공감에 바탕을 둔 이타심은 이런 자유를 만들기 위한 동기를 제공한다. 법이나 폭력에 의지하여 부유한 사람에게 가혹한 세금을 부가하는 강제적인 방식은 실패할 수밖에 없다는 것은 혁명을 통해 입증된 사실이다.

(4) 동아시아의 혁명

공동체의 가치

이성도덕에 토대를 둔 서구의 혁명관은 동아시아에도 영향을 미쳤다. 개인의 자유와 평등을 강조하는 서구의 도덕은 참된 것이며, 삼강오륜을 강조하는 동아시아의 도덕은 거짓된 것이라며 동아시아는 스스로를 극단적으로 부정했다.[372] 자유와 평등은 과학적인 진리이며, 임금·아버지·남편에게 복종을 강요하는 것은 종교적인 미신으로 폄하되었다. 감성도덕에 기초하여 개인보다 공동체를 우선했던 동아시아의 도덕관은 근본부터 흔들렸다.

그러나 동아시아의 감성도덕은 새로운 역할을 발견했다. 그것은 공적영역에서 심화되고 있는 빈부격차를 해결하는 데 도움을 줄 것이라는 기대에서 출발했다.[373] 공동체를 우선하는 유교의 감성도덕은 공감에 바탕을 두고 있다. 공감은 혈연관계에 기초한 사적영역의 도덕규범이 정치영역으로 확장되는 것을 막는 한편 사적영역에 속했던 경제문제를 해결할 수 있을 것으로 기대했다. 개인의 자유와 공동체의 이익이 충돌하여 발생하는 긴장관계도 완화될 것으로 생각했다.

그러나 동아시아는 이런 기대를 저버렸다. 그것은 공동체의 선호와 가치에 대해 잘못된 시각을 갖고 있었기 때문이다. 동아시아는 공동체의 선호와 가치를 공리주의처럼 쾌락이나 이익과 같은 특정한 목적에 맡겼다. 공동체의 가치가 국가의 경제발전과 같은 이익으로 변질되면 이를 해결하려는 생각은 강제의 유혹과 쉽게 타협하게 된다.

공동체의 선호와 가치에 대한 올바른 시각은 적극적 자유를 보장하는 것이다. 그것은 외부에서 주는 것이 아니라 구성원들이 자율적으로 참여할 수 있는 환경에서 만들어가는 것이다. 서구의 혁명은 이런 환경을 만들려고 했지만 실패했다. 중국에서 일어난 두 차례의 혁명도 개인의 자유와 권리보다 공동체의 이익에 몰두하면서 서구의 전철을 밟았다.

중국의 혁명

중국에서 혁명으로 정치권력을 잡은 이들은 공동체를 우선하는 유교의 도덕적인 특징에 주목했다. 그리고 부국강병을 공동체의 이익으로 포장했다. 서구의 공리주의를 개인의 이익이라는 차원보다 공동체의 이익이라는 관점에서 접근하려 했다.[374] 그러나 공동체의 행위규범은 예(禮)이며, 예는 이익보다 적극적 자유를 보장할 수 있는 충서(忠恕)의 원칙에 따른 것이라는 사실을 무시했다.

충(忠)은 자신에게 도덕적으로 엄격할 것을 요구한다. 서(恕)는 자신이 원하지 않는 것을 남에게 베풀지 말라고 한다. 충서의 원리에 따른 공감은 자신이 원하는 자유에 대한 욕망만큼 다른 사람의 자유를 존중할 것을 주문한다. 이런 공감은 사단(四端)이라는 도덕적인 감성을 모두가 갖고 있기 때문에 가능하다. 그러나 동아시아가 유교에서 불러낸 공감은 적극적 자유에 대한 욕망이 아닌 국가발전이라는 공동체의 이익이었다. 공동체의 이익에 대한 공감은 개인의 자유와 권리가 희생되는 것을 묵인했다. 계몽보다 구국을 우선했던 것이

다.[375)]

신해혁명과 사회주의혁명을 주도한 쑨원과 마오쩌둥은 공동체의 이익이라는 지점에서 한 목소리를 냈다. 그들은 중국을 구하기 위해 혁명이 필요하며, 혁명이 성공하기 위해서는 개인의 희생이 불가피하다고 주장했다. 더구나 쑨원은 생명과 권리에 대한 희생 없이 혁명을 이룰 수 없다고도 했다.

쑨원의 혁명론

쑨원이 이끈 신해혁명은 수천 년을 이어온 군주제에 종지부를 찍었다. 혁명세력은 공화제라는 현대적인 정치체도를 채택했지만, 전통적인 사유로부터 크게 벗어나지 못했다. 현대가 요구하는 개인의 자유와 권리보다 중국이라는 상상의 공동체를 부강하게 만드는 데 더 많은 관심을 쏟았기 때문이다. 그것은 중국이라는 민족공동체가 다른 국가들로부터 지배받지 않기 위해 필요한 것이라고 생각했다.

쑨원은 "혁명가는 국가, 인민, 사회, 세계를 위해 봉사해야 한다."면서 "자신의 이익을 우선하면 매번 사람들에게 해를 끼치는 것을 아무렇지 않게 여긴다. 사람의 이익을 우선하여 그들에게 유익한 일을 하면 자신을 희생하는 것을 매번 즐겁게 여기게 된다."라고 했다. 또한 쑨원은 "나라를 구하는 일이 사람을 구하는 일보다 우선"이라며, 공화제정부와 군주제의 차이는 "새로운 사상"이라고 했다. 그리고 새로운 사상은 "총명하고 능력 있는 사람들이 대중을 위해 봉사하는 것"이라고 했다.[376)]

쑨원은 서구의 현대가 동아시아와 접목하면서 전통적인 사회질서를 변화시키는 방법에 대해 충분한 문제의식을 가지고 있었다. 그러나 그가 제시한 문제풀이는 근본적인 해답을 주지 못했다. 그는 자신이 암으로 사망하기 넉 달 전인 1924년 11월 황포군관학교를 떠나는 선생과 학생들에게 다음과 같이 말했다.

"중국혁명의 움직임이 일어난 곳은 일본의 동경이었다. 당시는 유학생들이 주도했다. 유학생들은 혁명사상을 받아들인 후 집회결사와 함께 평등과 자유를 쟁취하려고 했다. 그러나 그들이 쟁취했던 자유와 평등의 목적은 단체를 위해 사용하는 것이 아니라 오로지 자신을 위해 사용했다. 이로 인해 많은 단체들이 결성되었지만, 오래가지 못하고 대부분의 단체들이 해산되고 말았다."[377]

쑨원은 자유와 평등은 개인을 위한 것이 아니라 공동체를 위한 것이어야 한다고 생각했다. 이런 혁명관으로 인해 그는 자신이 한때 적극적으로 지지했던 양당제와 민주공화제에 등을 돌리고 소련과 같은 일당독재체제를 지지하기도 했다.[378] 이런 뒤틀림은 쑨원이 혁명의 목적을 개인의 자유와 권리보다 중국이라는 공동체를 구하는 데 두었기 때문에 일어났다.

마오쩌둥의 혁명론

마오쩌둥의 혁명관도 전통적인 사유에서 자유롭지 못했다. 특히 도덕적인 본성은 타고난 것이며, 개인의 이익은 집단의 이익에 복종해야 한다는 마오쩌둥의 생각에서 현대보다 전통의 흔적을 쉽게 발견할 수 있다. 이런 생각은 그의 도덕관이 감성에 기반을 두고 있었기 때문이다.

도덕에 관한 마오쩌둥의 생각을 그의 저서에서 찾기는 어렵다. 다만 마오쩌둥은 자신이 책을 읽으면서 떠오른 생각을 꼼꼼하게 메모하는 습관을 갖고 있었다. 특히 중국어로 번역된 독일철학자 파울젠(F. Paulsen)의 『윤리학비판』에는 마오쩌둥의 생각이 꼼꼼하게 기록되어 있다. 이 메모에서 그의 도덕관이 전통으로부터 영향을 받았다는 사실을 확인할 수 있다. 그는 "인간은 짐승의 격(格)과 인간의 격(格)을 모두 갖고 있다."면서 동물적인 본성과 도덕적인 본성은 타고난 것이라고 생각했다. 또한 그는 "인간은 하늘의 본성을 타고났다.", "우주의 진리는 마음에 있다."라고 적었다.[379] 이런 표현에서 알 수 있듯이 마오쩌둥에게 도덕은 지식처럼 습득하는 것이 아니라 타고난 것이었다.

이성보다 감성에 의지하는 마오쩌둥의 도덕관은 혁명에 대한 생각에 영향을 미쳤다. 그는 혁명을 해야 하는 이유는 사회주의가 중국을 구할 수 있는 현실적인 대안이기 때문이라고 했다. 그리고 사회주의는 사회집단의 복지를 위해 노력하는 것이라고 했다. 마오쩌둥은 "사회주의사회가 사회집단의 복리사업을 하지 않는다면 어떻게 사회주의가 될 수 있는가?"라고 묻고, "개인의 이익은 집단의 이익에 복종하고, 부분이익은 전체이익에 복종하고, 목전의 이익은 미래의 이익에 복종해야 한다. 국가, 집단, 개인의 이익을 동시에 고려해야 되지만, 국가이익과 집단이익을 우선해야지 개인의 이익을 우선해서는 안 된다."라고 주장했다.[380]

물론 마오쩌둥은 당시 유입된 서구사상의 영향으로 개인주의를 옹호하기도 했다. "개인이 있고 난 뒤 집단이 있다."면서 "개인은 무한한 가치를 갖고 있으며, 개인이 없다면 우주도 없기 때문에 개인의 가치는 우주의 가치보다 크다."라고도 했다. 또한 "개인을 억압하는 것은 죄악이다."라고 강조하며, 그런 의미에서 중국의 전통도덕인 "삼강(오륜)을 반드시 폐지해야 한다."라고도 했다.[381]

그러나 마오쩌둥은 개인주의도 중국이라는 민족공동체의 발전을 위해 봉사해야 한다는 결론으로 나아갔다. 중국의 사회주의혁명은 민족공산주의에 의지하고 있다. 특히 마오쩌둥은 모순론을 통해 계급과 민족을 변증법적으로 결합시켰다. 그는 노동자와 자본가의 계급모순이 주요모순이지만, 외세의 침략이 있거나 민족의 생존이 걸려 있을 때는 민족모순이 우선이라고 했다. 그는 민족이라는 집단이익의 관점에서 계급문제를 해결하려고 했던 것이다.[382] 그 배경에는 공동체의 이익을 우선했던 집단주의의 그림자가 짙게 깔려 있다.

파울젠에 대한 평가

도덕에 대한 마오쩌둥의 생각을 엿볼 수 있게 해준 파울젠은 칸트주의자였다. 그는 칸트가 철학을 종교와 과학의 중간지점에 놓았을 뿐 아니라 양자 간의 지속적이고 평화적인 공존을 마련하는 데 성공했다고 평가했다. 칸트에 대한 파울젠의 이런 평가에 대해 20세기 철학자 아인 랜드(Ayn Rand)는 "칸트가 전체 물질세계는 과학에 던져주고 도덕성이라는 한 가지만 종교[믿음]에 남겨두었다."라고 해석하는 계기를 제공했다.[383] 아인 랜드는 이성의 지고함이라는 서구의 지적 전통을 이어갔다. 그래서 어떤 사상이 이성적이면 그 결과는 궁극적으로 인간의 삶을 보호하지만, 비이성적이면 그 반대라는 결론에 도달했다.

반면 파울젠에 대한 마오쩌둥의 평가는 아인 랜드와 달리 자신의 전통적인 도덕관을 파울젠의 생각과 결합했다. 이로 인해 파울젠의 책을 통해 마오쩌둥은 도덕이 인간의 타고난 본성이라는 믿음을 확신하게 되었다. 그리고 도덕은 모든 인간의 본성 속에 내재되어 있으며, 혁명은 이런 본성을 완성한 성인이 이루어야 한다고 생각했다. 마오쩌둥은 이타심에 기초한 도덕적인 사회를 열망 했다. 그러나 그가 통치했던 중국은 그런 사회를 이룩하지 못했다. 그래서 마오쩌둥의 정치사상을 전문적으로 연구했던 슈람(S. Schram)은 이렇게 술회했다. "내 의견에 따르면, 마오는 오로지 사적 이익만을 추구하지 않으면서도 자유롭고 자발적인 사회를 만드는 방법을 보여주지 못했다."[384]

4. 전체주의

혁명에 대한 의혹

혁명에 대해 의혹의 눈길을 거두지 않은 사람들이 있었다. 그것은 혁명이 내장하고 있는 폭력 때문이었다. 1642년 영국에서 왕당파와 의회파의 대립은 내전으로 발전했다. 시작은 내전이었지만, 이 전쟁이 낳은 역사적인 의미가 더해지면서 훗날 청교도혁명으로 불렸다.[385] 왕당파를 지지한 홉스는 이 전쟁을 반란으로 불렀다. 그리고 군주제에서 민주제로 헌법을 바꾸려고 하는 의회파를 반란세력이라고 묘사했다.

현대의 대표적인 정치사상가로 평가받는 홉스가 혁명세력이었던 의회파에 반대한 이유는 혁명이 가져올 폭력과 무질서 때문이었다. 홉스에게 인민은 자신들의 이익만을 생각하고, 국가를 위해 최선이 무엇인지를 알지 못하는 우두머리 없는 오합지졸에 불과했다. 그리고 이런 인민들의 이기주의가 만인이 투쟁하는 자연 상태와 마찬가지인 1642년의 내전을 일으킨 것이라는 결론에 이르렀다.[386]

프랑스혁명의 사상적인 기초를 마련한 것으로 평가받는 루소도 폭력혁명에 반대하기는 마찬가지였다. 루소의 사회계약론은 프랑스혁명의 법전으로 알려져 있다. 그것은 로베스피에르가 남긴 글에도 잘 나타나 있다. 그는 "전대미문의 혁명이 우리 앞에 펼쳐놓은 길 위에서 내가 당신의 글에서 끌어올린 영감에 변함없이 충실할 수 있다면 행복할 것이다."라고 적고 있다. 로베스피에르는 자신의 사상적인 스승으로 삼았던 루소를 혁명의 입법자로 여겼던 것이다.[387]

그러나 정작 루소는 폭력과 무질서를 일으킬 수 있는 혁명에 대해서는 부정적이었다. 특히 루소는 폭력에 의한 질서가 아닌 계약에 의한 질서를 추구했다. 혁명정부가 사용한 폭력에 대해서도 일반의지를 왜곡한 것이라고 비판했다. 이런 측면에서 폭력에 의지했던 프랑스혁명을 루소와 직접적으로 연관시키는 것이 어렵다는 수정주의적인 시각도 설득력을 얻고 있다.

아렌트와 량치차오

서구에서 대표적인 현대의 정치사상가로 꼽히는 홉스와 루소는 똑같이 혁명이 가져올 폭력과 무질서를 우려했다. 반면 아렌트는 새로운 시작으로서 혁명이 사용한 폭력의 불가피성을 옹호했다. 그러나 프랑스혁명이 빈곤 문제를 해결하기 위해 폭력을 멈추지 않았던 점에 대해서는 비판했다. 혁명이 내장하고 있는 폭력의 관성에 제동을 걸기 위해서는 법적권위가 필요하다는 결론에 도달했다. 그렇지만 아렌트는 법이 내장한 또 다른 형태의 폭력에 무관심했다.

동아시아에서 량치차오(양계초)는 한때 혁명을 옹호했다. 그러나 혁명과 폭력이 불가분의 관계를 맺고 있다는 사실을 알고부터 혁명을 반대하는 쪽으로 급선회했다. 그는 혁명이 가져올 수밖에 없는 폭력과 이런 폭력이 가져올 무질서와 혼란을 우려했으며, 폭력을 사용할 수밖에 없는 혁명을 용납할 수 없었다. 혁명에 대한 이런 태도는 민족주의에 토대를 두고 있었다. 그는 공동체의 이익은 안정된 질서 속에서 보장될 수 있다고 믿었다. 그러나 량치차오 역시 민족주의가 불러올 또 다른 형태의 폭력에 대해서는 주의를 기울이지 않았다.

혁명의 일탈

(1) 서구에서

폭력의 씨앗

"혁명과 전쟁은 폭력을 공통분모로 삼고 있다." 아렌트는 새로운 시작을 위한 모든 혁명이 폭력에 의존한 것을 놓치지 않았다. 그래서 혁명의 폭력적인 특징을 일찍 간파한 마키아벨리를 '혁명의 정신적인 아버지'라고 불렀다. 마키아벨리는 혁명이라는 용어를 사용하지 않았지만, 새로운 시작으로서 폭력의 역할을 인정했기 때문에 현대혁명의 정신적인 산파 자격을 갖추었다고 생각한 것이다.

마키아벨리는 카인이 아벨을, 로물루스가 레무스를 살해했던 인류의 역사는 새로운 시작을 위해 폭력이 불가피하다는 것을 증명한다고 했다.[388] 이런 폭력에 대한 의존은 인간의 현실적인 특성을 간파했기 때문은 아니었다. 인간에 의지한 법률은 결코 절대적이고 신성한 권위를 가질 수 없기 때문이다.

마키아벨리는 신의 권위를 대체할 수 있는 자질을 갖춘 계몽된 군주가 필요하다고 강변했다. 그리고 그런 군주를 발견할 수 있을 것이라는 희망을 갖고 있었다. 새로운 시작과 계몽된 군주에 대한 기대는 그가 폭력을 정당화할 수 있었던 근거가 되었다. 그래서 아렌트는 억압으로부터 해방되기 위해 사용된 폭력이 공적영역에서 적극적 자유를 추구할 때 혁명으로 부를 수 있다고 했다.

홉스의 생각

청교도혁명을 주도했던 의회파를 홉스는 반란세력으로 불렀다. 물론 홉스는 나중에 자신의 저서인 『리바이어던』에서 공화정을 지지하는 내용을 담기도 했다. 그러나 훗날 역사가들이 청교도혁명으로 일컬은 왕당파와 의회파의 내전은 이 시대를 관통하며 살았던 홉스에게는 반란에 불과했다. 사회계약론을 통해 정치권위를 신으로부터 빼앗았던 홉스가 혁명을 이처럼 부정했던 이유는 혁명이 가져올 폭력과 무질서 때문이었다. 청교도혁명을 만인에 의한 만인의 투쟁인 자연 상태에 비유한 것도 마찬가지였다.

프랑스혁명이 일어나기 이전에 서구는 절대군주를 몰아내기 위한 유혈투쟁에 혁명이라는 용어를 사용하지 않았다. 대신 시민전쟁, 반란, 폭동, 소요 등과 같은 용어를 사용했다. 홉스도 마찬가지였다. 청교도혁명 결과 의회파가 권력을 잡았지만, 홉스는 이런 상황은 사회계약에 의해 맺어진 보호와 복종의 상호관계가 유지될 수 없다고 생각했다. 그는 절대적인 권력을 가진 국가만이 자연 상태의 폭력과 무질서를 막고 평화를 보장할 수 있다고 생각했다. 물론 『리바이어던』의 말미에 홉스는 혁명이라는 용어를 낡은 체제를 무너뜨리고 새로운 체제를 세우는 의미로 사용했다. 그리고 새로운 정치체제인 공화정을 지지하기도 했다. 이를 바탕으로 홉스가 혁명에 우호적이었다는 평가를 내리기도 한다.[389]

1642년에 일어난 영국의 내전을 홉스가 처음에는 반란으로 묘사했다가 나중에는 혁명으로 부르게 된 배경을 놓고 지금도 학계에서는 논란을 벌이고 있다. 논란은 계속되도록 놓아두자. 대신 홉스의 생각에서 읽을 수 있는 분명한 사실은 절대적인 주권이 확립된 곳에서 평화와 안전이 보장될 수 있다는 것이었다. 홉스에게 혁명이든 반란이든 폭력으로 발생한 무질서는 만인이 투쟁하는 자연 상태와 다름없는 것이었다.

혁명과 빈곤

프랑스혁명은 폭력으로 새로운 시작을 했지만, 폭력이 빚어낸 악순환의 고리를 끊지 못했다. 그 이유는 빈곤이라는 사회경제적인 문제를 폭력을 동반한 정치적인 수단으로 해결하려고 했기 때문이다. 프랑스혁명은 "자유가 아니면 죽음"을 달라고 했지만, 혁명의 원동력은 생존을 위한 투쟁, 즉 빈곤과 폭력이었다. 혁명정부는 먼저 빈곤과 결핍을 해결해야 했다. 가난한 이들의 분노가 폭력을 통한 혁명을 가능하게 만들었기 때문이다. 그러나 정치적인 수단에 의존하여 빈곤을 해결하는 과정은 무모하고 위험했다. 그것은 폭력에 의존하는 것이었다.

자유가 아닌 빈곤을 해결하기 위해 사용된 폭력은 정당화될 수 없었다. 그것은 폭력을 사용해 타인의 재산을 빼앗는 것이었기 때문이다. 가난한 이들의 사적인 자유를 위해 부자의 자유를 침해하는 것은 폭력 그 이상도 그 이하도 아니었다. 혁명은 빈곤한 국민들의 경제문제를 적극적 자유를 보장하는 참여를 통해 해결하기보다 폭력에 의지했다. 생존을 위한 필요로부터 소극적 자유를 쟁취하기 위해 의존했던 폭력이 적극적 자유를 만들기 위한 공간마저 파괴해 버린 것이다. 이로 인해 반란과 혁명의 차이도 잊혀졌다. 반란이 소극적 자유를 쟁취하는 것이라면, 혁명은 적극적 자유의 토대를 만드는 것이기 때문이다. 이런 폭력과 망각이 가져다준 결과는 로베스피에르가 공포정치를 폈던 독재였다.

인민의 의지

프랑스혁명은 인민주권에 대한 확고한 신념을 제공했다. 혁명은 폭력을 사용했지만, 새로운 시작을 가능하게 만들었기 때문에 정당

들라크루아, 〈민중을 이끄는 자유의 여신〉, 1830. 자유의 여신은 프랑스 혁명의 상징인 프리지아 모자를 쓰고, 한 손에는 깃발을, 다른 한 손에는 총을 들고 있다.

화될 수 있었다. 인민이 혁명과 같이 폭력을 동반한 집단행동으로 자신의 주권을 행사한 것은 왕과 귀족의 이익을 반영하고 있던 법을 신뢰할 수 없었기 때문이다. 그리고 혁명이란 방식을 통해 새로운 시작이 가능할 수 있었던 배경에는 도덕이 있었다. 프랑스혁명 당시 도덕은 여전히 정치권위의 중요한 역할을 담당하고 있었다. 도덕과 법은 서로 대립적이기보다 보완적인 역할을 했다. 혁명에 반대했던 칸트가 프랑스혁명을 환영했던 것도 법적인 권리보다 도덕적인 권리를 옹호했기 때문이다.

　인민의 의지에 대한 절대적인 신뢰는 도덕과 법을 같은 근원으로 본 결과였다. 그리고 인민들이 승인하지 않은 법에 대한 거부이자 인민주권의 직접적 행사에 대한 의지의 표현이었다. 인민과 그 대표자들 간의 거리는 제거되고, 직접민주주의와 대의제정부 사이의 긴장도 제거되었다. 공포정치를 이끌었던 로베스피에르는 다음과 같이 말했다. "평화 시기의 민중적 정부의 활력소가 덕성이라면, 혁명 시기의 민중적 정부의 활력소는 덕성인 동시에 공포입니다. 덕성이 결여된 공포는 흉악하지만 공포가 결여된 덕성은 무력합니다. 공포는 신속 준엄하고 확고부동한 정의 이외의 아무것도 아닙니다. 따라서 공포는 덕성으로부터 도출된 것입니다. 하나의 특수한 원리라기보다는 조국의 보다 긴급한 요구에 부합된 민주주의의 일반원리의 소산인 것입니다."

법을 만드는 권력

이로 인해 혁명의 과정에서 공포된 모든 법들이 혁명을 유지하고 완성시키는 데 필요한 "상위의 혁명법"에 의해 폐지되었다. "상위의 혁명법"은 인민의 의지였다. 인민의 의지는 법에 절대적인 권위를 부여할 수 있는 신성한 것이었다. 여기에서 역설은 새로운 정부를 구성하기 위해 모인 사람들이 스스로 반구성적 · 반헌법적인 행동을 한다는 것이었다.

그 이유는 그들 역시 인민주권을 대표하는 것이지 인민의 의지 그 자체는 아니었기 때문이며, 인민의 의지를 자의적으로 해석한 것에 불과할 뿐이었다. 그들은 혁명을 통해 성취한 것에 대해 형상을 부여하려는 작업을 할 수 있는 권위를 갖지 못했다. 어떻게 하면 이런 모순의 고리를 끊고 법을 인간보다 우위에 두면서 인간이 만든 법이 효력을 발휘할 수 있도록 할 것인가? 이것이 인간의 이성에 대한 신뢰를 기초로 도덕보다 법을 우선했던 서구의 문제풀이 방식이었다.

"인민은 대표자를 통해서만 말할 수 있다"

인민의 이름으로 자행된 프랑스혁명의 폭력은 많은 교훈을 남겼다. 폭력을 방지하기 위해 도덕과 법이 분리되기 시작했고, 도덕으로부터 분리된 법이 공적영역을 지배하게 되었다. 프랑스혁명을 주도했던 혁명가이자 이론가였던 시에이예스(Sieyes)는 "인민은 헌법의 구속을 받지 않는다기보다 그럴 수도 그래서도 안 되는 것이다."라고 했다.[390] 이런 말을 할 당시의 그는 인민의 의지를 헌법보다 우선하는 입장에 서 있었다. 그러나 혁명 초기에 보여주었던 그의 이런 태도는 변화하기 시작했다.

로베스피에르의 공포정치는 시에예스가 자신의 입장을 바꾸는 계기가 되었다. 그는 프랑스혁명 기간 동안 실체를 알 수 없는 인민의 의지가 폭력으로 변한 모습을 뼛속까지 경험했다. 혁명 이후 반복되는 폭력의 악순환을 끊을 필요가 있었기 때문에 그는 인민의 의지를 일정한 형상 속에 가두어두려고 했다. 인민의 의지를 담는 그릇이 필요하다는 것을 절감했던 것이다. 이런 절박함은 "인민은 결코 말할 수 없으며, 단지 자신의 대표자들에 의해서만 이루어질 뿐이다."라는 대목에 잘 표현되어 있다.[391] 인민은 헌법을 제정할 권력을 갖고 있지만, 이런 권력은 인민의 대표들의 집합체인 의회에 위임되어야 한다. 이제 의회는 인민의 일반의지를 대표하는 유일한 장소가 되었다.

헌법 : 법이 부여한 최고의 권력

인민주권을 의회를 통해 형상화하려던 시에이예스의 노력은 헌법으로 그 모습을 드러냈다. 이제 그의 생각은 헌법을 보호하고, 제도를 안정화하는 데 집중되었다. 혁명은 이미 일어났던 과거의 사건으로 치부되었고, 인민들의 의사를 대표하는 이들이 만든 헌법은 더 이상 논쟁의 대상이 될 수 없었다. 그럼에도 시에이예스는 혁명의 핵심적인 내용을 고수했다. 그것은 자연법의 원칙이었다.

그러나 헌법이 자연법의 울타리를 벗어나지 않게 만들려는 노력은 점차 동력을 상실해 갔다. 특히 도덕과 법을 구별하려는 현대의 기획은 이성에 의해 만들어진 법만을 법으로 인정하려는 실정법에 의해 무력화되었다. 헌법은 그 자체로 최고의 권력이 되었다.

켈젠으로 대표되는 법실증주의는 헌법이 최고의 권력이 될 수 있는 이론적인 자원을 제공했다. 도덕과 법의 연관성은 부인되었다. 켈젠은 법을 도덕적 요소로부터 해방시키려는 기획을 입안한 인물로 평가받았다.[392] 켈젠에 의해 완성된 도덕과 법의 구분은 법에 대한 극단적인 해석을 가능하게 했다. 법은 비록 부도덕한 내용을 담고 있더라도 법이며, 따라서 "악법도 법"이기 때문에 따라야 한다는 논리가 그것이다. 도덕으로부터 완전히 자유로워진 법은 독일의 헌법 학자인 슈미트를 만나면서 전체주의와 손을 잡는다.

켈젠의 실정법

독일의 법실증주의자인 켈젠은 합법성이 정당성과 일치한다고 주장했다. 법은 그 자체로 규범적인 성격을 갖고 있기 때문에 도덕적인 판단의 대상이 될 수 없다고 했다. 그리고 자연법과 실정법을 엄격히 구분했다. 그는 "오직 실정법만을 법으로 생각하고, 다른 모든 사회질서는 비록 그것이 자연법처럼 법이라는 용어를 사용하고 있더라도 법으로 인정하지 않는다."라고 단언했다.[393] 켈젠은 도덕과 법을 완전히 분리하고, 전통적이든 현대적이든 자연법에 담긴 도덕의 문제를 배제했다. 자연법은 신이 만든 법이고, 그래서 종교적이고 형이상학적인 특징을 갖고 있다고 했다.

켈젠은 자연법과 실정법을 보완적이 아닌 대립적인 관계로 설정했다. 자연법이 인간의 이성에 근거하고 있기 때문에 자연법을 따르는 것이 옳다면, 실정법은 강제성을 갖고 있기 때문에 인간은 악해야 한다. 그렇다면 자연법과 실정법이 양립할 수 없게 된다는 것이 켈젠의 주장이었다. 이로써 자연법은 더 이상 실정법을 정당화해 주는 역할을 맡지 않게 되었다. 실정법은 이제 자연법에 의지하지 않은 채 합법성을 판단하는 근거일 뿐만 아니라 정당성의 근거가 되었다.

슈미트의 결단주의

규범주의자인 켈젠과 달리 슈미트는 정당성과 합법성을 엄격하게 구분했다. 슈미트는 동질적인 목적의식과 통일된 집합행동이 정당성을 보장한다고 했다. 정당성에 대한 슈미트의 이런 관점은 "정치적인 것"에 대한 그의 시각에서 비롯되었다. 슈미트에게 "정치적인 것"은 적과 동지를 구분하는 것으로서, 통일되지 않고 이질적인 적을 구분해 내는 것이었다. 따라서 정당성은 동일한 목적의식을 갖고 있는 정치적 공동체만 획득할 수 있다.

슈미트는 법을 만드는 "의회는 공개적 토론이 진지하게 실행될 때에만 진실한 것이다."라고 했다. 그런데 그가 본 의회는 이익과 이득을 거래하는 장소였으며, 법치주의를 딛고 서 있는 의회제도는 정당성과 거리가 멀었다. 그는 자유민주주의에는 이질적인 요소들이 공존하기 때문에 정당성을 확보할 수 없다고 생각했다.

슈미트는 의회제도가 안고 있는 문제를 정치적 공동체의 결단으로 해결하려고 했다. 슈미트의 결단주의는 이 지점에서 빛을 발한다. 그는 헌법도 혁명이나 전쟁과 같은 위기가 발생하면 이를 극복할 수 있는 힘을 가진 주권자의 결단에 의해 제정된다고 했다. 그리고 이런 주권자의 결단은 정치적 공동체가 동질성을 유지하고 있기 때문에 국민의 결단과 같은 것이라고 했다. 그는 전쟁과 같은 예외상황이 발생하면 주권자는 헌법제정 권한을 가질 수 있다고 본 것이다. 슈미트의 이런 주장은 아렌트의 혁명에 대한 이야기와 만나게 된다.

아렌트와 슈미트

아렌트와 슈미트는 프랑스혁명의 영향을 받아 똑같이 혁명과 헌법제정이라는 문제에 천착했다. 그러나 두 사람은 서로 상반된 길을 걸었다. 이는 프랑스혁명 이후 정당성을 놓고 벌어진 서로 상반된 전통을 각각 이어받았기 때문이다. 한쪽은 정당성을 의심할 수 없는 신성한 것으로 여겼으며, 다른 한쪽은 정당성을 변화하는 세속적인 것으

로 여겼다.[394)

　　슈미트는 정치권력을 인민의 의지에서 발견했던 전자의 전통을 이어받았다. 헌법은 정치적 공동체의 결단에 의해 만들어진다고 주장했다. 동일한 목적의식을 갖고 있는 정치적 공동체는 정당성의 근원으로서 헌법을 제정할 수 있는 권한을 갖고 있다. 슈미트는 헌법을 제정할 수 있는 초법적인 권력 행사를 민족이라는 정치적 공동체에 부여했다. 그리고 적과 동지가 대결하는 위기상황에서 주권자에 의해 이루어지는 결단은 국민의 결단과 같은 것이라고 했다. 이런 논리에 기초하여 슈미트는 나치가 독일 바이마르공화국의 혼란을 수습할 수 있고, 나치의 결단은 곧 독일민족의 결단으로 정당성을 보장받을 수 있다고 주장하며 나치가 만드는 새로운 토대를 구축하는 데 동참했다.

　　아렌트는 후자의 전통을 이어받아 프랑스혁명이 정치권력을 인민의 뜻과 같이 추상적이고 초월적인 것으로 여겼다고 비판했다. 또한 권력은 국민들의 약속, 관습, 서약에 의해 발생하며, 헌법은 그런 약속의 결과라고 했다. 헌법을 해석하는 권한을 가진 미국의 대법원은 토대인 헌법정신을 지키면서 정치권위를 행사하는 기관이다. 아렌트의 이런 생각은 전체주의와 분명한 선을 긋는다.

　　또한 아렌트는 혁명을 통해 만들어진 새로운 토대는 자유를 보장하는 것이라고 했다. 아렌트는 자유를 보장하는 헌법 속에서 정치권위의 정당성을 찾았다. 반면 합법성에서 정당성을 찾는 자유민주주의의 법치주의에 대항해 슈미트는 정치우선론을 주장했다. 그러나 그의 정치우선론은 집합행동의 통일된 기준을 바탕으로 하기 때문에 다원주의를 부정하는 것이었다. 이는 현대 정치권위의 정당성이 디디고 있는 중요한 근원인 자유를 부정하는 꼴이며, 그 결과는 목적론에 매몰된 전체주의였다. 합법성에서 정당성을 찾는 것에 대한 반발이 오히려 정치권위의 정당성을 부정하는 것은 물론 정치권위의 실종마저 자초했다. 자유민주주의의 법치주의가 안고 있는 근본적인 문제의 원인을 합법성에서 찾은 슈미트의 잘못된 진단이 초래한 결과였다.

파시즘 : 법의 폭력

슈미트는 헌법을 통일된 인민의 의지가 반영된 정치적 결단으로 보았다. 그에게 인민은 민족이라는 동질성에 기초하여 정치적으로 자각된 이들이다. 이런 인민들은 동일한 하나의 의지를 가진 정치적 통일체인 국가를 구성하고 있다. 따라서 국가는 헌법이 만들어지기 이전에도 존재했으며, 헌법은 이런 통일된 의지에 형상을 부여한 것이다.

슈미트의 결단주의에서 의회민주주의에 반대한 그의 논리를 발견하는 것은 자연스런 일이다. 통일된 인민의 의지는 하나의 통일된 목적을 추구한다. 헌법에 의해 보장된 강제는 통일된 목적에 반하는 모든 행위를 법적으로 무력화할 수 있다. 슈미트가 이익집단의 다양한 목소리를 허용하는 의회민주주의를 강력하게 비판한 지점도 이것이다. 그는 의회에서 만들어지는 헌법은 인민들의 통일된 의지를 제대로 반영하기 어렵다고 여겼다. 한국의 유신헌법에서 슈미트의 헌법 이론을 읽어내는 이유도 여기에 있다.[395]

헌법에 대한 슈미트의 이런 생각은 프랑스혁명 당시 폭력의 악순환에 원인을 제공했던 인민의 의지를 연상시킨다. 혁명정부의 공포정치도 위기상황에서 인민의 의지에 따라 내려진 결단이라는 점에서 그렇다. 슈미트에게 헌법은 전쟁과 같은 예외적인 상황에서 결단을 내릴 수 있는 주권자가 만든 것이다. 주권자는 인민의 의지이며, 이런 인민의 의지는 대표자에 의해 형상화될 수 있다. 여기까지는 의회민주주의의 주장과 유사하다. 그러나 슈미트는 인민의 의지와 대표자의 간극을 완전히 없애버림으로써 대표자에 의한 독재를 용인하고 있다. 또한 슈미트가 생각한 인민의 의지는 추상적이기보다 구체적인 것으로, 민족이라는 동질성에 바탕을 두고 있었다.

슈미트는 헌법을 제정할 수 있는 권력을 가진 정치적 통일체인 민족에서 정치권위의 정당성을 찾았다. 이런 슈미트의 논리는 전체주의와 밀접하다. 인민과 통치자가 일체가 되는 정치적 통일체는 전체주의 혹은 폐쇄적인 민족주의에 취약할 수밖에 없다. 슈미트의 결단주의가 히틀러의 파시즘에 유익한 자원을 제공했다는 평가를 받는 것도 이 때문이다.

(2) 동아시아에서

폭력의 씨앗

혁명을 가능하게 했던 감성이 폭력으로부터 자유롭지 못한 현상은 동아시아에서 분명하게 드러난다. 동아시아에서 감성은 혈연관계에서부터 시작되어 지역공동체로 점차 확산되는 동심원 형태를 띠고 있다. 이로 인해 혈연, 연고, 민족 등을 중심으로 한 이익공동체의 형성을 가능하게 만든다. 이런 이익공동체는 단단한 이익집단으로 발전하며, 공동체의 이익을 강조하면 개인의 이익은 희생될 수밖에 없다. 그리고 공감에 기초한 이타심이 연고, 지역, 민족의 울타리에 머물면서 다른 집단에 속한 이들을 배타적으로 대한다.

민족주의와 국가주의는 공감에 기초한 이타심이 민족과 국가의 단위를 넘어서지 못한 경우이다. 더 위험한 것은 자신이 속한 민족 또는 국가의 정체성을 자신의 것으로 여기는 일체화이다.[396] 이런 일체화는 민족과 국가를 인격화해서 민족과 국가가 입은 상처는 곧 자신의 상처가 되며, 민족과 국가의 이익이 곧 자신의 이익이 되는 것은 말할 것도 없다.

인격화된 민족과 국가의 정체성은 폭력과 뗄 수 없는 관계를 맺는다. 자신이 속한 민족과 국가를 위해 스스로를 희생하는 것은 물론 이를 통해 다른 민족과 국가에 폭력을 행사하는 것을 정당화하기 때문이다.[397] 제국주의 시절 일본의 가미가제 특공대들이 스스로를 희생하면서도 자신을 명예롭게 여긴 것은 대표적이다. 유교에서 발원한 중화사상도 마찬가지다. 도덕질서를 명분으로 개인의 자유와 권리를 억압했던 유교는 이민족을 오랑캐로 규정하고, 이들 이민족에 대해 폭력을 사용하는 것을 정당화했다.

량치차오의 생각

한때 량치차오(양계초)는 혁명을 옹호했다. 혁명은 사회 진화에 반드시 필요한 과정으로 여기기도 했다. 유럽에 사회주의혁명의 분위기가 확산되는 것에 대해 그는 "백성이 나라를 사랑하고 스스로를 사랑했기 때문에 가능한 일"이라고 평가했다. 그리고 혁명은 "공공의 적을 향한 것으로 사적인 이익 때문이 아니다."라고 했다.[398] 량치차오가 중국을 구할 수 있는 방안의 하나로 한때나마 혁명을 생각했던 것은 분명한 사실로 보인다.

이런 량치차오가 혁명에 등을 돌린 것은 폭력 때문이었다. 혁명이 폭력을 내장하고 있다는 사실을 알게 된 그는 혁명과 파괴를 동의어로 사용하기 시작했다. 파괴를 구호로 내건 혁명은 "사회를 멸망에 이르게 할 것"이라고 단언하기도 했다. 또한 그는 혁명으로 공화를 요구하는 것은 하등사회의 폭탄으로 폭민전제를 형성하는 것이라고 주장했다.[399] 그리고 중국에서 일어나고 있는 혁명적인 분위기에 대해 이렇게 우려했다.

"오늘날 혁명당은 동경에서 엄청난 세력을 얻고 있습니다. 만여 명의 학생 가운데 절반은 그에 따르고 있습니다. 가까운 시일 내에 전국이 광란하게 될 것입니다. 참으로 복심의 큰 걱정거리입니다. 절대로 이들을 경시해서는 안 됩니다. 오늘날 우리 당이 정부와 죽기로 싸우는 것은 오히려 두 번째 일이며, 혁명당과 죽기로 싸우는 것이 첫 번째 일입니다. 그들이 있으면 우리가 없고, 우리가 있으면 그들이 없는 것입니다."[400]

혁명에 대한 이런 급작스런 태도 변화는 그의 생각을 일관되게 붙들어 매고 있었던 한 가지 사실 때문이었다. 그것은 민족이라는 집단의 이익을 개인의 자유와 이익보다 우선했던 태도였다. 량치차오는 한때 개인의 자유와 공동체의 이익을 동등하게 강조했다. 개인의 자유는 사덕, 공공의 이익은 공덕으로 구분했다. 그러나 그는 곧 사덕보다 공덕을 우선하는 입장으로 변화했다. "나라라는 것은 개인 사랑의 기준이며 박애의 극점"이라고 했다. 개인의 자유도 공공의 이익을 봉사하는 데 적합하도록 하는 것이 사덕이라고 했다.

또한 량치차오는 중국에서 혁명을 부르짖는 이들이 도덕적으로 자격이 안 되는 사람들로, 정권탈취라는 사적인 욕심 때문에 폭력을 동원하는 것으로 생각했다. 민족을 사랑한 것이 아니라 사적인 이익을 우선했다는 것이다. 민족과 혈연은 똑같이 집단으로 분류할 수 있지만, 량치차오는 민족을 공적인 것으로, 혈연을 사적인 것으로 구분했다. 공과 사에 대한 분류의 기준점이 민족 혹은 국가라는 점은 량치차오의 공동체의식이 민족주의에 기초하고 있음을 보여준다.[401]

량치차오는 개인의 자유와 권리를 주장하는 혁명적인 목소리에 의해 중국의 발전이 지체될 수 있다고 우려했다. 혁명으로 발생할 폭력에 대한 그의 우려는 민족주의와 뗄 수 없는 관계를 갖고 있었다. 이런 지점에서 량치차오가 혁명세력에 대해 폭력을 행사한 정부의 태도에 눈감은 이유도 발견할 수 있다.

민족 혹은 국가

민족주의와 국가주의는 자신이 속한 민족과 국가를 인격화하는 경향에 취약하다. 그래서 식민지를 경험한 국민들은 자신들의 민족과 국가가 정당하게 다루어지지 않았다고 생각한다. 그리고 정당성을 회복한다는 명분으로 폭력적인 행위를 도덕적으로 허용한다. 타고르는 민족주의의 폭력성을 "도덕이라는 궁극적인 목적을 조직의 유지라는 기계적인 목적으로 전환시키는 힘"이라고 했다.[402]

량치차오는 민족주의라는 이름으로 폭력을 정당화했다. "민족주의 야말로 세계에서 가장 광명정대하고 공평한 주의이다. 타민족이 우리의 자유를 침범하지 못하게 하고, 우리도 타민족을 침범하지 못하는 것이다. …(중략)… 민족주의의 발달이 극에 달하고 자민족의 행복 증진을 위해 지치지 않으며, 또한 국력이 충실하니 외부로 힘이 미치게 된다. 그러한 때에 서로 평등한 자가 만나면 권력이라 할 것이 없으니 도리가 자연히 권력이 된다. 서로 불평등한 자가 만나면 도리라고 할 것 없으니 권력이 곧 도리가 된다."[403]

또한 량치차오는 폭력에 대해 이중적인 잣대를 사용하기도 했다. 그는 국가와의 전쟁에서 승리하기 위해 폭력을 용인하면서도 폭력혁명에는 반대했다. 이런 모순이 가능했던 것은 민족이라는 공동체가 다른 모든 가치를 압도했기 때문이다.

삼민주의

쑨원(손문)의 생각에서도 민족주의를 발견하는 것은 어렵지 않다. 그의 사상을 대표하는 삼민주의는 중국이라는 공동체를 위해 폭력은 불가피하고, 개인의 이익이 희생될 수밖에 없다는 것을 분명히 하고 있다. "자유와 민족주의는 같다. 왜냐하면 민족주의는 국가의 자유를 확대하는 것이기 때문이다. 평등은 민권주의와 같다. 왜냐하면 민권주의는 인민들의 정치적인 지위가 평등하도록 노력하고, 군주의 권력을 타파하고, 모든 인민을 평등하게 만드는 것이기 때문이다. 그래서 민권은 평화와 서로 대응할 수 있다. 또한 박애의 논리는 민생주의와 통한다. 왜냐하면 민생주의는 4억의 중국인들을 행복하게 만들려는 것이기 때문이다."[404]

서구에서 혁명이 내걸었던 자유, 평등, 박애는 삼민주의를 통해 중국적으로 재해석되었고, 이런 재해석은 혁명에 대한 태도로 이어진다. "혁명은 나를 구하고 인민을 구하는 일이며, 자신에게 닥치는 손해나 자신의 행복을 도모하는 것을 고려하지 않고, 4억 인민의 행복을 도모하는 일이다. 이런 도리가 혁명의 도리이며, 이런 혁명의 도리는 불변의 진리이며, 만고불변의 법칙이다." 개인의 행복은 물론 불행마저도 안중에 두지 않은 채 오로지 민족이라는 공동체를 위해 헌신하는 것이 혁명이라고 단언한다. 이런 혁명을 위해 사용되는 폭력이 정당한 것은 말할 나위없다.

마오주의

마오쩌둥(모택동)은 혁명이 폭력을 내장하고 있다는 사실을 일찍 자각했다. 1927년 국공합작이 결렬되자 국민당은 공산당을 군사력으로 제압했다. 당시 마오쩌둥은 무장봉기의 필요성을 역설하면서 "권력은 총구에서 나온다."라는 유명한 경구를 남겼다.[405] 문제는 혁명이 성공한 이후 사회주의 국가건설 과정에서도 폭력을 사용했다는 사실이다. 이로 인해 폭력은 혁명의 과업을 무색하게 만들었을 뿐만 아니라 폭력에 대한 긍정적인 평가를 일반화한다는 비판을 받기도 했다.

마오쩌둥은 자신이 항상 진리의 편에 서 있다고 확신했다. 이런 확신은 폭력을 사용하는 데 거리낌이 없도록 했다. 마오쩌둥은 혁명 시기는 물론 문화대혁명을 통해 알 수 있듯이 지속적인 계급투쟁을 강조했다. 폭력에 의지하여 계급 없는 사회를 만들려고 했던 그의 생각에서 폭력의 악순환을 우려했던 파스칼(B. Pascal)을 떠올리게 된다.

"정의에 복종하는 것은 옳고, 더 강한 것에 복종하는 것은 필연이다. 힘없는 정의는 무력하고 정의 없는 힘은 폭력이다. 힘없는 정의는 반대에 부딪힌다. 왜냐하면 사악한 자들이 항상 존재하기 때문에 힘없는 정의는 규탄 받는다. 그러므로 정의와 힘이 함께 있어야 한다. 그러기 위해서는 정의가 강해지거나 강한 것이 정의로워야 한다. 정의는 논란의 대상이 되지만, 힘은 매우 용이하게 식별되고 논란의 여지도 없다. 그래서 사람들은 정의에 힘을 부여할 수가 없었다. 힘이 정의에 반대하고 그것을 불의라고 말하며, 또 정의는 바로 자기라고 말하였기 때문이다. 이렇듯 인간은 정의를 강하게 할 수 없었으므로 강한 것을 정의로 만들었다."[406)

강한 것이 정의라는 파스칼의 생각은 권력은 총구에서 나온다는 마오쩌둥의 경구로 이어지고 있다. 민족주의와 결합한 마오쩌둥의 사회주의는 제국주의에 대항하는 하나의 방편으로 폭력의 전술적인 사용에 관한 지침서가 되었다. 식민지에서 벗어나기 위한 폭력을 자유와 참된 자신을 찾는 도구로 인식했다.[407) 이런 투쟁과정에서 개인의 자유와 권리는 희생될 가치가 있는 것으로 정당화되었다.

제7장
자유민주주의

1. 민주주의

출생에 얽힌 오해

민주주의(democracy)는 라틴어로 "대중"이라는 뜻의 '데모스(demos)'와 "권력"이라는 뜻을 가진 '크라시(cracy)'가 합쳐진 것이다. 그리스 도시국가에서 민주주의는 단어의 뜻 그대로 "대중의 지배"라는 의미로 사용되었다. 그러나 동아시아의 한자 문화권에서 '데모크라시(democracy)'는 민주주의(民主主義)로 번역된다. 국민이 주권자로서 스스로를 지배한다는 뜻이다.

동아시아에서 민주주의에 대해 갖는 일반적인 오해는 글자 그대로 국민이 "스스로를 지배"하는 제도라고 생각하는 것이다. "스스로를 지배"하면 지배하는 사람과 지배받는 사람의 구분이 없어진다. 다시 말해 지배가 없는 세상이 되는 것이다. 그리스 도시국가에서 이런 의미에 가장 가까운 단어는 '이소노미(isonomy)'였다. 지금은 서구에서 "법 앞에 평등"이라는 뜻으로 사용하고 있지만, 본래 의미는 "동등한 권리"라는 말이었다. 그리스 도시는 '이소노미'를 꿈꾸었지만, 민주주의자들에 의해 실현되지 못했다.[408]

동아시아에 민주주의가 수입되기 이전에 사용했던 "민주"라는 용어는 역사가 오래되었다. 중국의 유교 경전인 『서경』에 "민주(民主)"라는 단어가 나온다. 지금은 "민주"를 "백성이 주인"이라는 의미로 사용하고 있지만, 당시에는 "백성의 주인"이라는 뜻이었다. 백성의 주인은 왕을 의미하는 것이었다. 그래서 처음 '데모크라시'가 한자문화권에 들어왔을 때 민주주의보다는 민권주의로 더 많이 사용했다. "대중의 지배"는 "백성의 주인" 혹은 "스스로를 지배"라는 뜻과는 거리가 멀었기 때문이다.

축복받지 못한 출생

"대중의 지배"를 뜻하는 민주주의는 그리스 도시국가에서 시작되었다. 시민들은 직접 아고라에 모여 다수결을 통해 도시국가의 중요한 사항들을 결정했다. 세금 결정, 재판 판결, 전쟁 선포 등도 모두 시민들이 다수결로 결정했고, 대표자들도 시민들이 추첨을 통해 선출했다. 오늘날 직접민주주의의 전형으로 소개되는 그런 제도였다. 물론 노예, 여성 등은 이런 참정권을 행사하지 못했다.

당시에는 이런 민주주의를 이상적인 정치제도로 여기지 않았다. 플라톤이 소크라테스의 입을 빌려 말한 민주주의에 대한 평가는 혹독하다. "여러 배에서든 한 배에서든 이런 일이 일어난다고 상상해 보게. 선주는 덩치와 힘이 그 배 안의 모든 사람보다 뛰어나지만, 귀가 약간 멀고 눈도 침침하고 항해와 관련된 지식도 이와 비슷한 상태라네. 그런데 선원들은 배의 조종과 관련해서 서로 다투고 있네. 다들 그 기술을 배운 적도 없고, 자기 선생이 누구였는지 또 언제 배웠는지 그 기간도 제시하지 못하면서 자기가 배를 조종해야 한다고 생각하면서 말이네. 더군다나 그들은 그 기술이 아예 가르칠 수 없는 것이라고 공언하지만, 가르칠 수 있는 것이라고 말하는 사람이 있다면 그를 산산조각 낼 자세가 되어 있다네.

그런가 하면 그들은 언제나 선주를 에워싸고서는 자기들에게 배 운항을 맡기라고 요구하며 온갖 짓을 다 한다네. 또 때때로 자신들은 설득에 실패했는데 오히려 다른 사람들이 설득해 내면 그 사람들을 죽이거나 배 밖으로 던져버리네. 그러고는 점잖은 선주를 최면제나 술 혹은 그 밖의 다른 것으로 결박한 후에 배를 통솔하네. 배 안에 있는 것들을 사용하면서, 술 마시고 잔치를 벌이면서. 그런 사람들이라면 으레 그럴 법한 방식으로 항해를 한다네. 게다가 그들은 자기들이 선주를 설득해서든 강제해서든 통솔할 수 있도록 도움을 주는 데 능란한 사람을 항해에 '능한 사람, 조종에 능한 사람, 배와 관련된 일들을 잘 아는 사람'이라고 부르며 칭찬하지만, 그렇지 못한 사람은 쓸모없는 사람이라고 비난하네.

그들은 참된 키잡이와 관련해서 전혀 알지 못하네. 배의 진정한 통솔자가 되려면 계절의 변화, 하늘과 별, 바람, 그리고 그 기술에 알맞은 모든 것들에 대해 돌봐야 한다는 것을 알지 못하네. 그리고 원하는 사람들이 있건 없건 배를 어떻게 조종할 것인지에 대한 기술을 가질 수 있다거나 조타술을 배워 동시에 그것을 실행하는 연습을 할 수 있다는 생각을 하지 못하네.

이런 일들이 배에서 일어나고 있다면, 조타술에 진짜 능한 사람은 이렇게 관리되고 있는 배를 탄 선원들한테서 진정으로 '천상을 관찰하는 자, 쓸데없는 말을 지껄이는 자, 자신들에게 쓸모없는 자'로 불릴 것이라고 생각하지 않겠나."[409]

어리석은 선주

플라톤은 민주주의를 배에, 시민을 선주에, 정치가를 배를 조종하기 위해 다투는 선원들에 각각 비유하고 있다. 민주주의라는 배의 선주는 정치에 대해 잘 알지 못하는 어리석은 ("귀가 약간 멀고 눈도 침침한") 시민들이다. 선주가 어리석기 때문에 배를 통솔하는 선원들은 기만[최면제]과 음모[술]를 통해 자신들의 이익만 챙긴다. 플라톤이 배에 비유하여 설명하려고 했던 민주주의는 정치를 잘 알지 못하는 이들이 통솔하는 정치체제에 불과했다.

이뿐만이 아니었다. 플라톤에게 자유는 이상국가의 덕목 가운데 하나였다.[410] 그런데 민주주의에서는 이런 자유가 오히려 독이 된다. 민주주의라는 배에 타고 있는 사람들이 자유를 자신의 이익과 욕망을 탐하는 것으로 오해하기 때문이다. 민주주의에서 자유가 오히려 독이 되는 이유를 플라톤은 기게스의 반지에 얽힌 우화로 풀어내고 있다.

기게스의 반지

"옛날에 기게스라 불리는 리디아인이 있었는데, 그는 당시 리디아의 통치자에게 고용된 목자였다고 합니다. 심한 뇌우와 지진이 있고 나서 땅이 갈라지자, 이를 보고 놀란 그는 아래로 내려갔죠. 그가 몸을 꾸부리고서 안을 들여다보니까 사람 크기보다도 더 커 보이는 송장이 그 속에 있는 게 보였는데, 이 송장의 손가락에는 금반지가 있었고, 그는 그걸 빼 가지고 밖으로 나왔죠. 그런데 왕에게 양들에 관한 일을 보고하기 위해 매달 목자들이 갖는 모임이 있을 때 기게스 역시 참석했는데, 그 반지를 끼고서였죠.

다른 사람들과 함께 자리에 앉아 있던 그는 우연히도 반지의 보석받이[거미발]를 자신을 향해 손 안쪽으로 돌렸는데, 이 일이 있자 그 자신이 동석한 사람들에게 보이지 않게 되어, 그들은 그에 관해서 마치 떠나버린 사람에 관해서 말하듯 대화를 했다죠. 이에 놀란 그가 다시 그 반지를 만지작거리면서 보석받이를 밖으로 향하게 돌렸더니, 자신이 보이게 되었고요. 이를 알아차린 그는 과연 그 반지가 그런 힘을 지니고 있는지를 시험해 보았는데, 역시 그에게 같은 일이, 즉 보석받이를 안쪽으로 돌리면 그가 보이지 않으나, 바깥쪽으로 돌리면 보이는 일이 일어났죠. 이를 확인한 기게스는 왕한테로 가는 사자들 속에 자신도 끼여 곧바로 일을 꾸며서는, 그곳으로 가서 간교한 말로 왕비를 설득한 뒤 왕비와 더불어 왕을 덮쳐 살해한 다음 왕국을 장악했다고 합니다.

그러니 만약에 이런 반지가 두 개 생겨서 하나는 올바른 사람이, 그리고 다른 하나는 올바르지 못한 사람이 끼게 된다면, 그런 경우에 올바름 속에 머무르면서 남의 것을 멀리하고 그것에 손을 대지 않을 정도로 철석같은 마음을 유지할 사람은 아무도 없으리라고 생각합니다. 말하자면 시장에서 자기가 갖고 싶은 것은 무엇이든지 두려움 없이 가질 수 있고, 또 자기가 그러고 싶은 사람이면 누구든 죽이거나 속박에서 풀어줄 수 있으며, 또한 그 밖의 여러 가지 인간들 사이에서 신과 같은 존재로서 행세할 수 있다면 말입니다.

이처럼 행동할진대, 그는 다른 한쪽 사람과 조금도 다를 것이 없을 것이고, 양쪽 모두 똑같은 방향으로 갈 겁니다. 하지만 이것이야말로 누군가가, 올바름이 개인적으로는 좋은 것이 못되기에, 아무도 자발적으로 올바르기 위해 노력하지 않고 부득이해서 그렇게 되는 것이라는 강력한 증거라고 주장할 수 있습니다. 어느 쪽이고 자신이 올바르지 못한 짓을 능히 저지를 수 있을 것이라고 생각할 경우에는, 올바르지 못한 짓을 저지를 테니까요. 그건 모든 사람이 올바름보다는 올바르지 못함이 개인적으로는 훨씬 더 이득이 된다고 정말로 믿기 때문인데, 이러한 주장을 내세우는 사람이 말하는 것이 그대로 진실이라고 믿어서죠.

만일 어떤 삶이 그와 같은 자유로운 힘을 얻고서도, 올바르지 못한 짓이라곤 전혀 저지르지도 않으며, 남의 것엔 손도 대려 하지 않는다면, 이를 아는 사람들이 보기에는 이 사람이야말로 가장 딱하고 어리석은 자로 생각할 테니까요. 하지만 사람들은 자기가 올바르지 못한 짓을 당하지 않을까 하는 두려움 때문에, 서로의 면전에서는 서로를 속이면서 그를 칭찬할 테죠."

엑수시아

플라톤은 자유를 엘레우테리아, 파레시아, 엑수시아로 구분했다.[411] "이 나라는 자유[엘레우테리아]와 말의 자유[파레시아]로 가득

차 있고, 그리고 이 나라에서는 누구든 자기가 하고자 원하는 것을 맘대로 할 수 있는 자유[엑수시아]가 있다." 엘레우테리아는 정치적으로 평등한 참여를 통해 얻는 자유이며, 파레시아는 언론의 자유, 엑수시아는 욕망의 자유이다.

플라톤이 문제 삼은 자유는 엑수시아인 욕망의 자유다. 기게스의 반지는 욕망의 자유에 굴복하는 인간의 모습을 그리고 있다. 플라톤은 욕망의 자유를 방치하는 것이 민주주의라고 여겼다. 과도한 자유의 남용이 민주주의를 참주정치로 변화시킬 것이라고 생각한 이유도 이 때문이었다. 민주정치체제에서 욕망의 자유가 남용되면 어떤 일이 일어날까? 플라톤은 이렇게 생각했다.

"그들은 가축들이 하는 버릇대로 언제나 눈길을 아래로 향하며, 땅과 식탁 위로 몸을 구부리고 포식을 하며 살이 찌고 또한 교미도 하네. 이런 것들에 대한 탐욕 때문에 쇠로 된 뿔과 발굽으로 서로를 치고받으며, 만족할 줄 모르는 욕망으로 서로 죽이기까지 한다."[412]

2. 자유민주주의

등장

혁명과 민주주의

축복받지 못한 채 탄생한 민주주의는 아테네의 멸망과 함께 사람들의 뇌리에서 잊혀갔다. 그러다 현대에 들어서 민주주의는 다시금 주목을 받기 시작했다. 그 이유는 정치권위가 주어진 것이 아니라 국민들이 주는 것이라는 생각이 생겨났기 때문이다. 국민들이 정치에 권위를 부여하는 것이라면 동의 과정이 생략될 수 없다는 신념도 생겨났다. 그리고 이런 신념은 실천으로 옮겨졌다. 그것은 혁명이었다.

국민들은 혁명이라는 대중운동에 참여함으로써 자신의 의사를 구체적으로 표현했다. 그리고 이런 참여는 혁명이 자유를 보장할 것이라고 단언했기 때문에 가능했다. 자유를 보장하지 않는 혁명은 혁명이라고 부를 수 없다는 주장도 생겨났다. 그러나 혁명으로 자유를 찾았지만, 민주주의는 여전히 불러주기를 기다리고 있었다. 현실은 아직 민주주의를 받아들일 준비가 되지 않았다. 민주주의에서 자유는 오히려 독이 될 수 있다는 생각을 떨쳐버리지 못했기 때문이다. 정치체제는 여전히 군주제나 귀족제가 지배적이었다.

민주주의의 지연

혁명이 민주주의의 화려한 귀환으로 연결되지 못한 데에는 여러 가지 이유가 있었다. 그 중에서도 중요한 것은 민주주의를 그리스 도시국가 시절처럼 "대중의 지배"로 이해했기 때문이다. 이런 이해는 두 가지 문제를 파생시켰다. 하나는 민주주의를 인민주권의 실천으로 본 것으로, 인민주권은 헌법을 만들 수 있는 제헌권력(constituent power)을 대중에게 넘기는 것이다. 프랑스혁명을 주도했던 부르주아지들은 이를 용납할 수 없었다. 어리석은 대중이 만든 법을 따를 수 없었던 것이다. 혁명 직후의 정부도 제헌권력을 부정했다. 자신들이 대중혁명으로 정치권위를 확립했기 때문에 더 이상의 제헌권력은 필요 없다는 논리였다.[413] 그래서 당시의 정치체제는 진정한 민주주의가 아닌 부르주아지 계급의 이해가 반영된 입헌국가라는 평가를 받기도 했다.[414] 자유는 찾았지만, 평등한 정치참여는 여전히 실현되지 못했던 것이다.

제헌권력을 둘러싼 갑론을박은 누가 법을 만들 것인지에 대한 것이었지만, 또 다른 문제는 법의 내용을 놓고 벌어진 논란이었다. 그 배경에는 대중이 만든 법은 자유를 제한할 수 있다는 우려가 깔려 있었다. 당시 법 이론가들뿐만 아니라 심지어 혁명을 주도했던 인사들도 이런 생각을 갖고 있었다. 이로 인해 부르주아지들은 교육과 재산 수준에 따라 대중들의 참정권을 제한해야 한다고 생각했다. 그들은 민주주의가 실현되면 다수의 "가난한 대중들에 의한 지배"[415]가 실현되고, 이들에 의해 만들어진 법은 소수인 자신들의 자유를 보장하지 못할 것이라고 우려했다. 혁명 이후 등장한 국가들이 국민의 동의 없이 국민의 이름으로 모든 권력을 행사하면서 이런 우려가 현실로 드러났다. 자유를 목표로 삼았던 혁명의 정치권위가 국민에게 군림하면서 정당성은 약화되었다. 더 심각한 것은 혁명이 전제주의로 변질되면서 이런 우려는 현실이 되었다.[416]

리카도와 마르크스

19세기 전후반에 각각 활동했던 리카도(D. Ricardo)와 마르크스(K. Marx)의 생각에서도 민주주의가 지연될 수밖에 없었던 이유를 찾을 수 있다. 각각 자본주의와 사회주의 이론을 체계화했던 두 사람은 사상적으로 대척점에 서 있었다. 그러나 두 사람은 서로 다른 이론진

영에 있었지만, 민주주의에 대해서는 공통된 입장을 갖고 있었다. 모든 국민이 참정권을 행사하는 민주주의에 대해 반대했던 것이다. 리카도는 "사유재산을 부정하는 노동계급에 투표권을 주어서는 안 된다."라고 했다.[417] 민주주의를 노동자계급의 독재로 이해했던 마르크스는 "민주주의는 사회주의로 가는 길"이라고 했다. 그리고 "자본주의와 민주주의는 공존할 수 없다."라고 했다. 리카도와 마르크스는 각각 노동자계급과 자본가계급을 배제한 민주주의를 머리에 그리고 있었던 것이다.

모색

자유와 평등의 모순

혁명은 유럽에서 시작되었지만, 민주주의의 발전은 지지부진했다. 혁명은 자유를 약속했지만, 모든 국민이 자유를 누리지는 못했다. "대중의 지배"를 의미하는 민주주의는 가난한 대중이 헌법을 만들게 하고, 대중은 소수의 자유를 억압할 것이라고 생각했다. 이런 오해는 플라톤이 민주주의에 대해 가졌던 우려와 비슷했다. 대중들이 자신들의 욕망을 채우기 위해 자유를 남용할 것이라고 생각했던 것이다.

이런 생각의 근원에는 자유와 평등이 빚어내는 딜레마가 고스란히 담겨 있었다. 자유가 지나치면 평등이 손상을 입고, 평등이 지나치면 자유가 제한을 받는다는 역설이 민주주의의 귀환을 막고 있었다. 그 틈을 타서 반민주적 자유주의와 비자유적 민주주의가 등장했다.

반민주적 자유주의는 부르주아지들이 스스로 쟁취한 자유를 대중들과 공유하는 정치적 평등을 실현하지 않은 결과였다. 부르주아지들은 이성에 따라 행동하여 자유를 남용하지 않을 능력을 가진 사람들에게만 참정권을 부여해야 한다고 생각했다. 그리고 재산, 신분, 성별, 인종 등을 그런 능력의 기준으로 삼았다. 타고난 불평등이 공적영역인 정치적 불평등으로 확장되는 것을 묵인한 셈이었다.

이런 반민주적 자유주의는 참정권이 없는 이들의 반발을 불렀다. 1848년 프랑스에서 일어난 2월 혁명은 이런 반발의 결과였지만, 그 결과는 비자유적 민주주의의 등장으로 이어졌다. 재산과 상관없이 모든 남성시민이 참정권을 행사했지만, 독재자의 등장을 막지 못했다. 남성시민의 보통선거권에 의해 대통령에 당선된 루이 나폴레옹은 쿠데타를 통해 자신의 집권을 연장했을 뿐만 아니라 왕정을 다시 부활시키기도 했다.

미국과 평등

토크빌은 유럽에서 반복된 이런 모순을 해결할 수 있는 실마리를 미국에서 발견했다. 그는 프랑스혁명 직후인 19세기 전반 미국의 정치현상이 유럽과 다르다는 데 주목했다. 특히 귀족주의적인 잔재가 남아 있던 신분사회의 유럽과 달리 미국은 평등이라는 원칙을 지키려는 민주주의사회의 특징을 갖고 있다고 판단했다. 토크빌은 미국에서 일어나고 있는 평등현상에 대한 소감을 이렇게 적고 있다. "내가 미국에 머무는 동안 관심을 끈 신기한 일들 가운데 국민들 생활상태의 전반적인 평등만큼 강렬하게 나를 놀라게 한 것은 없다. 이 기본적인 사실이 사회의 모든 과정에 작용하는 엄청난 영향력을 나는 단시일 안에 발견했다."[418]

　토크빌이 본 미국의 평등사회는 두 가지 특징을 갖고 있었다. 하나는 정치적 자유[419]이며, 다른 하나는 법 앞의 평등이었다. 토크빌은 미국의 민주주의가 평등으로 인해 유럽처럼 전제정치로 나아가지 않는 이유를 정치적 자유에서 찾았다.[420] 그는 "평등이 만들어낸 악덕과 싸우기 위해서는 한 가지 치유책이 있는데, 그것은 정치적 자유다."라고 공언했다. 사회경제적 평등을 강조하면서 정치적 자유를 제한한 결과로 독재를 경험했던 토크빌은 정치적 자유를 보장하여 자유와 평등의 모순을 해결하려고 했다. 그리고 정치적 자유는 법 앞의 평등을 통해 실현할 수 있다는 확신을 미국의 민주주의에서 발견했다.

법 앞의 평등

　법 앞의 평등이 정치적 자유를 보장할 수 있었던 이유는 인민주권론에 대항할 수 있었기 때문이다. 토크빌은 경제적 평등에 대한 요구가 독재로 이어지는데, 그 이유는 "동질화된 다수가 빈곤으로부터 해방되기 위해 사소한 쾌락을 충족하는 데 몰두했기 때문"이라고 판단했다. 이런 판단은 프랑스혁명 이후 탄생한 정치체제가 경제적 빈곤을 해결하는 과정에서 독재로 전락한 경험에서 나온 것이었다.

　토크빌은 법 앞의 평등이 실현된 미국에서 이런 유럽의 경험이 되풀이되지 않는 것을 보았다. 그것은 미국에서 인민주권이 "법률에 의해 선언"되었기 때문이라고 생각했다. 미국은 경제적 불평등을 강제와 억압의 방식이 아닌 법 앞의 평등으로 해결했다. 그리고 법은 동질화된 대중이 인민주권을 행사하여 만드는 것이 아니라 정치적 자유를 누리는 대중의 대표들에 의해 만들어졌다.

토크빌은 다음과 같이 적고 있다. "나는 그 누구보다도 천천히 조심스럽게 법 테두리 안에서 전진하는 것이 가장 중요하다고 믿는 사람이다. 사람들이 법을 해치게 해서는 결코 안 된다. 법을 존중해야 한다는 나의 믿음은 거의 맹목에 가깝다. 나는 우리가 지금 가지고 있는 이 제도만으로도 우리가 원하는 것을 충분히 얻을 수 있다고 확신한다. 나는 이상적인 정부가 결코 혁명적일 수 없고, 비정상적인 선동에 의해 성취될 수도 없음을 분명히 인식한다."[421] 토크빌은 무조건적인 평등이 아니라 조건의 평등원칙에 따라 만들어진 법으로 문제를 해결해야 한다고 믿었다. 그래서 합법성을 그가 가장 사랑했던 자유와 같은 반열에 올려놓았다는 평가를 받기도 했다.

발전

정치적 자유와 법 앞의 평등은 미국의 민주주의를 가능하게 했다. 토크빌의 소개에 힘입어 미국의 민주주의 모델은 유럽으로 확산되기 시작했다. 미국의 민주주의 모델은 법을 만드는 주체를 인민이 아닌 인민이 선출한 대표로 바꾼 것이었다. 그리고 법 앞의 평등이라는 논리로 무장하면서 민주주의는 법의 지배와 같은 의미를 가졌다. 이제 민주주의는 인민들이 대표를 선출하고, 선출된 대표가 법에 따라 지배하는 것을 뜻하게 되었다. 대의와 입헌이라는 외투를 걸친 자유민주주의가 그 모습을 드러낸 것이다.

대의민주주의

제헌권력을 부정한 자유민주주의는 선거를 통해 선출된 대표들에게 법을 제정할 수 있는 권한을 부여했다. 대의민주주의가 실현된 것이다. 대의민주주의는 직접민주주의가 현실적으로 불가능하다는 형식적인 측면이 강조되면서 합리화되었다. 그러나 실질적인 측면에서 대의민주주의는 점차 인민주권의 논리를 효과적으로 방어할 수 있는 제도로 변했다. 대중을 대표하는 이들은 형식적인 대표에서 실질적인 대표로 바뀌기 시작했다. 대표는 대중의 의사와는 무관하게 자율성을 강조할 뿐만 아니라 대중보다 뛰어난 능력을 가진 엘리트집단으로 변했다.

그래서 슘페터는 대의민주주의는 대중들의 의사를 대의할 수 없다고 단언했다. 그에게 민주주의는 단지 정치적인 결정에 도달하기 위한 하나의 방법일 뿐이었다. 그래서 대의민주주의는 인민의 지배가 아닌 엘리트 정치인들에 의한 지배가 될 수밖에 없다고 했다.[422]

대의민주주의의 발전은 대중들의 정치적인 무관심을 조장했지만, 정치체제는 안정적으로 유지되었다. 그 이유를 베렐슨(B. Berelson)은 민주주의의 역설이라 표현했다. 그것은 "대중들의 제한된 참여와 무관심이 의견의 불일치로 인해 발생하는 충격을 완화해 줄 수 있다. 그리고 이런 완충역할은 민주주의 정치체제가 안정적으로 유지되는 데 도움을 준다."는 것이다.[423] 선출된 대표들이 통치하는 대의민주주의는 이로써 자신의 논리를 완성했다. 대의민주주의는 "모든 어려움에 대한 이론적이고 실질적인 해결책을 제시해 준 근대의 위대한 발견"으로 평가를 받았다.[424]

그러나 대의민주주의는 토크빌이 이미 파악한 대로였다. 그는 미국이 사회적으로 민주적이지만, 정치적으로 귀족적이라고 묘사했다. 유럽의 신분제가 해체된 미국은 사회적으로 평등했지만, 정치적으로는 대의민주주의가 실현되면서 엘리트들이 지배하는 귀족주의적인 특징을 갖게 되었다. 이는 토크빌이 생각했던 이상적인 정치체제이기도 했다.

입헌민주주의

법 앞의 평등은 "같은 경우는 같게, 다른 경우는 다르게"라는 조건의 평등원칙을 따랐다. 그것은 무조건적인 평등이 아니라 차별할 특별한 이유가 없으면 평등하게 대우한다는 원칙이었다. 이런 원칙이 법과 제도 같은 규칙에 의해 공정하게 운영되면 평등에 대한 형식적인 조건을 만족한 것으로 여겼다.[425]

법이 대중들을 평등 혹은 불평등하게 대우할 수 있는 근거가 되면서, 평등은 이제 법 앞에서 의미를 갖게 되었다. 법을 지키지 않는 것은 개인 혹은 권력의 의지에 따른 독재로 해석했다. 조건의 평등원칙에 대해 토크빌은 이렇게 적고 있다. "조건의 평등이 점진적으로 매일같이 발전하는 것은 인간의 힘을 초월하는 운명적 사실이다."[426] "대중을 경멸하고 두려워한" 토크빌이 "자유와 법을 열정적으로 사랑"했기 때문에 자유민주주의의 토대를 쌓았다고 평가받는 이유도 이 때문이다.[427]

조건의 평등원칙에 따라 만들어진 선거법은 투표에 참여할 수 있는 참정권에도 조건을 달았다. 법이 정한 선거권의 기준은 재산[세금을 납부한 사람], 교육[일정한 교육을 받은 사람], 성별[남성] 등이었다. 일정한 재산이 없는 사람, 교육을 받지 못한 사람, 여성 등은 선거권을 갖는 시민과 같은 대우를 받지 못했다. 이런 제한은 20세기 후반에 이르러서야 완전히 사라졌다.

한계

조건의 평등원칙에 따른 법의 지배는 자유와 평등의 딜레마를 해결할 수 있을 것으로 기대했다. 그러나 조건의 평등원칙은 두 가지 극단적인 역사적 사건을 경험하게 했다. 하나는 같은 조건을 갖춘 동질적인 정치결사체의 등장이었고, 다른 하나는 타고난 능력을 같음과 다름의 기준으로 삼아 참정권을 제한한 것이었다. 당연히 보통선거는 이루어질 수 없었다.

비자유적 민주주의

다음과 같은 가설을 생각해 보자. '하나의 공동체가 비교적 동질적인 구성원들에 의해 만들어진다. 이 공동체가 종국에는 국가로 발전한다. 사람들은 더 이상 개인이 아닌 국민으로서 자격을 갖는다. 동질적인 국민들은 비교적 통일된 정치적 결사체를 형성한다. 그리고 동질적 국민들이 선출한 대표는 절대적인 권력을 행사한다.'

현실로 돌아와 보자. 프랑스혁명을 주도했던 시에이예스는 국가를 유지하는 구성원들의 통일된 의지는 민족에게 있다고 여겼다. 시에이예스는 "민족은 근원이며, 그 의지는 항상 합법적이다."라고 선언했다.[428] 그래서 민족의 구성원인 국민은 헌법의 구속을 받지 않으며, 민족은 헌법의 근원이 된다. 민족은 현대적 의미의 국가에 내재된 원형질인 셈이다. 그리고 국민들은 민족이라는 통일된 정체성을 토대로 공통된 정치적 목표를 갖는다. 이런 생각이 한 걸음 더 나아가면 비자유적 민주주의와 만나게 된다.

비자유적 민주주의는 자유보다 평등을 우선한다. 재산, 학력, 신분, 인종 등과 같은 조건에 따라 구성원들을 다르게 대우하지 않는다. 구성원들이 동질적인 특징을 갖고 있기 때문이다. 동질화된 의지는 때때로 물질적인 이익에 집착하여 공동선을 외면할 수 있다. 이때 독재자가 등장하며, 독재자는 개인들의 물질적인 욕망을 만족시켜 주는 대가로 국가의 울타리에서 그들의 운명을 지켜주는 위대한 보호자 역할을 스스로 떠맡는다. 결국 독재자는 스스로 헌법을 만들 수 있는 권한까지 행사하는 결단주의로 이어진다.

반민주적 자유주의

반민주적 자유주의는 평등보다 자유를 우선한다. 그리고 평등의 문제는 법을 통해 해결하려고 한다. 조건의 평등원칙에 따라 만들어진 법은 외견상 평등의 문제를 해결한 것처럼 보인다. 그러나 기대와 달리 평등의 문제와 다시금 마주하게 된다. 같음과 다름을 구별하는 기준을 법에 의존하면서 불평등을 조장할 수 있기 때문이다.

예를 들어 미국의 헌법은 "모든 사람은 평등하게 태어났으며, 창조자로부터 양도할 수 없는 특정한 권리를 부여받았다."라는 사실을 자명한 진리라고 선언했다. 그러나 이 헌법이 제정될 당시 미국사회는 노예제도가 엄연히 존재하고 있었다. 여성에게 참정권을 주지 않았던 것은 말할 것도 없다. 투표권은 일정하게 세금을 납부할 수 있는 사람에게만 부여되었다. 헌법에서 선언한 자명한 진리에는 "모든 사람" 속에 노예, 여성, 가난한 사람들이 포함되지 않았던 것이다. 법이 사람들을 다르게 대우해야 할 이유와 기준을 정하고, 이에 따라 불평등을 정당화하는 데 이용된 것이다.

전체주의의 원인

비자유적 민주주의와 반민주적 자유주의가 공통으로 직면한 문제는 전체주의였다. 비자유적 민주주의는 민족이나 계급과 같은 동질적인 정치결사체를 강조하면서 전체주의의 나락으로 떨어졌다. 파시즘이 민족을, 사회주의가 계급을 평등하게 대우할 조건으로 삼았던 것은 대표적인 사례이다. 동질적인 다수가 소수의 자유를 억압하면서 다수의 폭정이 이루어졌던 것이다. 이에 대한 교훈으로 싱어(P. Singer)는 공리주의에 근거하여 쾌락과 이익에 대한 판단능력을, 롤스는 도덕적인 인격을 갖춘 사람을 동등한 대우의 기준으로 삼아야 한다고 했다.[429]

반민주적 자유주의 역시 전체주의의 유혹으로부터 자유롭지 못했다. 참정권의 제한 혹은 소극적 자유에 대한 강조는 역설적으로 정치에 대한 무관심을 조장했기 때문이다. 전체주의는 정치에 무관심한 대중들을 먹잇감으로 삼는다. 비자유적 민주주의가 조장한 동질적인 결사체의 대중도 정치적으로 무관심하기는 마찬가지였다. 대중은 동원의 대상이지 정치적 주체는 아니었기 때문이다.

정치적 동질성

동질적 정치결사체를 추구하면 이질적인 요소들이 공존하는 대의민주주의는 비판의 대상이 된다. 그리고 동질적인 정치결사체에서 선출된 대표는 절대적인 권력을 행사한다. 그 결과는 비자유적 민주주의의 극단적 변형인 결단주의의 등장이다.

독일의 헌법학자인 슈미트는 "정치적인 것"을 적과 동지를 구분하여 이질적인 것을 골라내는 작업으로 이해했다. 이런 작업을 거쳐 통일된 정치적 결사체가 만들어진다. 특히 민족은 인종적으로 동질적인 정체성을 담고 있다. 이런 결사체의 통치자와 국민들은 서로의 의지를 완전히 일치시킬 수 있게 된다. 통치자는 민족이라는 정체성을 바탕으로 형성된 정치적 목표를 달성하기 위해 국민의 이름으로 무소불위한 권력을 행사한다. 슈미트는 독일의 부흥이라는 민족주의에 의지하여 결단주의를 옹호했다. "비상사태를 결정할 수 있는" 통치자는 곧 헌법을 만들 수 있는 권력까지 차지한다. 슈미트의 결단주의가 나치즘의 자양분이 될 수 있었던 이유였다.

대중의 무관심

자유민주주의자들은 정치에 무관심한 대중들이 전체주의의 원인이라고 생각한다. 그리고 정치에는 무관심하거나 잘 알지 못하지만, 투표장에서 자유로운 대중들의 선택이 대의민주주의를 잘못된 길로 인도할 수 있다고 여긴다. 대의민주주의는 선거할 때만 자유로운 대중을 활용하여 대표자들이 절대적인 권력을 행사하는 통로가 될 수 있다는 것이다. 역사가 경험적으로 입증해 주듯이 정치에 무관심한

대중의 정치참여는 오히려 전체주의로 가는 길을 열어주었다.[430]

일찍이 루소도 이런 사실을 간파하고 있었다. "영국인들은 스스로 자유롭다고 믿고 있지만, 그것은 착각이다. 의원을 선출할 때만 자유로울 뿐이며, 의원이 선출되고 나면 노예로 전락하게 된다." 그리스 도시국가 시절 페리클레스가 공언한 대로 대중은 정치에 무관심한 사람이 아니라 세상에 쓸모없는 사람으로 변해갔다. 그 틈을 비집고 전체주의의 그림자가 슬그머니 모습을 드러낸 것이다.[431]

그러나 자유민주주의는 역설적이게도 대중의 정치참여를 제한하는 다양한 제도들을 양산하고 있다. 그 중에서도 대의민주주의와 다수결원칙이 대표적이다. 참여민주주의자들은 정치에 무관심한 대중도 참여를 통해 자유로운 시민으로 거듭날 수 있다고 주장한다. 이런 비판은 참여를 제한하려는 자유민주주의이론을 반자유주의적일 뿐만 아니라 반민주적이라고 공격할 수 있는 근거가 된다.

3. 자유민주주의의 지속 : 정당화의 강화

자유민주주의는 비자유적 민주주의와 반민주적 자유주의의 덫에서 벗어나기 위해 노력해 왔다. 이런 흐름은 크게 두 갈래로 나눌 수 있다. 한쪽은 평등주의가 극단으로 치달아 전체주의를 낳게 했다는 원인분석과 이에 대한 처방으로 평등의 문제를 법에 일임하는 "법 앞의 평등" 전통을 이어가는 것이었다. 다만 이전과 달리 지속적인 법 개정을 통해 모든 국민이 참정권을 행사할 수 있도록 했다. 그리고 평등이 자유를 침해할 수 없도록 시장의 원리도 지속적으로 강조했다. 이런 변화는 비자유적 민주주의에 대한 극단적인 혐오가 낳은 결과였다.

이에 반해 다른 한쪽은 정의라는 이름으로 평등의 문제를 다시 꺼내들었다. 이들은 오히려 대중의 평등한 참여를 제한했던 정치적 불평등이 정치에 대한 무관심을 조장하여 전체주의가 나타났다고 했다. 물론 이런 비판과 반비판은 자유민주주의가 지속될 수 있는 자양분이 되기도 했다.

평등보다 자유

평등의 문제를 법에 의지하면서 입헌민주주의는 확고하게 자리 잡았다. 조건의 평등원칙을 기준으로 만들어진 법은 개인의 자유와 권리가 평등을 명분으로 침해받지 않도록 국가의 행위를 제한했다. 문제는 법의 내용이다. 입헌민주주의는 법에 담아야 할 내용을 놓고 개인의 자유를 우선하는 입장과 개인의 이익과 같은 권리를 우선하는 입장이 서로 양대 진영을 형성하며 대립했다.

자유지상주의

저명한 정치학자인 헌팅턴(S. Huntington)은 20세기 후반에 민주주의가 세계적으로 확산되는 현상을 분석했다. 그 결과를『제3의 물결』이라는 책으로 출판했다. 이 책에서 헌팅턴은 민주주의의 핵심은 정책결정자들을 "자유롭고 공정한 선거"를 통해 선출하는 것이라고 했다. 그러나 그가 민주주의로 분류했던 많은 국가들이 저지른 개인의 자유와 인권침해 사례가 지속적으로 보고되었다. 그래서 인도 출신의 미국정치학자인 자카리아(F. Zakaria)는 민주적으로 선거를 실시하면서 개인의 자유를 제한하는 국가들을 비자유적 민주주의로 분류했다. 선거에서 선출된 대표자들이 헌법을 무시하고 국민의 자유와 권리를 억압하는 비자유적 민주주의는 새로운 사실이 아니다. 다만 과거와 달리 세계적으로 확산되는 추세를 보인다는 점이다.

자유민주주의는 비자유적 민주주의의 이런 확산에 경계심을 늦추지 않는다. 그리고 민주적이지는 않지만 자유를 보장하는 정치체제를 비자유적인 정치체제보다 더 선호한다. 그런 현상의 한 극단에 자유지상주의가 서 있다. 대표적인 자유지상주의자인 노직(R. Nozick)은 정당한 소유권이 배타적으로 유지되는 사회가 정의로운 것이며, 사회경제적인 불평등은 논의 대상이 될 수 없다고 했다.[432] 그리고 국가는 개인의 자유와 권리를 침해하지 않는 최소국가만이 정당하다고 주장했다. 더 나아가 개인이 대가를 받고 타인의 노예가 될 수 있다는 그의 주장을 접하면 왜 노직이 자유지상주의자라는 평가를 받는지 수긍할 수 있다. 이런 노직의 생각에서 민주주의의 이상인 평등이 자리할 곳은 매우 협소해 보인다.

마르크스주의자인 코헨(G. Cohen)은 자유지상주의자들의 주장이 갖고 있는 역설을 다음과 같이 반박한다. "유괴범이 아이는 부모와 같이 있어야 한다고 주장한다. 그리고는 아이를 납치한 뒤 부모에게 돈을 지불하라고 요구한다. 자유지상주의자들은 돈을 지불하지 않으면 아이를 돌려보내지 않겠다고 주장하는 유괴범들과 다를 것이 없다."[433] 코헨은 자유를 아이에 비유하여 경제적 불평등이 정치적 불평등으로 이어질 수밖에 없는 현실을 극단적인 방식으로 묘사한 것이다.

공공선택이론

공공선택이론에 의지한 입헌민주주의의 기본적인 가설은 자유지상주의와 마찬가지다. 인간은 자유롭다는 것을 전제로 한다. 다른 점은 자유로운 개인은 효용을 극대화하기 위해 합리적으로 행동한다는 경제인가설을 적극 차용한다는 사실이다. 그리고 정치를 시장에서 상품을 교환하는 행위와 같은 것으로 본다. 시장중심적인 자유주의 논리를 정치에 대입한 것이다.

부캐넌(J. Buchanan)은 공공선택이론을 체계화하여 노벨경제학상을 받았다. 그는 자신의 저서에서 "정치를 경제학자들의 분석도구와 방법을 사용해 분석한다."라고 적고 있다. 그가 정치에 시장논리를 도입한 이유는 국가도 시장에서 이윤을 극대화하는 자유롭고 합리적인 행위자라고 생각했기 때문이다. 그래서 이기적으로 행동하는 개인과 마찬가지로 이런 개인의 집합인 국가의 정책결정 과정도 시장의 규칙으로 설명할 수 있다고 생각했다.

부캐넌은 헌법이 만들어지는 과정을 모든 것이 불확실한 상황에서 구성원들이 갖는 "입헌적인 태도"로 설명한다. 입헌적인 태도는 개인이 자신의 자유를 구속할 수 있는 규칙을 기꺼이 수용하는 자세이다.[434] 홉스의 사회계약론에 따르면 입헌적인 태도는 만인이 투쟁하는 자연 상태에서 안전을 보장받기 위해 노력하는 것이다. 이런 입헌적인 태도로 인해 자신의 이익을 극대화하기보다 적절한 선에서 만족하게 된다. 최대만족을 포기하여 입는 손해는 비용이 된다. 이런 비용을 감수하고 계약을 통해 합의에 도달하는데 그 결과물이 헌법이다.

국가의 정책결정 과정은 조금 다르지만 시장의 논리가 적용되기는 마찬가지다. 특정한 정책을 결정하는 과정에서 조직의 구성원들은 합의에 도달하기 위해 정보수집, 설득, 협상과 같은 비용을 지불한다. 그리고 이런 정책은 결정과정에 참여하지 못한 외부구성원들에게 피해를 줄 수 있다. 가장 합리적인 결정은 조직의 구성원들이 지불해야 하는 내부비용과 외부구성원들이 지불하는 외부비용의 합인 상호의존비용을 되도록 감소시키는 것이다.[435] 민주적인 결정방식은 다수가 참여하여 내부비용이 많이 들지만, 외부비용은 적게 드는 사례가 될 수 있다. 반면 독재적인 결정방식은 내부비용이 적게 들지만, 결정에 참여하지 못한 다수의 사람들이 손해를 보는 경우이다.

공공선택이론은 헌법 제정은 물론 정책결정도 협상의 산물이기 때문에 다수결이 아닌 만장일치도 가능하다고 주장한다. 그러나 공공선택이론이 놓치고 있는 지점은 제도적인 제약으로 인해 사회경제적인 약자들이 적극적 자유를 행사할 수 없다는 사실이다. 그리고 적극적 자유는 자신의 이익을 극대화한다고 얻을 수 있는 것은 아니라는 점을 염두에 두지 않는다. 왜냐하면 경제적인 이익에 몰두하는 인간은 이미 물질적인 욕망에 스스로 구속되어 있기 때문이다. 그리고 다른 무엇보다 공공선택이론이 직면한 결정적인 비판은 민주주의를 경제논리인 시장에 종속시킨다는 지적일 것이다.

좋음보다 옳음

자유지상주의와 공공선택이론은 평등보다 자유를 우선한다. 정치자유주의를 표방한 롤스도 자유를 우선하는 입장에서는 다르지 않다. 다만 이들과 달리 롤스는 합리적인 결정에 도달하기 위해 자신의 사회경제적인 조건을 배제하는 "무지의 베일"을 쓸 필요가 있다고 주장한다. 또한 공공선택이론이 "입헌적인 태도"에 초점을 맞추고 있지만, 롤스는 기본적으로 평등한 자유를 보장하는 "입헌적인 제한"을 강조한다. 또한 공공선택이론은 교환의 정의를 강조하기 때문에 절차적 민주주의에 의지한다. 반면 롤스는 분배의 정의에 기초하여 사회경제적인 평등을 통해 정치적 자유를 확장하려고 했다.

정치자유주의

정치자유주의를 깃발로 삼은 롤스는 자유지상주의와 달리 평등 문제를 본격적으로 다루고 있다. 롤스는 사회경제적 불평등을 공적영역에서 해결하기 위해 정의의 원칙을 세웠다. 그가 세운 정의의 원칙은 두 가지이다. 1원칙은 평등한 자유의 원칙이며, 2원칙은 차등의 원칙이다. 그리고 자유의 원칙과 차등의 원칙이 충돌할 때 자유의 원칙이 우선한다고 했다. 이 때문에 롤스의 생각은 좋음보다 옳음을 우선하는 규범주의적인 특징을 갖고 있다는 평가를 받는다.[436)]

2원칙인 차등의 원칙은 가장 불리한 위치에 있는 최소 수혜자들의 조건을 향상시키는 범위 내에서 정당한 불평등을 허용한다. 조건의 평등원칙에 따라 사회적 약자들에게 더 나은 대우를 해주는 것이다. 예를 들어 사회경제적인 조건 혹은 타고날 때부터 불리한 조건을 갖고 있는 사회적 약자들이 다른 사람들에 비해 좋은 조건을 제공받는다. 물론 이런 불평등한 대우는 모든 사람에게 이익이 될 수 있다는 전제를 만족시킬 수 있어야 한다.

차등의 원칙은 "무지의 베일" 속에서 만들어진다. 무지의 베일은 이해당사자들이 어떤 방안이 자신에게 유리한지 불리한지를 모르는 상황을 말한다. 자신의 사회적 신분, 지위, 능력, 체력 등이 합의당사자에게 알려지지 않은 상태에서 선택을 하는 것이다. 이런 상황에서 합의된 법칙은 정의의 원칙이 된다.

4. 남은 문제들 : 정당성의 약화

정치적 불평등

양적 평등과 질적 평등

정치적 평등은 양적 평등과 질적 평등으로 나눌 수 있다.[437] 양적 평등은 정책결정으로 인해 영향을 받는 사람과 정책결정에 참여할 수 있는 유효한 권리를 가진 사람들에게 영향을 미칠 수 있는 사람의 비율에 의해 결정된다. 쉽게 말하면 정책결정으로 인해 영향을 받는 사람들이 결정과정에 더 많이 참여할수록 양적 평등은 이루어질 수 있다. 이런 기준에 따르면 보통선거는 노예 등에게 참정권을 주지 않은 아테네의 민주주의보다 더 많은 양적 평등을 이룬 것으로 볼 수 있다.

반면 질적 평등은 정책결정 과정에서 동등하게 권리를 행사할 수 있는 실질적인 권력을 갖는 것을 말한다. 이런 측면에서 보면 아테네의 민주주의는 보통선거를 실시하는 나라들에 비해 질적으로 훨씬 높은 수준의 평등을 실천한 것이다. 이런 질적 평등을 기준으로 삼으면 자유민주주의는 정치적 평등이 질적으로 낮은 수준이다. 왜냐하면 사회경제적으로 높은 지위나 부유한 이들이 정책결정 과정에서 더 많은 권력을 행사하기 때문이다.

1인 1표제의 보통선거는 양적인 측면에서 정치적 불평등을 해결했지만, 사회경제적 불평등으로 인해 발생한 질적인 불평등은 해결하지 못하고 있다. 그 해결책으로 한편에서는 정치적 불평등의 원인인 사회경제적인 문제는 제쳐두고 평등의 문제에 접근했으며, 다른 한편에서는 도덕보다 법에 의지하여 해결하려고 했다.

평등보다 효율

공공선택이론은 "인간은 모두가 평등하다."는 가설에서 출발한다. 특정한 인간이나 집단이 박식하고, 선의를 가지고 있으며, 전능하다는 생각을 애초부터 부정한다.[438] 그런 인간이나 집단을 인정하면 다른 이들을 동물과 같은 존재로 격하시키는 것이라고 주장한다.

그러나 역설적이게도 공공선택이론에 의지한 입헌민주주의는 양적이든 질적이든 정치적 평등은 고려하지 않았다. 인간은 타고날 때부터 가지고 있는 선호, 자본과 같은 생산자원의 보유, 생산전환 능력이 다르다는 것을 인정한다. 그리고 이런 다름을 국가가 개입하여 평등한 상태로 만드는 것을 반대한다.[439] 또한 국가는 법과 제도 같은 게임의 규칙을 만들고, 이를 집행하는 역할에 만족해야 한다. 국가가 개입하여 개인이 시장에서 벌이는 자유로운 교환행위를 간섭해서는 안 된다.

또한 공공선택이론은 사회경제적인 불평등으로 인해 헌법제정 과정에서 개인마다 입헌적인 태도가 다르다는 사실을 무시한다. 경제적으로 부유한 이들의 입헌적인 태도는 소유권에 대한 절대불가침을 고수하려고 하는 반면에 가난한 이들은 지나친 부의 편중현상을 법으로 규제하기를 희망한다. 프랑스혁명의 결과로 만들어진 법은 좋은 사례다. 경제적 자유를 요구하는 부르주아지들의 요구는 적극적으로 반영되어 소유권은 천부의 권리로 선언되었지만, 가난한 이들의 요구는 효과적으로 고려되지 않았다.

정책결정 과정에서도 마찬가지였다. 사회경제적으로 낮은 지위에 있는 이들이 시장에서 자율적으로 선택할 수 있는 조건은 제한되어 있다. 가난한 이들은 정책결정 과정에서 지출이 과도하게 발생하는 것을 꺼려하는 반면에 부유한 이들은 정책결정 과정에서부터 상당한 비용을 지출한다. 공공정책이 만들어지는 과정에서 압력단체들은 많은 자본과 인적 자원을 투여해 로비를 벌이지만, 정작 일반 국민들이 무관심한 것은 이를 잘 설명해 준다.

공공선택이론은 이런 불평등한 상황을 개선하기 위해 국가가 개입하는 것을 반대한다. 국가의 개입은 교환의 정의가 실천되는 시장의 질서를 해치기 때문이다. 또한 교환의 정의를 해치면서까지 국가가 개입하는 것이 옳다는 것을 입증하기 어렵다고 여긴다. 심지어 국가의 개입을 정당화하는 것은 국가가 도덕적인 행위자이고 인식적으로 완벽하다는 잘못된 생각을 심어준다고 주장한다.

도덕보다 법

정치자유주의는 좋음보다 옳음을 우선한 롤스의 정의의 원칙을 기초로 하고 있다. 롤스가 정치자유주의에서 주장하는 정치적 인간은 다원주의를 합당한 것으로 여기며 스스로를 자유롭다고 생각한다. 이들은 공적이성을 통해 중첩적인 합의에 도달할 수 있는 능력을 갖고 있다. 공적영역에서 이성이 도덕적인 판단의 기준이 되는 것이다. 다만 공적이성은 법과 제도에 규정된 문제들에만 관심을 갖는다. 대신 이성이 기준을 세울 수 없는 감성에서 비롯된 도덕적인 문제는 공적영역의 논의에서 배제된다. 개인과 공동체의 특성에 따라 다른 기준을 갖고 있는 감성적인 도덕은 공적이성이 조정할 수 있는 사안이 아니라고 판단하는 것이다. 그 결과는 공적영역에서 이성이 도덕을 독과점하는 현상을 낳았다.

공적이성에 의지하여 합당한 판단을 내릴 수 있는 정치적 인간이 "무지의 베일"을 쓰지 않을 뿐만 아니라 이성적인 판단능력을 가지지 못한 이들을 배려하지 못하는 이유는 도덕이 이성에 의해 대체되었기 때문이다. 도덕은 자유의 근원이었지만, 자유는 점차 도덕을 대체했다. 이런 대체작업은 도덕을 규칙의 준수로 여기는 이성의 기획에 의해 이루어졌다. 종교와 도덕을 공적영역에서 몰아낸 현대는 이성이 만든 규칙만 준수하면 도덕적인 의무를 완성했다는 생각을 갖게 했다. 합법성은 이런 생각을 심화시켰다. 법적인 절차만 준수하면 도덕적인 의무도 완성했기 때문에 강제를 사용하는 데 거리낌이 없게 되었다. 규칙의 준수는 자유를 보장하는 것이라는 역설도 가능해졌다. 그래서 이성도덕은 법칙주의윤리학이라는 비판에서 자유롭지 못하다.[440)

"무지의 베일"을 기꺼이 감수하고, 이성적인 판단능력을 상실한 이들을 배려하기 위해서는 공감이라는 감성도덕의 역할이 필요하다. 공감은 사회경제적으로 서로 다른 위치에 있는 사람들이 연대할 수 있게 해준다. 롤스의 차등원칙은 정당한 불평등을 인정하고 있지만, 그것은 법에 의지하는 것이다. 최소 수혜자들이 참여한 상태에서 구성원들의 공감을 통해 더 나은 조건을 제공받으면 공동체의 연대는 강화된다. 공감에 의지한 감성도덕은 이성이 미치지 못하는 영역에까지 침투하여 자발적인 복종을 이끌어낼 수 있다. 정당한 정치권위는 이로써 완성된다.

적극적 자유의 부재

불평등과 자유

자유와 평등의 문제를 해결하기 위한 서구사회의 첫 번째 노력은 가난이라는 경제적인 문제를 해결하기 위해 적극적 자유를 제한한 것이었다. 프랑스혁명의 결과로 탄생한 정부는 이런 노력을 기울인 전형적인 사례였다. 혁명정부는 대중의 빈곤이라는 불평등한 상황을 해결하기 위해 정치적 자유를 보장하기보다 소극적 자유인 빈곤으로부터의 해방을 자신의 구호로 삼았다. 그 결과는 비자유적 민주주의였다.

이런 경험으로 인해 정치적 자유를 통해 경제적 불평등을 해결하려는 노력이 뒤를 이었다. 그러나 정치적 자유는 양적 평등에 만족하면서 이런 목표를 달성하지 못했다. 특히 자유민주주의는 보통선거를 실시하고, 다수결원칙에 따르는 것만으로도 정치적 자유가 보장되었다고 생각했다. 질적 평등을 만족시키지 못한 정치적 자유는 적극적 자유를 보장할 수 없다. 사회경제적인 약자들은 정책결정 과정에서 자유롭고 평등하게 참여할 수 없기 때문이다.

양적 평등의 한계

자유롭고 평등하게 민주적인 절차를 거쳐 다수결로 만들어진 결정은 반드시 지켜야 하는가? 비록 그 결정이 잘못된 것일지라도, 심지어 도덕적인 목표인 정의를 실현할 수 없더라도 복종해야 하는가?[441] 이런 의문은 다음과 같은 상황을 염두에 둔 것이다.

공적영역에서 평등한 제도를 만드는 것은 모든 국민들이 평등하게 다루어지고 있다고 생각하는 것이다. 그래서 민주주의는 토론, 논쟁, 투표 등을 거쳐서 다수결로 정책을 결정하는 것이 가장 효과적인 방법이라고 주장한다. 그러나 공적영역에서 평등하지 않은 현실과 이로 인해 자유롭지 못한 상태에서 이루어지는 토론, 논쟁, 투표 등을 거쳐서 다수결로 결정된 정책이 자유를 보장한다고 장담하기는 어렵다. 다수결의 한계는 자유민주주의 국가인 미국에서도 대법원의 판결을 통해 분명한 흔적을 남기고 있다.

1943년 미국 버지니아 주정부는 국기에 대한 경례와 맹세를 공립학교에서 의무적으로 실시하도록 했다. 이에 대해 미국의 대법원은 헌법에 위반되는 명령이라고 판결했다. 당시의 판결문을 보면 다음과 같다. "수정헌법의 목적은 시민들이 다수결의 영향에서 벗어나 정치적인 논란의 대상이 되지 않도록 법정에서 법적 원칙을 설정하려는 것이다. 생명, 자유, 재산, 언론자유, 숭배와 결사의 자유, 그리고 다른 근본적인 권리는 투표에 맡길 수 없다. 이런 권리는 선거의 결과와 관계없다."[442] 주정부는 애국심을 강제하려는 명령을 내렸지만, 대법원은 이것이 헌법에 반하므로 정당화될 수 없다고 판결한 것이다. 다수결의 원칙에 따라 선거에 의해 선출된 정부의 명령이 다수결을 반대하는 법원의 판결에 의해 철회된 것이다.

정치의 사법화

선출되지 않은 권력인 사법부가 선출된 권력을 압도하는 현상은 정치의 사법화라는 또 다른 부작용을 낳았다. 정치의 사법화는 민주적인 경쟁의 결과를 바꾸기 위한 법적인 노력을 말한다.[443] 이런 노력은 정치적인 현안이 사법적인 판결에 의해 밀려나고, 국민들이 선출한 대표자들이 선거를 거치지 않은 판사들에 의해 밀려나는 추세로 강화될 수 있다.

정치의 사법화 경향에 대해 미국의 정치학자와 스페인의 사회학자는 이렇게 입을 모은다. "다수 지배와 법의 지배 간의 갈등은 투표와 법을 도구로 이용하는 행위자들 간의 갈등이다. 특정한 상황에서 입법부와 법원 가운데 어느 쪽이 우위에 있는가 하는 것은 정치의 문제이다." [444]

다수의 지배와 법의 지배가 서로 충돌하는 현상은 자유민주주의의 틀 안에서 해결책을 쉽게 찾기 어렵다. 자유민주주의는 한편에서는 다수의 지배에 의존하지만 다른 한편에서는 법적권위에 의존하고 있기 때문이다. 이런 충돌을 해소할 수 있는 정치는 적극적 자유의 보장을 통해 정당한 정치권위를 확립하는 것이다.

권력정치

자유민주주의는 모든 국민이 참정권을 행사하기 때문에 귀족주의라는 오명에서 벗어난 반면에 대의제도로 인해 여전히 비민주적인 정치체제라는 평가를 받고 있다. 그 이유는 모든 국민이 법을 제정하는 과정에 유효하면서도 동등하게 참여할 수 없기 때문이다. [445] 또한 법의 지배에 의존하는 입헌민주주의는 시장논리에 매몰되어 있거나 자유를 우선하기 때문에 자본으로부터 이익을 얻는 집단을 우선적으로 고려하는 정치체제라는 비판을 받고 있다.

심지어 자유민주주의는 정치권위가 법적으로 보장된 직책에서 나온다고 여긴다. 그래서 권력을 잡기 위해 저지른 부도덕한 행위마저 법을 위반하지 않는다면 정당화된다. 자유민주주의는 정당한 정치권위보다 정치권력에 의존하여 자신의 지배를 합리화하고 있는 것이다. 그 결과는 슘페터의 말처럼 자유민주주의는 "국민들의 표를 얻어 정치적 결정권을 획득하려는 개인들이 경쟁적 투쟁을 벌이는 제도적

장치"로 변하고 있다.[446]

정치는 권력의 교환활동

또한 자유민주주의는 통제되지 않는 자본으로부터 이익을 얻는 집단의 이해관계를 우선적으로 고려한다는 비판을 받고 있다. 물론 자유민주주의가 자본주의와 친화력을 보이면서 자본의 억압으로부터 자유를 갈구하는 이들을 보호하는 데 소극적이라는 비판도 빠질 수 없다. 역설적으로 공공선택이론은 이런 비판의 첨병이기도 하다.

공공선택이론은 정치도 일반시장과 마찬가지로 수요와 공급이 일치하는 완전한 시장이 될 수 없다고 한다. 이런 불완전한 정치시장에서 자유민주주의는 권력을 극대화하여 독점하려는 것을 정치로 여긴다. 반면 공공선택이론은 권력을 "인간들이 소망하는 것을 통제할 수 있는 능력"이라고 본다. 그리고 시장은 불평등하게 권력이 배분되어 있어 불완전하지만, 합의에 의해 권력의 교환이 가능하다고 여긴다.[447] 공공선택이론도 권력을 통해 정치를 이해한다는 점에서 자유민주주의와 다르지 않다. 다만 권력을 독점의 대상으로 생각하기보다 시장에서 교환할 수 있는 상품과 같이 다룬다는 점이 다르다.

권력을 좇는 자본

자유민주주의에서 불합리한 정책이 만들어지거나 능력 있는 후보자들이 선출되지 못하는 이유를 공공선택이론은 합리적 무시로 설명한다. 합리적 무시는 말 그대로 이익보다 비용이 더 많이 발생하면 특정한 사안에 대해 무시하는 행위를 합리적이라 생각하는 것이다.

자유민주주의에서 국민들은 특정한 정책이나 후보에 대해 충분한 지식을 갖지 못한 상태에서 투표를 한다. 그 이유는 이들 정책과 후보에 대한 정보를 수집하는 데 드는 비용이 자신이 원하지 않는 후보가 선출되어 입게 되는 비용보다 더 크기 때문이다. 그래서 아예 투표를 하지 않는 이들도 늘어나고 있다.

반면 특수이익집단이나 자본가들은 특정한 정책이나 후보가 당선되기 위해 필요한 비용을 지불할 준비와 능력을 갖추고 있다. 특히 자신들에게 이익이 예상되는 정책이나 후보를 위해서는 적극적인 지원을 아끼지 않는다. 반면 국민들은 자신에게 비록 불리한 정책이나 후보이지만, 이들에 대한 정보수집에 드는 비용보다 당선 이후 치를 비용이 더 적기 때문에 이를 무시한다. 공공정책이론은 이처럼 자유민주주의체제에서 자본이 권력을 추구할 수 있는 제도적인 배열이 갖추어져 있다는 사실을 잘 일깨워주고 있다.

다음의 사례는 개인의 의사가 자본에 의해 통제되는 제도가 어떻게 작동되는지를 보여준다. 미국의 수정헌법은 모든 개인이 자신의 생각을 표현할 수 있는 권리를 보호하고 있다. 그러나 대법원은 1976년 1월 버클리와 발레오 사건의 판결에서 정치자금의 사용을 제한해 왔던 그동안의 판례를 뒤집고 다음과 같이 결정했다. "오늘날 대중사회에서 자신의 생각을 전달할 수 있는 모든 수단들은 돈의 지출을 필요로 한다." 자신의 의사를 전달할 수 있는 소통수단이 사적으로 소유된 대중매체에 지배되고 있기 때문에 표현의 자유도 자본에 의해 제한을 받는 시대가 된 것이다.[448]

권력을 좇는 정당

대의민주주의의 본래적인 목적은 효율적인 정책결정을 내릴 수 있는 능력을 가진 이들을 선출하는 것이다. 그러나 자유민주주의에서 대표자들은 선거에서 이기는 방법에만 골몰하고, 이로 인해 정책결정 능력은 뒷전으로 밀려난다. 오로지 선거에서 승리하여 정치권력을 독점하는 것을 목적으로 삼는다.

특히 거대자본에 의해 움직이는 정당들은 선거에서 승리할 가능성이 높은 이들을 공직선거의 후보로 내보낸다. 그리고 정당이 선호하는 후보자들에게 막대한 자금을 지원한다. 정치신인들은 선거법이나 정치자금을 사용하는 데 불공정한 대우를 받는다. 거대정당의 이런 후보 걸러내기 작업은 공정한 경쟁을 보장하기 어렵다.

보통선거는 자유민주주의가 가난한 이들이 아니라 엘리트들에 의해 지배되는 정치체제를 지속시키고 있다. 정치에 무관심한 가난한 계층들이 주변화되면서 전체주의의 함정은 피할 수 있는 대신 그 공백은 사회경제적 지위가 높은 이들에 의해 메워지고 있다. 그래서 국민의 의사를 대변하는 "대의민주주의"가 오로지 권력만을 추구하는 이들의 "위임민주주의"로 점차 퇴색된다는 평가를 받고 있다.[449] 투표를 통해 다수의 지지를 얻은 대표가 권력을 유지하는 데 급급한 위임민주주의는 국민의 의사를 효과적으로 대의하기 어렵다.

전도된 전체주의

자유민주주의는 대중이 정치적 평등을 기초로 적극적 자유를 행사하는 것을 반대한다. 정치를 잘 알지도 못할 뿐만 아니라 심지어 정치에 무관심한 대중들이 참여했을 때 전체주의가 등장했던 역사적인 경험 때문이다.

그러나 월린(S. Wolin)은 미국과 같은 자유민주주의 정치사회체제를 오히려 "전도된 전체주의"라고 부른다. 전도된 전체주의의 특징은 기업의 정치권력 추구와 국민들의 탈동원화이다. 자본의 적극적인 참여와는 달리 대중의 적극적인 참여는 다양한 방식으로 제한된다.[450] 이로 인해 발생한 균열을 디디고 정치엘리트들은 군림한다. 이들은 통치하지 않는 대중을 대신해 합리적이고 몰가치적인 자본을 통치의 수단으로 삼는다. 그리고 자유민주주의의 제도들은 대중들의 정치참여를 효과적으로 차단하는 역할을 수행한다.

제한된 참여와 자본에 의해 관리되는 자유민주주의에 대한 우려는 다양한 형태로 제기되고 있다. 그것도 자유민주주의의 전형인 미국의 사례를 통해 이런 우려는 확산되고 있다. 크라우치(C. Crouch)도 이 대열에 합류했다. 그는 미국의 자유민주주의는 두 가지 경향에 의해 지배된다고 했다. 하나는 노동계급의 영향력 약화로 인해 대중의 정치참여가 축소되는 것이다. 다른 하나는 이런 공백을 틈타 자본의 이익을 대변하는 로비스트들이 정책결정에 영향을 미치는 것이다.[451] 크라우치는 미국의 국가정책이 부유한 자본가들의 이익을 대변하고 있는 현실을 비판하고자 했던 것있다.

제8장
권위주의

1. 전체주의의 사생아(?)

출생에 얽힌 오해

한때 권위주의는 전체주의와 구분 없이 사용되었다. 물론 지금도 권위주의와 전체주의를 구분하지 않고 사용하는 이들도 있다. 권위주의와 전체주의를 구분하지 않고 사용하는 이유는 권위주의라는 용어가 생겨난 과정을 보면 쉽게 이해할 수 있다.

권위주의라는 용어는 심리학에서 비롯된 것으로, 권위주의가 심리학에서 사회학을 거쳐 정치학 분야까지 확장된 계기를 만든 것은 프랑스의 사회심리학자 에리히 프롬(E. Fromm)이었다. 프롬은 자아의 독립성을 포기하고, 권위에 대해 맹종하는 수동적인 성향을 권위주의라고 불렀다. 그리고 권위주의자들은 권위를 찬양하고, 권위에 복종하는 경향을 갖고 있다고 분석했다.[452] 프롬에 의해 사회심리학적으로 정의된 권위주의는 파시즘을 본격적으로 연구했던 독일의 프랑크푸르트학파에 의해 반민주적인 성향을 대표하는 용어로 자리 잡았다.

권위와 권위주의

권위주의에 대해 갖는 일반적인 오해는 권위와 권위주의가 서로 밀접한 관계가 있다고 생각하는 것이다. 사회심리학자들은 엄격하고 규율적인 것을 선호하는 심리현상에 대해 종종 "권위적"이라는 접두사를 붙인다. 그리고 권위적인 사람들은 그렇지 않은 사람에 비해 지도자들을 긍정적으로 평가한다는 연구결과들을 발표한다.

심지어 일부 학자들은 "권위적"이라는 용어를 "권위에 대해 특정한 경향을 보이는 성향"을 설명할 때도 사용한다.[453) 그리고 권위적인 성향을 가진 사람들은 권력에 관심을 가지면서 갈등을 독단적으로 처리하는 경향이 있다고 한다. 또한 다른 사람들이 자신의 견해에 복종하길 바랄 뿐만 아니라 자신보다 강한 권력을 가진 사람에게 복종하길 원한다고 주장한다.[454)

이는 권위에 대한 잘못된 이해에서 비롯된 것이다. "권위"라는 단어는 근본적으로 "엄격", "규율"과 같은 뜻을 포함하지 않을 뿐만 아니라 권력과도 그 뜻이 다르다.[455) 더구나 권위는 그 어원이 "원작자, 증인" 등의 뜻을 갖고 있으며, 이런 원어의 뜻을 바탕으로 존경과 신뢰의 근거라는 의미를 갖고 있다.[456) 그럼에도 불구하고 권위적인 성향을 가진 사람을 권위를 가진 사람과 혼동하는 것이다. 달을 가리키는 손가락만 보고 달은 보지 않는 꼴이 된 것이다.

권위주의라는 용어도 파시스트 같은 반민주적인 성향을 분석하면서 개발된 것이었다. 일부 심리학자들은 합리적이고 자유로운 성향을 가진 이들과 달리 엄격하고 규율적인 성향을 가진 이들을 조사했다. 그리고 이들이 권위에 의존적인 경향을 보인다는 결론을 도출하고, 이를 토대로 권위주의를 개념화하는 연구결과를 생산했다. 개념 사용에서 나타난 이런 혼란을 일부 정치학자들이 차용하면서 권위와 권위주의가 서로 관련이 있는 것으로 오해를 낳은 것이다.

기능주의

현대는 정치권위가 과거와 달리 주어진 것이 아니라 국민들이 만들어준 것이라고 여긴다. 새로운 시작과 함께 정치권위의 의미가 바뀐 것이다. 그러나 권위에 대한 현대의 부정적인 인식은 여전했다. 권위는 그 본래적 의미와 다르게 비민주적이고, 개인의 자유를 제한하는 용어로 여전히 인식되고 있기 때문이다. 권위주의라는 용어가 비민주적인 정치체제를 통칭하는 용어로 사용된 것도 권위에 대한 과거의 부정적인 시각이 그대로 반영된 것으로 볼 수 있다.

그 원인의 일부는 권위가 사실은 물론 가치를 담고 있다는 것을 외면하는 기능주의적인 편견에서 찾을 수 있다. 정치권위가 상대의 복종을 이끌어내는 기능을 갖고 있다는 사실적인 측면만 고려하는 것이다. 이런 기능적인 해석에 머물면 정치권위는 지배 도구에 불과하다. 비슷한 기능을 하는 정치권력과도 구분되지 않는다. 권위는 정당하기 때문에 주어진 것이라는 가치판단은 무시된다.

가치를 배제하고 사실관계에 집착하는 기능주의의 이런 특징은 공산주의에 대한 이해에서도 발견할 수 있다. 공산주의는 종교를 아편이라고 비판했지만, 기능주의자들은 공산주의를 종교라고 본다. 보수주의자들은 공산주의들이 믿는 무신론이라는 "가짜종교"가 종교와 같은 기능을 하고 있다고 주장한다. 그리고 이런 "가짜종교"의 역할을 보면서 "진짜종교"가 필요하다고 주장한다. 반대로 자유주의자들은 "가짜종교"든 "진짜종교"든 정치에 미치는 종교의 악영향을 치료할 수 있는 것은 세속주의라고 주장한다. 결국 보수주의든 자유주의든 공통의 적으로 갖는 생각은 공산주의자들의 무신론도 종교라는 것이다. 그들에게 공산주의의 무신론은 사회적 · 심리적 · 감정적으로 전통적인 종교와 같은 기능을 하기 때문이다.

지배의 도구

정치권위를 본격적으로 분석했던 베버에게서도 이런 기능주의적인 시각을 볼 수 있다. 베버는 권위를 지배로 해석하여 권력의 한 형태로 보았다.[457] 이런 해석은 다시 두 갈래로 발전했다. 보수주의자들은 대중사회의 문제를 해결하기 위해 지배와 복종의 관계를 작동시킬 수 있는 권위가 필요하다고 주장한다. 그러나 자유주의자들은 대중사회는 스스로 통치하기 때문에 권위는 필요 없다고 주장한다. 이런 상반된 주장이 가능한 것은 이들이 모두 권위를 지배와 복종이라는 기능으로 파악했기 때문이다. 그리고 독재를 권위적인 것으로, 전체주의를 권위적인 구조를 가진 것으로 해석하는 이들 역시 권위를 권력과 구분하지 않았기 때문이다. 이들에게 권위와 권력은 이름만 다를 뿐 똑같은 기능을 수행하는 쌍둥이에 불과하다.

2. 권위주의 : 정당성의 부재

등장

파행적 결합

　　권위는 두 가지 형태를 띠고 있다. 하나는 사적영역에서 이루어지는 관계이다. 아버지와 아들, 교사와 학생, 의사와 환자 등의 관계이다. 이런 관계는 혈연이나 전문지식이 권위의 기반이 된다. 권위를 가진 사람이 지시하는 명령에 복종할 의무는 없고, 복종하지 않아도 반드시 강제가 사용되지 않는다. 이런 권위를 학자들은 이론적 권위라고 부른다.

　또 다른 하나는 공적영역에서 이루어지는 관계이다. 국가와 국민의 관계가 대표적이다. 이런 관계는 규칙이나 법률에 의해 발생한다. 권위를 가진 기관 혹은 그런 기관의 직책에 있는 사람이 내린 명령에 국민은 복종해야 할 의무가 있고, 복종하지 않으면 강제가 사용된다. 물론 사용된 강제는 유효한 동의를 통해 만들어진 규칙이나 법률에 근거하고 있기 때문에 합법적이다. 이런 권위를 학자들은 "실천적 권위"라고 부른다.

　이론적 권위와 실천적 권위를 구분하는 중요한 기준은 동의와 강제이다. 이론적 권위는 동의를 거치지 않기 때문에 복종에 대한 의무가 없지만, 실천적 권위는 복종의 의무를 위반했을 때 강제를 사용하게 된다. 이론적 권위와 실천적 권위가 구분되지 않으면 파행적으로 결합될 수 있다. 공적영역에서 혈연이나 전문지식에서 비롯된 사적영역의 권위를 실천하려는 것이다. 이렇게 되면 국가는 사적영역의 아버지와 교사처럼 스스로를 후견인으로 자처하게 된다. 그리고 국가의 명령에 따르지 않을 때는 폭력을 사용하여 복종을 강제한다.

권위주의는 대표적인 사례이다. 권위주의는 스스로 후견인을 자처하고, 동의를 거치지 않거나 형식적인 동의만으로 복종을 강요하는 폭력을 행사한다. 사적영역과 공적영역의 권위가 권력집단의 입맛에 맞게 선택적으로 결합된 결과를 권위주의는 보여주고 있다.

탄생

권위주의라는 용어를 정치학에서 본격적으로 사용한 사람은 후안 린즈(J. Linz)였다. 린즈는 프랑코가 통치했던 스페인의 정치체제가 이탈리아의 파시즘인 전체주의와 다르고 유럽의 민주주의국가와도 다른 것에 주목했다. 프랑코는 군 출신으로 선거를 통해 총리로 선출되었지만, 스페인 민주공화국을 전복시키고 평생 동안 스페인을 직간접적으로 통치했다. 린즈는 전체주의도 민주주의도 아닌 자신의 조국 스페인의 프랑코 체제에 착안했다. 그리고 권위주의를 남미 등 제3세계국가들의 정치체제를 설명하는데도 활용했다.

린즈의 성과는 정치학자들의 주목을 받았다. 소련이 해체된 이후 전체주의 정치체제가 점차 사라지면서 권위주의는 비민주적인 정치체제를 대표하는 용어로 자리 잡았다. 북한 등 극히 일부 국가들이 전체주의체제를 유지하고 있지만, 권위주의는 전세계적으로 광범위하게 확산되었다. 한때 전체주의국가였던 중국도 자본주의 시장경제체제를 수용하면서 권위주의국가로 분류되었다. 권위주의의 확산은 권위주의와 민주주의의 개념적인 경계를 점차 불분명하게 만들고 있다. 선거와 같은 민주적인 절차를 권위주의가 채택하면서 이런 혼란은 심화되고 있다.

합법적 폭력

린즈가 설계한 권위주의 정치체제의 특징은 첫째, 제한된 정치다원주의, 둘째, 정교한 이데올로기는 없지만 분명한 사고형태의 존재, 셋째, 정치적 동원의 부재, 넷째, 소수에 의한 권력행사 등이다.[458] 이런 특징에 기초하여 그는 권위주의 정치체제를 일곱 가지 유형으로 나누었다. 권위주의 정치체제의 이런 유형에서 공통적으로 나타나는 특징은 특정한 집단이 권력을 독점한다는 것이다.

권력을 독점하기 위해 사용하는 방법은 다양하다. 선거와 같은 민주적인 방식도 동원되지만 폭력도 빼놓을 수 없다. 폭력의 종류와 수준은 다양하다. 그중에서도 주목할 부분은 합법적으로 행사되는 폭력이다. 이런 폭력은 법에 의지하여 행사하기 때문에 구조적 폭력이라고 할 수 있다. 구조적 폭력은 합법적으로 만들어진 제도를 통해 위협과 강제를 행사한다. 특히 제도는 국가의 폭력과 억압이 행사되는 구조를 결정한다.

국가가 제도를 통해 폭력을 행사하는 것은 사적영역에서 이루어지는 자발적인 복종을 공적영역에서 실현하려고 시도하기 때문이다. 이런 측면에서 제도는 복종이 합법적 혹은 자발적으로 이루어진 것처럼 조작하는 데 유용하다. 또한 이런 구조적 폭력은 민족이나 국가와 같은 공공선을 위한다는 도덕적인 외피로 위장되기도 한다. 예를 들어 민족이나 국가가 외부의 침략으로 위기에 처할 때, 또는 국가의 경제발전을 위해 다른 요구들을 묵살할 때, 사회질서를 유지한다는 명목으로 동원된 폭력들은 구조적 폭력의 전형이다.

정치권력의 강화

구조적 폭력을 행사하는 권위주의는 정당한 정치권위와 거리가 멀다. 선거 조작, 쿠데타와 같은 불법적인 방법으로 탄생했거나, 합법적으로 등장했지만 정당하지 못한 수단을 동원하여 정치권력을 유지하기 때문이다. 특히 구조적 폭력은 외형적으로는 합법적으로 이루어지지만, 특정한 집단을 지속적으로 배제시키기 때문에 결코 정당화될 수 없다.

성공적인 일부 권위주의국가들은 정치권위를 정당화하기보다 정치권력을 유지하는 데 주력한다. 정당성이라는 불가능에 도전하기보다 자신의 정책이나 명령을 정당화하기 위해 지속적으로 노력한다. 통치할 수 있는 능력을 인정받는 것이 훨씬 현실적이기 때문이다. 합법적으로 이루어지는 구조적 폭력은 이런 목적을 달성하는 데 효율적인 수단으로 사용된다.

변화

권위주의의 확산

소련의 붕괴와 중국의 개혁개방으로 전체주의는 점차 종적을 감추고 있다. 전체주의의 붕괴와 민주주의의 확산은 거의 동시에 일어났다. 헌팅턴이 말한 제3의 물결은 세계적인 흐름이 되었다. 그러나 제3의 물결은 들어올 때와 달리 썰물의 반작용을 이기지 못했다. 민주화가 썰물처럼 빠져나간 빈자리는 권위주의가 차지했다. 권위주의는 전체주의를 대신하여 비민주적인 정치체제를 지칭하는 대명사가 되었다.

민주주의가 정치발전의 최종적인 형태라는 생각도 흔들리기 시작했다. 제3의 물결에 의해 100여 개의 나라가 체제전환 과정에 들어섰지만, 이 가운데 불과 10여 개 나라에만 민주주의가 정착되었다는 평가는 이를 반영한다.[459] 민주주의는 하루아침에 완성될 수 없다. 민주주의를 향한 고통스럽고 긴 여정은 독재의 달콤한 유혹을 쉽게 뿌리칠 수 없게 한다.

더구나 서구문명의 산물인 민주주의를 다른 문명권에서 손쉽게 완성하기는 어렵다. 이 틈을 이용해 권위주의는 탄탄한 지지기반을 형성하고 있다. 한때 전체주의국가였던 중국의 정치체제도 자본주의 시장경제를 받아들이면서 권위주의가 자리 잡았다. 중국에서 권위주의가 정착되면 동아시아에서 자유민주주의는 심각한 도전을 받을 것이라는 우려도 나오고 있다.[460]

권위주의가 뿌리를 내리면서 체제전환이론도 도전받고 있다. 권위주의를 전체주의에서 민주주의로 발전하는 과도기적인 현상으로 더 이상 치부할 수 없게 됐다. 권위주의에서 정치체제가 안정적으로 지속되거나, 민주주의에서 다시 권위주의로 전환하거나, 형식은 민주주의이지만 내용은 권위주의적인 통치방식을 유지하고 있는 사례도

정치혁명

늘고 있다. 이로 인해 권위주의는 자유민주주의를 대신할 수 있는 새로운 형태의 정치체제로 전환을 완료할 수 있다는 전망까지 나오고 있다.

새로운(新) 권위주의

반세기 전에 린즈가 설명했던 권위주의는 변화하는 현실을 제대로 반영하기 힘들었다. 권위주의는 다양한 형태로 발전해 왔기 때문이다. 스페인이나 남미의 권위주의국가들도 출생 당시와는 달라졌다. 일부 국가들은 민주주의로 전환했지만, 권위주의는 형태를 달리하여 아시아와 아프리카까지 확산되었다. 권위주의가 선거와 같은 민주적인 제도들을 도입하면서 민주주의와 권위주의의 경계도 점차 모호해지기 시작했다. 권위주의와 구분하기 위해 민주주의는 비자유민주주의, 유사민주주의, 위임민주주의 등과 같은 다양한 수식어로 분류되고 있다.

마찬가지로 비민주적인 정치체제를 통칭하는 권위주의라는 용어도 그 모호성으로 인해 인기가 떨어졌다. 민주주의가 아닌 모든 정치체제를 싸잡아 권위주의로 부르는 것은 민주화에 대한 편견을 갖고 있기 때문이라는 비판도 받았다.[461] 그리고 "새로운"이라는 접두사가 붙은 권위주의가 낡은 권위주의를 대체했다. 그렇지만 "새로운"이라는 접두사마저 변화 발전하는 권위주의의 모습을 제대로 담을 수 없었다. 그래서 권위주의국가들이 갖고 있는 각각의 특징을 가장 잘 드러낸 접두사를 사용하여 구분하기 시작했다. 관료, 선거, 경쟁, 자문과 같은 접두사들이 대표적이다.

관료권위주의

관료권위주의는 일반적으로 군대가 권력을 장악한 권위주의체제에서 많이 볼 수 있는 형태이다. 신생국가나 개발도상국은 군대의 조직문화를 현대적인 국가를 만드는 과정에서 활용한다. 이 과정에서 군인들이 정치권력을 장악하거나 혹은 군 출신들이 국가의 관료로 발탁된다.

이런 군대의 역할로 인해 관료권위주의의 조직은 상명하복의 수직적인 구조를 갖는다. 그리고 대중적인 지지기반을 가진 정당의 설립을 허용하지 않는다. 선거도 자유로운 경쟁을 허용하지 않은 채 치러진다. 국가발전과 경제성장에 도움이 되지 않을 뿐만 아니라 공동체를 분열시킨다는 이유로 자유로운 선거는 제한적으로 이루어진다. 반대정당을 허용하는 경우도 있지만, 이른바 당근과 채찍을 동원해 포섭하기도 한다. 이때 사용되는 당근은 권력자원의 배분을 통해 이루어지며, 채찍은 정치적 활동을 다양한 방식으로 제한하는 것이다.

정부가 지원하는 정당은 국가의 자원을 완전히 장악한다. 이런 독점의 대가로 관료권위주의는 국가발전과 경제성장을 추구한다. 경제성장과 평등한 분배가 이루어지면 정치체제가 민주주의로 발전할 것이라고 공언하기도 하지만, 그 실현을 기대하기는 힘들다.

선거권위주의

선거권위주의는 선거를 통해 대표자를 선출하지만, 민주주의가 요구하는 자유롭고 평등한 선거의 기준에는 맞지 않는다. 비록 선거는 규칙적으로 치러지지만, 후보자들 간의 공정한 경쟁은 보장되지 않는다. 오히려 권위주의 정치체제가 지속될 수 있도록 선거 조작이 일어난다. 물론 이런 불공정한 선거는 부메랑이 되어 권위주의체제를 약화시키는 원인을 제공한다.[462)

선거권위주의의 확산은 선거가 민주주의를 건설할 것이라는 생각을 약화시키고 있다. 오히려 선거가 권위주의체제를 정당화하는 도구로 사용되고 있기 때문이다. 이로 인해 선거는 더 이상 민주주의와 권위주의를 구분하는 기준이 되지 못한다. 선거권위주의는 다시 두 가지 형태로 나눌 수 있는데, 하나는 선거가 경쟁을 통해 치러지는 경우이며, 다른 하나는 경쟁을 허용하지 않는 경우이다. 전자는 일반적으로 경쟁권위주의라고 부른다.

경쟁권위주의

경쟁권위주의에서 선거는 자유롭지만 공정하게 치러지지 않는다. 그리고 민주적인 제도들도 시행된다. 반대세력이 존재하고 그들이 권력을 잡기도 한다. 다만 비공식적인 제도가 공식적인 제도의 원활한 작동을 방해한다. 선거를 치르고 경쟁도 벌어지지만, 국가의 자원들은 정치권력을 장악한 이들을 위해 사용된다. 정부를 비판하는 이들을 탄압하고, 언론은 정부에 의해 통제되고, 선거과정에서 부정한 행위들이 종종 이루어진다. 선거 과정에서 사용되는 자원들은 권력을 잡고 있는 집단들의 기호에 맞게 동원된다. 한 연구결과는 1995년 현재 세계적으로 러시아, 말레이시아, 케냐 등 36개 국가가 경쟁권위주의에 속한다고 밝히고 있다. 이 숫자는 개발도상국가와 동유럽 국가들 가운데 민주주의로 전환한 국가들보다 더 많다.[463)

자문권위주의

자문권위주의는 민주적인 제도를 도입하지만, 선거는 치르지 않는다. 예를 들어 시민사회, 법치, 언론자유 등을 권위주의에 접목하는 방식이다. 권위주의국가에는 국가를 감시하고 비판하는 시민사회가 존재하지 않는다는 것이 통설이다. 그러나 자문권위주의는 국가가 시민사회를 통제하면서 오히려 권위주의체제를 지속하는 데 효과적으로 활용되고 있는 현상에 주목한다. 중국을 사례로 한 연구에서는 국가에 대항하는 개념으로 사용되는 시민사회가 지방정부와 서로 협력하고 공생하는 관계를 맺고 있는 것을 실증적으로 보여준다.[464]

권위주의와 법치의 접목을 시도하려는 노력도 있다. 민주주의에 법치를 보완하는 것이 아니라 법치에 민주주의를 보완하는 것이다.[465] 그러나 자문권위주의에서 말하는 법치는 실정법에 근거한 형식적 법치다. 정치권력을 소수집단이 독점하고 있는 상황에서 개인의 자유와 권리 보호라는 법치의 실질적인 내용을 기대하기는 어렵다. 자문권위주의도 권력의 획득과정인 선거에만 주목했던 선거권위주의와 마찬가지로 정치권력에만 관심을 갖고 있다. 다른 점은 선거권위주의와 달리 권력의 행사[법치], 분할[시민사회], 견제[언론자유]와 같은 민주적인 요소들에 주목하고 있다는 점이다.

발전

체제전환 이론가들은 권위주의를 전체주의가 민주주의로 전환하는 과정에서 일시적으로 나타나는 정치현상이라고 말한다. 그러나 이런 주장은 점차 힘을 잃고 있다. 권위주의가 뿌리를 내리면서 다양한 형태로 그 모습을 바꾸어 발전하고 있기 때문이다. 권위주의의 이런 생명력은 어디에서 나오는 것인가? 이 질문을 다른 각도로 접근하면 다음과 같이 물을 수 있다. 국민들로부터 정치권위의 정당성을 부여받지 못한 권위주의국가들이 자신들의 명령과 정책을 어떻게 정당화하는가?

정당성이 없는 정치권위는 자신의 정치권위를 정당화하기 위해 국민의 동의를 직접 구하려고 노력하지 않는다. 다만 동의를 얻을 수 있는 수단을 마련하는 데 더욱 적극적이다. 동의를 구하려는 목적이 정치권위를 정당화하려는 것보다 정치권력을 유지하기 위한 것이기 때문이다. 국민의 동의보다 자신의 명령과 정책에 동의할 수 있는 수단을 개발하는 데 더욱 몰두하는 것이다. 동의를 구하는 방식에서 이런 특징은 쉽게 발견할 수 있다.

공공선의 국가화

전체주의는 폭력이라는 수단을 동원해 국민의 동의를 강제했다. 그러나 권위주의는 노골적인 폭력에 의존하기보다 공공선이나 공공재를 제공함으로써 자신들의 통치를 정당화한다. 공공선은 질서, 안정 등은 물론 민족단결, 국가의 생존과 발전, 경제성장 등과 같은 다양한 목표들로 치장된다. 모든 홍보수단들이 동원되어 이런 목표들의 달성을 선전한다. 그리고 현재에 가해지는 억압과 독재는 미래를 성취하기 위해 불가피하다고 강변한다. 정치적 반대세력들을 탄압하는 것은 그들이 이런 목표를 달성하는 데 방해가 될 뿐만 아니라 사회질서와 평화를 위해 도움이 안 되기 때문이라고 하소연한다.

공공선의 목표는 대부분 국민의 참여와 동의를 거치지 않은 채 위로부터 주어진다. 특히 외세의 침략을 경험한 신생국가들은 민족주의를 일반의지로 포장한다. 그리고 무엇보다 국가발전을 절대적인 과제로 삼는다. 그래서 절대적인 복종을 요구한다. 복종하지 않는 개인이나 집단에 가해지는 폭력은 법적으로는 물론 도덕적으로도 정당화된다. 공공선의 국가화는 권위주의 정치체제가 스스로를 정당화하는 중요한 수단 가운데 하나이다.

공공재의 제공

민주주의의 제도적인 설계는 공공재의 효율적인 제공에 적합한 것으로 알려져 있다. 권력분립, 성숙한 시민사회, 이익집단 등과 같은 제도들은 그런 역할을 효과적으로 수행할 수 있다. 그러나 권위주의도 만만치 않다. 권위주의는 깨끗한 물, 도로, 교육 등과 같은 공공재를 효과적으로 공급함으로써 자신의 통치능력을 과시한다.

권위주의가 공공재 제공에 적극적인 이유는 자신의 정치체제를 정당화해야 한다는 과제를 안고 있기 때문이다. 국민의 동의와 참여라는 과정을 거치지 않은 권위주의는 정당성에 취약하므로, 이를 만회하기 위해 통치과정에서 자신의 정치체제를 정당화할 필요가 있다.

자유민주주의국가들이 경험한 시행착오를 줄이면서 빠른 국가발전을 달성하는 데 권위주의는 효율적으로 작동된다. 역사적으로 후발주자들이 중앙집권적인 계획경제를 통해 성공적으로 발전한 경험도 이를 실증적으로 보여준다. 공공재의 효율적인 제공은 권위주의 정치체제를 정당화할 수 있는 중요한 수단이 된다.

3. 권위주의와 동아시아 : 정당화의 강제

도덕의 충돌

도덕절대주의

현대가 유입되면서 감성에 의지한 동아시아의 도덕이 서구의 이성에 의지한 도덕과 조우했을 때 충돌은 불가피한 것이었다. 예를 들어 국가에 대한 서구와 동아시아의 생각은 완전히 달랐다. 서구는 국가를 자유롭고 평등한 개인이 합의에 의해 탄생한 것이라고 생각하는 데 반해 동아시아는 국가를 가족관계의 연장으로 생각했다. 영어권에서 사용되는 '국가(state)'가 동아시아에서 "나라의 집"이라는 뜻을 가진 '국가(國家)'로 번역된 것은 대표적이다.

서구와 동아시아는 각각 자신의 도덕원칙에 바탕을 둔 국가관이 상대에 비해 우월한 것으로 여겼다. 서로가 자신의 도덕원칙을 절대적인 것으로 생각했기 때문에 충돌을 피할 수 없었다. 충돌의 결과는 이성도덕의 승리였다. 개인의 자유와 권리를 우선하여 국가를 계약의 산물로 본 이성도덕은 공동체를 우선하여 국가를 혈연관계의 확장으로 본 동아시아의 감성도덕을 잘못된 것이라고 여겼다. 동아시아는 한때 이런 부정적인 평가에 저항하기도 했으나, 결국에는 서구의 국가관을 수용할 수밖에 없었다. 그리고 감성도덕으로 지탱했던 동아시아의 정치권위는 더 이상 유지되지 못했다.

공적영역에서 이성의 산물인 법은 감성을 대신했다. 감성은 더 이상 도덕적인 판단의 기준이 될 수 없었다. 중국의 한 지식인은 민주와 과학만이 중국을 구할 수 있다고 했다. 또 다른 지식인은 완전한 서구화를 주장하면서 유교의 도덕정치를 부정했다. 서구의 이성도덕이 동아시아의 감성도덕을 부정하면서 남긴 도덕절대주의의 흔적이었다.

도덕상대주의

오직 하나의 진실한 도덕원칙만이 존재한다는 도덕절대주의와 달리 도덕상대주의는 세상에는 다양한 도덕원칙이 있다고 여긴다.[466) 개인은 물론 시간과 장소에 따라 도덕원칙이 다를 수 있음을 인정하는 것이다. 도덕상대주의는 자신의 도덕원칙을 기준으로 다른 사람이나 집단의 도덕원칙에 대해 옳고 그름을 판단해서는 안 된다고 한다. 도덕상대주의의 주장이 옳다면 도덕은 이제 더 이상 공적영역에서 행위의 기준을 제시할 수 없다. 법이 공적영역에서 행위의 기준이 되고 있는 현실도 도덕상대주의의 주장에 힘을 실어주고 있다.

그러나 도덕상대주의는 여러 가지 질문들에 대답해야 할 것들이 있다. 무엇보다 다른 집단의 도덕원칙에 대해 침묵하는 것은 도덕절대주의를 인정한다는 역설을 해결해야 한다. 더구나 특정한 사회 혹은 집단의 구성원들 사이에서 통용되는 도덕성은 모든 인간에게 적용되지 못하기 때문에 그 자체로 한계를 가질 수밖에 없다.[467)

또한 동일하게 타당한 서로 다른 도덕원칙이 존재한다고 주장하는 것은 동일한 행위를 옳거나 그르게 평가한다는 자기모순도 해명해야 한다. 예를 들어 산 채로 닭의 깃털을 뽑는 중남미부족들은 고통을 당하고 죽으면 사후에 몇 배로 보상을 받을 수 있다고 믿는다. 이런 행위는 산 채로 동물을 잡아먹는 것은 옳지 않다는 도덕원칙과 충돌한다. 그러나 도덕상대주의는 둘 다 도덕적으로 옳다고 인정하는 모순을 안고 있다.

감성도덕의 대응

듀크(Duke)대학의 데이비드 웡(D. Wong) 교수는 도덕상대주의의 입장에서 감성에 의지했던 동아시아의 전통적인 도덕원칙을 옹호하고 나섰다. 먼저 웡은 "도덕은 인간의 본성에 내재된 것이어야 한다."며 동아시아의 전통적인 관점을 옹호했다. 그리고 웡은 "인간이 무엇을 해야 할 도덕적인 근거를 가진다는 것은 인간이 무엇을 하도록 만드는 것에 의존한다는 것이다. '인간은 무엇이다.' 혹은 '아마 무엇일 것이다.'라는 것과 관계없는 존재라는 주장은 도덕적으로 수용될 수 없다."라고 했다.

또한 웡은 세상에 진실한 도덕원칙은 하나라는 극단적인 도덕절대주의, 그리고 존재하는 모든 도덕은 진리라는 극단적인 도덕상대주의를 모두 거부했다. 그는 이런 양극단을 피하기 위해 도덕이 갖고 있는 양면성에 주목했다. "다른 집단에 의해 높게 평가된 도덕원칙들이 자신이 속한 집단에는 존재하지 않거나 낮게 평가될 수 있다. 그 이유는 다른 집단의 도덕원칙이 자신이 속한 집단에 익숙하지 않거나 부정적으로 평가되었기 때문이 아니라 자신이 속한 집단이 받아들이기를 원하는 가치와 충돌하기 때문이다."[468]

그리고 웡은 다른 집단의 신념과 근본적으로 다른 도덕원칙이 존재하지 않으며, 다만 그런 신념을 자신의 신념과 똑같이 중요하게 다루지 않을 뿐이라고 했다. 예를 들어 국가를 가족의 연장으로 인식하는 동아시아의 도덕원칙은 서구에서도 충분히 비슷한 사례를 찾을 수 있다. 더구나 그런 인식이 의도하는 바를 충분히 이해할 수도 있다. 그렇지만 서구는 국가를 가족의 연장으로 생각하는 도덕원칙보다 계약의 산물로 보는 도덕원칙을 더 중요하게 생각할 따름이다.[469]

도덕의 이런 양면성을 바탕으로 윙은 감성에 의지한 동아시아의 도덕원칙이 이성에 의지한 서구의 도덕원칙을 수용할 수 있는 이론적인 틀을 마련하려고 했다. 공동체를 우선하는 동아시아의 도덕이 개인의 자유와 평등을 강조하는 서구의 도덕원칙과 결합될 수 있는 지점을 발견하려고 한 것이다.

오용된 도덕상대주의

감성도덕으로 이성도덕을 수용하려는 이런 노력과 기대는 성과를 거두지 못했다. 동아시아의 도덕상대주의는 제 갈 길을 갔다. 동아시아는 이성이 도덕을 사적영역으로 밀어내고 세운 도덕원칙인 법치주의를 효과적으로 활용했다. 먼저 이성의 도움을 받아 감성에 의지했던 도덕을 사적영역의 울타리에 가두었다. 그리고 이성의 통제에서 벗어난 모든 감정적인 폭력행위를 더 이상 용납하지 않았다. 법을 폭력에 대해 도덕적인 평가를 내릴 수 있는 유일한 대안으로 삼았다.

동아시아의 이런 현대적인 기획은 서구와 다른 결과를 낳았다. 도덕적인 폭력이 법의 도움을 받아 다시 등장한 것이다. 그 원인 중 하나는 동아시아의 식민지 혹은 반식민지 경험과 관련이 있다. 동아시아가 겪은 경험은 국가의 생존과 발전을 도덕적인 목표로 치장하는데 도움을 주었다. 그리고 이런 목표달성을 위해 행사되는 폭력은 법적으로는 물론 도덕적으로도 정당화되었다. 도덕을 폭력의 수단으로 삼았던 동아시아의 전통이 민족 혹은 국가의 생존을 위한 문화적인 특징으로 다시 부활한 것이다.

이렇게 부활한 문화상대주의는 도덕상대주의를 등에 업고 자신의 논리를 강화할 수 있는 여지를 갖게 되었다. 서구의 도덕절대주의에 대항하기 위한 동아시아의 도덕상대주의적인 대응이 국가의 폭력을 합리화할 수 있는 지점을 발견한 것이다.

도덕적 폭력

폭력의 도덕적 기준

도덕상대주의의 역설은 폭력행위에서도 나타난다. 폭력은 도덕적으로 올바르지 못하거나 나쁜 행위로 여긴다. 그런데 폭력이 도덕적인 목적으로 사용될 때는 정당화되기도 한다. 이런 역설은 악을 응징하기 위한 수단으로 폭력을 정당화하기 때문이다. 문제는 "도덕적"이라는 평가에 대한 기준이다. 이런 기준에 대한 합의가 없다면 같은 폭력이 해석에 따라 나쁜 행위가 되기도 하고 좋은 행위가 되기도 한다. 혁명에 사용된 폭력과 전쟁에서 벌어진 살인행위는 "도덕적" 평가의 기준에 대한 문제를 가장 극적으로 보여주는 사례이다. 그래서 폭력에 대해 도덕적인 기준을 세우는 것은 불가능하다는 주장도 가능해진다.[470]

동아시아는 이런 역설을 서구의 도덕원칙을 공유하면서 해결하려고 했다. 다만 감성에 의지한 도덕원칙이 이성의 도덕원칙보다 더 중요하다는 신념은 포기하지 않았다. 감성이 스스로 폭력을 제어할 수 있다는 신념을 버리지 않은 채 이성의 산물인 법을 적절하게 활용하려고 했다. 국가의 폭력행위를 합의의 산물인 법을 통해 행사하면서 그런 폭력행위를 공동체의 이익이라는 감성의 도덕원칙으로 포장한 것이다.

감성과 폭력

감정은 욕망을 실현하기 위한 도구로서 폭력을 포함하고 있다. 누군가가 자신에게 나쁜 감정을 갖고 해로움을 끼치면 미움의 감정을 갖는다. 홉스가 자연 상태를 만인에 대한 만인의 투쟁으로 본 것은 인간의 본능에 내장된 폭력적인 특징 때문이었다.

스피노자는 한 걸음 더 나아갔다. "때리는 행위는 그것이 물리적으로 고려되는 한에서 그리고 우리가 어떤 인간이 팔을 들고 주먹을 쥐고 그의 팔 전체를 힘껏 움직인다는 사실에만 주목하면 인간 신체의 구조를 통해 인식되는 도덕이다."471) 즉 스피노자는 폭력을 인간의 신체구조를 볼 때 자연스런 것이며, 감정은 이런 자연스러움에 부응하는 것으로 여겼다.

현대는 이성으로 도덕의 기준을 세우고, 이런 감정을 배격했다. 그리고 이성을 통해 폭력을 제어하려고 했다. 감정 가운데 이성이 통제할 수 있는 부분인 정념 혹은 감성을 조정하여 폭력을 막을 수 있다고 여겼다. 이성의 지배를 받지 않는 감정은 폭력에 노출되어 있지만, 감성은 이성이 제어할 수 있다고 생각했기 때문이다.

정치혁명

감성의 일탈

이성으로 감성을 제어하려고 했던 현대의 노력과 달리 동아시아는 이성을 감성에 통합해 문제를 해결하려고 했다. 이기적인 욕구를 이성의 산물인 법으로 통제하고, 감성을 통해 공동체의 선을 추구하려고 했다. 그러나 이런 바람과 달리 현실은 거꾸로 달려갔다. 감성과 이성은 통합보다 제 갈 길을 간 것이다.

공적영역에서 감성을 무장해제 당한 동아시아는 이성의 산물인 법을 앞세워 강제와 폭력을 행사했다. 심지어 법으로 폭력을 정당화하기도 했다. 법을 근거로 행사되는 국가의 폭력은 공공선으로 포장되었고, 공공선은 공동체의 이익으로 포장되어 도덕적으로 정당화되었다. 이 과정에서 감성이 맡은 역할은 특별했다.

동아시아에서 도덕적인 판단의 기준이었던 감성은 도덕의 굴레를 벗어던졌다. 도덕의 굴레를 벗은 감성은 동기보다 결과를 강조하는 이성의 도움으로 개인과 공동체의 이익을 추구하는 데 동원되었다. 특히 도덕적인 행위의 기준이었던 충서(忠恕)의 공감원칙은 공동체의 이익을 추구하는 데 도움이 되는 욕망실현의 도구로 전락했다. 그것은 감성이 이성에게 도덕적인 판단의 기준을 넘겨주면서 예견된 일이었다. 도덕의 굴레를 벗어던진 감성은 적나라한 욕망에 무릎을 꿇을 수밖에 없기 때문이다. 이성은 감성의 이런 추락을 조장했다. 전통시대 감성에 의지하여 정치권력이 행사했던 도덕적인 폭력이 이성이라는 새로운 외투를 걸친 채 나타난 것이다.

욕망의 도구

도구적 이성은 결과를 우선하기 때문에 행위에 동기를 제공할 수 없다. 행위의 도덕성은 결과에 따라 판단된다. 예상했던 결과를 달성하는 데 도움을 주면 도덕적인 행위로 평가되는 것이다. 공리주의가 쾌락을 달성하는 데 유익한 행위를 도덕적이라고 판단한 것도 같은 맥락이다. 그래서 최대 다수를 최대로 행복하게 만드는 행위는 가장 도덕적인 것이 된다. 감성은 공리주의의 이런 주장을 자기 것으로 만들었다. 감성이 개인과 집단의 욕망을 충족하는 도구로 전락한 것이다.

감성의 이런 일탈이 이성의 산물인 법의 강제와 손을 잡으면서 권위주의에 길을 내주었다. 그리고 일탈한 감성이 폭력과 손을 잡는 과정에서 권위주의가 맡은 역할은 특별했다. 권위주의는 자신의 권력을 유지하기 위해 번거로운 권위보다 복종을 강요하는 강제와 폭력을 선호했다. 그리고 감성의 도덕적인 역할을 각색하여 공동체의 이익이라는 목적을 위해 봉사하도록 했다. 공동체의 이익을 위해 강제와 폭력이 행사되는 것을 권위주의의 법은 모른 척했다.

혈연에서 국가로

유교는 인간의 특징을 사회적 관계로 본다. 이런 관계는 타인의 욕구를 자신의 욕구와 동일시하는 도덕적인 공감을 통해 유지된다. 그리고 타인과의 관계를 조화롭게 만들기 위해 개인의 욕망은 절제된다. 대신 사회는 유기적으로 통합된 전체가 된다. 임금과 신하, 부모와 자식, 남편과 아내의 관계를 도덕질서의 근본으로 삼은

것도 이 때문이다.[472)

현대의 영향으로 일탈한 감성은 이런 사회적 관계를 이익을 추구하는 집단으로 변질시켰다. 가족·혈연·지연과 같은 집단의 이익을 우선하는 연고주의, 자유보다 질서를 강조하는 후견주의, 이성의 질서보다 감성의 질서에 의지하는 인치(仁治) 등이 도덕이라는 탈을 쓴 채 공적영역을 지배했다.

연고주의(nepotism)

감성의 취약성은 연고주의에 있다. 감성은 자연법칙에 기초하고 있기 때문에 가족·혈연·지연과 같은 연고를 벗어나면 배타적이 된다. 도덕이 공적영역에서 권위를 갖기 위해서는 이런 연고를 효과적으로 관리할 필요가 있다. 법가들이 유교의 예치(禮治)를 반대한 이유에서도 이런 연고주의에 따른 폐해를 예견했기 때문이다.

"오랜 친구라 하여 은혜를 베풀면 자기를 잊지 않았다고 말한다. 공공의 재화를 마구 뿌리면 이를 가리켜 인자한 사람이라 한다. 봉록을 가볍게 여기고 처신을 중시하면 이를 가리켜 군자라 한다. 법을 왜곡하여 친족을 곡진하게 대하면 이를 가리켜 덕이 있다고 한다. … (중략)… 오랜 친구를 버리지 않는 자는 관리로서 악을 저지르는 자이다. 인자한 사람이란 공공의 재화를 손상시키는 자이다. 군자는 백성을 부리기 어렵게 만드는 자이다. 친족에게 곡진히 대하는 자는 법을 훼손시키는 자이다."[473)

법가의 이런 우려와 달리 감성이 빠지기 쉬운 함정인 연고주의는 동기를 강조하는 유교적 전통으로 인해 적절하게 통제될 수 있었다. 예를 들어 양혜왕을 만난 맹자는 다음과 같이 말하고 있다. "왕께서 어떻게 내 나라를 이롭게 할 것인가라고 말하면, 대부들은 어떻게 내 집안을 이롭게 할 것인가라고 말하고, 또 그 밑에 사람은 어떻게 내 몸을 이롭게 할 것인가라고 말할 것입니다. 위아래가 서로 이익을 다투는 그런 나라는 금방 위태로워질 것입니다." 이처럼 도덕으로 나라를 다스려야 한다는 유교의 동기주의에 의해 연고에 따라 자신들의 이익만 추구하려는 결과주의는 제어되었다. 이런 동기주의는 공적영역의 행위규범인 예에 의해 관철되었다.

그러나 연고주의는 현대의 이성을 만나 그 족쇄를 풀었다. 이성은 동기보다 결과를 통해 도덕적인 행위에 대한 판단을 내린다. 이성은 개인의 이익추구가 공동체의 이익이라는 결과로 이어질 것이라고 주장한다. 보이지 않는 손이 이런 결과를 이끌어낼 것이라고 한다. 이런 판단에 따라 효율성을 보장하는 실정법이 자연법을 대체했다. 공리주의에 의지한 법실증주의는 사악한 법에 복종하지 않는 것은 부도덕하기 때문이 아니라 공동체의 이익에 도움이 되지 않기 때문이라고 한다. 법을 예와 덕의 보조적인 수단으로 여겼던 중국의 전통적인 인식이 이런 법실증주의와 결합되면서 도덕적인 행위동기에 대한 무관심은 확산되었다. 감성과 이성의 만남이 예기치 않은 부작용을 낳은 것이다.

온정주의(paternalism)
감성에 의지했던 동아시아의 도덕은 온정주의의 유혹을 뿌리치기 어렵다. 혈연관계에 바탕을 둔 감성은 가부장적인 권위체계에서 자유롭지 못하다. 공적영역에서 온정주의는 국가가 국민들의 안전과 행복을 위해 아버지가 아이를 다루는 것처럼 대하는 것에 비유할 수 있다. 머리를 기르거나 짧은 치마 착용을 규제하는 법에서 온정주의의 흔적을 발견할 수 있다. 그래서 미국에서 자유주의의 화신으로 평가받는 존 스튜어트 밀은 "이 독트린[온정주의]은 어른을 마치 어린아이처럼 다루려고 하는 것이다."라고 말했다.[474] 사적영역에서 나타나는 권위에 대한 이런 온정주의적인 태도가 공적영역으로 확장될 때 권위주의는 확고한 기반을 갖게 된다.[475]

또한 온정주의는 공동체의 이익을 위해 개인의 자유를 제한하는 것을 바람직하게 여긴다. 동아시아는 현대를 앞세워 제국주의로 무장한 서구에 대항하기 위해 국가 혹은 민족의 생존과 발전을 최우선 목표로 삼았다. 국가의 온정주의적인 태도는 이런 목표를 달성하는 데 효과적이었다. 국가의 생존과 발전뿐만 아니라 경제성장을 통한 경제적 풍요 등과 같이 국민들이 요구하는 공공재도 효과적으로 제공했다.[476]

공동선과 공공선

문제는 연고주의와 온정주의 같은 집단주의가 갖고 있는 특징이다. 이런 집단주의는 공동선보다 공공선을 추구하는 경향이 있다.[477] 공동선은 공동체 구성원들이 동의나 합의를 통해 공동체 이익이 무엇인지를 결정하고, 이렇게 결정된 공동체 이익마저도 개인의 이익을 침범하지 않아야 한다. 반면 공공선은 공동체 이익이 무엇인지 결정하는 과정에서 개인의 참여는 제한적이다. 전통시대에는 공공선이 무엇인지를 결정하는 역할은 전적으로 군주나 왕에게 일임되었다. 현대는 이런 역할을 전체를 대표하는 사람이 행사하면서 상명하복적인 특징을 갖고 있다. 그리고 공동체 이익에 반하는 개인의 행위는 비도덕적인 것으로 지탄받는다.

감성에 의존한 집단주의는 공동선보다 공공선과 친화적이다. 현대가 유입되면서 동아시아에서도 개인의 자유와 권리에 대한 관심이 높아졌다. 그렇지만 민족이나 국가와 같은 공동체 이익은 지속적으로 강조되었다. 현대를 앞세운 서구의 도전에 맞서기 위해 민족과 국가발전이라는 공공선은 정치권력이 자신의 통치를 합리화하기 위한 도구로 사용하기도 했다. 특히 식민지를 경험한 국가들의 정치권력은 민족독립과 부국강병을 절대선으로 삼기도 했다. 공동체 이익을 과도하게 요구하면서 개인이 설자리를 완전히 잃어버린 결과였다. 자살특공대인 가미가제를 국가주의로 포장했던 일본의 군국주의, 문화대혁명에서 보여준 중국의 전체주의는 그런 변질의 결과물이었다.

유교는 공동선을 추구했지만, 법가는 공공선을 추구했다는 주장도 있다.[478] 그러나 동아시아의 전통에서 공동선을 발견하기는 어렵다. 공동선은 구성원들의 동의나 합의와 같은 민주적인 절차를 요구하기 때문이다. 그러나 유교의 예치와 덕치는 도덕적으로 완성된 군자가 통치하는 것을 강조한다. 유교에서 발견할 수 있는 것은 공동선이 아니라 절대선에 쉽게 매몰될 수 있는 공공선임을 알 수 있다.

공공선과 절대선

공공선이 정치권력의 손에 위임되면 개인의 자유와 권리가 침해될 소지는 다분하다. 마키아벨리는 공공선이 통치 질서라는 명목으로 어떻게 활용될 수 있는지 잘 보여주고 있다. 그는 이렇게 쓰고 있다. "현명한 군주는 신민들의 결속과 충정을 유지할 수 있다면 잔인하다는 비난을 받는 것을 걱정해서는 안 된다. 왜냐하면 너무 자비롭기 때문에 무질서를 방치해서 그 결과 많은 사람이 죽거나 약탈당하게 하는 군주보다 소수의 몇몇을 시범적으로 처벌함으로써 기강을 바로잡는 군주가 실제로는 훨씬 더 자비로운 셈이 된다. 전자는 공동체 전체에 해를 끼치는 데 반해 군주가 명령한 처형은 단지 특정한 개인들만을 해지는 데 불과할 뿐이다."[479]

더구나 국가의 생존이 걸린 위기상황에서 공공선은 절대선이 된다. 외세 침략에 직면했던 동아시아에서 민족독립과 식민지해방은 절대선이었다. 국민들은 절대선을 실현해 줄 것이라는 기대로 인해 정치권력에 의존했다. 절대선을 추구하는 데 도움이 되지 않는 세력에게 사용된 폭력은 정당화되었다. 동아시아 국가들이 존망의 위기에서 벗어나면서 절대선은 국가발전과 민족단결과 같은 공공선으로 다시 옷을 갈아입었다.

인치와 절대선

동아시아의 인치는 도덕정치의 흔적을 간직하고 있다. 도덕적으로 완성된 군자는 감성을 통해 덕치와 예치를 실천한다. 그러나 현대의 영향을 받은 감성은 공동체의 이익추구를 도덕적인 행위로 해석했다. 권위주의는 이런 감성의 일탈을 효과적으로 이용했다. 그리고 덕치와 예치를 현대적으로 재해석했다. 공동체의 이익을 성취하는 데 우월한 능력을 가진 정치권력이 법의 강제를 행사하는 것을 도덕적으로 정당화하는 것이다. 이런 재해석으로 인해 도덕적으로 올바른 통치는 민족적 자부심을 높이고, 외세로부터 국가의 위엄을 보존하는 것이 되었다. 법치를 강조하는 현대에 인치가 개입할 수 있는 공간이 마련된 것이다.

이런 인치의 개입으로 공공선은 상황에 따라 절대선이 되었다. 특히 국가의 생존과 발전이라는 공공선은 다른 모든 주장을 무색하게 만들었다. 마키아벨리의 신군주가 국가의 위기상황을 돌파하기 위해 폭력을 행사할 수 있었던 것은 새로운 시작이 필요했기 때문이다. 그는 이렇게 썼다. "영혼을 구원받는 것보다 조국을 더 사랑한다." 국가의 생존이 달린 위기상황에서 통치자가 행사하는 법의 강제와 폭력은 절대선을 지키기 위한 것으로 정당화되었다. 그리고 권위주의는 이런 인치를 배경으로 법치를 새롭게 해석했다. 개인의 이익과 권리를 보장하기 위해 만든 법도 국가라는 절대선을 지키려는 정치권력 앞에 무릎을 꿇을 수밖에 없다는 것이다.

권력집중

권위를 포섭한 권력

동아시아는 전통적으로 정치권위와 정치권력을 분명하게 구분하지 않았다. 정치권력을 통치할 능력으로 생각하기보다 사회적인 지위로 여겼다. 정치권위도 국민이 주는 것이 아니라 통치자가 갖추어야 할 자격으로 인식했다. [480] 이런 인식은 폭력을 앞세운 서구의 침략이 본격화되면서 정치권력을 강화하는데 도움을 주었다.

　도덕정치의 내적인 전통과 외세침략이라는 외적인 요인으로 인해 정치권위는 정치권력에 자연스럽게 포섭되었다. 국가생존은 모든 정당성을 압도했으며, 정치권력은 개인과 국가의 안전을 보장해 줄 수 있는 도구로 여겨졌다. 외세가 물러난 이후에도 정치권위를 포섭한 정치권력은 자신을 정당화할 수 있는 새로운 근거를 찾았다. 그것은 국가발전과 경제성장이었다. 급속한 경제성장은 정치권력에 대한 국민들의 의존을 심화시켰다. 권위주의가 온정주의를 토대로 발전할 수 있었던 것은 이런 의존적인 태도가 뒷받침되었기 때문이다.

　권위주의는 공공선의 국가화와 공공재의 공급을 통해 자신을 정당화했다. 권위주의가 디디고 선 정당화는 국민들이 부여한 것이 아니라 스스로 만들어낸 것이었다. 이런 "만들어진 정당화"는 국민의 복종을 강제하기 위해 동원하는 강압적인 수단들까지 정당화했고, 강제도 국민을 위한 것으로 포장되었다. 심지어 국민들도 국가생존과 발전을 명분으로 행사되는 폭력을 불가피한 것으로 생각하게 되었다. 정치권위가 정치권력에 포섭된 결과였다.

정치권력의 독점
　민주주의는 양적으로 모든 국민의 참여를 보장한다. 반면 정치권력을 획득·유지하는 과정에서 정당하지 못한 수단을 사용했던 권위주의는 자신의 능력에 의지하여 정치권력을 정당화한다. 권위주의는 자신이 다른 집단에 비해 도덕적으로는 물론 정책목표를 달성하는 데 우월한 능력을 갖고 있음을 입증하려고 한다. 그리고 민주주의보다 더 나은 업적을 달성하여 자신을 정당화하는 것은 물론 다른 집단과 자신의 능력을 차별화하려고 한다.[481] 반대세력에 대해서는 정치권력에 접근할 수 없도록 다양한 수단들을 동원한다.

이런 수단에는 자신의 정책목표를 달성하는데 도움이 되지 않는 이들을 배제하는 전략도 포함된다. 이런 배제는 민주주의보다 권위주의가 실질적인 참여를 보장할 수 있다는 논리로 무장돼 있다. 권위주의는 정책결정으로 인해 영향을 받는 사람들이 실질적으로 참여할 수 있는 권리를 훨씬 효율적으로 보장할 수 있다고 주장한다. 예를 들어 민주주의에서 선거는 서로 적대적인 파벌을 형성한다. 그래서 선거에서 이긴 집단이 패한 집단에 대해 독재적인 권력을 행사할 수 있다. 이런 부정적인 영향을 미칠 수 있는 선거는 효율적인 참여를 보장할 수 없다고 주장한다.[482] 대신 권위주의는 공공선을 달성하는데 도움이 되는 모든 집단들이 실질적으로 참여할 수 있다고 강변한다.

중국 공산당은 개혁개방으로 달성한 경제성장의 성과를 내세워 권력을 독점해 왔다. 그리고 공산당 일당독재만이 인민들의 권리신장을 보장할 수 있다고 주장한다. 이런 역설이 가능한 것은 공산당 일당독재가 경제성장이라는 공공선에 기대고 있기 때문이다. 또한 한국은 북한과 이데올로기적으로 대립하고 있기 때문에 정치권력은 자신이 민주주의를 수호하는 가장 적임자임을 내세운다. 그리고 이념적으로 사회주의에 동조하는 세력들을 가능한 배제하려고 한다. 여러 민족으로 구성된 싱가포르는 국가생존을 위해 단결이 중요하다. 싱가포르의 집권당인 인민행동당은 이런 목표를 달성하는데 자신들이 가장 적합하다는 것을 강조한다. 반대세력은 오히려 국가의 분열을 조장하는 세력으로 지목된다.

쿠데타와 반복되는 권력투쟁

권위주의 정치체제는 대부분 합법적인 절차를 거치기보다 쿠데타에 의해 권력집단의 교체가 이루어진다. 한 연구에 따르면 권위주의 정치체제의 60%이상이 쿠데타로 인해 권력집단에 변화가 발생한 것으로 조사됐다. 1인의 독재자와 통치집단인 지배연합체가 권력을 공유하기 때문에 나타나는 현상이다. 쿠데타는 독재자와 지배연합체에 의한 권력의 공유가 더 이상 이루어지지 않고, 서로가 권력을 놓고 경쟁을 벌이게 되면 발생할 가능성이 높다. 이 과정에서 정치권위의 근원인 국민의 의사는 전혀 고려되지 않는다.

한국의 권위주의 정치체제는 박정희대통령의 1인 지배, 대통령의 암살, 이어진 군부쿠데타에 의해 명맥을 이어갔다. 1987년 폭발한 대중시위와 개헌을 둘러싼 권력집단내부의 분열은 권위주의체제를 끝냈지만, 권력집중이 낳았던 권위주의 잔재는 여전히 사라지지 않고 있다. 중국 공산당은 권력투쟁의 역사로 점철돼 있다. 마오쩌둥은 소련유학파, 장궈타오, 류샤오치 등과 권력투쟁을 벌였으며, 덩샤오핑은 문혁파, 마오쩌둥의 후계자로 지목됐던 화궈펑을 차례로 물리치

고 권력을 장악했다. 덩샤오핑에 이어 권력을 물려받은 장쩌민, 후진
타오, 시진핑은 각각 권력집단 내부의 파벌들에 의해 최고지도자로
선출됐다. 권력이 집중돼 있는 권위주의체제에서 권력투쟁은 숙명과
같이 반복되고 있다.

제9장
결론

정치권력의 시대

권위가 무엇인지 이해하지 못했던 시절이 있었다. 그리스의 도시국가 아테네는 다수가 지배하는 민주주의를 실시했다. 그러나 권위 없는 다수 지배는 소크라테스에게 사형을 선고하고, 결국 아테네를 멸망시켰다. 중국은 무력에 의지한 군웅이 할거하면서 전쟁이 끊이지 않았던 춘추전국시대를 겪었다.

서구와 동아시아는 권력에 의지하여 지배하는 것은 오래 지속될 수 없다는 값진 교훈을 얻었다. 지배를 정당한 것으로 만들기 위해서는 권력만으로는 부족했다. "말 위에서 세상을 지배할 수 있지만 통치할 수 없다."라는 격언은 그래서 생겨났다. 세상은 권력의 지배를 정당한 것으로 만드는 권위의 역할에 주목하기 시작했다. 권위에 의지한 정당한 지배는 자발적인 복종을 가능하게 하리라는 기대도 생겨났다.

서구와 동아시아는 초월적인 존재의 이성 혹은 도덕을 통해 권위를 실현하려고 했다. 이런 노력이 결실을 거두어 정치권위가 꽃을 피운 적도 있었다. 그러나 서구에서 이성과 도덕은 신에 의해 대체되었고, 종교에 의지한 정치권위가 세속적인 정치권력을 포섭하면서 권위는 권력의 부속품으로 전락했다. 동아시아는 서구에서 수입된 현대가 기존의 권위 질서를 해체해 버렸다.

1. 서구

현대적 정치권위

현대는 전통과 결별하면서 신의 이름으로 가해진 정치권위의 폭력적인 통치에서 벗어나고자 했다. 더 이상 초월적인 존재에 의지한 정치권위에 연연하지 않는 대신 현대는 통치의 정당성을 새로운 곳에서 찾았다. 그것은 계약과 동의였다.

계약과 동의를 디디고 선 인민주권론은 정치권위의 새로운 서식지가 될 수 있을 듯이 보였다. 혁명은 인민주권론이 이론이 아니라 현실에서 실천될 수 있음을 보여주었기 때문이다. 그러나 인민주권론은 제자리를 찾지 못했다. 현대가 정치권위의 근거를 인민주권이 아닌 자연법으로 대체했기 때문이다. 자유로운 인간의 이성이 발견한 도덕법칙인 현대의 자연법은 인민주권을 대신했다. 이런 대체는 자연법이 도덕적인 의무를 부여할 수 있다는 생각을 통해 더욱 확고해졌다. 그리고 도구적 합리성은 실정법이 자연법을 대체하도록 만들었다. 현대의 정치체제는 자연법보다 실정법에 근거한 법치에 의지하면서 법적권위는 정치권위의 다른 이름이 되었다.

권위의 권력화

인민주권을 대신하여 법적권위가 정치권위를 행사할 수 있었던 중요한 이유는 정치권력 때문이었다. 정치권력은 권위가 자신의 통제범위를 벗어나는 것을 바라지 않았다. 정치권력은 스스로 권위를 내장하고 있다고 생각했다. 그리고 정치권위를 지배와 복종의 관계를 유지해 주는 보조장치로 전락시켰다. 또한 정치권력을 정당하게 획득하고 행사하기를 바라는 희망 섞인 바람 탓에 권력과 권위를 구분하지 못하는 착시현상도 만연했다.

정치권력은 지배할 수 있는 능력이지만, 정치권위는 지배할 수 있는 자격이다. 능력은 복종을 강제할 수 있는 수단을 갖고 있는지에 대한 사실판단이 중요하지만, 자격은 강제할 수 있는 수단이 정당한지에 대한 가치판단에 의지한다. 법적권위가 정치권위를 대신하게 된 것은 지배와 복종이라는 사실. 그리고 이런 관계를 정당한 것으로 만드는 가치를 구분하지 않았기 때문에 벌어진 사태였다.

자연주의 오류

사실과 가치는 구분되어야 한다. 구분하지 않은 채 사실과 가치의 관계를 통합하려고 하면 오류에 빠진다. 가치를 사실에 통합시키면 현실을 추종하는 것이 가치 있는 행위가 되며, 이럴 경우 복종을 강제할 수 있는 수단을 가진 모든 권력은 정당한 것이 된다. 이것은 자연주의의 오류이다. 반대로 사실을 가치에 통합시키면 가치를 추종하는 것이 현실적인 행위가 되며, 이럴 경우 복종을 강제하는 모든 권력은 정당하지 않게 된다. 이것은 도덕주의의 오류이다.

이런 혼란을 피하려면 사실과 가치를 구분해야 한다. 사실을 추구하는 자연주의는 가치를 객관적인 실재로 만들어 자신의 오류를 수정하려고 했다. 그리고 이성을 사용하여 도덕에서 객관적인 가치를 찾는 데 몰두했다. 이런 노력은 도덕이 실재한다고 생각하는 이들에 의해 이루어져 왔다. 이들은 좋고 나쁨, 옳고 그름은 그것이 실제로 존재한다고 생각했다.

공리주의와 도덕

도덕은 옳음, 좋음, 쾌락 등을 모두 포함한다. 이런 욕망은 객관화할 수도 있지만, 인간의 의식에 의존할 수밖에 없기 때문에 주관적이기도 하다.[483] 그런데 이를 구분하지 않고 도덕을 객관화하려고 시도하면 자연주의의 오류에서 벗어나기 어렵다. 인간의 욕망이라는 사실을 당위로 인식한 공리주의는 이런 오류의 전형이다. 공리주의는 도덕적인 가치가 객관적으로 존재한다는 생각을 극단으로 밀고 나갔다. 그리고 욕망을 추구하는 개인의지의 합인 전체의지를 일반의지로 여겼다. 최대 다수의 최대 행복이라는 공리도 만들었다. 쾌락을 극대화하지 못하면 비도덕적이라는 낙인도 찍었다.

공리주의의 오류는 도덕을 실재하는 것, 또 객관화할 수 있는 것으로 여겼기 때문에 발생했다. 타인을 위해 자신의 쾌락을 양보하는 것은 비합리적인 것이지 비도덕적인 것이 될 수 없다. 살인에 반대하는 이유는 살인을 하지 말아야 한다는 이성적인 판단에 앞서서 도덕적으로 나쁜 행위이기 때문이다. 이성을 통해 도덕적인 가치를 객관적으로 평가하면 이런 자연주의의 오류에서 헤어나기 어렵다.

공리주의가 던진 문제는 이성을 통해 도덕의 가치를 객관화하려는 노력에 경종을 울렸다, 그러나 현대는 이성에 의지해 공적영역에서 도덕의 가치를 객관화하기 위해 지금도 노력하고 있다. 가치를 객관적으로 평가하여 우열을 가려내고, 이를 바탕으로 정책의 우선순위를 발견해야 하기 때문이다.

이런 노력은 권위를 권력에 포섭하려는 이들에게 자양분이 되었다. 특히 공적영역에서 도덕의 가치를 객관적으로 평가하려는 이성의 노력은 법이 그 자체로 도덕적인 의무를 갖고 있다는 생각으로 발전했다. 그것은 정당한 정치권위의 근거를 도덕이 아닌 법에서 찾으려는 현대의 기획이기도 하다.

이성의 법

현대는 자연법이든 실정법이든 법은 모두 이성의 산물이라고 생각한다. 현대의 자연법은 초월적인 존재에 의해 주어진 것이 아니라 자연에 내재한 질서를 인간의 이성이 발견한 것이다. 자연법은 이론이성의 산물이며, 실정법은 실천적인 행위의 근거를 제공하는 규범적인 체계로 본다. 그래서 실정법의 규범은 행위의 근거가 되는 실천이성과 불가분의 관계를 맺는다.

실정법이 행위의 근거를 제공한다는 명제는 일탈행위에 대해 강제를 행사할 수 있음을 보장하는 것이다. 강제는 제재·보상·효력의 중단 등과 같은 방법으로 행사되지만, 때로는 폭력도 불사한다. 특히 정당하지 않은 지배자는 자신의 정치권력을 유지하기 위해 실정법에 근거하여 폭력을 행사한다.

또한 법은 사실과 가치를 모두 포함하고 있기 때문에 이런 강제는 정당한 것이라고 주장한다. 이런 주장은 권위의 권력화를 위한 효과적인 자원이 된다. 지배자는 도덕적인 가치를 담고 있는 법으로 정치권력을 행사하는 것을 스스로 정당하다고 여긴다. 그리고 피지배자는 정치권력이 정당하게 행사되어야 한다는 희망사항에 기대어 이런 정치권력의 행위에 면죄부를 준다.

법적권위

법이 그 자체로 도덕적인 가치를 담고 있다는 주장은 이성을 통해 도덕을 객관적으로 평가할 수 있다는 도덕실재론자들의 입장과 맞닿아 있다. 공리주의자인 벤담은 "모든 법은 명령을 내리고, 이를 통해 법적·도덕적인 의무를 부여해야 한다."라고 했다.[484]

법은 도덕적인 판단의 개입을 부정한다는 주장도 있다. 이들은 사회계약론이 도덕적인 요소를 포함하지 않는다고 한다.[485] 그리고 도덕이 개입되면 이미 사회계약론은 성립될 수 없다고 본다. 이런 주장은 현대의 법을 탄생시킨 이론적 모태인 사회계약론에 도덕의 개입을 차단한다.

법의 도덕적인 가치를 둘러싼 이런 논쟁에도 불구하고 이들은 공통점을 갖고 있다. 그것은 법은 이성의 산물이라는 생각이다. 이로 인해 공적영역에서 도덕은 이성이 만든 법에 의해 존재하거나 혹은 존재하지 않게 된다. 그래서 이성은 도덕의 운명을 결정짓는 재판관이 되며, 이로 인해 이성이 만든 법의 강제에 의존하는 정치권력은 그 자체로 정당화된다.

불평등의 심화

법에 의존한 정치권력이 해결하기 어려운 난제 가운데 하나는 사회경제적 불평등이다. 법은 불평등의 문제를 조건의 평등원칙을 통해 해결해 왔다. "같은 것은 같게, 다른 것은 다르게"라는 조건의 평등원칙은 공적영역에서 법이 선택할 수 있는 대안이었다. 그러나 이런 원칙에 따라 만들어진 법은 사회경제적 불평등을 해결하는 데 한계를 보였다. 심지어 재분배의 수단으로 사용되고 있는 소득세법마저도 노동의욕을 약화시켜 효율성을 침해한다는 이유로 제한적으로 사용되고 있다.

미국 대법원은 한때 법이 재분배에 개입하는 것을 막았다. 예를 들어 1905년 제빵공장을 운영하던 로크너는 뉴욕 주가 법으로 정한 노동시간을 어겨 벌금을 물었다. 로크너는 뉴욕 주의 이런 결정에 반발해 소송을 제기했으며, 대법원은 노동계약 체결권은 헌법에서 보장하는 자유의 일부분이라고 판결했다. 이로 인해 미국은 한동안 정부가 재분배에 관여하는 법을 만들지 못하게 했다.

물론 미국 대법원의 이런 입장은 1934년 네비아 대 뉴욕 시 사건[486]의 판결 이후 소득재분배를 위해 법이 개입하는 것을 일정 정도 허용하는 것으로 바뀌었다. 그러나 소득재분배에 법이 지나치게 개입하는 것은 이중왜곡을 야기할 수 있다는 주장이 견고한 진지를 구축하고 있다.[487] 법의 개입은 일정 수준 이상의 소득세가 노동 동기를 왜곡시켜 일할 의욕을 약화시키는 것과 같은 효과를 가져온다는 것이다. 이뿐만 아니라 법의 효율성마저 왜곡시킬 수 있다고 주장한다.

불평등과 자유

법이 갖고 있는 이런 한계와 별개로 불평등은 민주주의의 가장 핵심적 요건인 개인의 자율성을 훼손한다. 정치자유주의자임을 선언한 롤스는 자신이 세운 정의의 원칙에 따라 조건의 평등원칙을 보완하여 분배 문제를 해결하려고 했다. 합당한 혹은 합리적인 인간은 공적영역에서 법과 제도에 의해 규정된 문제들에 대해서는 "무지의 베일"을 쓸 준비가 되어 있다고 생각했다.

그러나 롤스의 이런 기대는 현실에서 실현되지 않고 있다. 대부분의 영미권 국가들은 자유민주주의 정치체제를 채택하고 있는데, 문제는 이들 국가의 소득불평등이 다른 국가들에 비해 심각한 수준이라는 것이다. 피케티(T. Piketty)의 연구는 이를 입증해 준다. 그는 이렇게 쓰고 있다. "1980년대 이후 미국, 캐나다 등을 포함한 영미권 국가들에서 불평등 문제가 훨씬 심각하게 나타나고 있다." 자유민주주의의 전형으로 알려진 미국의 소득불평등은 갈수록 심화되고 있다는 연구도 덧붙였다. 미국에서 소득 상위 1%인 이들이 전체 국민소득에서 차지하는 비율이 2002년 16.9%에서 2007년에는 23.5%로 늘어난 연구결과도 내놓았다.

이런 결과를 토대로 자유민주주의 정치체제가 소득불평등의 직접적인 원인이라고 말하는 것은 성마른 주장이 될 수 있다. 그러나 자유민주주의 정치체제에서 소득불평등이 심화되고 있는 현상은 실종된 정치권위를 영원히 찾지 못할 수 있다는 우려를 낳는다. 왜냐하면 적극적 자유가 보장되지 않은 상태에서 정당한 정치권위는 실현될 수 없기 때문이다. 피케티는 이렇게 경고한다. "극단적 불평등 상태에서는 민주주의 체제가 작동하기 어렵다."[488]

2. 동아시아

서구에서 일어난 현대적인 변화는 시차를 두고 동아시아에도 영향을 미쳤다. 동아시아도 도덕에 의지했던 정치권위는 점차 법으로 대체되었다. 그러나 동아시아에서 법치는 법에 의한 통치로, 민주주의는 권위주의로 변질되었다.

감성의 도덕

서구의 현대는 감정으로부터 자유로운 이성을 통해 도덕을 이해하려고 노력해 왔다. 특히 칸트는 욕망을 추구하는 감정을 도덕으로부터 배제했다. 그러나 현대는 욕망을 추구하는 도구적 이성을 도덕화하기 위해 노력했다. 자유민주주의의 근간으로 인식되는 사회계약론도 도구적 이성을 통해 재해석됐다. 이성을 통해 계약하지 않은 것은 규범이 될 수 없다고 했다.

감성에 의지하여 도덕을 해석했던 동아시아는 달랐다. 이성은 참과 거짓을 구분할 뿐이지 행위의 선과 악을 구분할 수 없다는 입장이었다. 이성에 의해 도덕적인 진리를 세우는 것은 불가능하다고 생각했다.[489] 그러나 서구로부터 현대가 수입되면서 이성의 역할은 새롭게 조명되었다. 감성에 의지했던 도덕에 옳고 그름에 대한 이성적인 판단을 보완했던 것이다. 그러나 서구와는 다른 결과를 낳았는데, 그것은 이성을 감성에 통합해 버렸기 때문이다. 이성을 통합한 감성은 도덕담론을 개인의 자유와 권리에 초점을 맞추기보다 공동체 이익으로 몰아갔다. 이런 기준은 오히려 이성을 통해 도덕을 객관화하려고 했던 공리주의와 맞닿아 있을 뿐만 아니라 공동체의 이익추구를 도덕적인 것으로 미화할 수 있게 해주었다.

공리주의의 쾌락

자유민주주의의 의무론적인 도덕법칙은 좋음보다 옳음을 우선한다. 그래서 킴리카는 "가장 현대적인 자유주의이론은 좋음에 대한 옳음의 우선성을 주장하는 의무론적 이론이다."라고 말했다.[490] 자유민주주의의 이런 선택은 결과론에 의존하는 공리주의적인 도덕법칙이 개인의 자유와 권리를 침해할 수 있다는 우려에서 나온 것이다. 특히 공리주의가 인간의 욕망인 쾌락을 도덕법칙으로 삼아 범했던 자연주의의 오류를 재현하지 않으려는 노력의 결과이기도 하다.

반면 권위주의는 공리주의와 친화적이다. 물론 도덕적인 추론에 기초한 공리주의와 정치체제를 설명하는 이론인 권위주의는 서로 디디고 서 있는 위치가 다르다. 그리고 공리주의는 쾌락을 목적으로 한 도구적 이성에 의지하고 있는 반면에 권위주의는 이성보다 감성에 의지한다. 린즈도 권위주의는 이데올로기보다 감정적 태도인 심성 (mentality)에 의존한다고 했다.[491] 권위주의는 감성을 우선하여 느슨

한 이성의 규제를 선호한다. 이런 차이는 있지만, 공통점도 있다. 공리주의는 최대 다수의 최대 행복을 추구하고 권위주의는 공동체의 이익을 우선한다는 것이다. 그래서 권위주의와 공리주의는 개인의 자유와 권리는 필요에 따라 희생될 수 있다고 여긴다. 당연히 옳음을 우선하는 의무론적인 도덕법칙과도 거리가 멀다.[492]

권위주의의 심성

동아시아의 공리주의는 일찍부터 개인보다 공동체에 맞춰 있었다. 남송시대 진량이 대표적이다. 공리주의자로 알려져 있는 진량은 개인이 욕망을 추구하는 것을 비도덕적인 것으로 치부하지 않았다. 대신 최대한 많은 공동체의 구성원들이 욕망을 실현할 수 있도록 적절하게 제한할 필요가 있다고 했다.[493] 그리고 이런 제한은 도덕적으로 완성된 군자에 의해 이루어져야 한다고 했다. 공리의 실천도 필요한 경우에는 실력에 의지할 수 있다고도 했다.[494]

동아시아 국가들은 개인의 자유와 권리보다 국가와 민족의 발전이라는 기치 아래 경제성장을 이룩했다. 그렇다고 해서 이런 공리주의적인 경향으로 인해 권위주의가 동아시아에 자리 잡게 되었다고 단정하기는 어렵다. 그렇지만 중국에서 공산당은 급속한 경제성장을 통해 자신의 일당독재를 정당화하고 있으며, 한국은 물론 일본도 국가발전을 이룩하는 과정에서 이런 발전모델에 의지했다는 것을 부인하기는 어렵다.

불평등의 영향

경제적인 불평등이 권위주의에 미치는 영향에 대해서는 상반된 주장이 있다. 먼저 권위주의가 특정집단이 정치권력을 독점한다는 사실에 착안하여 그 원인을 경제적인 불평등에서 찾는 이들이 있다. 이들은 경제적인 자원이 불평등하게 배분되면 정치권력은 더욱 불평등하게 분포한다고 주장한다. 그리고 경제적인 불평등이 심해질수록 사회는 수직적인 관계가 확산되고, 이런 확산은 권위의 수직적인 관계를 강화하여 권위주의로 발전한다는 결론에 도달한다.[495]

좀더 구체적으로 살펴보자. 불평등이 심할수록 가난한 이들은 더욱 종속적인 지위에 놓이게 된다. 실업에 대한 위협이 커지기 때문에 고용주의 요구에 순응적일 수밖에 없다. 반면 부유한 이들은 시장에서 누리는 지배적인 지위가 다른 분야에서도 지속되기를 희망한다. 그리고 자신들이 가진 경제적인 자원을 통해 지배와 복종의 관계를 확산시키려고 한다. 경제적인 분야에서 얻은 이런 경험이 정치를 포함한 다른 분야까지 확장된 결과로 권위주의가 된다는 것이다.

이와는 달리 경제적인 불평등과 정치체제는 서로 인과관계가 없다는 주장도 있다. 여러 연구결과는 권위주의국가에서 경제적인 불평등이 더 심하다고 단정할 수 없음을 보여준다.[496] 높은 경제성장에 비해 상대적으로 경제적인 불평등이 심하지 않은 동아시아의 권위주의국가들은 이를 입증해 주기도 한다. 권력자원을 독점하고 있는 권위주의국가들은 민주주의국가에 비해 경제적인 불평등에 대응할 수 있는 다양한 수단들을 동원할 수 있기 때문이다.

권위주의의 정치엘리트들은 쿠데타는 물론 민주화운동 등과 같은 내부와 외부 경쟁자들의 도전에 쉽게 직면하게 된다. 경제적인 불평등이 심해지면 이런 도전도 강해지기 때문에 채찍과 당근이 적절하게 병용된다. 도전의 특징에 따라 때로는 당근이 때로는 채찍이 우선적으로 사용된다. 반대세력들의 권력자원을 폭력적인 수단을 통해 박탈하는 것은 채찍이 사용된 사례이다. 당근과 채찍이 혼합된 이런 통치형태는 동아시아의 권위주의국가들에서 쉽게 볼 수 있다. [497)]

전도된 인과관계

권위주의의 원인을 권위에 의존적인 구성원들에게서 찾는 이들도 있다. 권위에 의존적인 사람들이 무력 사용을 지지한다거나 비민주적인 정부에 대해 수용적인 태도를 보이거나, 종교적·정치적으로 소수인 사람들에 대해 공격적이라는 경험적인 연구들도 있다. [498)] 특히 동아시아의 문화적인 특징에서 권위에 의존적인 경향을 발견하는 이들도 있다. [499)] 이런 생각은 권위를 지배와 복종이라는 사실관계를 통해 이해하기 때문이다. 그렇다면 권위주의는 오히려 권위와는 무관하다고 할 수 있다. 왜냐하면 지배와 복종의 관계를 가장 효과적으로 설명할 수 있는 것은 권위가 아닌 권력이기 때문이다.

더구나 이런 주장은 원인과 결과를 뒤바꾼 논리적인 오류에 불과하다. 중국의 권위주의를 권위에 의존적인 국민들 때문이라고 주장하는 것도 그렇다. 중국은 두 차례 혁명을 겪었다. 신해혁명과 사회주의혁명은 기존의 권위체계를 완전히 뒤집어엎은 사건이었다. 그런

데도 권위주의의 원인을 국민에게 전가하는 것은 전도된 인과관계의 오류일 뿐이다.

3. 여정의 끝에서

이야기 둘

이번 여정을 끝내기 전에 두 가지 이야기를 소개하려고 한다. 여기에 소개하는 이야기는 도덕의 문제에 대한 사람들의 생각을 사고실험을 통해 알아보기 위해 고안된 것이다. 한 번쯤은 들어봤거나 책에서 접했을 정도로 잘 알려진 이야기이기도 하다. 하나는 광차 문제이며, 다른 하나는 하인즈 이야기다.

달리는 열차의 딜레마

광차 문제는 다음과 같다. 열차 선로 위를 달리던 광차의 통제장치에 문제가 생겨 광차를 세울 수 없는 상황이 발생했다. 만약 열차를 세우지 못하면 선로에서 작업하던 다섯 명이 목숨을 잃는다. 다행히도 선로를 변경할 수 있는 전철기가 있어 이를 조작하여 다섯 명의 목숨을 살릴 수 있다. 그러나 변경된 선로 위에 있는 다른 한 사람은 죽을 수 있다. 이런 상황에서 전철기를 조작하는 것이 도덕적으로 허용되는가?

이에 대한 대답은 어떤 도덕법칙을 따를 것인지에 따라 달라진다. 의무론적 도덕법칙은 전철기를 조작하는 것을 허용하지 않는다. 다섯 사람의 생명을 구하려는 목적을 위해 한 사람의 생명을 수단으로 사용하는 것을 허용하지 않기 때문이다. 반면 목적론적 도덕법칙은 다르다. 한 사람의 희생을 통해 다섯 사람의 생명을 구해야 한다는 공리주의적인 입장을 지지하기 때문이다.

하인즈 이야기

로렌스 콜버그(L. Kohlberg)가 도덕의 발달단계를 설명하기 위해 만들어낸 이야기다. 특별한 종류의 암에 걸린 한 부인이 죽기 직전에 이르렀다. 병든 부인을 구할 수 있는 약은 한 개뿐이며, 이 약은 같은 마을에 사는 약사가 개발한 것이다. 이 약을 만드는 데 든 비용은 200달러였다. 그러나 이 약사는 그보다 10배의 가격인 2천 달러에 팔려고 했다. 병든 부인의 남편인 하인즈는 아는 사람들에게 1천 달러를 빌렸다. 그리고 약사에게 가서 아내가 죽어가고 있으니 우선 싸게 팔면 나중에 나머지 돈을 지불하겠다고 했다. 그러나 약사는 개발한 약으로 돈을 벌어야 되기 때문에 안 된다고 거절했다. 하인즈는 절망적이어서 아내를 위해 약을 훔쳤다.[500]

콜버그는 이 이야기의 끝에 이렇게 묻고 있다. 하인즈가 아내를 위해 약을 "1) 훔치면 안 되는가?" 혹은 "2) 훔쳐도 되는가?" 콜버그는 도덕의 발달단계에 따라 1)과 2)의 물음에 대해 다음과 같이 대답할 수 있다고 했다.

첫 번째 복종 단계에서 1) 훔치면 안 되는 이유는 "감옥에 갈 수 있기 때문"이며, 2) 훔쳐도 되는 이유는 "약의 가치가 2백 달러이기 때문"이라고 대답한다.

두 번째 이기적 단계에서 1) "감옥은 끔찍한 곳으로 고생을 하기 때문"이며, 2) "그의 아내를 구할 수 있어 행복해지기 때문"이라고 대답한다.

세 번째 일치 단계의 대답은 1) "도둑질은 나쁜 짓이기 때문"이며, 2) "그의 아내가 약을 필요로 하고 있고, 그는 좋은 남편이기 때문"이다.

네 번째 법과 질서 단계는 1) "법이 도둑질을 금하고 있기 때문"이며, 2) "그의 아내를 위한 것이지만 법에 따른 처벌은 받아야 한다."고 대답할 수 있다.

다섯 번째 인권 단계의 대답은 1) "과학자들은 공정한 보상을 받을 권리가 있기 때문"이며, 2) "모든 사람은 자신의 삶을 선택할 권리가 있기 때문"이다.

여섯 번째 보편적 인권 단계의 대답은 1) "다른 환자도 그 약을 필요로 하기 때문"이며, 2) "인간의 생명을 구하는 것은 근본적인 가치이기 때문"이다.

사고실험이 말하는 것

광차 문제는 의무론적 도덕법칙과 목적론적 도덕법칙의 충돌로 인해 발생하는 모순을 극적으로 드러내고 있다. 그러나 도덕의 문제를 이성적인 판단에 의지하여 해결하려는 광차 이야기는 이성이 도덕적인 행위의 동기가 될 수 없다는 사실을 애써 외면하고 있다.

하인즈의 이야기는 도덕의 발달단계를 이성에 의존하여 설명하고 있다. 행위의 동기를 감성에서 찾는 이들은 이성만으로 도덕은 설명될 수 없다고 생각한다. 이들에게 하인즈의 이야기는 도덕에 대해 절반만 이야기하고 있는 것에 불과하다. 결국 이 두 가지 사고실험이 의도했던 목적이 무엇이었든 간에 도덕의 문제는 이성에만 의존하여 해결하기 어렵다는 것을 말해주고 있다.

이성과 감성의 변주

이성과 감성의 도덕

서구와 동아시아는 도덕을 각각 이성과 감성이라는 서로 다른 잣대를 통해 이해했다. 서구는 이성을 통해 도덕적인 기준을 제시하려고 했다. 현대는 칸트의 도움을 받아 도덕의 인식근거를 자유에서 찾았다. 그리고 인간이 내적으로 추구하는 자유는 도덕성에서, 외적인 자유는 합법성에서 찾았다. 이성은 내적 자유가 외적 자유를 통해 완성되고, 외적 자유는 내적 자유를 지향하는 역할을 할 수 있을 것으로 기대했다.[501]

그러나 이성을 통해 도덕성과 합법성을 규제하려고 했던 칸트의 의도는 조금씩 변질되기 시작했다. 내적 자유의 법칙을 담은 도덕이 공적영역에서 밀려난 대신 외적 자유의 법칙을 담은 법이 공적영역을 지배했다. 공적영역에서 도덕은 법에 갇히거나, 혹은 도덕상대주의에 매몰되어 사적영역으로 밀려났다. 이성은 규제적 이념으로서 현실을 조작할 수 있는 권리를 갖고 있기 때문에 실정법은 자연법의 울타리를 벗어날 수 없다는 칸트의 생각은 도덕주의의 오류로 해석되었다.

동아시아는 도덕을 인간의 본성에 내재된 것으로 여겼다. 측은한 마음, 부끄러운 마음, 겸손한 마음, 잘잘못을 가리는 마음 등과 같은 감성을 도덕적인 기준으로 삼았다. 이성은 도덕적인 행위의 동기가 될 수 없기 때문에 법치는 우선순위에서 밀려났다. 현대의 영향으로 이런 생각에 변화가 생기기는 했지만, 동아시아는 감성이 이성을 포섭하는 방식으로 도덕을 재구성했다. 특히 머우종산(모종삼)은 양지 감함론을 통해 이를 완성했다고 주장한다. 그러나 감성은 도덕적인 행위의 동기를 설명할 수는 있었지만, 공적영역에서 길을 잃고 말았다. 개인보다 공동체의 이익추구를 도덕적인 것으로 여겼기 때문이다. 더구나 공동체의 이익을 추구하면서 개인의 소극적인 자유마저 희생을 강요당했다.

구성보다 규제

서구와 동아시아는 이성과 감성의 조화를 모색하려는 노력을 포기한 적이 없다. 서로 방법만 달랐을 뿐이다. 서구는 감성을 이성에 포섭하려고 했으며, 동아시아는 이성을 감성에 포섭하려고 했다. 물론 이런 시도는 공리주의라는 의도하지 않은 결과를 낳기도 했다.

칸트는 이성을 구성적 이념이 아니라 규제적 이념이라고 했다. 규제적 이념은 실제로 존재하지 않을 수도 있지만, 행위를 규제하는 역할을 한다. 그래서 이성이 만든 이념이 감성적인 직관을 통해 실체를 구성할 수 없다. 이념에 실체를 부여하면 초월적인 허구가 만들어지게 된다. 공리주의는 쾌락이라는 감성적인 직관을 이성을 통해 객관적으로 존재하는 도덕적 실체로 표현하려고 했다. 그래서 공리주의는 이성에 의해 만들어진 초월적 허구가 되었고, 이는 이성에 의해 감성이 포섭된 결과였다.

동아시아의 감성은 욕망과 쾌락을 목표로 삼는 흄과도 달랐지만, 이성을 통해 욕망을 객관화하려고 했던 벤담과도 달랐다. 감성은 도덕적인 행위의 근원이며, 이성에 의해 통제될 수 없다고 생각했기 때문이다. 대신 동아시아는 현대의 공리주의를 자신의 방식으로 변형했다. 감성이 이성을 포섭하여 개인보다 공동체의 이익을 우선하는 것을 도덕적인 것으로 포장했다. 서구의 제국주의에 대응하기 위해 민족주의에 의존할 수밖에 없었던 상황도 한몫했는데, 이런 상황에서 정치지도자의 역할이 강조되었다.502) 이렇게 변형된 공리주의는 동아시아에서 권위주의가 발전할 수 있는 단초를 제공했다.

적극적 자유

정치권력은 합법적이거나 혹은 도덕적인 이유를 핑계로 지배할 수 있는 수단들을 마련하는 데 몰두한다. 통치할 수 있는 자격보다 능력으로 자신의 지배를 유지하려고 한다. 공적영역에서 이런 정치권력의 지배에서 벗어나기 위해서는 적극적 자유가 보장되어야 한다. 적극적 자유는 실종된 정치권위를 되찾는 지름길이다.

공적영역에서 내적 자유는 적극적 자유의 전제조건이다. 그러나 이성이 만든 법은 적극적 자유보다 소극적 자유를 보장하는 데 적극적이었다. 법은 소극적 자유인 개인의 자유와 권리를 보장하기 위해 적극적이지만, 내적 자유를 보장하기 위한 노력은 도덕에 일임했다. 이로 인해 내적 자유는 사적영역으로 밀려나거나 혹은 법에 갇히고 말았다. 더구나 공동체의 권리와 자유를 보장하는 데 소극적이었다.

도덕을 본성에 내장된 것으로 여긴 동아시아도 소극적 자유를 보장하는 데 적극적이었다. 다만 서구와 다른 점은 개인보다 자신이 속한 공동체가 다른 공동체의 구속으로부터 벗어나는 소극적 자유를 우선했다. 이로 인해 공동체의 이익을 우선하면서 다른 집단을 배타적으로 대하는 양상으로 발전했다. 더구나 공동체의 이익을 위해 개인의 소극적 자유마저 희생을 강요해 적극적 자유는 완전히 뒷전으로 내몰렸다.

정언명령과 충서(忠恕)

이성과 감성은 모두 정도는 다르지만 공적영역에서 적극적 자유의 보장을 위한 자원을 갖고 있다. 감성은 법치에 의존한 현대가 사적영역으로 밀어낸 내적 자유를 공적영역으로 다시 불러내는 데 도움을 줄 수 있다. 반면 이성은 공동체의 이익을 우선한 동아시아가 공적영역에서 밀어낸 개인의 자유와 권리를 호출할 수 있다.

칸트의 정언명령은 "자신의 준칙이 항상 보편적인 법칙의 원리가 되도록 행하라."고 주문한다. 이런 주문은 이성에 의해 만들어진 것이다. 공적영역에서 이를 지키도록 만드는 것은 전적으로 법의 강제에 의지한다. 충서의 원리는 "자기가 원하지 않는 것이면 남에게도 베풀지 말라."고 주문한다. 충서는 감성의 도덕법칙인 예의 규칙 속에 일관되게 흐르고 있는 원리이다. 그래서 공적영역에서 법의 강제보다 도덕에 의지한다.

정언명령은 동아시아에서 홀대받는 개인의 자유와 권리를 법으로 보장할 수 있다. 그리고 충서의 원리는 현대에 의해 사적영역으로 밀려났거나 법에 갇힌 도덕을 공적영역으로 불러내는 데 필요하다. 충서의 원리는 법의 강제에 의지하지 않은 채 공감을 통해 자발적으로 타인의 자유와 권리를 보장하는 데 도움을 줄 수 있다. 이처럼 정언명령과 충서의 원리는 공적영역에서 적극적 자유가 설 수 있는 터전을 마련하는 데 필요한 자원을 갖고 있다. 이런 자원이 효과적으로 결합된 법과 제도는 적극적 자유를 완성하는 데 도움이 될 것이다.

동반자

일상생활에서 법과 도덕은 항상 함께 작동한다. 법은 제재 혹은 제재에 대한 위협을 통해 일상의 행위를 이끈다. 도덕은 죄의식과 반감 혹은 고결한 감정과 칭찬을 통해 행위의 동기를 제공한다. 강제를 통해 행위를 이끄는 법과 행위의 동기를 제공하는 도덕은 적극적 자유를 보장하는 과정에서 동반자가 되어야 한다. 법적으로 보장된 자신의 자유와 권리만큼 다른 사람의 자유와 권리도 중요하다는 도덕적인 공감이 적극적 자유를 보장할 수 있기 때문이다.

물론 장애물은 있다. 정치권력은 적극적 자유가 지배와 복종의 효율성을 떨어뜨릴 수 있다고 여긴다. 정치질서를 유지하는 데 도움이 되지 않는 번거로운 장식품으로 여기기도 한다. 그래서 법의 강제에 대한 유혹을 떨치기 어렵다. 그렇다면 정치권력은 권력게임에 몰두하도록 내버려두자. 대신 정치권위를 호출하자. 그리고 법과 도덕을 동반자로 삼아 정당한 정치권위를 완성하도록 하자.

또 다른 여정

긴 여정을 마칠 때가 된 것 같다. 실종된 정치권위를 찾기 위한 대략적인 개념도는 만들어진 셈이다. 남은 과제는 개념도를 길잡이 삼아 정치권위를 찾는 일이다. 그곳에는 자유민주주의도 권위주의도 아닌 새로운 정치체제가 들어설 수 있을 것이다. 이런 희망을 가질 수 있는 이유는 그곳에서는 적극적 자유를 보장하는 정당한 정치권위의 토대를 만들 수 있기 때문이다. 이제 또 다른 여정을 위한 준비물들을 점검할 시간이다.

정치권위의 연대기

플라톤
철인정치 구상 – 정치는
철학자의 이성에 의해
발견된 진리를 실천하는 것

클레이스테네스
그리스 도시국가
아테네에 민주주의를 도입

소크라테스
아테네 시민들의 다수결에
의해 사형선고 받음.
"설득하든지 복종하든지."

도시국가 아테네의 몰락
민주주의 정치체제 종언

정치권위의 부재

기원전 770년경　　　　기원전 500년경

기원전 508년경　　　　기원전 399년경

정치권위의 여명기

기원전 380년경　　　　기원전 320년경

기원전 338년경

춘추전국시대의 시작
무력에 의지한 군주의 통치

공자
부도덕한 왕이 불러도
신하가 되기를 원함.
"나를 부르는 사람이 있다면
동주[東周, 공자가 생각했던
태평성대]를 건설할 것이다."

맹자
왕도정치 구상
"덕으로 어짊을 실천하는
정치가 왕도다."

정치혁명

로마제국 등장
군주제 확립

옥타비아누스
제정로마의 초대 황제
권위의 어원인 '아욱토리타스'라는 말의 등장
"나는 아욱토리타스에 있어서 모든 사람들을
능가했지만, 동료들보다 더 많은 포테스타스
[권력의 어원]를 갖지 않았다."

겔라시우스 교황
기독교의 신을 정치권위의
근원으로 삼음.
"이 세상은 두 개의 권력에 의해
통치된다. 하나는 사제들의
권력이며, 다른 하나는 왕의
권력다. 이 가운데 사제의 권력은
훨씬 중요하다."

정치권위의 형성과 발전

기원전 221년경	기원전 207년경	기원전 27년경	
	기원전 220년경	기원전 140년경	494년
		기원전	기원후

중국 최초의 통일왕조
진나라 건국
물리력에 의지한 강권정치

진나라 멸망
강권정치 종언
한나라 건국
무위정치 등장

〈여씨춘추〉
진나라 승상 여불위가 편찬한 책
권위라는 단어가 처음 사용됨.
"군주가 자신의 능력에 의지하여
명령을 남발하면 권위는 흩어지게 된다."

동중서
한무제에게 천인삼책을 건의
유교도덕정치를 정치권위의
근원으로 삼음.
유교를 국교로 삼는 데 기여
"임금은 천자[天子, 하늘의 아들]
로서 하늘의 뜻을 집행하고,
백성은 천자의 통치에 복종한다."

마키아벨리
현대정치의 시조
정치를 권력관계로 이해
"통치자의 유일한 관심은
권력의 획득과 유지이다."

마틴 루터
종교개혁을 주도
교회의 면죄부 판매에 반대해
95개 논제 발표
교회의 권위를 부정
"금화를 면죄부 헌금함에 넣어
딸랑하는 소리가 나면 죽은
자의 영혼은 천국으로 향한다."

르네 데카르트
인간의 이성에 대한
절대적인 신뢰
"나는 생각한다.
고로 존재한다."

정치권위의 변화와
권력정치의 부상

1182년

1392년

1513년

1517년

1603년

1636년

주자
성리학을 집대성, 보편타당한
하늘의 법칙이 인간의 본성에
내재 사적인 혈연공동체의
도덕을 공적인 정치윤리로 확장
"모든 일의 근본은 한 사람[군주]
에게 달려 있다."

진량
도덕은 물론 업적을 강조
공리주의자로 평가 받음.
"하늘의 이치인 도와 인간의
욕심은 더불어 행해질 수 있다."

조선건국
성리학을 국교로 삼음.

마테오 리치
『천주실의』 출판
기독교를 본격적으로 중국에 전파

에도시대
일본은 에도
[동경의 옛 이름]를
수도로 지정하고
막부시대 시작

**명나라 멸망,
청나라 건국**
이민족인 만주족이
중국 통치 시작
성리학의 유교
도덕정치를 계승.

청교도혁명
왕권신수설 쇠퇴
입헌군주제 수립

토마스 홉스
정치권위와 권력은 평화를 보장받기
위해 국민이 사회계약을 통해 부여
정치권력은 시민의 계약에 의해
만들어진 법으로 탄생
"만인에 의한 만인의 투쟁",
"자연법은 이성에 의해 발견된
일반법칙"

데이비드 흄
이성을 우선하는 도덕관을 비판
공감에 기초한 감성의 도덕법칙
강조 - "이성은 감성의 노예이며,
노예이어야 한다."

베스트팔렌조약
독일에서 벌어진 30년
종교전쟁의 결과로 맺은 조약.
영토, 국민, 주권을
구성요소로 한 현대국가 탄생.
교황의 정치적 영향력 약화.

존 로크
사회계약은 자연권
[재산, 생명]을 보장받기 위해
체결 "국가는 국민의
주권을 위탁받아 행사"

명예혁명
권리장전 승인
절대군주제 붕괴

| 1640년 | | 1651년 | | 1688년 | 1739년 |

| | 1648년 | | 1683년 | 1717년 | |

오규 소라이(荻生徂徠)
일본 에도시대의 유학자
도덕과 법의 분리를 강조
"사적인 논의로 공적인 논의를
해치면 천하의 법도가 서지 않는다."

칸트
인간의 이성으로 도덕법칙을 발견
"자유는 도덕의 인식근거이며,
도덕은 자유의 존재근거다."
"너의 행위준칙이 보편적인 입법의
원리가 되도록 하라."

니체
정치권위의 근원이 신에서
인간의 이성으로 대체
"신은 죽었다. 신은 죽어 있다.
우리가 그를 죽였다."

제레미 벤담
행복은 감성도덕의 행위근거
"최대다수의 최대행복"이라는
공리주의 원칙을 세움.

프랑스혁명
인민주권 실현
공화제 실시 "새로운 국가의 시작"

1781년	1793년	1840년	1868년
1789년	1819년	1867년	1882년

건륭제
영국의 매카트니 사절단 접견
현대적인 국가질서를 거부
유교도덕정치를 핵심으로 한
조공체계를 고집

아편전쟁
서구의 침략으로 중국의
정치권위 질서붕괴

양무운동
중국의 근대화운동
중체서용을 고수

정약용
조선후기 실학자
법의 중요성을 일깨움.
이성도덕과 감성도덕을 구분
"이성은 도덕적인 행위에 대한
판단기준은 되지만, 도덕적인
행위의 동기는 되지 못한다."

명치유신
일본에서 일어난 근대화운동

정치혁명

베버
권위를 권력의 한 형태로 생각
"법적·합리적 권위는 현대국
가의 특징"

러시아혁명
공산주의국가 등장

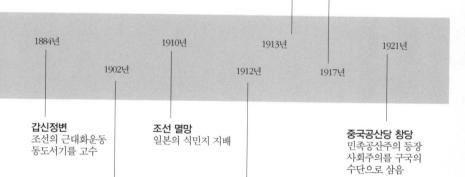

1884년

1902년

1910년

1913년

1912년

1917년

1921년

갑신정변
조선의 근대화운동
동도서기를 고수

조선 멸망
일본의 식민지 지배

중국공산당 창당
민족공산주의 등장
사회주의를 구국의
수단으로 삼음

량치차오(양계초)
서구 제도를 도입하기 위해
변법자강운동을 주도
"국가는 인민의 합의로 계약을
맺어 성립한다."
"입헌군주제는 정치체제 가운데
최고이다."

청나라 멸망
신해혁명.
중화민국 수립
동아시아에서 최초로
공화제 실시

후스(호적)
전반서화운동을 주도 - "완전한
서구화만이 중국을 구할 수 있다."

히틀러
나치독일의 지도자
"가장 뛰어난 지도자와 맹목적으로
복종하는 군인을 가진 군대는
승리한다."

카를 슈미트
나치헌법의 산파 역할
"정치적인 것은 적과 동지를 구분
하는 것"

스탈린
공산주의 소련의 지도자
카리스마적인 권력의 소유자
주가시빌리라는 본명 대신 "강철
사나이"라는 뜻의 스탈린으로 개명

한나 아렌트
"혁명과 전쟁은 폭력을
공통분모로
삼고 있다."
"권위는 사라졌다."

한스 켈젠
도덕과 법의 분리,
법실증주의 확립
"합법성이 곧 정당성"

정치권위의 종말

1935년

1932년

1934년

1946년

1941년

1954년

1949년

머우종산(모종삼)
자유와 도덕의 결합을 시도
새로운 외왕론으로 민주주의의
길을 모색 – "자유의지는
가설이 아닌 인간의 본성"

요시다 시게루(吉田茂)
2차 대전 패전 후 일본총리에 임명
권력집중과 경제발전이라는
권위주의 모델을 수립

마오쩌둥(모택동)
"권력은 총구에서 나온다."

중화인민공화국 수립
공산당 일당독재

새로운 정치권위의 모색

자유민주주의 - 법치에 의존, 민주보다 자유 우선

자카리아(F. Zakaria)

"비자유적 민주주의보다 비민주적 자유주의가 낫다."

정치자유주의 - 이성도덕에 의존, 좋음 [목적론적 도덕법칙]보다

옳음[의무론적 도덕법칙]을 우선 롤스(J. Rawls) "정의의 원칙"

신권위주의 - 공동선보다 공공선에 의존

이성도덕[개인의 자유와 권리]보다 감성도덕[공동체의 행복] 우선

리콴유(李光耀) "아시아적 가치"

다니엘 벨(D. Bell) · 왕지스(王緝思) "현인정치"

1978년

1961년

박정희
군사쿠데타로 권력 장악
관료권위주의 정치체제 수립

덩샤오핑(등소평)
개혁개방정책 실시
자본주의 시장경제체제 도입
권위주의 정치체제 확립
"검은 고양이든 흰 고양이든
쥐만 잘 잡으면 된다."

1. 이 책에서 말하는 동아시아는 유라시아 대륙의 동쪽에 위치한 지역으로서, 유교문명을 토
   대로 발전해 온 국가들을 통칭한다. 동아시아의 비교 대상인 서구는 기독교문명에 기반을
   둔 북미와 유럽 지역을 말한다.
2. 제임스 콜라이아코, 김승욱 옮김, 『소크라테스의 재판』(서울: 작가정신, 2005), 33쪽.
3. 베터니 휴즈, 강경이 옮김, 『아테네의 변명』(고양: 옥당, 2013), 499쪽.
4. Plato, Translated by Benjamin Jowett, *Apology*, http://classics.mit.edu/Plato/apology.html.
5. 플라톤, 황문수 옮김, 『소크라테스의 변명』(서울: 문예출판사, 2007), 74쪽.
6. 司馬遷, 『史記』(杭州: 浙江古籍出版社, 2000).
7. 『論語·陽貨』(太原: 山西古籍出版社, 1999).
8. Allan Bloom, The Republic of Plato (New York: Basic Books, 1968).
9. 『孟子·滕文公下』(太原: 山西古籍出版社, 1999).
10. 『孟子·梁惠王上』(太原: 山西古籍出版社, 1999).
11. 『孟子·梁惠王下』(太原: 山西古籍出版社, 1999).
12. 윌리엄 셰익스피어, 『줄리어스 시저』(서울: 건국대학교 출판부, 2005).
13. Hannah Arendt, "What is Authority?", *Between Past and Future*(New York: Penguin Books, 1968), p. 93.
14. A. Berger, *Encyclopedia Dictionary of Roman Law*(Philadelphia: The American Philosophical Society, 1953), p. 369.
15. 馬玉山, 胡恤琳 評注, 『漢書』(太原: 山西古籍出版社, 2004).
16. 梁啓超, 『清代學術槪論』(上海: 上海古蹟出版社, 2005).
17. 梁啓超, "立憲法義", 『飮氷室文集』第1冊.
18. 李澤厚, 『中國思想史論』(合肥: 安徽文藝出版社, 1999).
19. 장현근, "서구의 충격과 근대 중국의 정치사상: 량치차오의 '입헌군주론'과 쑨원의 '혁명
    공화론'을 중심으로", 『인문사회과학연구』 제3호, (1999), 73~95쪽.
20. Adolf Hitler, Edited by John Chamberlain and Sidney B. Fay, *Mein Kampf*(New York: Reyanal and Hitchcock, 1941), p. 678.
21. 이언 커쇼, 이희재 옮김, 『히틀러 1: 의지 1889-1936』(서울: 교양인, 2010), 676~677쪽.
22. Robert C. Tucker, "The Rise of Stalin's Cult", *The American Historical Review*, Vol. 84, No. 2, p. 348.
23. T. H. Rigby, "Weber's Typology of Authority: A Difficulty and Some Suggestions",

Journal of Sociology, Vol. 2, No. 2, (1966), pp. 2~15.

24. 신봉수, 『마오쩌둥: 나는 중국의 유토피아를 꿈꾼다』(파주: 한길사, 2010), 275~276쪽.

25. Michael Sandel, "What Money Can't Buy: The Moral Limits of Markets", 박상혁 옮김, 『공동체주의와 공공성』(서울: 철학과 현실사, 2008), 166~241쪽(일부 표현은 본래의 의미를 손상하지 않는 범위에서 수정했음).

26. Fareed Zakaria, 1997, "The Rise of Illiberal Democracy", *Foreign Affairs*, Vol. 76, No. 6, pp. 22~43.

27. James Buchanan and Gordon Tullock, *The Calculus of Consent: Logical Foundation of Constitutional Democracy*(Indianapolis: Liberty Fund, 1999).

28. John Rawls, *A Theory of Justice*(Oxford: Oxford University Press, 1973).

29. Emily Rauhala and Audrey Yoo, "Dictator's Daughter", *Time*, Vol. 180, No. 25, (2012), pp. 14~15.

30. 한지훈, "헌재, 통합진보당 해산…소속 국회의원 의원직 박탈", 『연합뉴스』, (12/19/2014).

31. Chalmers Johnson, *MITI and the Japanese Miracle*(Stanford: Stanfor University Press, 1882).

32. Robert Wade, *Governing Market*(Princeton: Princeton University Press, 1990).

33. 中共中央文獻研究室, 『關于建國以來黨的若干歷史問題的決意: 註釋本』(北京: 人民出版社, 1983).

34. Hannah Arendt, "What is Authority", in *Between Past and Future*(New York: Merdian Books, 1954).

35. 현대의 시대 구분과 다양한 의미에 대해서는 다음 글을 참조. Hamish Scott (ed.), *The Oxford Handbook of Early Modern History, 1350~1750*(Cambridge: Oxford University Press, 2015); Gerard Delanty, *"Modernity"*, in George Ritzer (ed.), Blackwell Encyclopedia of Sociology(Malden: Blackwell Publisher, 2007)

36. Shmuel N. Eisenstadt, "Multiple Modernities", *Daedalus*, Vol. 129, No. 1, (2000), pp. 1~29.

37. 이사야 벌린(I. Berlin)은 자유를 "소극적(negative)" 자유와 "적극적(positive)" 자유로 구분했다. 소극적 자유는 외부의 구속으로부터 자유로운 것이며, 적극적 자유는 자유로운 상태를 의미한다. Isaiah Berlin, "Two Concepts of Liberty", in *Four Essays on Liberty*(New York: Oxford University Press, 1969); 한나 아렌트(H. Arendt)는 소극적 자유를 Liberty로, 적극적 자유를 Freedom으로 각각 구분해 사용했다. Hannah Arendt, *On Revolution* (New York: Penguin Books, 2006), p. 22: "What is Freedom", in *Between Past and Future* (New York: Merdian Books, 1954). 이 책은 아렌트의 이런 구분을 따랐다.

38. 오세혁, 『법의 한계』(서울: 세창출판사, 2013)에서 재인용.

39. Hannah Arendt, "What is Authority", in *Between Past and Future*(New York: Merdian Books, 1954).

40. S. N. Eisenstadt, "The Civilizational Dimention of Modernity", *International Sociology*, Vol. 16, No. 3, (2001), pp. 320~340.

41. Joseph Raz, *The Authority of Law and Morality*(London: Oxford University press, 1979), p. 210.

42. Ronald Dworkin, *Taking Rights Seriously*(Cambridge: Harvard University Press, 1978).

43. 『論語』(太原: 山西古籍出版社, 1999).

44. 勾承益, 『先秦禮學』(成都: 巴蜀書社, 2002), 4쪽.

45. 이승환, 『유가사상의 사회 철학적 재조명』(서울: 고려대출판부, 2001).

46. 陳琳, 劉港, "禮治, 德治, 人治", 『遼東學院學報』8卷47期, (2006), 103~106쪽.

47. David Beetham, "Max Weber and the Legitimacy of the Modern State", *Analyse and Kirtik*, Vol. 13, No. 1, (1991), pp. 34~45.

48. Peter G. Stillman, "The Concept of Legitimacy", Polity, Vol. 7, No. 1, (1974), pp. 32~56. 한편 신념이 정당하지 못하고 잘못된 것이라는 판단은 도덕에 의지하기 때문에 정당성의 근거로서, 도덕은 빼놓을 수 없는 요소이다. 잘못된 도덕적인 신념에 대해서는 다음 글을 참조. Francois Jaquet and Hichem Narr, "Moral Beliefs for the Error Theorist?", *Ethic Theory and Moral Practice*, Vol. 18, (May/2015).

49. Tibor R. Machan, "Individualism and the Problem of Political Authority", *The Monist*, Vol. 66, No. 4, (1983), pp. 500~516.

50. Joseph Raz, "Authority and Consent", *Virginia Law Review*, Vol. 67, No. 1, (1981), pp. 103~131.

51. 영어의 "Justification"과 "Legitimation"는 모두 "정당화"로 번역할 수 있다. 영어권의 일부 학자들은 이 둘을 개념적으로 구분하여 사용하고 있다. 예를 들어 Justification은 정책이나 제도가 도덕적으로 정당한지를 판단하는 반면, Legitimation은 정책이나 제도를 구성원들이 정당한 것으로 수용하는지를 판단하는 것으로 구분한다. 그래서 전자는 제도가 존재할 수 있는 근거가 되며, 후자는 제도에 대한 구성원들의 태도가 된다. 그리고 이 둘은 서로 보완적인 관계를 갖고 있다. 이에 대해서는 Sebastiano Maffettone, "Global Justification and Local Legitimation", *Critical Review of International Social and Political Philosophy*, Vol. 15, No. 2, (2010), pp. 239~257; T. M. Scanlon, "Justification and Legitimation", *Philosophy and Social Criticism*, Vol. 38, No. 9, (2012), pp. 887~892를 참조.

52. Richard Taylor "The Basis of Political Authority", *The Monist*, Vol. 66, No. 4, (1983), pp. 457~471.

53. Craig L. Carr, "The Problem of Political Authority", *The Monist*, Vo. 66, No. 4, (1983), pp. 473~486.

54. Hannah Arendt, *On Revolution*(New York: Penguin Books, 2006), p. 19에서 재인용.

55. Timothy Stanton, "Authority and Freedom in the Interpretation of Locke's Political Theory", *Political Theory*, Vol. 39, No. 1, (2011), pp. 6~30.

56. Ludwig Wittgenstein, Translated by G. E. M, Anscomb, *Philosophical Investigation*(Oxford: Basil Blackwell, 1958).

57. Iasiah Berlin, *Four Essays on Liberty*(Oxford: Oxford University Press), 1969.

58. Alexis de Tocqueville, Translated by James T. Schleifer, *Democracy in America*(*Indianapolis*: Liberty Fund, 2000).

59. John Rawls, *A Theory of Justice*(Oxford: Oxford University Press, 1973).

60. 김영균, "『국가』 편에서 혼의 조화와 이성지배에 대한 플라톤의 견해", 『철학』 제79집, (2004), 81~105쪽.

61. 플라톤, 천병희 옮김, 『국가』(고양: 숲, 2013).

62. 박혁, "플라톤과 서구 정치철학 전통의 성립", 『철학사상』 33권, (2009), 237~274쪽.

63. *The Republic of Plato*, 1968, Translated by Allan Bloom, New York: Basic Books, pp. 297~298.

64. *Catholic Encyclopedia*, 1913, "Pope St. Gelasius",http://en.wikisource.org/wiki/Catholic_ Encyclopedia_(1913)/Pope_St._Gelasius_I.

65. 『孟子·告子』(太原: 山西古籍出版社, 1999).

66. 『孟子·告子』(太原: 山西古籍出版社, 1999).

67. 『孟子·公孫醜』(太原: 山西古籍出版社, 1999).

68. 『孟子·告子』(太原: 山西古籍出版社, 1999).

69. 『孟子·盡心』(太原: 山西古籍出版社, 1999).

70. 『論語·顏淵』(太原: 山西古籍出版社, 1999).

71. 蔣慶, 『政治儒學』(北京: 三聯書店, 2003).

72. 유미림, "지배의 정당성의 관점에서 본 맹자의 정치사상", 『한국정치학회보』제38집1호, (2004), 67~84쪽.

73. 『孟子·盡心』(太原: 山西古籍出版社, 1999).

74. 『孟子·告子』(太原: 山西古籍出版社, 1999).

75. 『孟子·滕文公』(太原: 山西古籍出版社, 1999).

76. 류근성, "맹자도덕철학에서의 이성과 감성의 문제".

77. 皮偉兵, "論先秦儒家構建等級秩序的宗法血緣基礎", 『求索』第1卷, (2007), 150~152쪽.

78. 이승환, "사회규범의 공공성에 관한 법가의 인식(2)", 『시대와 철학』제14권 2호, (2003), 377~404쪽.

79. 『論語·子路』(太原: 山西古籍出版社, 1999).

80. 『論語·子路』(太原: 山西古籍出版社, 1999).

81. 周桂·主編, 『中國傳統政治哲學』(石家莊: 河北人民出版社, 2001).

82. 윤대식, "맹자의 왕도정치에 내재한 정치적 의무의 기제", 『한국정치학회보』39집 3호, (2005), 7~32쪽.

83. 강명관, "『삼강행실도』-약자에게 가해진 도덕의 폭력", 『한국고전여성문학연구』제5권, (2002), 5~32쪽.

84. 魯迅, "狂人日記", 『魯迅全集』(上海: 人民文學出版社, 1973).

85. 陳獨秀, "東西民族根本思想之差異", 『陳獨秀文選』(成都: 四川出版集團, 2009), 61~64쪽.

86. Hugh Mercer Curtler, "Violence and Authority", *Modern Age*, (1972), pp. 97~98.

87. A. Rustow, "Kulturtradition und Kuturkritik", *Studium Generale*, (1951), p. 308.

88. David Gross, *The Past in Ruins: Tradition and the Critique of Modernity*(Amherst: The University of Massachusetts Press, 1992).

89. Stephen Kalberg, *Max Weber: Readings and Commentary on Modernity*(Malden: Blackwell Publishing, 2005).

90. Benedict Anderson, 윤형숙 옮김, 『상상의 공동체: 민족주의의 기원과 전파에 대한 성찰』(파주: 나남, 2004).

91. Eric Hobsbaum and Terence Ranger (eds.), *The Invention of Tradition*(Cambridge: Cambridge University Press, 1983).

92. 4세기부터 6세기까지 약 2백 년 동안 일본이 임나일본부를 두어 한반도의 남쪽 지역을 식민지로 통치했다는 주장이다.

93. I. Kant, *Kritik der reinen Vernunft*, 손승길, "칸트의 도덕법칙의 존재근거로서의 자유", 『철학』제62권, (2000), 1225~1518쪽에서 재인용.

94. Herbert Marcuse, *One-Dimensional Man*(London: Routledge, 1964).

95. Iasiah Berlin, *Four Essays on Liberty*(Oxford: Oxford University Press), 1969; 영어권에

서는 소극적 자유와 적극적 자유를 구분하기 위해 전자는 Liberty로, 후자는 Freedom으로 표기하기도 한다.

96. Quentin Skinner, "A Third Concept of Liberty", *Proceedings of the British Academy*, Vol. 117, (2002), pp. 237~268.

97. Hannah Arendt, *On Revolution*(New York: Penguin Books, 2006), p. 22.

98. 공동선(common good)과 공공선(public good)은 구분될 필요가 있다. 공동선은 공동체 구성원들이 참여하여 공동체의 이익이 무엇인지 결정하여 만들어진 것인 반면, 공공선은 구성원의 참여는 제한적이며 오히려 공동체의 대표자에 의해 결정된 공동체의 이익을 말한다. 공동선과 공공선의 구별에 대해서는 김경희, "국가와 공공선 공동선: 절대선과 개별선 사이의 마키아벨리", 『정치사상연구』제18집 1호, (2012), 33~52쪽을 참조.

99. 장세용, "이사야 벌린의 적극적 자유와 소극적 자유의 개념", 『경북사학』20집, (1997), 181~203쪽.

100. 문지영, "'자유'의 자유주의적 맥락", 『정치사상연구』10집 2호, (2004), 171~192쪽.

101. 이상형, "소크라테스의 비극과 해소", 『철학연구』제12집, (2012), 157~182쪽.

102. 김옥경, "도덕성과 합법성의 갈등: 칸트 법철학을 중심으로", 『칸트연구』17집, (2006), 129~156쪽.

103. Niccolo Machiavelli, Translated by Harvey C. Mansfield, *The Prince*(Chicago: The University of Chicago Press, 1998).

104. 프랑수아 줄리앙, 허경 옮김, 『맹자와 계몽철학자의 대화』(파주: 한울, 2004), 33쪽.

105. 현대에서 감성을 통해 도덕원칙을 세우려는 노력이 아예 없었다고 말하려는 것은 아니다. 다만 현대의 특징은 그런 노력이 중요하게 다루어지지 않았으며, 별다른 영향도 주지 않았음을 보여준다. 감정도덕에 관한 서구의 관심은 흄(D. Hume)의 연구에서 발견할 수 있다. 이에 대해서는 권수현, "감성의 윤리적 차원", 『철학연구』제112집, (2009), 29~51쪽 참조.

106. Spinoza, 박기순, "스피노자의 유덕자, 자유인", 『인문논총』69집, (2013), 79-113쪽에서 재인용.

107. Hannah Arendt, "What is Authority", in *Between Past and Future*(New York: Penguin Books, 1968).

108. Peter D. Hershock and Roger T. Ames, "Introduction", in Hershock and Ames (eds.), *Confucian Cultures of Authority*(New York: State University of New York, 2006), p. ix.

109. 정대성, "근대적 사유의 권위적 특성과 대안적 사유의 가능성에 대하여", 『가톨릭철학』제14호, (2010), 83~106쪽.

110. 신진욱, "정당성 정치의 구조와 동학", 『한국사회학』제47집 1호, (2013), 35~69쪽.

111. 전성우, "막스 베버의 합리성론에 대한 소고", 『철학사상』22권, (2006), 41~73쪽에서 재인용.

112. 롤스가 말한 "원초적 입장"은 사회계약에 참여하는 당사자들이 자신의 사회적 지위, 계층, 지능, 체력, 가치관 등에 대해 알지 못하는 "무지의 베일"에 가려져 있으며, 자유롭게 자신의 의사를 결정한다는 가설에 기초하고 있다.

113. 김성우, "롤스의 자유주의 윤리학에 나타난 합리성과 도덕성 비판", 『시대와 철학』제18권1호, (1999), 220~240쪽.

114. 한동일, "정치권력과 종교권력: 서양법제사 안에서 법과 종교의 분리", 『법과 기업연구』1권 2호, (2011), 203~227쪽에서 재인용.

115. 한상수, "이성과 법", 『법철학연구』제16권3호, (2013), 145~180쪽.

116. Emily Sherwin, "Legality and Rationality: Comment on Scott Shapiro's Legality", *Legal Theory*, Vol. 19, (2013), pp. 403~421.

117. Steven B. Smith, *Hegel's Critique of Liberalism* (Chicago: The University of Chicago Press, 1991), p. 65.

118. Tibor R. Machan, "Social Contract as a Basis of Norms: A Critique", *The Journal of Libertarian Studies*, Vol. 7, No. 1, (1983), pp. 141~145.

119. 김석수, "도덕성과 합법성의 관계에 대한 고찰: 칸트와 헤겔의 인륜성 개념을 중심으로",『칸트연구』제6권, (2000), 259~286쪽.

120. 그리스의 비극작가인 소포클레스가 쓴『안티고네』는 그리스 신화에 나오는 오이디푸스의 딸인 안티고네의 이야기를 담고 있다. 안티고네는 오빠인 플뤼네이케가 죽자 장례를 치르고 그의 시신을 묻어주려고 했지만, 왕이자 외삼촌인 크레온은 이를 거부했다. 안티고네는 죽은 혈족의 장례를 치르고 시신을 묻는 것은 신이 정한 법이라고 주장했지만, 크레온은 인간이 만든 법에 대한 무조건적인 복종을 요구했다.

121. 대표적인 서구의 중국현대사 연구자인 스펜서(Jonathan Spence)는 현대가 서구에서 수입되기 이전까지 중국에서 현대의 특징을 찾을 수 없었다고 주장한다. 이에 대해서는 Jonathan Spence, *Searching for Modern China* (New York: W. W. Norton & Company, 1990).

122. Raymond LM Lee, "Modernity, Modernities and Modernization: Tradition Reappraised", *Social Sciences Information*, Vol. 52, No. 3, (2013), pp. 409~424.

123. Chad Hansen, *A Daoist Theory of Chinese Thought: A Philosophical Interpretation* (New York: Oxford University Press, 1992).

124. 成中英, "知識與道德的平衡與整合",『合外內之道:儒家哲學論』(北京: 中國社會科學出版社, 2001), 1~13쪽.

125. 류근성, "맹자도덕철학에서 이성과 감성의 문제",『동양철학연구』제52집, (2007), 277~301쪽.

126. 김옥경, "도덕성과 합법성의 갈등: 칸트 법철학을 중심으로",『칸트연구』제17집, (2006), 129~156쪽.

127. 이문주, "유가경전을 중심으로 한 예의 개념에 대한 연구",『유교사상연구』7집, 1994, 546쪽.

128. 최영갑,『공자와 맹자의 도덕철학』(파주: 한국학술정보, 2006).

129. 김형철 문병도, "유가와 칸트의 도덕판단 방법론 비교연구: 서와 정언명법을 중심으로",『철학』77집, (2003), 325~359쪽.

130.『論語、衛靈公』(太原: 山西古籍出版社, 1999).

131. David S. Nivison, "Golden Rule Argument in Chinese Moral Philosophy", in *The Ways of Confucianism* (Chicago: Open Court, 1996).

132. 유일환, "칸트의 황금률 비판과 유가의 충서개념",『철학사상』53호, (2014), 3~25쪽.

133.『荀子・天論』(太原: 山西古籍出版社, 1999).

134. 김광철, "도덕에 있어서 자율성과 감정의 역할: 순자와 칸트의 비교",『철학논집』23집, (2010), 203~245쪽.

135.『荀子・性惡』(太原: 山西古籍出版社, 1999).

136. William Theodore de Bary, *Asian Values and Human Rights: Confucian-Communitarian Perspective* (Cambridge: Harvard University Press, 1998).

137. 류근성, "맹자도덕철학에서 이성과 감성의 문제",『동양철학연구』52집, (2007),

277~301쪽.

138. Adriaan Bedner, "Developing the Rule of Law in East Asia", *Hague Journal on the Rule of Law*, Vol. 5, (2013), pp. 141~145.

139. Leigh K. Jenko, "'Rule by Man' and 'Rule by Law' in Early Republican China: Contributions to a Theoretical Debate", *The Journal of Asian Studies*, Vol. 69, No. 1, (2010), pp. 181~203.

140. 민경배, "법의 보편적 기본원리로서 합법성", 『공법학연구』 7권 2호, (2006), 243~264쪽.

141. 최봉철, "최근 법실증주의의 전개와 자연법론과의 관계", 『법철학연구』 13권 3호, (2010), 217~250쪽.

142. 이승환, "사회규범의 공공성에 관한 법가의 인식(1)", 『시대와 철학』 14권 1호, (2003), 307~328쪽.

143. Kun Luen Alex Lau and Angus Young, "Why China Shall not Completely Transit from a Relations Based to a Rule Based Governance Regime: A Chinese Perspective", *Corporative Governance: International Review*, Vol. 21, No. 6, (2013), pp. 577~585.

144. Lucie Cheng, Margaret Y. K. Woo, and Arthur Rosett, "Finding a Role for Law in Asian Development", in *East Asian Law*(London: Routledge, 2003), pp. 1~20.

145. Robert A. Dahl, 박상훈 옮김, 『미국의 헌법과 민주주의』(서울: 후마니타스, 2004).

146. 아비투스(habitus)는 프랑스의 사회학자 부르디외가 만든 말로 타고난 천성이 아닌 후천적으로 길러진 성향을 말한다.

147. 이순예, "근대성, 합리와 비합리성의 변증법", 『담론 201』 13집 1호, (2010), 5~33쪽.

148. 아도르노(T. Adorno)는 부정의 부정으로부터 긍정을 도출한 헤겔을 비판한다. 현대의 폭력현상은 아도르노의 이런 비판에 힘을 실어준다. 이에 대해서는 아도르노, 홍승용 옮김, 『부정변증법』(파주: 한길사, 1999) 참조.

149. K. Marx, *Capital*(New York: Modern Library, 1906), p. 824.

150. Z. Bauman, *Modernity and the Holocaust*(Ithaca: Cornell University Press, 1989).

151. 신진욱, "근대와 폭력", 『한국사회학』 38집 4호, (2004), 1~31쪽.

152. 김용환, "홉스의 힘의 정치철학: 폭력과 통제", 『동서철학연구』 29호, (2003), 113~137쪽.

153. Samuel Freeman, "Reason and Agreement in Social Contract Views", *Philosophy & Public Affairs*, Vol. 19, No. 2, (1990), pp. 122~157.

154. 백종현, "이성개념의 역사", 『칸트연구』 23집, (2009), 53~86쪽.

155. 이현휘, "증오의 복음: 근대 문명과 폭력의 세계화", 『비폭력연구』, Vol. 1, (2009), 119~152쪽.

156. 사회계약론에서 인간의 이성이 도구적으로 사용되었다고 보는 시각은 나종석, "홉스에서의 이성, 국가 그리고 정치적인 것", 『인문학연구』 46집, (2012), 117~146쪽을 참조; 이성의 도구적인 관점을 비판한 글은 목광수, "홉스의 이성 개념 고찰", 『철학논총』 68집 2권, (2012), 245~267쪽을 참조.

157. C. B. Macpherson, *Democratic Theory: Essays in Retrieval*(Oxford: Clarendon Press, 1973).

158. 곽차섭, "마키아벨리와 국가이성", 『부산사학』 22집, (1992), 195~225쪽에서 재인용.

159. Christoph Menke, "Law and Violence", *Law and Literature*, Vol. 22, No. 1, (2010), pp. 1~17.

160. Walter Benjamin, "Critique of Violence", in Translated by Edmund Jephcott, Peter Demetz (ed.), *Reflections: Essays, Aphorism, Autobiographical Writings*(New York: Schocken Books, 1986).

161. Walter Benjamin, "Critique of Violence", in Translated by Edmund Jephcott, Peter Demetz (ed.), *Reflections: Essays, Aphorism, Autobiographical Writings*(New York: Schocken Books, 1986).

162. Jacques Derrida, *Force de loi*, 진태원 옮김,『법의 힘』(서울: 문학과 지성, 2004).

163. 강우성, "폭력과 법의 피안: 정치적 주체의 탄생",『안과 밖』30호, (2011), 10~37쪽.

164. 임미원, "법의 자기정당화의 위기: 아감벤의 칸트 법개념 비판을 중심으로",『법학논총』27집 3호, 219~250쪽; S. Weber, "Taking Exception to Decision: Walter Benjamin and Carl Schmitt", *Diacritics*, Vol. 22, No. 3/4, (1992), pp. 5~18.

165. C. Wright Mills, *The Power Elite*(New York: Oxford University Press, 1956).

166. Laura Duhan Kaplan and Laurence F. Bove (eds.), *Philosophical Perspectives on Power and Domination: Theories and Practices*(Amsterdam: Rodopi, 1997).

167. 홍성흡, "국가폭력 연구의 최근 경향과 새로운 연구방향의 모색",『민주주의와 인권』7권 1호, (2007), 5~28쪽.

168. 주디스 버틀러, 조현준 옮김,『젠더트러블』(서울: 문학동네, 2006).

169. 이문영, "폭력개념에 대한 고찰: 갈퉁, 벤야민, 아렌트, 지젝을 중심으로",『역사비평』106호, (2004), 323~356쪽.

170. Hannah Arendt, "On Violence", in *Crises of the Republic*(New York: Harvest Book, 1972).

171. 장명학, "권력의 이중성: 칸트와 하버마스의 권력개념을 중심으로",『비폭력연구』제1권, (2009), 69~95쪽.

172. 한상수, "이성과 법",『법철학연구』제16권 3호, (2013), 145~180쪽.

173. 표광민, "주권 해체를 향한 아감벤의 예외상태론",『사회과학연구』37권 1호, (2011), 1~19쪽.

174. 이순웅, "아감벤의 정치철학에서 민주주의 문제와 주체의 역할",『통일인문학』57집, (2014), 311~342쪽.

175. 표광민, "주권 해체를 향한 아감벤의 예외상태론",『사회과학연구』37권1호, (2011), 1~19쪽.

176. 김정한, "폭력과 저항: 발리바르와 지젝",『사회와 철학』21집, (2011), 363~390쪽.

177. 피트킨(H. F. Pitkin)은 권력을 자신의 의도를 남에게 부가하는 관계적 권력(power over)과 상대와 무관하게 어떤 일을 할 수 있는 능력을 나타내는 비관계적 권력(power to)으로 구분하고 있다. 이에 대해서는 Hannah Fenichel Pitkin, "Are Freedom and Liberty Twins?", *Political Theory*, Vol. 16, No. 4, (1988), pp. 523~552를 참조; 한편, 아렌트(H. Arendt)는 지배의 의미를 갖는 관계적 권력을 폭력으로 규정하고, 비관계적 의미로서 "권력은 인민들이 약속, 관습, 상호언약 등을 통해 서로를 구속할 때 나타나게 된다."고 주장한다. 이에 대해서는 Hannah Arendt, *On Revolution* (New York: The Viking Press 1963)을 참조; 또한 괼르(G. Gohler)는 권력은 관계적 측면에서 행위의 영역을 제한하지만, 비관계적 측면에서는 자율성을 보장하기 때문에 억압적이면서도 생산적인 측면을 동시에 갖고 있다고 주장한다. 이에 대해서는 Gerhard Gohler, "Power to and 'Power over'", in Stewart R. Clegg and Mark Haugaard(eds.), *The Sage Handbook of Power*(Los Angles: Sage, 2009), pp. 27~39를 참조.

178. Steven Lukes, *Power: A Radical View*(New York: Palgrave Macmillan, 2005).

179. 아렌트(H. Arendt)는 '아욱토리타스(auctoritas)'의 어원은 '아우게레(augere)'로 "증가시키다"라는 의미를 담고 있기 때문에, 권위는 권력과 달리 과거에 뿌리를 두고 있으면서 증가된다고 한다. Hannah Arendt, "What is Authority", in *Between Past and Future*(New York: Penguin, 1968)을 참조

180. John Bryan Starr, *Continuing the Revolution: The Political Though of Mao*(Princeton: Princeton University Press, 1979)

181. 아렌트(H. Arendt)는 "권위는 한때 정치이론에 토대가 되는 개념이었지만, 현대에 들어서면서 권위는 지속적이면서 심각하고도 광범위한 위기에 직면하게 됐다."고 주장한다. 그리고 권위가 직면한 이런 위기의 원인은 전체주의가 등장하면서 자유주의자들이 권위와 독재를 동일시하고, 권위주의에서 이루어지는 자유의 제한과 전체주의에서 자행된 자유의 폐지를 구별하지 않은 데 따른 것이라고 강조한다.

182. 박혁, "정치에서의 권위문제: 한나 아렌트의 권위개념에 관한 고찰", 『21세기정치학회보』 19집3호, (2009), 73~96쪽.

183. Thomas D. Weldon, *Vocabulary of Politics*(Baltimore: Penguin Books, 1953).

184. 권위를 권력집중이라는 의미로 사용하는 것도 권위주의와 개념적으로 구별하지 않은 데 따른 결과로 해석할 수 있다. W. Edgar Gregory, "Authoritarianism and Authority", *The Journal of Abnormal and Social* Psychology, Vol. 52, No. 3, (1955), pp. 641~643; 권위를 권력집중으로 사용한 사례는 王孝勇, "發展中國民主化進程中民主與權威關係分析", 『河南大學學報(哲學社會科學版)』第11卷第1期, (2009), pp. 32~35를 참조.

185. Hannah Fenichel Pitkin, "Are Freedom and Liberty Twins?", *Political Theory*, Vol. 16, No. 4, (1988), pp. 553~552.

186. R. P. Wolff, "The Conflict between Authority and Autonomy", in Stephen Raz (ed.), *Authority* (New York: New York University Press, 1990), pp. 20~31.

187. Peter Skalnik, "Authority versus Power", in Angela Cheater (ed.), *The Anthropology of Power* (London: Routledge, 1999).

188. Stanley Benn, "Authority", *The Encyclopedia of Philosophy*(New York: Macmillan), Vol. 1, pp. 215~218.

189. Niccolo Machiavelli, Translated by Harvey C. Mansfield, *The Prince*(Chicago: The University of Chicago Press, 1998).

190. 안정석·양삼석, "근대 자연법사상에 내재된 정치권력의 정당성과 그 현대적 함의: 레오 스트라우스의 관점을 중심으로", 『21세기정치학회보』 제20집 1호, (2010), 1~26쪽.

191. Timothy Stanton, "Authority and Freedom in the Interpretation of Locke's Political Theory", *Political Theory*, Vol. 39, No. 1, (2011), pp. 6~30.

192. Joseph A. Schumpeter, *Capitalism, Socialism, and Democracy*(New York: Harper & Row, 1975).

193. 임화연, "민주주의와 다수의 지배", 『철학연구』 제72집, (2006), 183~201쪽.

194. Alexis de Tocqueville, Translated by James T. Schleifer, *Democracy in America*(*Indianapolis*: Liberty Fund, 2000).

195. Kenneth J. Arrow, *Social Choice and Individual Values*(New Haven: Yale University Press, 1973).

196. C. Wright Mills, *The Power Elite*(New York: Oxford University Press, 1956).

197. Arend Lijphart, *Democracies: Patterns of Majoritarian and Consensus Government in*

Twenty-one Countries(New Haven: Yale University Press, 1984).

198. 선학태, 『민주정치와 상생정치』(서울: 다산, 2005).

199. Robert A. Dahl, *A Preface to Democratic Theory*(Chicago: University of Chicago Press, 1956).

200. Max Weber, Edited by Guenther Roth and Claus Wittich, *Economy and Society* (Berkeley: University of California Press, 1978), p. 25.

201. Lucian W. Pye, *Asian Power and Politics: The Cultural Dimensions of Authority* (Cambridge: Harvard University Press, 1985).

202. Timothy Stanton, "Authority and Freedom in the Interpretation of Locke's Political Theory", *Political Theory*, Vol. 39, No. 1, (2011), pp. 6~30.

203. 규정상(de jure)의 권위는 법률상의 권위로도 번역되지만, 특정한 권리를 가지는 것은 국가의 경우에는 법률에 의해 규정되겠지만, 동호회 등과 같은 사적인 모임의 경우에는 회원규칙 등에 의해 규정되기 때문에 개념적인 혼란을 피하기 위해 규정상의 권위로 표기한다. 사실상(de facto)의 권위와 규정상의 권위에 대해서는 R. S. Peters, "Symposium: Authority", *Proceedings of the Aristotelian Society: Supplementary Volumes*, Vol. 32, (1958), pp. 207~260을 참조.

204. 권리가 법과 분리할 수 없는 관계를 맺고 있다고 생각하는 것은 현대의 산물이다. 특히 실정법을 통해 보장될 때 권리는 의미를 갖는다는 생각은 이런 현대적 사유의 전형이다. Michael Huemer, *The Problem of Political Authority*(New York: Palgrave, 2013).

205. Richard E. Flathman, *The Practice of Political Authority*(Chicago: The University of Chicago, 1980), pp. 16~19. 이론적 권위와 실천적 권위가 구분되지 않는 경우에 대해서는 박효종, 『민주주의와 권위』(서울: 서울대학교출판부, 2005), 49~50쪽을 참조.

206. Thomas Christiano, "Authority", *Stanford Encyclopedia of Philosophy*, 2012.

207. Da-Chi Liao and Herlin Chien, "Revisiting the Rule of Law and the Rule of Man", *Issues and Studies*, Vol. 45, No. 3, (2009), pp. 1~35.

208. Daniel A. Bell, *The China Model: Political Meritocracy and the Limits of Democracy*(Princeton: Princeton University Press, 2015).

209. 최봉철, "최근 법실증주의의 전개와 자연법론과의 관계", 『법철학연구』 13권 3호, (2010), 217~250쪽에서 재인용.

210. Gustav Radbruch, 김영환 옮김, 『법철학』(파주: 나남, 2007).

211. 『論語 · 爲政』(太原: 山西古籍出版社, 1999)

212. 장현근, "선진정치사상에서 법의 의미", 『한국정치학회보』 27집 2호, (1994), 75~96쪽.

213. Randall Peerenboom, *China's Long March toward Rule of Law*(Cambridge: Cambridge University Press, 2002), p. 56.

214. Daniel A. Bell, *The China Model: Political Meritocracy and the Limits of Democracy*(Princeton: Princeton University Press, 2015).

215. Fabienne Peter, "Political Legitimacy", *Stanford Encyclopedia of Philosophy*, (2010), http://plato.stanford.edu/entries/legitimacy/.

216. A. John Simmons, "Justification and Legitimacy", *Ethic*, Vol. 109, (1999), pp. 739~771.

217. 전통시대에도 초월적인 존재를 부정했던 생각들이 있었다. 그리스 도시국가 시절의 소피스트와 중국 선진시대의 법가들이다. 대표적인 소피스트인 프로타고라스는 "인간은 만물의 척도"라고 선언하여 초월적인 존재를 부정했으며, 순자는 자연은 "저절로 그렇게(自然而然)" 존재하는 것으로서 인간의 행위에 정당성을 부여하는 본체로 삼지 않았

다. 그러나 이런 생각들은 서구와 동아시아에서 전통으로 자리 잡지 못했다.

218. William A. Edmundson, "Political Authority, Moral Powers and Intrinsic Value of Obedience", *Oxford Journal of Legal Studies*, Vol. 30, No. 1, (2010), pp. 179~191.

219. 김석수, "칸트와 하버마스에 있어서 도덕과 법", 『철학연구』 89집, (2004), 57~89쪽.

220. 정치권위의 정당성을 도덕성과 합법성에서 찾는 이론적인 배경에 대해서는 다음 글을 참조. A. John Simmons, "Justification and Legitimacy", *Ethics*, Vol. 109, No. 4, (1999), pp. 739~771; William A. Edmundson, "Political Authority, Moral Powers and the Intrinsic Value of Obedience", *Oxford Journal of Legal Studies*, Vol. 30, No. 1, (2010), pp. 179~191; 한편 베버는 정당한 권위를 전통적·카리스마적·합법적 권위로 구분했다. 베버의 이런 구분은 권위를 권력의 한 형태로 생각했기 때문에 이 책의 분류와는 차이가 있다.; 또한 전통시대에는 도덕성, 현대는 합법성이 기준이라는 이분법적인 분류는 단순화의 오류를 범한 것이라는 비판을 받을 수 있다. 전통시대에도 합법성이, 현대에도 도덕성이 중요한 평가의 기준이 되기도 했다는 것을 부정하는 것은 아니다. 서구에서는 그리스의 도시국가 시절 소피스트들이 자연법에 대비되는 실정법을 강조했으며, 동아시아에서는 전국시대의 순자가 법치를 주장했다. 그럼에도 불구하고 이렇게 분류하는 것은 비교분석의 편의를 위한 것이다.

221. 황경식, "왜 다시 덕윤리가 문제되는가?", 『철학』 제85집, (2008), 199~223쪽.

222. 김옥경, "도덕성과 합법성의 갈등: 칸트 법철학을 중심으로", 『칸트연구』 제17집, (2006), 129~156쪽.

223. David Beetham, "Max Weber and Legitimacy of the Modern State", *Analyse and Kirtik*, Vol. 13, No. 1, pp. 34~45.

224. Alasdair MacIntyre, *A Short History of Ethics*(London: Routledge and Kegan Paul, 1966).

225. 최은순, "맥킨타이어의 덕윤리와 도덕교육", 『도덕교육연구』 제26권1호, (2014), 49~68쪽.

226. I. Kant, 서윤발, "J. 롤스의 칸트적 해석에 대하여", 『철학논총』 제69집 3권, (2012), 187~206쪽에서 재인용.

227. 서양근대철학회, "도덕과 자유의지", 『서양근대철학의 열 가지 쟁점』(파주: 창비, 2004), 285~324쪽.

228. 칸트가 말하는 목적론적 도덕법칙은 아리스토텔레스의 목적론적 정의 원칙과 다르다. 칸트의 목적론적 도덕법칙은 이미 현대의 옷으로 갈아입었기 때문이다. 내용적으로도 도구이성에 의해 만들어진 목적과 초월적인 존재에 의해 부여된 목적이 같을 수는 없다.

229. Will Kymlicka, *Liberalism, Community and Culture*(Oxford: Clarendon Press, 1991).

230. John Rawls, *Political Liberalism*(New York: Columbia University Press, 1996).

231. 남기호, "칸트의 자연법이론과 국가기초의 문제", 『가톨릭철학』 14호, (2010), 161~198쪽.

232. 문지영, "'자유'의 자유주의적 맥락: 로크와 로크를 넘어", 『정치사상연구』 10집 1호, (2004), 171~192쪽.

233. 김옥경, "도덕성과 합법성의 갈등: 칸트 법철학을 중심으로", 『칸트연구』 17집, (2006), 129~156쪽.

234. 오병선, "현대의 자연법론과 법실증주의의 수렴경향", 『법철학연구』 1권, 31~52쪽.

235. Ronald Dworkin, 장영민 옮김, 『법의 제국』(파주: 아카넷, 2004).

236. C. B. Macpherson, *Democratic Theory: Essays in Retrieval*(Ontario: Oxford University

Press, 1973), p. 244.

237. 차미란, "지식과 도덕", 『도덕교육연구』 제25권 1호, (2013), 39~64쪽.

238. Aristotele, Ethica Nichomachea, 이창우 외 옮김, 『니코마코스윤리학』(서울: 이제이북스, 2006).

239. 황경식, "도덕행위의 동기화와 수양론의 문제", 『철학』 제102집, (2010), 55~80쪽.

240. F. M. Cornford and K. C. Guthrie, *The Greek Philosophers* (New York: Harper and Row Publishers, 1950).

241. John, Chrysostom, 강두호, 『자연법 사회윤리』(서울: 인간사랑, 2003), 33쪽에서 재인용.

242. S. Thomas Auinatis, 신창석, "토마스 아퀴나스의 신앙과 이성", 『가톨릭철학』 제2호, (2000), 47~75쪽에서 재인용.

243. William of Ockham, 이종은, 『정치와 윤리』(서울: 책세상, 2010), 240쪽에서 재인용; 김명숙, "서구법의 합리화 과정과 이해지향에 대한 막스 베버의 분석", 『한국사회학』 제35집 5호, (2001), 33~62쪽.

244. Michael Lessnoff (ed.), "Introduction: Social Contract", in *Social Contract Theory* (New Tork: New York University Press, 1990).

245. T. Hobbes, *Leviathan*(New York: Penguin Books, 1968).

246. John Locke, 강정인 문지영 옮김, 『통치론』(서울: 까치, 2007).

247. 고봉진, "홉스, 로크, 루소의 사회계약론 비교", 『법과정책』 20권 1호, (2014), 55~82쪽.

248. Hans Wezel, 박은정 옮김, 『자연법과 실질적 정의』(서울: 삼영사, 2001).

249. 비담은 베버가 사용한 헤르샤프트를 번역하기 어려운 이유를 다음과 같이 설명하고 있다. "헤르샤프트를 권위로 번역하는 데는 난점이 있는데, 권위는 정당한 권력이라는 의미를 갖고 있어 정당한 권위라는 표현은 동어반복에 불과하기 때문이다. 그리고 지배로 번역하는 것은 너무 강한 표현이고, 통치는 너무 정치적이며, 권력은 너무 일반적이기 때문이다." David Beetham, "Max Weber and the Legitimacy of the Modern State", *Analyse and Kirtik*, Vol. 13, No. 1, (1991), pp. 34~45.

250. Max Weber, 박성환 옮김, 『경제와 사회』(서울: 문학과 지성사, 2003).

251. 양천수, "합법성과 정당성", 『영남법학』 25호, (2007), 91~115쪽.

252. 신진욱, "정당성 정치의 구조와 동학", 『한국사회학』 제47집 1호, (2013), 35~69쪽.

253. H. L. A. Hart, *Essays on Bentham: Studies in Jurisprudence and Political Theory*(Oxford: Oxford University Press, 1982).

254. Jiang Shigong, "Written and Unwritten Constitutions: A New Approach to the Study of Constitutional Government in China", *Modern China*, Vol. 36, No. 1, (2015), pp. 12~46.

255. Ulrich K. Preuss, "Constitutional Powermaking for the New Polity: Some Deliberations on the Relations between Constituent Power and the Constitution", *Cardozo Law Review*, Vol. 14, (1992/1993), pp. 639~660.

256. 김비환, "아렌트의 정치적 헌정주의", 『한국정치학회보』 41집 2호, (2007), 99~120쪽.

257. 김선택, "헌법과 혁명", 『동아법학』 제58호, (2013), 1~39쪽.

258. John Rawls, *Political Liberalism*(New York: Columbia University Press, 1993).

259. 시각은 다르지만, 김비환은 이 대목에서 정치적인 것을 적과 동지로 이해했던 슈미트를 상기하고 있다. 김비환, "롤스 정치철학의 두 가지 문제점: 완전주의와 정치 없는 정치철학", 『한국정치학회보』제31집1호, (1997), 31~48쪽.

260. Jeremy Waldron, "Disagreements about Justice", *Pacific Philosophical Quarterly*, Vol. 75, (1994), pp. 372~387.

261. 홍성우, "롤스의 정치적 자유주의에 대한 샌들의 비판", 『범한철학』 제33집, (2004), 5~31쪽.
262. 서윤발, "J. 롤스의 칸트적 해석에 대하여", 『철학논총』 제69집 3권, (2012), 187~206쪽.
263. Tom Christiano, "Authority", *The Stanford Encyclopedia of Philosophy*, (2013), http://plato.stanford.edu/archives/spr2013/entries/authority/.
264. Frank Dietrich, "Consent as the Foundation of Political Authority: A Lockean Perspective", *Rationality, Markets and Morals*, Vol. 5, (2014), 64~78.
265. 『大學·經文』(太原: 山西古籍出版社, 1999).
266. 황경식, "도덕행위의 동기화와 수양론의 문제", 『철학』 102집, (2010), 55~80쪽.
267. 차미란, "지식과 도덕", 『도덕교육연구』 제25권 1호, (2013), 39~64쪽.
268. "아크라시아(akrasia)"는 의지 나약, 자제심 결여, "아시디아(acedia)"는 나태, 무관심 등으로 번역된다.
269. Aristotele, Ethica Nichomachea, 이창우 외 옮김, 『니코마코스윤리학』(서울: 이제이북스, 2006).
270. 정영수, "맹자의 도덕적 자기수양", 『범한철학』 38집, (2008), 29~49쪽.
271. David S. Nivison, *The Ways of Confucianism*(Chicago: Open Court, 1996), p. 37.
272. 제선왕은 기원전 319년부터 301년까지 중국 전국시대에 제나라를 통치했던 왕이다. 제나라는 지금의 산동지역에서 한때 가장 번창했지만, 진나라에 의해 멸망했다.
273. 호흘은 제선왕의 신하다.
274. 『孟子·梁惠王上』(太原: 山西古籍出版社, 1999).
275. 춘추시대 말기인 기원전 481년 제나라의 왕이었으며, 자신의 신하였던 전성자에게 살해당했다.
276. 车宗三, 『名家與荀子』(延吉: 吉林出版集團有限責任公司, 2010).
277. 김광철, "도덕에 있어서 자율성과 감정의 역할: 순자와 칸트의 비교", 『철학논집』 23집, (2010), 203~245쪽.
278. 이승환, 『유가사상의 사회철학적 재조명』(서울: 고려대학교출판부, 1998), 234~235쪽.
279. 유희성, "순자의 인식론: 모종삼의 견해를 중심으로", 『동양철학연구』 58집, (2009), 111~140쪽.
280. 유동환, "칸트철학의 유학적 재해석: 모종삼의 도덕형이상학을 중심으로", 『시대와 철학』 제9권1호, (1998), 101~130쪽
281. 车宗三, 徐復觀, 張君勱, 唐君毅, "爲中國文化警告世界人士宣言", (1956), 『唐君毅全集』 卷四 (臺北: 臺灣學生書局, 1991)
282. 车宗三, 『政道與治道』(臺北: 學生書局, 1983), pp. 51~52.
283. 권상우, "현대 신유학의 현대화에 대한 비판과 새로운 모색", 『철학연구』 제98집, (2006), 1~23쪽.
284. 이상익, 『유교전통과 자유민주주의』(서울: 심산, 2004).
285. 劉曉, 『現代新儒家政治哲學』(北京: 線裝書局, 2001); 蔣慶, 『政治儒學』(北京: 三聯書店, 2003).
286. 오병선, "현대의 자연법론과 법실증주의의 수렴경향", 『법철학연구』 1권, (1998), 31~52쪽.
287. Tom Bingham, *The Rule of Law* (London: Allen Lane, 2010).
288. Joseph Raz, *The Authority of Law: Essays on Law and Morality* (London: Oxford University Press, 1979).

289. 이계일, "동아시아 공동체의 형성이 법철학에 주는 도전", 『법학연구』 31집, (2010), 133~181쪽.

290. 철학적 무정부주의자들에게 "정당한 정치권위"는 그 자체로 모순을 안고 있는 용어다. 왜냐하면 무조건적인 복종을 요구하는 "정당한 정치권위"는 국민들이 자신들의 이성적인 판단에 따라 결정을 내린다는 합리성의 원칙, 그리고 자율적으로 스스로의 의사를 결정한다는 자율성의 원칙과 배치되기 때문이다. 철학적 무정부주의자들의 관점에 대해서는 R. P. Wolff, "The Conflict between Authority and Autonomy", in Stephen Raz (ed.), *Authority*(New York: New York University Press, 1990), pp. 20~31를 참조.

291. Joseph Raz, "Introduction", in Joseph Raz (ed.), *Authority*(New York: New York University Press, 1990).

292. 라즈(J. Raz)는 정치권위에 복종하는 것은 국민들이 스스로의 행위근거를 정치권위의 명령으로 대체한다는 것이지, 스스로 생각하고 판단하는 것을 포기하는 것과 다르다고 주장한다. 정치권위는 국민들이 수용할 충분한 근거가 있을 때 정당화될 수 있기 때문에 판단의 포기로는 설명될 수 없다는 것이다. 또한 라즈는 정치권위의 정당성을 설명하는 봉사개념의 주요한 명제 가운데 하나인 "선제적(pre-emptive)" 근거는 "독단적(peremptory)" 근거와 다른데, 전자는 국민들이 고려하고 있던 근거에 의존하는 것(dependent reasons)이며, 후자는 국민들이 고려하고 있던 근거에 새로운 근거를 추가하는 것(additional reasons)이라고 주장한다. 이에 대해서는 Joseph Raz, *The Morality of Freedom*(Oxford: Oxford University Press, 1986)을 참조; 한편 정치권위에 대한 복종을 "판단포기(surrender of judgement)"로 해석한 글은 Richard E. Flathman, *The Practice of Political Authority*(Chicago: The University of Chicago Press, 1980)을 참조.

293. Joseph Raz, *The Morality of Freedom*(Oxford: Oxford University Press, 1986).

294. Joseph Raz, "The Problem of Authority: Revisiting the Service Conception", *Minnesota Law Review*, Vol. 40, No. 4, (2006), pp. 1003~1044.

295. Scott J. Shapiro, "Authority", in *The Oxford Handbook of Jurisprudence and Philosophy of Law*(Oxford: Oxford University Press, 2002), pp. 382~439.

296. Joseph Raz, "Liberalism, Skepticism, and Democracy", *Iowa Law Review*, Vol. 74, (1988/89), p. 779.

297. R. P. Wolff, "The Conflict between Authority and Autonomy", in Stephen Raz (ed.), *Authority*(New York: New York University Press, 1990), pp. 20~31.

298. 이와 관련하여 라즈(Joseph Raz)는 길을 묻는 행인에게 길을 가르쳐주는 행위가 자신의 자율성을 포기하고, 행인의 의지와 선호를 자신의 행위근거로 삼았다고 보는 사람은 없을 것이라고 주장한다. 또한 라즈는 도구주의가 공리주의와 다른 이유는 후자가 다른 사람의 의지와 선호를 행위의 근거로 삼기 때문이라고 강조한다.; 한편 라즈는 정당한 정치권위가 이론적 권위와 마찬가지로 복종의 의무를 부과하지 않는 사례로서 조정기능(coordinative function)을 들고 있는데, 제약산업, 소비자보호, 공공재의 공급 등이 그것이다.

299. Joseph Raz, "Introduction", in Joseph Raz (ed.), *Authority*(New York: New York University Press, 1990), p. 12.

300. David M. Estlund, *Democratic Authority*(Princeton: Princeton University Press, 2008).

301. Joseph Raz, "Liberalism, Skepticism, and Democracy", *Iowa Law Review*, Vol. 74, (1988/89), p. 777.

302. 민주주의는 어느 누구도 다른 사람보다 더 나을 수 없다는 계몽주의 정신에 기초하여

평등을 강조한다. 그럼에도 불구하고 국가는 정치권위를 통해 국민들의 복종을 요구하고 있는 것이 현실이다. 사회계약설을 비롯한 다양한 정치이론은 이를 설명하기 위한 것으로 볼 수 있는데, 도구주의 역시 봉사개념을 통해 그 해답을 모색하고 있다.

303. J. Locke, *The Second Treatise of Government*(New York: Dover Publications, 1956).

304. Thomas Christiano, "Authority", *Standford Encyclopedia of Philosophy*, 2012.

305. 라즈의 도구주의와 플라톤의 현인정치는 분명하게 구별되어야 한다. 왜냐하면 플라톤이 민주정을 반대하는 것과 달리 도구주의는 민주정에 기초하고 있을 뿐만 아니라, 전자가 모든 가치 있는 목적은 서로 어울린다는 일원론적인 입장을 갖고 있는 반면에 후자는 가치다원주의로서 일원론에 반대하고 있기 때문이다. 이에 대해서는 David Rondel, "Raz on Authority and Democracy", *Dialogue*, Vol. 51, (2012), pp. 211~230을 참조.

306. Thomas Christiano, "The Authority of Democracy", *The Journal of Political Philosophy*, Vol. 12, No, 3, pp. 266~290.

307. 비호프(D. Viehoff)는 민주적인 과정을 담고 있는 절차적 정당성은 도구주의에서 주장하는 정치권위의 명령이 갖는 정당성과 구별되어야 한다고 주장한다. 그에 따르면, 도구주의에서 말하는 정당한 정치권위의 명령은 민주주의의 절차적 정당성과 달리 국민들의 행위근거에 의존하는 선제적 근거이기 때문이다. 그리고 도구주의의 봉사개념을 설명하기 위해 "중재모델(arbitration Model)"을 인용하면서, 중재는 불편부당해야 하기 때문에 민주주의에서 주장하는 절차적 정당성을 만족할 수 있다고 주장한다. 이에 대해서는 Daniel Viehoff, "Debate: Procedure and Outcome in the Justification of Authority", *The Journal of Political Philosophy*, Vol. 19, No. 2, pp. 248~259를 참조.

308. 라즈(J. Raz)는 정치를 이해관계의 갈등을 조정하는 것으로 보는 시각은 "원칙의 불일치(disagreement over principles)"를 염두에 두지 않은 관점이라고 비판하고, 원칙의 불일치는 윤리적인 의미를 함축한다고 반박한다. Joseph Raz, "Disagreement in Politics", *The American Journal of Jurisprudence*, Vol. 43, (1998), pp. 25~52를 참조.

309. Scott J. Sapiro, "Authority", *The Oxford Handbook of Jurisprudence and Philosophy of Law*(Oxford: Oxford University Press, 2002); 이에 대해 라즈는 의존명제를 거론하면서, 정치권위의 명령은 국민들에게 적용된 근거를 반영해야 되지만, 이런 근거에 기초한 명령이 항상 국민들의 이해관계에 따를 필요는 없다고 주장한다. 예를 들어 군대에서 상관이 국가를 지키라고 명령하지만, 이런 명령이 군인들의 이익에 도움을 주지는 않는 것과 마찬가지라고 강조한다. Joseph Raz, *The Morality of Freedom*(Oxford: Oxford University Press, 1986), p. 48을 참조.

310. 에스룬드(D. Estlund)는 플라톤이 언급한 현인정치(epistocracy)와 교육수준이 높은 이들에게 더 많은 투표권을 부여해야 한다고 주장한 밀(J. S. Mill)에 대해서는 반대하는 입장을 분명히 하고 있다. 이에 대해서는 David M. Estlund, "Why not Epistocracy?", in Naomi Reshotko and Terry Penner (eds.), *Desire, Identity and Existence: Essays in Honor of T. M. Penner*(Canada: Academic Printing and Publishing, 2003), pp. 53~69를 참조.

311. Lippert-Rasmussen Kasper, "Estlund on Epistocracy; A Critique", *Res Publica*, Vol. 13, No. 3, (2012), pp. 241~258.

312. 정치권위의 민주화와 민주적 정치권위는 개념적으로 구별될 필요가 있다. 전자는 국가의 정치권위를 점차 국민들에게 재분배하여 최종적으로 모든 국민이 동등한 정치권위를 행사하여 궁극적으로 국가의 정치권위를 소멸시키는 데 초점을 맞추고 있다. 반면 후자는 정치권위가 민주적으로 행사되는 것을 말한다. 따라서 전자는 규범적인 개

넘인 반면, 후자는 민주주의에서 주장하는 동등한 참여, 즉 과정의 질을 강조하는 개념이다. 정치권위의 민주화에 대해서는 Richard E. Flathman, *The Practice of Political Authority*(Chicago: The University of Chicago Press, 1980), 민주적 정치권위에 대해서는 Thomas Christiano, "The Authority of Democracy", *The Journal of Political Philosophy*, Vol. 12, No. 3, (2004), pp. 266~290을 각각 참조; 박효종은 민주적 정치권위는 명령과 지시를 내리는 명령권의 개념보다는 이성적 방식을 통해 설득하는 권위라고 주장한다. 그러나 이런 주장은 권위와 설득의 개념적 경계를 모호하게 만든다. 박효종, 『민주주의와 권위』(서울: 서울대학교출판부, 2005)를 참조; 한편 다른 관점에서 정치권위의 민주화와 민주적 정치권위를 개념적으로 구별하여 사용한 글은 高民政 劉勝題, "民主權威化與權威民主化", 『南京社會科學』第5期, (2001), 31~35쪽을 참조.

313. Richard E. Flathman, *The Practice of Political Authority*(Chicago: The University of Chicago Press, 1980), pp. 192~201.

314. 한편, 헌팅턴(S. P. Huntington)은 신생 독립국가들이 현대화 과정에서 사회적 갈등과 폭력이 난무하는 정치적 무질서로 어려움을 겪은 반면에, 공산주의 국가들은 정부에 정치질서를 유지하여 통치할 수 있는 권위는 제공했지만 자유는 주지 못했다고 주장했다. 다시 말해 그는 공산주의 국가들의 정치질서는 국민의 자율성을 보장하지 못한 상태에서 이루어졌기 때문에 정당하지 못한 권위에 의존한 것으로 평가했다. Samuel P. Huntington, *Political Order in Changing Societies*(New Haven: Yale University Press, 1968)을 참조.

315. Robert A. Dahl, *Preface to Democratic Society*(Chicago: Chicago University Press, 1956).

316. Joseph A. Schumpeter, *Capitalism, Socialism and Democracy*(London: George Allen & Uwin, 1952).

317. Giovanni Sartori, *Democratic Theory*(Detroit: Wayne University Press, 1962).

318. Gallup International, "Millenium Survey", (1999), "Global Views on Democracy", (2015), file:///C:/Users/Shin/Desktop/2016/%EA%B3%A0%EB%A0%A4%EB%8C%80(%EB%B4%84)/Global%20views%20on%20Democracy(Gallup).pdf.

319. 박의경, "대중에서 시민으로", 『한국정치학회보』 45집 5호, (2011), 81~100쪽.

320. Carole Pateman, *Participation and Democratic Theory*(New York: Cambridge University Press, 1970).

321. Robert A. Dahl, *Preface to Democratic Theory*(Chicago: Chicago University Press, 1956).

322. Jean Jacques Rousseau, *The Social Contract*(Australia: The University of Adelaide, 2014), https://ebooks.adelaide.edu.au/r/rousseau/jean_jacques/r864s/index.html.

323. Benjamin R. Barber, *Strong Democracy: Participatory Politics for a New Age*(Berkeley: University of California Press, 2003).

324. Sidney Verba, Norman H. Nie, and Jao-on Kim, *The Models of Democratic Participation: A Cross National Comparison*(Beverly Hills: Sage Publications, 1971).

325. Daniel Raventos, *Basic Income: The Material Conditions of Freedom*(London: Pluto Press, 2007).

326. 조현진, "호혜성에 근거한 기본소득 비판에 대한 반론과 한국사회에서의 그 함축", 『통일인문학』 62집, (2015), 367~406쪽.

327. J. Locke, *The Second Treatise of Government*(New York: Dover Publications, 1956).

328. J. G. Bennett, "A Note on Locke's Theory of Tacit Consent", *Philosophical Review*, Vol. 88, No. 2, (1970), p. 224.

329. 박효종, "정치적 의무의 정당화이론으로서 동의론의 한계와 가능성", 『아시아교육연구』 1권 1호, (2000), 151~169쪽.

330. 송규범, "존 로크: 동의와 정치적 의무", 『서양사론』 115호, (2012), 133~158쪽.

331. Hanna Pitkin, "Obligation and Consent", *American Political Science Review*, Vol. 59, No. 4, (1969), pp. 990-999.

332. A. John Simmons, "Tacit Consent and Political Obligation", *Philosophy and Public Affairs*, Vol. 5, No. 3, 91976), PP. 274-291.

333. John Rawls, *A Theory of Justice*(Cambridge: Harvard University Press, 1971).

334. J. J. Rousseau, "Of the Social Contract", in Victor Gourevitch (ed.), *The Social Contract and Other Later Political Writings*(Cambridge: Cambridge University Press, 1997).

335. Phillip Pettit, *Republicanism*(Oxford: Clarendon Press, 1977).

336. Reinhart Koselleck, Translated by Keith Tribe, *Futures Past: On the Semantics of Historical Time*(Cambridge: The MIT Press, 1985).

337. 梁啓超, "釋革", 『飮氷室文集』.

338. Plato, Translated by Allan Bloom, *The Republic* (New York: Basic Books, 1968), pp. 221~249.

339. 아리스토텔레스가 말한 평등은 현대적 의미의 완전한 평등이라기보다 개인의 정치적 · 경제적 지위에 따른 상대적 평등을 말한다. Fred Kort, "The Quantification of Aristotle's Theory of Revolution", *The American Political Science Review*, Vol. 46, No. 2, (1952), pp. 486~493.

340. Aristotle, Translated by Carnes Lord, *The Politics*(Chicago: The Chicago University Press, 1984), pp. 147~181.

341. Leslie Friedman Goldstein, "Aristotle's Theory of Revolution: Looking at the Lockean Side", *Political Research Quarterly*, Vol. 54, (2001), pp. 311~331.

342. Reinhart Koselleck, Translated by Keith Tribe, "Historical Criteria of the Modern Concept of Revolution", in *Futures Past: On the Semantics of Historical Time* (Cambridge: The MIT Press, 1985).

343. 김상용, "서양에서의 자연법론의 생성, 발전 및 영향에 관한 연구: 고대에서부터 근세까지", 『대한민국학술원논문집』 51집1호, (2012), 139~216쪽.

344. 『孟子 · 離婁上』(太原: 山西古籍出版社, 1999), pp. 117~118.

345. 박병석, "中國易姓革命思想辨正", 『동양정치사상사』 제1권 1호, (2002), 179-23쪽; 윤대식, "맹자의 천명관이 지난 정치적 함의", 『한국정치학회보』 제36집 4호, (2002), 27~44쪽.

346. 류동원, "유가사상의 관학화: 동중서의 천인감응론을 중심으로", 『중국학연구』 22권, (2002), 463~488쪽에서 재인용.

347. 박상환, "천인합일적 사유의 인식론적 고찰", 『동서철학연구』 53호, (2009), 5~23쪽에서 재인용.

348. 리샤오퉁, "중국 근대지식인에게 있어서의 전통과 혁명", 『정치사상연구』 16집 1호, (2010), 217~241쪽.

349. Dan Edelstein, "Do We Want a Revolution without Revolution? Reflections on Political Authority", *French Historical Studies*, Vol. 35, No. 2, (2012), pp. 269~289.

350. Hannah Arendt, *On Revolution*(New York: Penguin Books, 2006).

351. Dan Edelstein, "Do We Want a Revolution without Revolution? Reflections on Political Authority", *French Historical Studies*, Vol. 35, No. 2, (2012), p. 278.

352. William Maker, "Reason as Revolution", *The Philosophical Forum*, Vol. 24, No. 1, (1994), pp. 49~62.

353. 소병철, "도덕성은 합리적으로 정당화될 수 있는가?"『대동철학』제39집, (2007), 75~101쪽.

354. 정연교, "로크의 정부론",『철학과현실』16호, (1993), 119~138쪽.

355. Jamie Mayerfeld, "The Myth of Benign Group Identity: A Critique of Liberal Nationalism", *Polity*, Vol. 30, No. 4, (1998), pp. 555~578.

356. Immanuel Kant, in Reidar Maliks, "Kant, the State, and Revolution", *Kant Review*, Vol. 18, No. 1, (2013), pp. 29~47에서 재인용.

357. Kenneth R. Westphal, "Kant on the State, Law, and Obeidence to Authority in the Alleged 'Anti-Revolutionary' Writings", *Journal of Philosophical Research*, Vol. 7, (1992), pp. 383~426.

358. James Q. Wilson, *The Moral Sense*(New York: Free Press, 1993).

359. 최희봉, "감성과 취미에 관한 흄의 견해",『동서철학연구』42호, (2006), 205~225쪽.

360. 권수현, "감성의 윤리적 차원",『철학연구』112집, (2009), 29~51쪽.

361. 서양근대철학회, "정념",『서양근대철학의 열 가지 쟁점』(파주: 창비, 2004), 245~283쪽.

362. Massimo Reichlin, "Hume and Utilitarianism: Another Look at Age-Old Question", *The Journal of Scottish Philosophy*, Vol. 14, No. 1, (2016), pp. 1~20.

363. 이찬, "감성, 본성, 그리고 도덕적 태도:〈맹자〉'진심 하' 24장을 통해 본 성명 해석에 대하여",『철학』104집, (2010), 33~61쪽.

364.『孟子·盡心下』(太原: 山西古籍出版社, 1999).

365. 朱熹,『論語集註·里仁』(대전: 학민문화사, 2008).

366. 물론 이런 서구의 경향은 20세기를 거치면서 큰 전환을 맞이하여 순수한 의미에서 이타심이 도덕적인 감정의 발로라는 점을 인정하기 시작했다.

367. Florence Passy, "Political Altruism and the Solidarity Movement: An Introduction", Marco Giugni and Florence Passy (eds.), *Political Altruism*(Oxford: Rowman & Littlefield, 2001).

368. Lea Ypi, "On Revolution in Kant and Marx", *Political Theory*, Vol. 42, No. 3, (2014), pp. 262~287.

369. Lea Ypi, "On Revolution in Kant and Marx", *Political Theory*, Vol. 42, No. 3, (2014), pp. 262~287.

370. Raymond Wacks, *Philosophy of Law: A Very Short Introduction*(Oxford: Oxford University Press, 2006).

371. Henry Rosemont Jr., "Two Loci of Authority: Autonomous Individuals and Related Persons", in Peter D. Hershock and Roger T. Ames, *Confucian Cultures of Authority*(New York: State University of New York, 2006), pp. 1~20.

372. 張檀, 王忍之, "論道德",『辛亥革命前十年間時論選集』第三卷(北京: 三聯書店, 1960).

373. Henry Rosement Jr., "Two Loci of Authority: Autonomous Individuals and Related Persons", in Peter D. Hershock and Roger T. Ames, *Confucian Cultures of*

Authority (New York: State University of New York, 2006), pp. 1~20.

374. 段江波, "危機 革命 重建: 梁啓超論'過渡時代'的中國道德", 華東師範大學 博士學位論文, 2006.

375. 李澤厚, 『中國思想史論』下 (合肥: 安徽文藝出版社, 1999).

376. 孫中山, 『孫中山全集』 (北京: 中華書局, 1982).

377. 孫中山, "在黄、陸軍軍官學校師生的告別演設", 『孫中山全集』 (北京: 中華書局, 1982).

378. 姜義華, "辛亥革命中的國家建設: 權威轉換與政治造型", 『인문연구』50권, (2006), 1~20쪽.

379. 中共中央文獻研究室, 『毛澤東早期文稿』 (長沙: 湖南出版社, 1990).

380. 中央黨案官, 『毛澤東讀蘇聯〈政治經濟學教科書〉的談話』, http://wenku.baidu.com/link?url=Ue2Q631UyO8pXRVeUF6qggq4QGdNoX5NXir0RZa1DCRmVIhsY3Wb7afeyXxqxGP-nqRVfpk7Lyr3fev8ebiaTEuclgRcAtxFzQaqgOq9t5K.

381. 中共中央文獻研究室編, 『毛澤東早期文稿』 (長沙: 湖南出版社, 1990).

382. 신봉수, "계급과 민족의 변증법: 마오쩌둥의 민족주의", 『한국정치학회보』43집 1호 (2009), 67~87쪽.

383. Ayn Rand, 이종옥 유주현 옮김, 『철학, 누가 그것을 필요로 하는가』 (서울: 자유기업센타, 1998).

384. Stuart Schram, *The Political Thought of Mao Tse-tung* (New York: Praeger Publishers, 1978), p. 143.

385. John Adamson, *The English Civil War: Problems in Focus* (New York: Palgrave MacMillian, 2009).

386. Mikko Jakonen, "Thomas Hobbes on Revolution", *La Revolution francaise*, Vol. 9, (2011).

387. 박윤덕, "루소와 프랑스혁명: 사회계약론의 역사적 사실과 한계", 『프랑스학연구』67집, (2014), 299~316쪽.

388. Hannah Arendt, *On Revolution* (New York: Penguin Books, 2006).

389. Jeffrey R. Collins, *The Allegiance of Thomas Hobbes* (Oxford: Oxford University Press, 2007).

390. 김성호, "헌법제정의 정치철학: 주권인민의 정체성과 인민주권의 정당성", 『한국정치학회보』42집3호, (2008), 5~27쪽에서 재인용.

391. 홍태영, 2004, "근대인의 자유와 대의제 정부: 시에이예스와 콩스탕의 논의를 중심으로", 『한국정치연구』13집 1호, 259~285쪽에서 재인용.

392. 윤재왕, "한스 켈젠의 법해석 이론", 『고려법학』47호, (2014), 525~570쪽.

393. Hans Kelsen, "법학적 실증주의란 무엇인가", 심헌섭 옮김, 『켈젠법이론선집』 (서울: 법문사, 1990).

394. Stephen Holmes, "Two Concepts of Legitimacy: France after the Revolution", *Political Theory*, Vol. 10, No. 2, (1982), pp. 165~183.

395. 최영익, "입헌독재론: 칼 슈미트의 주권적 독재와 한국의 유신헌법", 『한국정치연구』17집 1호, (2008), 241~269쪽.

396. George Kateb, "Hobbes and Irrationality Politics", *Political Theory*, Vol. 17, No. 3, (1989), pp. 355~391.

397. Jamie Mayerfeld, "The Myth of Benign Group Identity: A Critique of Liberal Nationalism", *Polity*, Vol. 30, No. 4, (1998), pp. 555~578.

398. 이혜경, "양계초와 혁명개념의 전변", 『인문과학논총』 72권 2호, (2015), 123~160쪽.

399. 梁啓超, "申論種族革命與政治革命之得失", 『飲氷室文集』.

400. 장현근, "서구의 충격과 근대 중국의 정치사상: 양계초의 '입헌군주론'과 손문의 '혁명 공화론'을 중심으로", 『인문사회과학연구』 제3호, (1999), 73~95쪽에서 재인용.

401. 이혜경, "공화주의의 시민적 덕의 관점에서 본 양계초의 공덕", 『철학사상』 46권, (2012), 95~128쪽.

402. Rabindranath Tagore, *Nationalism*, 백지운, "네이션 너머의 통일: 타고르의 내셔널리즘 비판의 아포리아", 『아세아연구』 58권1호, (2015), 184~217쪽에서 재인용.

403. 梁啓超, "國家思想變遷異同論", 『飲氷室文集』.

404. 孫中山, 『孫中山全集』(北京: 中華書局, 1982).

405. 中共中央文獻研究室編, 『毛澤東年譜』上卷(北京: 人民出版社. 1993).

406. Blaise Pascal, 이환 옮김, 『팡세』(서울: 민음사. 2003), 105쪽.

407. Sebastian Kaempf, "Violence and Victory: Guerrilla Warfare, Authentic Self-Affirmation and the Overthrow of the Colonial State", *Third World Quarterly*, Vol. 30, No. 1, (2009), pp. 129~146.

408. Hannah Arendt, *On Revolution*(New York: Penguin Books, 2006), p. 20.

409. Allan Bloom, *The Republic of Plato*(New York: Basic Books, 1968).

410. 문지영, 강기웅, "플라톤 『국가』의 민주정 비판과 이상국가 구상", 『사회과학연구』 35집 1호, (2011), 243~268쪽.

411. 손병석, "플라톤과 민주주의", 『범한철학』 78집, (2015), 39~69쪽.

412. Plato, Translated by Allan Bloom, *The Republic*(New York: Basic Books, 1968)

413. Joel Colon-Rios and Allan C. Hutchinson, "Democracy and Revolution: An Enduring Relationship?", *Denver University Law Review*, (2011/2012), Vol. 89, No. 3, pp. 593~610.

414. Carl Schmitt, Translated and Edited by Jeffrey Seitzer, *Constitutional Theory*(Durham and London: Duke University Press, 2008).

415. 아리스토텔레스는 가난한 이들은 부자들보다 수가 많기 때문에 민주주의는 가난 한 이들에 의한 지배와 같다고 적고 있다. Aristotle, Translated by Benjamin Jowett, *Politics*(Kitchener: Batoche Books, 1999). https://socserv2.socsci.mcmaster.ca/econ/ugcm/3ll3/aristotle/Politics.pdf.

416. Alexis de Tocqueville, Translated by Arthur Goldhammer, *The Ancient Regime and the French Revolution*(Cambridge: Cambridge University Press, 2011).

417. John E. King, *David Ricardo*(New York: Palgrave Macmillan, 2013).

418. Alexis de Tocqueville, Translated by James T. Schleifer, *Democracy in America*(Indianapolis: Liberty Fund, 2000).

419. 여기서 분명히 짚고 넘어갈 것은 정치적 자유는 부르주아지들의 문제였다는 사실이다. 반민주적 자유주의이든 비자유적 민주주의이든 참정권은 국민 모두에게 속하는 문제가 아니었다. 참정권을 제한했던 재산, 신분, 성별, 인종, 교육과 같은 조건은 20세기 후반 에서야 비로소 없어졌기 때문이다.

420. 홍태영, "토크빌과 민주주의의 패러독스", 『한국정치학회보』 제35집 3호, (2002), 67~83쪽.

421. Olivier unz and Alan S. Khan (eds.), *The Tocqueville Reader: A Life in Letters and Politics*(Oxford: Blackwell, 2002).

422. Joseph A. Schumpeter, *Capitalism, Socialism, and Democracy*(New York: Harper Torchbooks, 1942).

423. Bernard Berelson, "Democratic Theory and Democratic Practice", in Berelson, Lazarsfeld, and McPhee, *Voting*(Chicago: University of Chicago Press, 1954).

424. James Mill, 임혁백, "대의제 민주주의는 무엇을 대의하는가?", 『한국정치학회보』 43집 4호, (2009), 27~49쪽에서 재인용.

425. John Rawls, *A Theory of Justice*(Oxford: Oxford University Press, 1973).

426. Alexis de Tocqueville, Translated by James T. Schleifer, *Democracy in America*(Indianapolis: Liberty Fund, 2000).

427. 서병훈, "토크빌의 새로운 자유주의", 『한국정치학회보』 제45집 4호, (2011), 69~87쪽.

428. 김성호, "헌법제정의 정치철학", 『한국정치학회보』 제42집 3호, (2008), 5~27쪽.

429. 손철성, "평등원리의 정당화 근거에 대한 고찰", 『시대와 철학』 26권, (2015), 261~295쪽.

430. Giovanni Sartori, *Democratic Theory*(Detroit: Wayne University Press, 1962).

431. 박의경, "대중에서 시민으로", 『한국정치학회보』 45집 5호, (2011), 81~100쪽.

432. 장동익, "노직 『무정부, 국가 그리고 유토피아』", 『철학사상』 별책7권 24호, (2006).

433. Gerald A. Cohen, *Rescuing Justice and Equality*(Cambridge: Harvard University Press, 2000), p. 39.

434. James Buchanan, "A Contractarian Perspective on Anarchy", in *Freedom in Constitutional Contract*(London: Texas A & M University Press, 1977).

435. James Buchanan and Gordon Tullock, *The Calculus of Consent: Logical Foundation of Constitutional Democracy*(Indianapolis: Liberty Fund, 1999).

436. 홍성우, "'좋음에 대한 옳음의 우선성'에 관한 롤스적 근거", 『역사와 사회』 1권 10호, 119~145쪽.

437. J. Hyland, *Democratic Theory: The Philosophical Foundations*(Manchester: Manchester University Press, 1995), p. 67.

438. Peter Boettke, "Fearing Freedom: The Intellectual and Spiritual Challenge to Liberalism", *The Independent Review*, Vol. 18, No. 3, (2014), pp. 343~358.

439. James M. Buchanan, "Equality as Fact and Norm", *Ethics*, Vol. 81, No. 3, (1971), pp. 228~240.

440. 이원봉, "맥킨타이어와 칸트의 덕: 인간선의 실천으로서의 덕", 『사회와 철학』 제4호, (2007), 171~200쪽.

441. David Estlund, *Democratic Authority*(Princeton: Princeton University Press, 2008).

442. Randall Peerenboom, "The Limits of Irony: Rorty and the China Challenge", *Philosophy East & West*, Vol. 50, (2000), pp. 56~89에서 재인용.

443. Jose Maria Maravall, "The Rule of Law as a Political Weapon", in Jose Maria Maravall and Adam Przeworski (eds.), *Democracy and the Rule of Law*(Cambridge: Cambridge University Press, 2003), pp. 242~260.

444. Jose Maria Maravall, Adam Przeworski, "Introduction", 안규남 송호창 외 옮김, 『민주주의와 법의 지배』(서울: 후마니타스, 2008), 68쪽.

445. Nadia Urbinati, *Representative Democracy: Principles and Genealogy*(Chicago: University of Chicago Press, 2006).

446. Joseph A. Schumpeter, Capitalism, Socialism, and Democracy(New York: Harper

Torchbooks, 1942).

447. John Meadowcroft, "Exchange, Unanimity and Consent: A Defence of the Public Choice Account of Power", Public Choice, Vol. 158, (2014), pp. 85~100

448. Stephen L. Carter, "Technology, Democracy, and the Manipulation of Consent", *Yale Law Journal*, Vol. 93, No. 2, (1984), pp. 581~607.

449. Guillermo A. O'Donell, "Delegative Democracy", *Journal of Democracy*, Vol. 5, No. 1, (1994), pp. 55~69.

450. Seldon S. Wolin, *Democracy Incooperated*, 우석영 옮김, 『이것을 민주주의라고 말할 수 있을까?』(서울: 후마니타스, 2013).

451. Colin Crouch, *Post-Democracy*(Cambridge: Polity Press 2004).

452. Mark Worrell, "Authoritarianism, Critical Theory, and Political Psychology: Past, Present, Future", *Social Thought and Research*, Vol. 21, No. 1~2, (1998), pp. 3~33.

453. Fillmore H. Sanford, *Authoritarianism and Leadership*(Philadelphia: Institute for Research in Human Relations, 1950).

454. Morris Janowitz and Dwaine Marvick, "Authoritarianism and Political Behavior", *Public Opinion Quarterly*, Vol. 17, No. 2, (1953), pp. 185~201.

455. W. Edgar Gregory, "Authoritarianism and Authority", *The Journal of Abnormal and Social Psychology*, Vol. 51, No. 3 (1955), pp. 641~643.

456. 김준수, "권위와 권위주의", 『철학탐구』 제17집, (2005), 27~46쪽.

457. T. H. Rigby, "Weber's Typology of Authority: A Difficulty and Some Suggestion", *Journal of Sociology*, Vol. 2, No. 2, (1966), pp. 2~15.

458. Juan J. Linz, *Totalitarian and Authoritarian Regimes*(Boulder: Lynne Reinner Publishers, 2000).

459. Larry Diamond, "Is the Third Wave Over?", *Journal of Democracy*, Vol. 7, No. 3, (1996), pp. 20~37.

460. Edward Friedman, "China: A Threat to or Threatened by Democracy?", *Dissent*, (Winter/2009), pp. 7~12.

461. Thomas Carothers, "The End of the Transition Paradigm", *Journal of Democracy*, Vol. 13, No. 1, (2002), pp. 5~21.

462. Yonatan L. Morse, "The Era of Electoral Authoritarianism", *World Politics*, Vol. 64, No. 1, (2012), pp. 161~198.

463. Steven Levitsky and Lucan A. Way, *Competitive Authoritarianism: Hybrid Regimes after the Cold War*(Cambridge: Cambridge University Press, 2010).

464. Jessica C. Teets, "Let Many Civil Societies Bloom: The Rise of Consultative Authoritarianism in China", *The China Quarterly*, First View, (2013), pp. 1~20.

465. Wei Pan, "Toward a Consultative Rule of La Regime in China", *Journal of Contemporary China*, Vol. 12, No. 34, (2003), pp. 3~43.

466. 김남희, "덕 윤리와 도덕적 상대주의", 『대동철학』32집, (2005), 139~161쪽.

467. Yong Huang, Yang Xiao, *Moral Relativism and Chinese Philosophy: David Wong and His Critics*(New York: State University of New York Press, 2014).

468. David Wong, *Natural Moralities: A Defense of Pluralistic Relativism*(Oxford: Oxford University Press, 2006).

469. David Wong, "Comparative Philosophy: Chinese and Western", *The Stanford*

Encyclopedia of Philosophy, (2014), http://plato.stanford.edu/archives/win2014/entries/comparphil-chiwes/.

470. M. S. Wallace, "Fighting the Good Fight? Legitimating Violence in a World of Contested and Contingent Moral Frameworks", *International Politics*, Vol. 49, No. 6, (2012), pp. 671~695.

471. 김은주, "스피노자의 관점에서 본 폭력과 대중정념의 문제",『동서사상』제15집, (2013), 19-46쪽에서 재인용.

472. 조긍호,『동아시아 집단주의의 유학사상적 배경』(서울: 지식산업사, 2007).

473.『韓非子、八說』(太原: 山西古籍出版社, 1999).

474. John Stuart Mill, "On Liberty", in John Gray (ed.), *John Stuart Mill: On Liberty and Other Essays*(Oxford: Oxford University Press, 1991).

475. 박종민, "온정주의 정치문화와 권위주의 통치의 정당성",『한국정치학회보』30집3호, (1996), 106~122쪽.

476. Andrew W. MacDonald, *What is the Nature of Authoritarian Regimes?: Responsive Authoritarianism in China*, Doctoral Dessert in Oxford University, 2015.

477. 서구에서 공동선(common good)과 공공선(public good)은 구분되지 않고 사용되는 경향이 있다. 이런 현상은 구성원들의 동의와 합의에 의해 공동체가 형성된다는 사회계약론의 전통과도 관계가 있다. 김경희, "국가와 공공선 공동선: 절대선과 개별선 사이의 마키아벨리",『정치사상연구』제18집1호, (2012), 33~52쪽.

478. 장현근, "공(public)、공(common) 개념과 중국 秦、漢 정부의 재발견",『정치사상연구』제16집1권, (2010), 31~55쪽.

479. Niccolo Machiavelli, Translated by Harvey C. Mansfield, *The Prince*(Chicago: The University of Chicago Press, 1998).

480. Lucian W. Pye, *Asian Power and Politics*(Cambridge: Harvard University Press, 1985), p. vii.

481. Robert Mayer, "Strategies of Justification in Authoritarian Ideology", *Journal of Political Ideologies*, Vol. 6, No. 2, (2001), pp. 147~168.

482. Wei Pan, "Toward a Consultative Rule of La Regime in China", *Journal of Contemporary China*, Vol. 12, No. 34, (2003), pp. 3~43.

483. 김신, "도덕실재론의 과거와 그 전망",『헤겔연구』38호, (2015), 241~259쪽.

484. Jeremy Bentham, in H. L. A. Hart (ed.), *Of Laws in General*(London: Athlone Press, 1970).

485. David Gauthier, "The Social Contract as Ideology", *Philosophy and Public Affairs*, Vol. 6, No. 2, (1977), pp. 130~164.

486. Nebbia v. New York 사건은 다음과 같다. 1932년 우유가격이 하락하면서 농부들의 우유 판매수익이 생산원가에 미치지 못했다. 뉴욕 시는 1933년 주법을 제정해 우유통제위원회를 신설하고, 우유가격을 정할 권한을 부여받았다. 식료품가게를 운영하던 네비아(Nebbia)는 이 법이 정한 우유가격보다 비싼 값에 우유를 팔아 1934년 대법원으로부터 유죄를 선고받았다.

487. Louis Kaplow and Steven Shavell, "Why the Legal System is less Efficient than the Income Tax in Redistributing Income", *The Journal of Legal Studies*, Vol. 23, No. 2, (1994), pp.667~681.

488. Thomas Piketty, 장경덕 옮김,『21세기 자본』(파주: 글항아리, 2014).

489. 권수현, "감성의 윤리적 차원", 『철학연구』112집, (2009), 29~51쪽

490. Will Kymlicka, *Liberalism, Community and Culture*(Oxford: Clarendon Press, 1991).

491. Juan Linz, *Totalitarian and Authoritarian Regime*(London: Lynne Reinner, 2000).

492. Dries H. Bostyn, Arne Roets, and Alain Van Hiel, "Right-Wing Attitudes annd Moral Cognition", *Personality and Individual Differences*, Vol. 96, (2016), pp. 164~171.

493. 문병도, "진량의 공리주의적 유가사상 연구: 동기주의와 결과주의의 대립과 관련하여", 『중국학보』61집, (2010), 465~467쪽.

494. 이승환, "결과주의와 동기주의의 대결: 진량과 주희의 왕패논쟁", 『동양철학』4권, (1993), 129~163쪽.

495. Frederick Solt, "The Social Origin of Authoritarianism", *Political Research Quarterly*, Vol. 65, No. 4, (2012), pp. 703~713.

496. Allan H. Meltzer and Scott F. Richard, "A Rational Theory of the Size of Government", *The Journal of Political Economy*, Vol. 89, No. 5, (1981), pp. 914~927.

497. Mary Gallagher and Jonathan K. Hanson, "Coalition, Carrots, and Sticks: Economic Inequality and Authoritarian States", *Political Science & Politics*, Vol. 42, No. 4, (2009), pp. 667~673.

498. Morris Janowitz and Dwaine Marvick, "Authoritarianism and Political Behavior", *Public Opinion Quarterly*, Vol. 17, No. 2, (1953), pp. 185~201.

499. Lucian W. Pye, *Asian Power and Politics: The Cultural Dimensions of Authority*(Cambridge: Harvard University Press, 1985).

500. Lawrence Kohlberg, *Essays on Moral Development Vol. 1*(San Francisco: Harper & Row), 1981.

501. 김석수, "칸트의 법론에서 이율배반의 문제: 법실증주의와 법도덕주의의 신화를 넘어서", 『철학연구』42권, (1998), 127~153쪽.

502. 양일모, "자유를 둘러싼 유교적 담론: 엄복, 장지동, 하계의 논쟁을 중심으로", 『철학연구』52집, (2001), 19~38쪽.

ㄱ

ㄴ